U0102517

在传统与变革之间

英国文化模式溯源

钱乘旦　陈晓律　著

江苏人民出版社

图书在版编目(CIP)数据

在传统与变革之间：英国文化模式溯源 / 钱乘旦，陈晓律著. — 南京：江苏人民出版社，2024.1

（思库文丛. 学术馆）

ISBN 978－7－214－28413－6

Ⅰ. ①在… Ⅱ. ①钱… ②陈… Ⅲ. ①文化史－研究－英国 Ⅳ. ①K561.03

中国国家版本馆 CIP 数据核字(2023)第 185654 号

书　　　　名	在传统与变革之间:英国文化模式溯源
著　　　　者	钱乘旦　陈晓律
责 任 编 辑	康海源
装 帧 设 计	周伟伟
责 任 监 制	王　娟
出 版 发 行	江苏人民出版社
地　　　　址	南京市湖南路 1 号 A 楼,邮编:210009
照　　　　排	江苏凤凰制版有限公司
印　　　　刷	苏州市越洋印刷有限公司
开　　　　本	890 毫米×1 240 毫米　1/32
印　　　　张	14.375　插页 4
字　　　　数	295 千字
版　　　　次	2024 年 1 月第 1 版
印　　　　次	2024 年 1 月第 1 次印刷
标 准 书 号	ISBN 978－7－214－28413－6
定　　　　价	88.00 元

（江苏人民出版社图书凡印装错误可向承印厂调换）

目录

1

卷首语

在世界各国中，英国算得上是一个典型，它体现着一种独特的发展方式——英国发展方式。这种方式以和缓、平稳、渐进为主要特色，即使对世界事务不甚了解的人，也会有一种模糊的印象，即英国是一个稳重的民族，它注重实际而不耽于空想，长于宽容而不爱走极端，在世界历史的长剧中，属于英国的惊心动魄的场面着实不多见。

但正是这个不爱走极端的稳重的民族为现代世界（至少是西方世界）奠定了好几块基石：英国最早实现工业化，成为近代大工业的开路先锋，从而把全世界推进到工业时代。英国最早实行政治变革，为西方资本主义的民主制度树立了样板。英国的发展方式提供了一种可能的模式，证明了在一定条件下渐进道路的可行。英国的科学精神和经典理论丰富了人类的精神宝库，其求实与理性的态度明显地奠定了科学思维的基础。英国对现代世界的贡献与其稳重的行为方式一样令世人印象深刻，可以说，英国率先敲开了通向现代世界的大门，英国是现代世界的开拓者。

这些事实促使人们去思考:一个在北海骇浪中颠簸漂浮的小岛国,人口不过数千万,国土、资源都有限,如何会率先闯进现代文明的大门,成为现代世界的开路人? 答案(至少是部分答案)应该到英国历史发展的文化模式中去寻找。

首先,现代英国是在英国历史的发展中形成的,一切现代英国的特征,都可以到历史的长河中去追根溯源。现代社会在英国的出现,似乎是水到渠成、自然而然的。因为它沿着历史的长河缓缓而来,并没有被切断、被阻绝之感。传统与变革和谐地交织,恰似在同一长河中,既有传统,又有变革,当人们自以为是涉足在继承传统的源流中时,变革却如清新之水,已注入传统而融合于其中了。新的传统于是形成,接着,新的变革又会发生,如此反复,无穷无尽。在传统与变革之间,英国选择了妥协的路。

但我们同时也惊奇地发现:所有那些为现代人所熟知的英国特色——工业化社会、民主化政治、理性化思维、英国式道路和所谓的"英国绅士风度",不管它是好是坏,也不管它对英国的过去、现在和将来有过并将要有什么影响,它们都是在历史的冲突中形成的,是冲突的双方在长期的斗争中相融的结果。缓缓的长河并不平静,平静中包含着滚动的激流。与其他国家一样,英国的历史也充满斗争;所不同的是,斗争的结果在英国不像某些国家那样是一方吃掉另一方,或一方完全压垮另一方,而是双方都在斗争中自我更新,最后融合成一种新文化。这就是传统与变革的融合,是历史长河中的协调之路。英国发展方式就体现着这种斗争相融的特点。

在传统与变革的冲突中,走互相融合的道路,这是英国文化模式的显著特色。这种发展方式、文化模式是英国特定历史条件的产物,它在英国确曾起过推动社会发展的作用,推动英国率先敲开现代文明的大门。

斗争与和谐是社会前进的两个侧面,没有斗争,则社会难以进步;失去和谐,则社会难以维持。如何取得这两方面的平衡,是每一个前进中的民族所面临的难题。而如何解决这一难题,当然受制于各国的国情。本书将围绕冲突中的融合这个主题,追溯现代英国形成的过程,这不仅可以加深了解英国独特的民族精神,或许还可以提供一种参照,让我们沉思其他民族不同的(或相同的)经历。

第一章　现代政治观念的由来

　　现代政治制度起源于英国,这一点,可能任何人都不会否认。现代政治制度的诸要素,如分权的原则,全民选举的原则,行政从属于立法、政府向选民负责的原则,法治而不是人治的原则等等,最早都是在英国形成的。民主化、法律化、制度化、效率化等等这些对现代国家普遍适用的要求,也最早从英国起步;政党制、内阁制、文官制、地方自治制等现代政治中常见的形式,显然是在英国最先发展。英国政治制度是几乎所有现代西方国家政治制度的母体,这些国家多多少少都模仿了英国的政体,在此基础上建立起自己那一套大同小异的政治制度,就连社会主义国家的政权机构中,也多少有一点英国制度的痕迹,比如苏维埃制度中的联盟院与民族院,就隐约有英国上下两院的影子。

　　率先进入现代社会的英国,其制度为其他许多国家所仿效,这说明这个制度有其优越性,有其合理性,对于现代国家有其适应性。但英国的现代政治也起源于中世纪的政治制度,中世纪的政治制度在英国与在其他欧洲国家可以说几乎一样,英国中世纪的政治结构在其他欧洲国家也同样存在（或至少是大同小异）。那么，为什么在其他国家，现代就似乎要与中世纪断裂，中间缺少平稳的衔接；而在英国，现代政治似乎就产生于传统之中，显得如此自然、如此吻合？在其他国家，现代政治产生得如此艰难，乃至要借助英国的样板，才能改造旧模式；而在英国，它却能为传统所容忍，甚至被认为是一种维持传统连续性的必要方式？

由此，英国现代政治的形成过程，就引起人们的广泛注意。

一、来自天国的权力

自从国家产生，"王"就作为权力的象征出现在历史上，文明似乎与国家的产生联系在一起，"王"似乎是国家产生的标志。没有"王"的权力是很少的，这在古代尤为如此。就连古代奴隶主民主制发展最充分的地方——古代罗马，也曾有过250年的"王政"时期，前后有七个"王"相继在位。在其他民族的历史上，"王"的存在就更是连续不断。人类似乎有一种天性，当他们挣脱野蛮状态时，就要把所有权力放在一个人手里。"自然法"学说的理论家们就是依据这个现象，而提出自己的政治理论的。他们猜想在原始初民时期，有一个"自然状态"，按照他们的想法，所有的人在这个状态中都自由自在，不受拘束，各人对自己的生存负责。[①] 这个社会很混乱，只有

[①] 不同思想家对"自然状态"的看法其实是不同的。比如在霍布斯那里，这是个充满战乱与恐怖的时代；在洛克那里，则是个和谐仁爱的时代；在卢梭看来，是一个充满了平等的"黄金时代"。

上帝的法律（即"自然法"）在约束人们。但"自然法"靠谁执行？这是没有保障的，因为在"自然状态"下没有权威。为克服这种生存的无序状态，所有的人于是达成协议，把个人的某些（或全部）权利交出来，组成"政治社会"（body politic），即国家。国家建立后，为避免政治上的混乱，权力最好是放在一个人手里，也就是建立君主制。霍布斯和洛克——英国历史上这两个影响最大的自然法理论家都是这样说的，不过在霍布斯那里，"自然法"被引向为专制主义辩护，而洛克却从"自然法"中引申出"自由"的崇高地位，提出对君主的权力进行抑制。

霍布斯和洛克——这两个同时从"自然状态"走出来的哲人，似乎代表着英国历史上两个方向不同的相反趋势。不过事实上也不完全如此：从政治体制的角度看，他们俩都在为君主制寻找新的基础，或者说，都希望出现一种不同于以往的"新"君主制。不过霍布斯同时背弃了英国历史上向相反方向发展的两种传统趋势，结果他失败了；而洛克却代表着把这两种传统融合在一起的企图，结果他获得成功，成了现代政治学的开山鼻祖。这一个成功、一个失败的事实本身，就体现着英国民族文化的特色——在冲突中达到融合的发展模式。

这样，似乎就已经接近于提出结论了。不过在叙述之前先提出结论，未免有些过急，使读者难以理解其中的内涵。为此，我们就先要把英国历史上这两个相反相连的因素分解开来，逐一追溯其发展的过程，然后再看它们如何在冲突中达到融合。

首先要追溯的，是王权发展的几个阶段。

如同世界上其他民族一样，"王"在英国历史的早期就开始形成。不过，由于当时的英国（那时叫不列颠）地处欧洲文明的最边缘，因此这个开端相对来说仍然比较迟。

不列颠被纳入西欧文明的主体是在公元 1 世纪，当时罗马帝国派大军占领了它，在此之前，许多不同的民族先后进入不列颠岛，但始终都停留在氏族社会阶段，没有出现成熟的国家。这个时期的后期有一些强大的部落酋长开始称"王"，不过这个过程被罗马人的入侵打断了。

罗马不列颠由帝国派驻的总督治理，总督名义上听命于罗马，实际上，越到后来就越是自行其是，把不列颠看作是他自己的势力范围。好几个总督从不列颠出发去攻打罗马，然后在罗马争夺皇位。很显然，与罗马的多数异族行省一样，罗马不列颠并没有经历过古代共和制的洗礼。

罗马的统治在不列颠只是一首历史插曲，尽管这首插曲长达 364 年。当君士坦丁带领罗马兵团在 407 年离开不列颠并一去不复返后，留在岛上的行省居民发现政权长期交在罗马人手里，他们自己已丧失了组织国家的任何能力（或者说他们从来就没有过组织国家的能力）。就在这权力出现真空的紧要关头，日德兰半岛附近的日耳曼部落开始入侵不列颠，而这次入侵才开始了真正的英吉利民族的历史，被罗马入侵所打断的"王"的形成过程，也就从头开始。

新的入侵者叫盎格鲁人和撒克逊人，他们渡海而来，起先是作为岛上原有不列颠人的客人，应邀来为之戍守疆陲的。后来，他们发现不列颠是一块丰腴的土地，五谷丰登，牧草肥嫩，特别是岛上的居民温和柔弱，不善征战，于是，他们就一呼百应，不请自至了。据《盎格鲁-撒克逊编年史》(以下简称为《编年史》)记载：公元443年，不列颠人派人去罗马，请罗马派兵来保卫他们；这个目的没有达到，"他们就去请盎格鲁人，并对盎格鲁的酋长们提出同样的请求"。①

449年，第一批盎格鲁人来到不列颠，他们在两兄弟亨杰斯特和霍尔萨的率领下"分乘三条船"在岛的东南部登陆，"起先帮助不列颠人，但后来又与他们作战"。这些新来的战士很快就看出他们的主人们软弱可欺，"于是就派人到盎格鲁恩去，叫他们送更多的帮手来，并告诉他们不列颠人胆小而土地肥沃，于是他们就马上送来更多的兵力来帮助其他人"。

于是，一批批不速之客乘坐狭长的独木舟，手执武器，携家带口，蜂拥而入。这是些不开化的野蛮人，文明才刚刚对他们露出微笑。他们在头领的率领下来到不列颠，为的是夺土掠地，寻找更好的生存之处。一经登陆，他们便以部族为单位，渗入不列颠岛的腹地去，抢夺他们理想中的土地。这个过程在英国历史上叫盎格鲁-撒克逊征服，英国的"王"的形成，就是从这次征服开始的。

《编年史》说：455年起，亨杰斯特和霍尔萨向不列颠人猛烈进攻，他们在一年中就"杀死12个不列颠人的首领"，"夺取无数战利品，不列颠人逃避盎格鲁人如同逃避大火一样"。477年，"伊勒和他的三个儿子……带三条船来到不列颠"，立刻就"杀死许多不列颠

---

① 见《盎格鲁-撒克逊编年史》。这是一部记载古代盎格鲁-撒克逊人历史大事的编年体史书，现存最早的手抄本见于9—10世纪之交。作者都是修道院僧侣，因此其记叙难免掺有后世基督徒对早期历史的偏见。

人,迫使其他一些人逃进树林子……"495 年,撒克逊人的"两个酋长塞尔狄克和他的儿子辛利克带五条船到不列颠……他们在当天就对不列颠人开战"。501 年,"朴尔特和他的两个儿子比埃达及米格拉带两条船到不列颠,在朴次茅斯(意为"朴尔特的海口")这地方登陆,并杀了一个地位很高的不列颠人"。514 年,又有三船"西撒克逊人"抵达不列颠,"……与不列颠人开战,迫使其溃逃……"①

《编年史》中记载的只是无数小股入侵中的星星点点,大量入侵已经被历史的尘埃湮灭了。请注意每一段记载中所提到的船只数:两只、三只,最多不超过五只。这是一种用大树掏成的独木舟,每只最多只能坐数十人,而且入侵的战士还都带着家眷们同行! 这样一股股数十上百人组成的入侵军若不是有庞大的批数,如何能征服岛上人口稠密的居民呢?

正是在这种小规模但多批数的军事征服中,征服者自己的社会形态发生了变化。原先的部落民主制衰落了,军事首长取得了优势地位。战争的需要使指挥员拥有决断权,而这种权力扩大到部落管理,便使战时的长官变成了独断独行的部落首长。首长们往往有大量亲兵,在作战时与之同生共死。原先部落中成年男子全民皆兵的旧制度逐步废除,形成一部分部落成员专事作战、其他人则专门从事生产的新格局。这样,战士与农人分开,这起先是职业上的分工,然后就演变成社会等级的分化。"王"在战士的顶层浮起,他率领战士们厮杀征战,久而久之,"王"的地位固定了,"国家"产生了。

---

① 以上均见《盎格鲁-撒克逊编年史》。

这个过程，在全欧洲多少都是相似的；在"王"的最初阶段，他只是一群不开化人的军事首领，贵族是他最亲近的兵丁。

这个以军事首领制为出发点而形成国家的过程，在英国持续了近两百年。这期间，岛上原有的较高级的罗马文明被摧毁了，社会倒退到重新形成国家的野蛮混乱状态中，当时，不列颠岛上究竟有多少以征战为生的大大小小的"王"，那是谁也说不清的。但有一点可以肯定，只要有一支以攻城略地为目标而四处游荡的军事部落，便有一个"王"。那真是一个群雄乱世的时代，成者立，败者亡。小的"王"被消灭了，大的"王"兼并侵吞。经过无数的征讨与兼并，才出现一个个独立的小国，再经过许多战争与吞并，又形成一些较大的国；到6世纪末，才发展出粗具一定规模的像样的"国家"。

盎格鲁-撒克逊人的征战史在历史上并没有留下文字记录，因为这些野蛮人在进入不列颠时，还不知道文字为何物。很显然，有许多口头传说留下来，而这些传说就成了后世人编纂《盎格鲁-撒克逊编年史》的基本素材。但我们同样可以想象，只有"成者"的事业才会被留传颂扬，"败者"的痕迹，连同其来源与失败的经历，都会被历史掩埋得一干二净。这就是《编年史》上只记录少数几次入侵行动的基本原因。事实上，《编年史》记载的那几次入侵，都是7世纪形成的所谓"七国时代"，即无数的小国被兼并成七强相互鼎立的那七个王室的谱系来源。比如，据《编年史》记载，亨杰斯特便是肯特王国的始祖；而塞尔狄克和辛利克则开创了后来的西撒克逊（即威塞克斯）王国，这个王国在10世纪几乎统一全英格兰。由此可见，盎格鲁-撒克逊人的国王确实来自早期野蛮人的军事领袖。

这些领袖是何许人,历史没有留下记载。不过我们可以设想,他一定力大无比,勇猛善战,具有坚强的性格,能对战士们发号施令。这些野莽之夫若再有那么一点计谋,他就一定能克敌制胜、攻城略地了,他领导的部落成功的希望就比较大。关于这个形象,我们可以在亚瑟王的身上找出来,不过遗憾的是,根据历史传说(不是记载),亚瑟王是不列颠人的军事领袖,而不是入侵者盎格鲁-撒克逊人的领袖。不过这对我们的分析影响不大,因为事实上,在两百年的征服过程中,不列颠人也被入侵者所同化了,他们采用入侵者的组织形式,产生出自己的"王"和武士。在征服过程中,征服者把被征服者拉到和他们同样低的社会发展水平上,即国家形成的阶段上。

这样,我们可以来看一看亚瑟王的形象了。据传说,亚瑟王是一个不列颠"王"的私生子,他自幼流落民间,对自己的身世毫无所知。亚瑟长大了,长得身宽体阔,力大无比,有一次,他把一块小牛大的石头轻轻一抛便抛到海湾对岸,这块石头至今仍坐落在威尔士斯旺西附近的海岸上,犹如一座"飞来石"。有一天,他见一块巨石上插着一柄宝剑,便无意中将它轻轻拔起。众人见状大惊失色,原来这剑是神意插在这巨石上的,巨石上镌刻神旨:谁能将剑从石上拔起,谁就是王位的所有者。许多英雄都曾来尝试,想要摘取这权力的桂冠,但只有亚瑟一个人可以把剑从巨石中拔起再插进去,如此反复多次,竟丝毫不觉费力。众人于是拥戴亚瑟为王,后来,他果然不负重望,在圆桌骑士的襄助下(我们知道,这些人实际上就是他的亲兵),他不仅战胜了世代为仇的敌对部落,而且南征北战,建立起一个强大的"帝国"。但这时圆桌骑士内部却发生不和，自相残杀。亚瑟王耗尽精力仍难平息内乱。终于，当亚瑟王身负重伤，再也拿不动那柄象征他的权力的亚瑟王之剑时，上苍让流水将它取走，盛极一时的亚瑟王国也就随着它的创始者离开人世而分崩离析了。

我们虽然不能断定亚瑟王是否真有其人，但这个故事确实反映出盎格鲁-撒克逊征服时的许多特征。特别是关于"王"的特质，亚瑟可说是极好的典型。他刚强无比，膂力过人，而膂力正是"王"所必备的条件，甚至是唯一的条件，没有这个条件，"王"就不能在战争中取胜，成为全部落赖以克敌的领袖。但他又目不识丁，胸无韬略，在阴谋诡计面前表现得无能为力，最后连王位都差一点被他的侄子（也有说是他的私生子）篡夺了。在国家发展之初，"王"的前提是赢取战争，这在全世界大约都是相同的。

现代人喜欢谈论统治权的合法性，遗憾的是，无论是当年的入侵者还是《编年史》的作者们都没有谈过这个问题，也就是说，没有记载表明这些早期的"王"，是如何看待自己的权力的。权力来自何方？"王"应该对谁负责？这些复杂的政治学方程，大概是他们简单的头脑所无法容纳的，至少，他们不能作系统的理论阐述。不过，我们还是可以从《编年史》中窥其端倪，推测出当时的人如何看待"王"的合法性。在《编年史》所记载的那儿次有限的入侵行为中，其首领即后来"七国"的王室的开创者，几乎全都把自己的家世追踪到一个共同的祖先——瓦丹（Woden）那里，而在北欧神话中，"瓦丹"正是战争之神！因此很有理由相信，这种巧合似乎清楚地表明了当时人的政治观念:"王"出于战争的需要,战争赋予王以合法性。权力来自武力,用现在的话说,便是"枪杆子里出政权"。马罗礼(Thomas Malory)的小说《亚瑟王之死》表达得很清楚:亚瑟被承认为王,主要的不是因为他从巨石里拔出了剑——尽管这是神的旨意,而是因为他能制服各方领袖,而且打败了十一个国王的联合进攻!这本 15 世纪出版的骑士小说在一切方面都把亚瑟王改造成中世纪骑士国王的典型了,不过在"王"之权力来源于何方这个问题上,它却无意中保留了历史的真面目。①

合法性的这种根源也表现在继承权的不严格世袭性上。西撒克逊王国直到 10 世纪国家形态已高度发展的时候仍保持贵族会议选举国王的制度,至少在形式上仍是如此。② 例如史书记载:924 年,"阿塞尔斯坦由贵族……几乎全体一致地选举"为王,他是由老国王的一个姬妾所生,因此有些贵族就指责他血统不正。不过这份史料的作者说:"由于你自己的东西而受尊重比由于祖先的东西受尊重要好得多,因为前者说明你自己,而后者则属于别人。"③这种观念显然违背世袭制度的正统原则,大概是对早期的"王"更需要有个人能力而非血统出身这一事实的最后一点回光返照。更早一点,在 7 世

---

① 参见马罗礼著《亚瑟王之死》,第一卷 5—17 回。
② 新王从老王的家族及亲属中选举,不一定由国王的儿子继位,更不一定由长子继位,这是盎格鲁-撒逊各国的习惯做法。例如盎格鲁-撒逊人的最后一位国王哈罗德就是这样由"贤人会议"(贵族会议)选出来的,他只是老王的远房亲戚。当时的情况是:谁取得多数贵族的支持,谁就当国王。
③ 马姆斯伯里的威廉(William of Malmesbury)著《英吉利国王行止录》(作于约 1125 年),载戴维·C. 道格拉斯(David C. Douglas)主编的《英国史文件集》第一卷(伦敦,1955 年版),第 277 页。

纪末到 9 世纪初的大约 150 年中，西撒克逊王国的王位继承都不是父传子继，新王与老王没有家族关系，而都只把自己的血统推溯到最早的入侵者塞尔狄克那里，以此证明出身的纯正①。不过这是毫无意义的，因为塞尔狄克和辛利克只带了"五条船"同行，船上所有的人大概都和他们有某种亲属关系，因此只要是这些人的后代，就都可以把出身追溯到塞尔狄克。不过，这却表明血统的观念直到这时候仍不十分强烈。

总之，"王"在最初出现的时候，它既非神授，也不大讲究血统，它与天国是无关的。"王"的出现完全是社会职能的需要——部落在维持自身生存及扩张领土范围时需要有军事领袖，来领导全部落进行战争。因此，战争胜利就是"王"存在的前提，武力是他唯一的合法基础。这种野蛮人的军事领袖，是王权发展的第一阶段。

当王权发展到下一个阶段时，国家已经产生，"王"成了高出社会的统治者，而不再是野蛮人中最勇敢的指挥员了。他的亲兵成了贵族。在一个范围广大的"国家"中，武士的职能似乎已不仅是对外，而主要是对内了。社会已经按地域组织起来，为维护这广大地域中的某种秩序，就需要"统治"。于是，掌握武装的人凌驾于社会之上，把自己封为统治者，而强迫其他人对他们效忠。

这时的社会结构是这样的：在一片田野上有一个村落，村落中心是高耸的教堂，教堂四周环绕着没有窗户的茅草屋，附近山丘上耸立着城堡，城堡中居住着土地的主人。村外是广阔的农田或是牧

---

① 《盎格鲁-撒克逊编年史》。

场,农民们在田野中辛勤劳动。农田是按传统的方式共同耕种的,但田中划分条块,表明庄稼成熟时的收获权。所有田地都属于领主,连村外的森林和公用地都不例外。农民为领主提供劳役(即耕种领主的自用地),以换取领主让他们使用自己那一小块土地的权利。领主与农奴组成庄园,每个庄园就是一个社会。农夫们大概一辈子都不会跑出家乡十里地以外去;庄园的一切都自给自足,若没有战争波及这里,它与外界就几乎没有任何联系。

当时英国布满大大小小这样的庄园,有时几个庄园同属一个贵族,有时一个村庄又分属不同的领主。在理论上,一切土地都属于国王;但在实际上,国王对大部分土地没有实际统治权。据1086年的《末日审判书》(即"土地清丈册")统计,当时全国只有约1/5的土地直接属于国王,1/4属于教会,其余部分分属大小贵族。在这些土地上,领主几乎有绝对的统治权。他在庄园上开设法庭,按自己的意志行使司法权。他负责领地治安,组织领地上的武装力量。如果需要,他可以带领部属去攻打国王,即使失败了,领地一般也仍留在自己家族手里。国王只对领主收取封建义务,除此之外,他就把领地完全交给领主,而不可有丝毫的干预权。说实话,在当时经济落后、交通不便、消息闭塞、交往困难的条件下,统治权大约也只有这样分割开来,才可能有效地加以行使。这是个分割的社会,一个分裂的政治实体,这里面虽然有国王,但他把权力与土地一同分给贵族。我们知道,这就是封建社会。王权的第二个发展阶段,就是在这种社会条件下出现的。

在这个结构中,国王最大的经济职能就是分封土地、收取封建义务。他的权力来自此，同时也受制于此。由于他分封土地，贵族便承认他的高超；但也由于他分封土地，贵族便分享了他的权力，从而只把他看成是自己队伍中的最高者，贵族中的第一位贵族。中古英国人尊称国王为 Sire（陛下），这个词与现代英语中 Sir（先生、爵士）同源，可见，"陛下"与"爵士"相差不是太远的。按照国王与贵族各自有领地，各自都在自己的领地上行使司法权这一点讲，他们实际上处于社会的同一层次上。他们的关系由权利与义务来规定：彼此都既有权利也有义务，一方并非就完全超出于另一方之上。12 世纪末一篇法学论文把这种关系说得很清楚："主公与臣属之间应该有一种相互的忠诚义务，除敬重之外，封臣对主公应尽的臣服并不比主公对封臣所持的领主权更多。"[1]也就是说，在权利与义务的规范内，国王与贵族平起平坐。因此，在中世纪英国，国王对贵族只有"宗主权"（suzerainty）或"霸主权"（overlordship），而没有"主权"（sovereignty）。

既如此，为什么又需要一个国王，而这个国王又被全体贵族所承认？这可以从国王用分封土地来换取骑士义务这种做法上得到启发。骑士义务是封建关系中一个重要内容，在某种程度上甚至是其最主要的内容。贵族从国王手中领受土地，同时又承担应国王之召出征打仗的义务，这就是骑士义务，是维护封建秩序、体现封建王权的最主要手段。中世纪的欧洲国家都没有常备军，封建骑士是唯

---

① 格兰维尔（Ranulf de Glanvill）著《论英格兰王国的法律与习惯》（作于约 1190 年），载《英国史文件集》第二卷（伦敦，1953 年版），第 940 页。

一可动用的军事力量。若国家需要打仗,骑士们必须能随时应征,正因为如此,国王要把骑士义务明确作为土地分封的条件。11世纪末一份地契这样写道:

> 国王威廉的骑士彼得愿作圣爱德蒙寺院及寺院长老鲍得温之受封人,为此而行宣誓礼。彼得将在国王允许及寺僧同意下接受封授,他对国王应始终尽忠尽义,并执行此处所规定之服役,作为对这些服役的回报,本封地授予时将予以免税……

文件接着清楚地写明,所谓的"规定之服役",在这里就是"若他事先受国王及长老征召,他将和三四名自备经费的骑士一起以长老的名义在王国境内应征,参加国王征召的军队",并且在长老提供经费的条件下应召去国外打仗。①

由此可见,在封建时期,国王有一种特别的职能,就是在全国征召军队,并率领这支军队出征打仗。只有在这个意义上国王才是"一国之王"。国王由此而仍然是某种军事领袖,不过他已经不是部落野蛮人的军事领袖了,而是凌驾于社会之上的贵族们的军事领袖。在封建时期,只有贵族才有资格打仗,而国王正是这批人的首领。正因为如此,国王是置身于贵族之中的,而不是高出于贵族之上。

这种情况可以在10世纪初一位诗人描写西撒克逊国王加冕典礼时君臣共饮的欢乐场面中看出来,诗人说:

①《英国史文件集》第二卷(伦敦,1953年版),第896页。

美酒四处流溢，大厅喧吵纷纷，小厮急步如梭，侍者应接不暇。酒足饭饱，歌兴起；竖琴铮铮，比赞词；众齐呼："噫，基督，光荣与赞叹皆属你！"国王双目炯炯，举觞为天祝酒；旋礼彬彬，礼下众人……[1]

国王起身为众人祝酒，而且是在国王的加冕典礼上，可见国王与臣下的平等地位。

国王领兵出战，首先是在对外战争的情况下，攻城略地，封疆拓土，这是一切封建主阶级的基本特征，征服与反征服是他们最重要的日常活动，征服战争因此充斥着整个中世纪。在英国历史上，最有名的一次封建征服战争是1066年的诺曼征服。这一年，诺曼底公爵"征服者"威廉率领一批法国封建主到英国来争夺王位，在打败并杀死最后一位盎格鲁-撒克逊国王哈罗德之后，把英国土地据为己有，分封给随他而来的法国贵族。这次征服消灭了原来的盎格鲁-撒克逊老贵族，法国封建主取而代之。新的王朝建立起来，盎格鲁-撒克逊时代就此结束。这次入侵的意义无疑是深远的，直至现在，英国的国王和某些贵族仍具有当年入侵者身上的血统。显然，这样一次征服战争需要有一位军事领袖，征服者威廉就是这样一位领袖，他因此登基为英国国王威廉一世。除诺曼征服外，典型的封建征服战争还有14—15世纪旷日持久的英法百年大战（1337—1453），不过这一次不是法国贵族对英国的征服，而是已经英国化了的法国贵族的后代企图征服法国，夺取法国王位。这种战争也需要军事领

---

[1]《英吉利国王行止录》，载《英国史文件集》第一卷（伦敦，1953年版），第279页。

袖,爱德华三世、亨利五世就是这种人。理查一世也因其骁勇善战著称,他领导了一次著名的十字军东征。[①]

　　除征服与反征服的对外战争外,国王还要仲裁贵族内部不断出现的纷争,在这种情况下,国王也是一个不可缺少的角色。他需要制定一整套规程来裁判贵族的争执,由此便产生了国王的法律。这种法律适用于全国,高于所有的庄园法律。最高司法机构——"王座法庭"(King's Bench)也因此产生,就其本来意义说,它是指国王亲自开庭审理。不过国王的法律并不能干涉领主们在自己领地上的独立司法权,它只是在调停全国性问题(贵族间的冲突及他们与国王的关系)时有用。

　　如果法律的仲裁不起作用,国王就不得不诉诸武力,以维持封建秩序的稳定性。在这种情况下,他下令封建主履行骑士义务,讨伐不服从仲裁的"叛逆"。有时候,"叛逆"与"效忠"势均力敌,于是就演变成两个封建主集团间的内战。这种现象一定是发生在王权式微的情况下,而这又从反面证明国王对封建秩序的重要性。亨利一世死后就爆发过长达18年的内战,亨利三世、理查二世和亨利六世[②]时更是战乱不已。于是,一个新的军事领袖就应该出来收拾残

---

① 理查一世(1189—1199年在位),即"狮心王"理查,曾领导第三次十字军东征;爱德华三世(1327—1377年在位)发动英法百年战争;亨利五世(1413—1422年在位),重新挑起百年战争。

② 亨利三世(1216—1272年在位)、理查二世(1377—1399年在位)和亨利六世(1422—1461年在位)都是英国史上软弱的君主。

局,亨利二世、爱德华一世、亨利四世和爱德华四世就是这样的人。①

但封建主的内战终于导致自身灭亡,1455—1485 年的红白玫瑰战争使旧封建主自相残杀,灭绝尽净。在这样一个废墟上站起来的新君主不再是贵族们的军事领袖了,他建立了一个新王朝,实行一种新君主制,王权也随之发展到新的阶段。这个人是亨利七世,他所建立的王朝是都铎王朝。

封建时期的国王既是封建贵族的军事领袖,那么在众多的封建贵族中,谁来当国王? 也就是说,国王凭什么取得王位,他的合法性何在? 武力当然是王位的最终源泉,从诺曼王朝起,经安茹王朝、兰开斯特王朝、约克王朝到都铎王朝,所有的封建王朝,没有哪一个不是靠武力取得王位的。不过即使使用武力也还必须有某种合法性,单纯靠武力是不能取得王位的,这是中世纪欧洲的特点。这样,血统重要起来了,"神的意旨"也成为王位的必要条件。

在英国(以及几乎在整个欧洲),王室的血统十分重要,即使用武力夺取王位,夺位者也必须有王室血统,与被推翻的王朝有直接的承继关系,否则就没有合法性。由此,安茹王朝通过战争接替诺曼王朝,其始创者亨利二世是亨利一世的外孙;兰开斯特家族的亨利四世推翻安茹王朝最后一个国王理查二世,但新王与老王本是嫡堂兄弟;红白玫瑰战争中的兰开斯特王室与约克王室都是爱德华三世的后代,因此真正是同室操戈;就连建立新君主制的亨利七世也

---

① 亨利二世(1154—1189 年在位),安茹王朝的创建者;爱德华一世(1272—1307 年在位),中兴安茹王朝;亨利四世(1399—1413 年在位),兰开斯特王朝的创建者;爱德华四世(1461—1483 年在位),约克王朝的创建者。

与兰开斯特家族有那么一点亲属关系,而且登位后他立即与约克家的女继承人结婚,以加强他的王位合法性。由此可见,血统的要求对封建合法性是何等重要,正因为如此,自征服者威廉以来,王室的世系一直以某种亲属关系延续,这种情况显然体现了封建王权的一大特色——血统原则。就连威廉靠征服取得王位后,也要顾忌到血统的不合法性,因此他在遗嘱中,吩咐把英格兰王位"留给永恒的造物主"——

> 因为我不是由世袭权得到那崇高的荣誉的,而是在一场拼死的战斗中从发假誓的国王哈罗德那里勉强得来的,其间又流血甚多;而且,仅是在大量杀戮和消灭了他的支持者之后,我才把英国隶属于我的统治下。

尽管如此,他还是希望其次子威廉(二世)能继承王位,不过不是凭血统原则,而是诉诸上苍,请求上帝的恩准:

> 我但求我的儿子威廉……能在上帝圣灵的感应下幸福长寿。若神意让他继承王位,愿他的治下宏扬光大。[1]

他始终未敢说把王位传给他的儿子,只是希望上帝能把王位交给他。不过在这里,威廉恰恰是借助了封建王权的另一合法性基础——神的旨意:当血统不足时,神的旨意似乎可以弥补。威廉自己在入侵时就曾争取到教皇的同意,"并且高兴地从他手里接过一面赠旗,以作为圣彼得(指罗马教廷)支持此事的证据,借此他就可

---

[1] 奥戴里克斯·维塔利斯(Orderic Vitalis)著《教会史》(作于 1123—1141 年之间)。

以更大胆更安全地攻击其敌人了"。① 可见教会的支持何等重要。

威廉要在教皇的旗帜下才能进行征服,其他封建国王也都要由教皇来承认他的君主权,因此在登位时必须由教皇的代表主持加冕,有一些甚至还亲自跑到罗马去朝拜教皇。这些都说明,在中世纪的政治观念中,教皇比君主更高一筹。事实上,中世纪欧洲是一个只有"领地"而没有"国家"的大世界,整个西欧是一个天主教大王国,教皇则是这个大王国的精神首脑。各领地的大小领主们(国王、贵族等等),虽各自对本领地有世俗上的管理权,却又都承认教皇是更高的权威,因为教皇是上帝的代表,他向人间传达上帝的旨意。正因为如此,国王需要教会的支持,因为教会支持就意味着上帝支持。所有国王在碰到麻烦时都要寻求教皇的庇护,以此来强调他王位的合法性。在中世纪,僧侣是第一等级,国王与贵族同属第二等级,这个事实本身就说明教会高于国家,而国王与贵族同在一个阶梯上。帝王把上帝看作是人间的最高主宰,在上帝面前,帝王与任何人一样接受上帝的审判。当12世纪末威尔士的杰拉尔德(Gerald of Wales)说亨利二世"因纵欲过度生活无常"而应该受到上帝的惩罚,王权理应衰落时②,他表达的便是上帝面前人人平等的思想,因为在上帝的末日审判前,任何人都受到同样的评判,人世间的尊卑之分是没有的。所以,国王在上帝面前总是诚惶诚恐,生怕引起上帝的愠怒;这样,他对上帝在人间的代理人教皇就必须十分地恭敬

---

① 普瓦蒂埃的威廉(William of Poitiers)著《诺曼底公爵英国国王威廉之业绩》(作于约 1071年)。

② 威尔士的杰拉尔德著《论君主训导》(约作于12世纪末)。

才行。

由此，封建国王的权力不仅被贵族分割，而且受教会制约。有人说中世纪实际上也有分权制，但不是现代西方国家的三权分立，而是教会与国王的分权，这似乎也有道理。教会不仅在精神上管束国王，而且在任何国家都享有相当大的司法权，独立于王权之外。当教会对某一个国王不满时，他们还可以颁布驱逐出教令，在这种情形下，任何人都可以拿起武器，推翻君主。因此在 12 世纪索尔兹伯里的约翰（John of Salisbury）的论文中，就有把国王比做头脑、把宗教比做灵魂的说法，头脑要受灵魂支配，国王也应该"服从真实的上帝及其在世上的代表"，即教皇与教会。[①] 由此可见，在中世纪，国王虽是首脑，却没有主权，这是一个"主权在神"的时期。

如果说中世纪的国王仅仅是封建贵族的军事首领，其权力为贵族及教会所分割，那么到专制主义时期，国王就变成真正的主权君主了！他俨然以民族的代表自居，手中掌握着绝对的权力。

转折点出现在都铎王朝建立时。

哈佛大学的伦特（William Edward Lunt）教授在他的《英国史》中说：

> 博斯沃思一仗胜后，亨利·都铎召集议会，向议会提出王位的要求，而以征服及世袭权为依据。议会承认了他的王位，但对他的世袭权默不作声，事实上，这种世袭权并不存在。亨利所要求的权利从他的母亲那儿来自冈特的约翰，但如果承认

---

① 索尔兹伯里的约翰著《政治家手册》（约作于 1159—1164 年间）。

> 王位继承权可以从某个妇女传下，那么爱德华三世的第三子莱昂内尔的好几个后代，就比亨利·都铎更有权继承。亨利的权利完全仰仗议会的承认及战争的结果，正因其为王的地位如此不稳，他统治的抱负……便是将其王朝置于一个坚定的基础上。几乎所有的重大决策都可以追溯到这一动机，民众的支持是关键的。为得到这个支持，他认识到……必须给英国人民以他们所要求的东西。

这些东西，伦特教授说，在当时就是"结束王朝争吵"，"关心并保护正在扩张的商业"，消除"扰乱英国和平的"内乱，还要在"搅浑英国王朝之水以浑水摸鱼"的外国君主中取得一席之地。① 这些要求，正是当时建立民族国家的普遍要求，都铎王朝为取得自身的合法性而与民族结盟，于是在客观上成了民族利益的代言人。

在当时的西欧，资本主义已开始发展，地理大发现正在进行，商业的触角正伸向世界，经济发展的客观要求正朦胧可见，这种趋势要求有一个稳定、和平的政治环境，以便让人民能安心地从事经济活动发展生产。为此，就必须消除中世纪那种贵族纷争、战乱不断的局面，建立统一、独立的强大国家，以克服内乱、抵御外侮。这种国家，在欧洲绝大部分地区，是第一次出现的民族国家。民族国家的建立要求强有力的中央政府，于是，原来就被承认是最高首领的国王，这时就有了天赐良机，可以乘此机会摇身一变，自封是民族的

---

① W. E. 伦特著《英国史》(纽约及伦敦，1946 年版)，第 282—283 页。博斯沃思战役是亨利·都铎打败理查三世，夺取政权的一次大战。

当然领袖,以国家的化身出现在历史上。于是,专制王权出现了。

　　这就是都铎王朝形成的时代。都铎王朝建立时,旧封建贵族已自我消灭,留下的是一片空旷的废墟。都铎诸王于是在这片废墟上建立起新的贵族,从中等阶级中擢升新人。新贵族有崇高的荣誉和地位,甚至可以有广大的地产,但他们没有独立的领地治理权,也就失去了与国王抗衡的力量源泉。中央政府中满是这些新提升的人,他们缺乏社会基础,也没有悠久的高贵血统,其家庭从来就默默无闻,追根溯源也许还十分卑贱。这些人受国王的恩典,心甘情愿地为国王当差,俯首帖耳地尽犬马之劳。他们自身就拴在国王这辆赛车上,一旦王权倾覆,自己也就灭亡。把国家大事交给这些人去处理,对国王真是万无一失。国王于是用这些人来管理国家,建立起从上到下的官僚系统。靠着这个系统,贵族的势力夷平了,国王的代理人控制全国,中央的号令直达下层,地方的樊篱终被打破。国家达到了前所未有的集中与统一,在这个新兴的民族国家中,国王是团结和统一的象征,是民族凝聚力的人格化体现。正如莎士比亚的剧作《亨利八世》中亨利八世所说:"各位大人,我把你们团结为一体,你们就应当永远团结。这样,我就愈来愈强大,你们也就会得到愈来愈多的荣誉。"[1]这样,民族的利益与国王的私人野心奇妙地结合在一起,这就是专制王权存在的历史因缘。

　　1533年亨利八世的《上诉法》表明了这种以专制国王为中心的民族国家的理论,其中说:

————————————

[1] 中译本见《莎士比亚全集》第七册(人民文学出版社,1978年版),第108页。

> 根据历代信史,现特郑重宣告如下:本英格兰为一主权国家,并一向为世界所承认,受一最高首脑国王之统治,他具有本主权国君王的尊严及高贵身份,受制于他并仅次于上帝之下因而应天然谦恭地服从于他的,是整个国家政治体,这个政治体由各种地位各个等级区分为教界及俗界的全体人民所组成;他还受全能上帝的仁爱嘱托而受命有完全、绝对、全部之权力、地位、威望、王权与司法权,借此以公正评判并最终决断本国境内各色人等臣民居民之事宜,举凡在本国境内发生发展之各种事由、事务、争执、抗辩皆在其属内,而不受世上任何外国君主或权势人物之限制,也不得向其上诉……①

由此可见,"主权"的概念在这里提出来了,"主权在王",这是专制王权的特点。王权与国家被解释为一体。这是民族国家形成时的需要。

这样一个专制的王权,"主权国家"中的"绝对"君主,按当时人的看法,应握有一切生杀予夺之大权:他可以决定"和战,藐视任何他所愿意藐视的君主并对其宣战,按他自己的高兴或在枢密院的建议下与该君主议和,但枢密院也应该凭他的高兴遴选出来";战争时他应有"绝对的权力",可以"不经过法律手续或审判形式"处死任何人;钱币"只能根据他的命令"铸造;他可以"废除既有的法律",可以在刑事诉讼中"实行赦免";他指定"本国主要的高级官员及地方行政官";"所有的拘捕、死刑执行及训令都要以君主名义颁布";"最高

---

① 《上诉法》(1533 年)。

司法也以国王之名并唯以其权威来行使"；除此之外他还有其他种种特权，即"所谓君主之特权者"①等等。但在所有这些权力之外，还应该加上他对宗教的控制权，否则他就成不了"绝对"的君主。

从国王这方面说，他除了要控制臣民的形体外，还要控制他们的思想，因为据都铎朝君主说：繁荣与昌盛"来自观点的协调、一致与统一"，而"思想观点的不同"只会产生"种种灾难、危险与不便"。②强行的思想一致后来在英国历史上并没有导致团结与昌盛，相反却引起严重的冲突，乃至内战。这一点且不论，但当时所谓的思想一致，就是指同一种宗教信仰，于是宗教问题成了专制制度下的政治问题。

此外还不能忘记中世纪教会与国王的分权。罗马教廷在西欧各地都有严密的组织，有唯教皇之命是从的成千上万僧侣教士，同时还享有各个国家物产收入的十分之一为其教会俸禄。教皇的权威不受国界限制，他有自己的教会行政官员（主教、大主教等等），还有独特的司法权，超出各国君主权之外。全欧洲都是一个天主教大王国。这种情况在"国家"的概念并不十分明确时尚可忍受，但到了民族国家形成后，就与"主权"的王权格格不入了。在英国，还要再加上以下这个因素，才能全面了解当时的局势：教皇被西班牙和法国轮流控制，而这两个国家正是对英吉利民族国家造成最大威胁的

---

① 托马斯·史密斯爵士（Sir Thomas Smith）著《英吉利国家》（1565 年），载 G. R. 埃尔顿（Geoffrey Rudolph Elton）编著《都铎朝宪政》（剑桥大学出版社，1978 年版），第 19—20 页。

② 《六项条文法》（1539 年）。

根源。于是，反教皇就与民族主义、爱国主义联系在一起了，国王扩大权力的野心与民族维护自主的要求融合在一起了。

这就是亨利八世进行宗教改革的动机和背景。

宗教改革的导火线是著名的离婚案。亨利要与王后凯瑟琳离婚①，这需要得到教皇的批准。但教皇这时恰巧在西班牙国王查理五世的控制下，而凯瑟琳又是查理五世的姑母。亨利得不到教皇的离婚特许，便切断英国与教皇的联系，而自封为英国教会的最高首脑。这样，他就可以在英国教会的许可下，堂而皇之地另娶新欢了。根据1534的《至尊法》，亨利八世成为"英国教会在世上唯一的最高首脑"，而且享有与这个身份相适应的"一切荣誉、尊严、崇高地位、司法权、特权、威望、豁免权、利益及生活品"。②

为了对这一巨大变化作出神学上的解释，亨利八世在一篇以他的名义发表的小册子里说：教会这个词有两种含义，一是那冥冥之中的教会，即上帝的精神世界，它负责养育人的灵魂，这个教会的首脑只能是耶稣基督，而不能是其他人。但对人世间的教会，即"有形的"教会，上帝则把它托付给帝王，因此所谓的"教会首脑"，就是指这"有形"教会的首脑，其中所有的神职人员，"他的人身、举止和行动"，都应置于"上帝所指定的君主的权力下，他们应承认他为其首

---

① 理由是凯瑟琳是他长兄亚瑟的遗孀。而根据《圣经》："人若娶弟兄之妻，这本是玷污的事……二人必无子女。"（《利未记》第20章）不过《圣经》在另一处又说过："弟兄同居，若死了一个没有儿子，死人的妻子不可出嫁外人，她丈夫的兄弟当尽弟兄本分，娶她为妻……"（《申命记》第25章）；亨利正是这种情况，因此他提出的离婚理由是站不住脚的。实际上，他要求离婚的真正原因是看中了凯瑟琳的宫廷侍女安·波林。

② 《至尊法》（1534年）。

脑"。因此,君主一方面是教会的徒众,接受教会的圣餐圣礼;一方面又是教会的首脑,"根据他的训令……他们(即教士)接受命令和统治"。① 如此一来,教会倒要服从国王了,而不是像中世纪那样,国王要仰仗教会的支持来维护其合法性。现在,上帝被用来为国王的目的服务,而不是国王做上帝的忠实仆人。教皇作为连接上帝与世人间的中介人的地位被排挤了,留下的空缺由国王来填补。于是,国王站到了上帝与世人之间,他现在已经超出人世之上,可以随心所欲地解释上帝的意旨了。国王获得了垄断真理的权力,整个国家当然应该"天然谦恭地服从"。若把现在这个半神化的专制国王与12 世纪威尔士的杰拉尔德所表达的在上帝面前人人平等的观点作一比较,就可以看出专制君主与中世纪的骑士国王在权威与地位上的天壤之别了。1578 年伦敦主教艾尔默(John Aylmer)这样说:"我布起道来无精打采,我不信任上帝而只信任王上,王上是上帝的副手,因此是我的另一个上帝。"②显然,随着上帝地位的降低,专制的君主应该被神化。这是对统治者个人的崇拜,它既是专制王权的需要,又是民族刚开始凝聚为国家时的客观要求。在王权的这个发展阶段上,个人的极端权欲与民族的客观要求奇怪地吻合,都铎王朝恰好就处在这样一个时代。

君主的神圣化与对君主的奉承歌颂成为都铎王朝的风气,这甚

---

① J. J. 斯卡里斯布里克(J. J. Scarisbrick)著《亨利八世》(加州大学出版社,1970 年版),第 278—279 页。

② 克里斯托弗·莫里斯(Christopher Morris)著《英国政治思想》(牛津大学出版社,1953 年版),第173 页。着重点为引者所加。

至充斥于当时最伟大的文学作品中。且不说莎士比亚在《亨利八世》结尾时让大主教克兰默阿谀奉承地所说的那一段话,让他像巫师般地预言刚生下来的伊丽莎白公主(即后来的伊丽莎白女王一世)"会给这片国土带来无穷的幸福",连"《圣经》上的示巴女王也不及她这样渴求智慧和美德"[①],只需看一看英国文学史上另一部划时代的伟大作品《仙后》,就可以知道君主的神圣化在当时已达到何等地步:

> 随他们以俱来,啊光明的女神,
>
> 你是仁爱的影像,威严的象征,
>
> 这最伟大海岛之伟大的女性,
>
> 你的光明像太阳神的灯,普照大地。
>
> 请你以仁慈的光射入我的弱眼,
>
> 提起我的过于卑猥低贱的思想,
>
> 去想象你那真正光荣的化身,
>
> 我的拙笔所不能表达的题材:
>
> 啊我最敬畏的神,请听我的歌唱![②]

这是全诗开场白的第四节,也是最关键一节。任何懂得时代背景的人都不会弄错。这"光明的女神""海岛上伟大的女性"指的不是别人,而正是伊丽莎白女王一世。事实上,《仙后》这书名就是献给女

---

① 《莎士比亚全集》第七册,第112页。

② 埃德蒙·斯潘塞(Edmund Spenser)著《仙后》。中译文见梁实秋编著《英国文学史》第一卷。

王的,女王被歌颂为天国的"仙后"。

很显然,王权在这时登上了巅峰——上帝之下,即是国王;但上帝只负责人的灵魂,他并不管人间烟火。因此,事实上,天地万物,国王独尊。不过,这里有一个难点:专制王权的合法性安在? 对都铎王朝来说,血统的合法性一开始就受到怀疑,教会的权威现在又受到否定,封建合法性的两个支撑点现在都靠不住了,那么,国王的权力从哪里来? 亨利八世的御用神学家们坚持说:国王的权力直接从上帝那里来。历史上的克兰默(Thomas Cranmer,而不是莎士比亚笔下的克兰默)这样说:"一切基督教君主都直接从上帝那儿受全权委托去监护他们的全体臣民,这既包括执行《圣经》训诫以监护灵魂,也包括操持政务和社会治理。"①不过,上帝这样一个无形的最高存在显然不能给君主以有形的指示,因此国王的合法性从哪里来的问题依然没有解决。都铎王朝的君主们对这一点自然清楚,作为清醒的政治家,他们知道权力的来源在于民族。因此,他们特别注意操纵议会,在英国,得到了议会的支持,便可以民意作为合法性的依据。亨利八世正是用议会来进行宗教改革的。伊丽莎白也利用议会来执行各种政策。虽说法律的始作俑者从来就是国王自己,但法律的颁布又必须假手议会,这就是前面伦特教授所说的情况。亨利八世对如此为之的不得已处自认不讳,他在争取教皇批准离婚而不得后说:"我既已尽过了对上帝及良心的责任……我就要向议会提

①　托马斯·克兰默著《杂文》。

出吁请以作出决断,谅这个机构是不会不给我决断的。"[1]这就是说,在失去了教会的支持后,他决定向议会要求合法性——"天国"的权力是靠不住的,民族的意志才是权力之基础。都铎王朝正是以民族为后盾,才取得了前所未有的力量。不过,既然王权发展到这时已不得不把民意视为合法性的基础了,那么,它有什么理由对民族实行专制统治呢? 专制主义的矛盾正是在这里。王权发展到这一步,就要面临危机了。

二、"生而自由"的英国人

当王权经历着由野蛮到文明、从微弱到强盛的发展过程时,英国历史也在经历另一种发展,也在形成另一种倾向。这就是抗拒王权、限制王权的努力。在英国,它被看作是"自由"的传统。

为什么对抗王权被称作是"自由"? 这涉及英国人对自由的理解。19世纪的功利主义思想家约翰·密尔(旧译穆勒)对这个问题有精辟的解释,他说:

> 自由与权威之间的斗争,远在我们所最早熟知的部分历史中,特别在希腊、罗马和英国的历史中,就是最为显著的特色。但是在旧日,这个斗争乃是臣民或者某些阶级的臣民与政府之间的斗争。那时所谓自由,是指对于政治统治者的暴虐的防御。在人们意想中……统治者必然处于与其所统治的人民相

---

① 《亨利八世》,第294页。

敌对的地位……其权威系得自继承或征服……他们的权力被看作是必要的,但也是高度危险的;……因此,爱国者的目标就在于,对于统治者所施用于群体的权力要划定一些他所应当受到的限制,而这个限制就是他们所谓的自由。

翻译成历史的语言就是王的权力"是必要的",因为它始终具有某种历史功能;但它又是高度"危险的",因为它"试图用以对付臣民"。所以,必须对王权加以限制,"而这个限制就是他们所谓的自由"。

因此,限制王权,抵抗王权的越轨企图,在英国人看来,就是争取自由。至少,这在"旧日",在统治者的"权威系得自继承或征服"的时候,情况是这样。由此可知,在英国人心目中,自"王"的记载出现之日始,对王权的限制就可算作是对"自由"的追求。

不过,并非一切对抗王权的举动都可看成是"自由"之举,密尔对此作了严格的说明。他说:

> 谋取这种限制之道有二。第一条途径是要取得对于某些特权即某些所谓政治自由或政治权利的承认,这些自由或权利,统治者方面若加侵犯,便算背弃义务,而当他果真有所侵犯时,那么个别的抗拒或者一般的造反就可以称为正当。第二条途径……是要在宪法上建立一些制约,借使管治权力方面某些比较重要的措施须以下列一点为必要条件,即必须得到群体或某种团体的想来是代表其利益的同意。①

---

① 约翰·密尔著《论自由》,中译本(商务印书馆,1982年版)第1—2页。着重号为引者所加。

很清楚,对于密尔(以及多数英国人)来说:自由的含义是权利,它是建立在权利与义务的相互关系的概念上的。统治者有他的权利,但也有义务;他必须同时履行义务,才能维持其统治者的地位。而另一方面,臣民虽然有服从的义务,却以享有权利(即自由)为前提,如果这种权利受到侵犯,臣民就可以"个别地抗拒或一般地造反"。尤其是,为保障权利,必须建立某种"宪法的制约"。这就是英国人心目中的"自由"及"反抗暴政"的权利。我们现在就要在这个意义上来谈论英国的"自由",理解"生而自由"的英国人。

何谓"生而自由"? 如果把"自由"理解为"权利",这个问题就比较容易了。因为根据"自然法",人生而具有权利,他只为求得有保障的生存,才把其中的某些权利交给社会。既如此,一切人便都是"生而自由"的了。但英国人的特点是,他们始终把这种"与生俱有"的权利作为反抗暴政的合理性基础,并把它写在民族的光荣旗帜上。试看英国历史上哪一次争取权利的斗争不是以"自由"为号召,从而把近乎谋取物质利益的权利之争,提升为追求理想原则的神圣事业? 这一点,我们在下文中将看得很清楚。

如此,就可以来看一看英国历史上的"自由"传统了。

"自由"的传统起自何时? 有一种说法是:它起于盎格鲁-撒克逊的时代。当时,国王的权力受到限制,人民的意志主宰国家。因此,盎格鲁-撒克逊时期是一个自由的时代,人民享受着充分的自由。但这个传统被诺曼征服打断了,自征服者威廉及其后代篡夺了英国的王位后,英国人就在一副"诺曼枷锁"下生活,失去了往日"天生"的自由。这以后,摆脱"诺曼枷锁"就成了英国人几百年来生生不息的使命，以致锻铸出英国人引以自豪的"自由传统"。19世纪辉格党学派的史学大师马考莱（Thomas Babington Macaulay）在其巨著《英国史》中就表露了这样的观点：

> 黑斯廷斯战役及其后的诸事不仅将一个诺曼底公爵置于英国王位上，而且把英国全体百姓交付给诺曼种族的暴政。一个民族对另一个民族的征服即使在亚洲也很少有如此彻底的，国家在入侵的头领们之间被瓜分掉，强大的军事制度与财产制度紧密相连，使外国征服者得以对大地儿女们欺压蹂躏，残酷的刑法被残酷地执行，保护着外来暴君的特权，甚至保护他们的游猎嬉戏。但被征服的种族尽管已经倒下，还被踏上了一只脚，却仍旧表现得桀骜不驯，有些勇士，我们最古老诗歌中备受欢迎的英雄们，他们钻进丛林，不顾宵禁与森林法，对其压迫者展开了殊死的战争……①

因此，诺曼征服划分了两个时代。在此之前，是一个自由生存的民族；在此之后，是一个忍受奴役的国家。

这种说法从17世纪起开始盛行，原因是这时候反专制主义的斗争趋向激烈，人们需要到历史上去寻找根据，以证明"自由"是英国最古老的传统，而专制主义则是反传统的。

但这种说法是非历史主义的。如果把"自由"推溯到盎格鲁-撒克逊入侵的早期，推溯到这些野蛮人的部落阶段，那么显然，社会在

---

① 马考莱勋爵著《英国史》第一卷（伦敦，1861年版），第12—13页。黑斯廷斯战役是征服者威廉打败哈罗德，夺取英国王位的一场决战。

那时是较平等的，部落成员享受着较大的"自由"。部落民也许可以
参加全体部落大会，就某些重大问题进行表决。部落的习俗和禁忌
是一切人都须遵守的，为"王"者也不可例外。不过，如果说这就是
"自由"，而且是后来英国人所孜孜以求的自由的起源，那么，世界上
哪一个民族没有经历过这样一个阶段，哪一个民族没有原始状态下
的部落民主制呢？事实上，关于盎格鲁-撒克逊人的部落民主制，迄
今并不能找到文字的依据，当时的社会状况到底是什么样子，只能
根据罗马历史学家塔西陀关于日耳曼社会的一般性叙述去猜测。
这些描述比盎格鲁-撒克逊人的入侵早了至少300年。这种没有文
字的黑暗时期甚至在入侵不列颠后的两百年仍然如此，关于这个阶
段，正如前面所说，只留下一些古老的传说。但仅凭这些传说也就
可以知道，入侵后部落的分化已经开始了，战争的需要产生了"王"。
"王"和亲兵(以后的贵族)开始浮据乎社会之上，民众的"自由"已受
到压制。在这时，主宰社会的已不是平等，而是不平等，已不是"自
由"，而是不自由了。关于这一点，马考莱的后继者、他的外孙、20世
纪初的大历史学家屈维廉(George Macaulay Trevelyan)也确认说：

> 盎格鲁-撒克逊的政府形式是独断王权……虽说这种独断
> 制度受到部落的习惯、武装部族人的气质，以及王者本人的个
> 人品质的限制……①

把这样一个"独断王权"时期看作是"自由"的起源期，显然是违

---

① 乔治·马考莱·屈维廉著《英国简史》(英国企鹅出版社，1986年版)，第40页。着重号
为引者所加。

背"诺曼枷锁"论的本意的。事实上,盎格鲁-撒克逊的"古老自由"和"诺曼征服"都是近世人编造出来的似是而非的历史神话,英国的"自由"传统并不发轫于此,而是大大地晚于这个时期。

要寻找这种传统的根源,我们还是要回到约翰·密尔那里去。对密尔来说,自由即是权利,这是英国人对"自由"的理解。在中世纪,向国王争夺权利的不会是别人,只能是本身就有一定实力和社会地位的贵族阶层。而英国的"自由",的确就是从贵族与国王的抗衡开始的。

在盎格鲁-撒克逊时期,国王与贵族就常有矛盾,因而也就常有冲突。但关于权利与义务的明确观念是在诺曼征服后形成的。当时,诺曼底贵族把大陆盛行的土地分封制度带进英国,英国经历了完全的封建化。这个制度以分封土地为基础,主公向封臣收取封建义务。分封的条件是以契约的形式规定的,主公方面有什么权利,封臣方面有什么义务,都以文字记录在案。但这种权利与义务是相互的,主公方面不仅有权利,他也需履行一定的义务;封臣方面也不仅是承担义务,他也拥有相关的权利。任何一方若索取过多的权利便也和不执行应尽的义务一样,被看作是破坏了封建关系准则,因此另一方便可以自认为已摆脱了协约的束缚,而不必履行有关义务了。因此,无论立约的哪一方,都有一些按照封建规范可以做的事,即"权利",而这就是他独占的"自由"。Liberty(自由)这个词,在中世纪与 Privilege(特权)同度,也就是说,"自由"指的是做某件事的特权。显然,语义学上的这个概念是与密尔的理解一致的。①

---

① 关于这一点,可参阅王同忆主编的《英汉辞海》中有关这两个词的解释条目。

诸曼征服后，权利与义务成为调节封建关系的主要杠杆，国王为明确他所拥有的封建权利，就要以律令的形式加以公布，以使全体贵族一致承认。但国王在确定了他所拥有的封建权利的同时，也就承认了贵族所拥有的权利，因为权利与义务是相互的，国王所不能做的事，正是贵族的权利所在。亨利一世的《加冕宪章》就是这样一个文件，其中明确规定了国王对教会财产及在诸侯领地上所拥有的权利，特别是载明了国王所不能做或决意不去做的事，从而成为英国历史上第一份明确规定封建关系的法律文件。其中特别提到：他要保证"恢复国王爱德华的法律，以及吾父（即征服者威廉）与其诸侯商定所作出的修正"，表明了国王要遵守法律的意向。[①]

由此，便不难理解，为什么诸曼诸王及他们的后继人如此频繁地颁布"宪章"及其他类似的律令了。亨利一世的外甥斯蒂芬(1135—1154 年在位)登位伊始，就匆匆忙忙地向诸侯们宣布他"已经许给……我的所有英国诸侯和封臣以我的舅父英王亨利所给与的一切自由及好法律"。亨利二世也在 1164 年的《克拉伦登宪法》中"录下并承认其外祖父亨利（即亨利一世）及其他先王所制定的成例、自由和权利中必须在本国遵守并执行的那些"，而且，为了避免对这些"成例、自由和权利"在理解上发生"歧义和争执"，特把"本国大主教、主教、修道士、伯爵、男爵和显贵要人们"全部找来作证。[②]

---

① 亨利一世《加冕宪章》，载卡尔·斯蒂芬森(Carl Stephenson)和弗雷德里克·乔治·马查姆(Frederick G. Marcham)编著《英国宪政史资料》第一卷(纽约，1972 年版)，第 48 页。爱德华是西撒克逊国王(1042—1066 年在位)，他的死导致威廉去英国争夺王位。
②《英国史文件集》第二卷，第 402 页；《英国宪政史资料》第一卷，第 73 页。

和《加冕宪章》一样，这份文件也详细开列了国王能做和不能做的事。

懂得了封建关系中的这个关键点，就很容易理解，贵族与国王的抗争将以权利为中心展开；而权利，在中世纪，也就是"自由"。

但这种抗争在全欧洲都是存在的，为什么只有在英国，它才形成英国人引以自豪的"自由传统"？原因何在？试比较法、德、英三国。

在法国，这种冲突导致王权在起初极弱小，后来逐渐强大，最终成为主宰一切的力量。

在德意志，这种冲突向另一方向发展——王权一开始很强大，后来却逐渐削弱，最后完全变成虚幻的影子。

只有在英国，国王和贵族始终不分上下，谁也难以彻底制服对方，结果形成长期的抗衡。

因此，在法国和德意志，冲突都以一方完全压倒另一方为结局；结果，抗争不能继续下去了，抗争的传统也就中止。而只有在英国，抗争在相对平衡的状态下不断持续，终于形成历史传统。

这种情况有其历史渊源。威廉一世率诺曼底贵族征服英格兰时，每征服一个地区，就把它分成许多小块，分封给尽量多的有功人员。征服另一地区后，他又用同样的方法把土地分封给几乎同样一批人。这样，导致任何一个大贵族都没有连成一片的广阔领地，难以形成事实上独立的小国家，无法与国王相匹敌。在这个基础上，威廉于1086年召集大小贵族在索尔兹伯里聚会，规定一切贵族首先要向国王宣誓效忠，次而再向自己的直接封主宣誓效忠，从而使大小贵族都直接与国王结成权利与义务的相互关系，打破大贵族对下属的强力控制。在这种结构中，大贵族难以借封建从属关系动员下属进行反叛，改变了大陆上流行的"我的臣属的臣属不是我的臣属"的现象。由于这些，英国的贵族实力相对薄弱，不可能彻底制服国王。

不过另一方面，英国的贵族虽不可能制服王权，使之屈服于封建割据的淫威之下，但每当国王超出封建关系许可的范围任意行事时，贵族们又可以加以阻挡。在这种时候，贵族以维护"合法权利"为号召，很容易赢得天下人的支持。在英国，一个贵族虽不能与国王相匹敌，全体贵族联合起来却很能使国王就范，而联合所有贵族的最合适的口号就是"权利"。在"权利"的旗帜下，一切贵族都可以拿起武器，向破坏封建关系的"暴君"要求自由。

这就是"自由"在英国的起源。

由于贵族对国王的长期抗争，王权应该受限制的思想便逐渐形成。封建关系用律令的形式固定下来，法律成了约束王权的武器。人们开始认为，法律不仅是针对臣民的，也应该束缚君主，君主必须依法律行事，而法律就是权利与义务的法的体现。不遵守法律的君主是暴君，暴君自动地解除了他对臣民所拥有的权利。这种思想在亨利二世时就被人清楚地表述出来了，索尔兹伯里的约翰在其《政治家手册》中说：

> 受权于上帝者依法行事，他是权利与正义的奴仆；篡夺权力者压制人权，使法律服从他自己的意志。因此，对败坏法律者要用法律的武器去对付他，国家的权威对企图削弱法之威力

者应严惩不贷。尽管叛逆的罪行有许多,却没有哪一种比违反法律之自身本体更严重。因此,暴君不只是对公众犯罪,如有可能,它甚至是一种更大的罪行。因为,若说叛逆尚容许其他人谴责,那么压制法律的罪行又该如何?而法律本来是应当管束统治者自己的。

因此文章说:"杀死暴君不仅是合法的,而且是公平正当的。"

这段文字不但清楚地划分了"君主"(prince)与"暴君"(tyrant)的区别,而且明确地表示了法律应高于君主,对不遵守法律的君主应该以法律的名义加以剪除,这也就是所谓"抵抗暴君"的原则。

英国贵族在"权利"的旗帜下"抵抗暴君",几乎是中世纪司空见惯的事。1215 年,这种抵抗导致具有深远意义的成果。

当时的国王是约翰,他权欲极大,能力又极小。他在与贵族的交往中不顾封建规范,视贵族的领地财产为己有,爱没收就没收,爱罚款就罚款。他可以随时以各种理由命大小贵族进贡纳税,若有不从,便对之动武。贵族死后,若只留下未成年的小继承人,他就把庄园领地拿过来,置于自己的监护下。等小继承人成年取回领地时,却发现庄园财力已被耗尽,资产已被掠空。约翰仿佛觉得自己是国家中人员、资产的绝对主人,爱如何处置都可以随意——但这恰恰和封建规范背道而驰,违背了权利与义务的准则,因此很容易激起全国贵族的一致反抗。

1215 年初,诸侯终于举兵造反,很快将国王打败。造反得到市民的支持,伦敦大开城门,将诸侯迎入城内。6 月 15 日,约翰在百般无奈之下接受诸侯的条件,在泰晤士河畔伦尼米德的一片草地上签署了赫赫有名的《自由大宪章》。其中第一款就开宗明义地说:"朕以朕本人及万世后代的名义许给本国一切自由人下述之一切自由,许其及其后代从朕及朕后代处保有如下自由。"

《大宪章》共 63 款,数千言,集封建权利与义务之大全,是一个彻头彻尾的封建文件。它对国王在封建规范下能做什么和不能做什么作了非常详尽的规定,也就是对诸侯的权利作了全面的承认。比如说,它规定贵族每年应向国王交多少贡赋,继承遗产时应纳多少遗产税,子女未成年时领地遗产应如何处置,领主死后寡妇的嫁妆应如何处理等等。贵族最关心的是财产的保障和人身的保障,因此在大宪章中贯穿始终的就是两条原则:一是除封建义务所规定的贡款赋税外,"王国内不可征收任何兵役免除税或捐助,除非得到本王国一致的同意";而"为了对确定某一捐助……或兵役免除税的额度取得全国的同意,国王应发起召集大主教、主教、寺院长老、伯爵和大男爵等等"开会,讨论研究征款事宜。二是"若不经同等人的合法裁决和本国法律之审判,不得将任何自由人逮捕囚禁、不得剥夺其财产、不得宣布其不受法律保护、不得处死、不得施加任何折磨,也不得令我等群起以攻之、肆行讨伐"。国王若对以上诸规定或基本原则蓄意违反,则诸侯可随时造反,国内任何人亦可随诸侯造反,而国王必须承认这种造反完全合法。[①] 在这份文件中,包含了以后被英国人视为自由的最高原则的所有内容,其中包括武装反抗暴君的原则。

---

① 参见《大宪章》第 1、12、14、39、61 款。

这就是被奉为英国宪政之基础的《大宪章》。但它实际上表现的是封建贵族的意志,它的行文中充斥着标准的封建术语,与现代社会本应该格格不入。它反映的是贵族的利益和要求,其阶级特征十分明显。但正是这份文件,成了英国自由的正式宣言书。

这里的原因其实很简单:历史上往往有一些事,它对后世产生影响并不是因为它本来的意义,而是因为后世人对它的理解或附加的意义。《大宪章》正是这样,它说"不征得王国一致的同意不得征收兵役免除税或捐助",后世人将它解释成"不经过人民的同意不得征收一切税"。其间的区别是:兵役免除税和捐助是封建君王对封臣的索取,"税"则是现代国家对公民整体的摊派。后来,这个原则又被引申成"代表机关(即议会)决定赋税"的原则,因为《大宪章》也说过:为"确定捐助的额度",应"召集大主教、主教、寺院长老、伯爵和大男爵"等等开会。显然,这不是《大宪章》的本意,因为《大宪章》并没有,也不想把"大主教、主教、伯爵、男爵"等等看作是"人民的代表",更没有要就赋税问题征询人民意见的意思。至于第二个原则,即"不经法律审判不得加以处罚"的原则,《大宪章》让它适用于"自由人",这个概念含义较广。但即使如此,在13世纪初,"自由人"的范围也极其狭窄,因为农奴制正处于鼎盛时代,全国绝大多数人都不是"自由人"。这个原则在后世被说成是适用于"一切人",甚至包括社会下层,很显然,这是按后人的需要来重新解释历史。《大宪章》经过后世人的精心改造,确实很适应后世人的要求,但这些改造全都是针对《大宪章》最本质的内涵的,他们用"人民"来置换"贵族",用"人民对统治者的斗争"来类比贵族对国王的斗争,从而使《大宪章》不再是一个特定时期的特殊文件，而成为对任何时期都适用的一般性原则文件了。由此，我们可以看出英国历史发展中的一个明显的特点：以传统作为改造传统的依据，同时对传统作出符合时代需要的解释。

正因为这样，人们可以说：是英国的贵族开创了"自由"。《大宪章》至少在一点上是确凿无疑的：它将国王置于法律的约束下。至于谁应该是法律的制定者，这却是后来激烈的政治斗争的一个重要方面。

《大宪章》颁布后，又经过一系列冲突，才最后巩固下来。约翰王曾企图撕毁《大宪章》，只因为他突然死去，内战才没有重新爆发。后来，约翰的儿子亨利三世三次被迫颁布《大宪章》，第三次颁布后又三次加以确认；爱德华一世想废除《大宪章》，引起贵族的激烈抵抗，于是不得不三次确认《大宪章》；以后，他的继承人在中世纪总共又确认《大宪章》近 30 次。每当贵族们觉得自己的权利受到侵犯时，他们就以《大宪章》为依据，行使"抵抗暴君"的权利。可见，这种"自由的传统"是在不断的冲突中形成的。

亨利三世时是贵族与国王冲突最激烈的时期，这似乎可以这样解释：双方对权利与义务的看法分歧很大，但又没有解决分歧的正常途径，因此只好诉诸武力。《大宪章》虽然承认了贵族的权利，却对国王若不愿尊重这些权利时应怎么办一筹莫展，因此就以武装反叛为最后手段。但经常的武装冲突导致社会动荡不已，而且由于前面所说的情况，国王与贵族谁也制服不了谁，于是冲突就要不断延续。显然，若诉诸武力是唯一的办法，看来仍不能解决问题。

亨利三世时还出现两个重要文件，一个是 1258 年的《牛津条例》，另一个是 1259 年的《威斯敏斯特条例》。其中以《牛津条例》更为重要,因为它似乎暗示了一种新的解决办法,后来诸侯又在内战中将其付诸实行。这就是在贵族与国王的冲突中产生的另一重大成果——议会。

　　《牛津条例》说:根据 24 人组成的贵族会议的决议,每年应召开三次议事会即"议会"(Parliament),"审查国务并考虑国家的共同需要及国王的需要"。由国王指定的 12 个贵族会议成员应出席议会,"同时也不可忘记公众应选举 12 个优秀人物,他们也应参加这三次议事会……公众还应把这 12 人的所作所为看作是议定之事——这是为减省公众的费用"。这里所说的公众,是指贵族"公众"。这个条例承认了由贵族组成的议事会的议政权,以及在很大程度上所拥有的决定权。

　　"议会"在条例制定前就已出现,当时起某种中央法庭的作用,由御前会议的原班人马组成。但《牛津条例》加进了"公众选举"的成分,尽管这些"公众"只不过是大贵族而已。同时,诸侯们还开始把它当作议政的场所,而不仅仅是司法机构了。这种职能与性质的演变在其后的贵族叛乱中进一步发展。1265 年,反叛的贵族首领孟德福(Simon de Montfort)打败国王,控制了政府,于是让全国各郡各推两名骑士、城镇各推两名市民到伦敦开会,讨论"全面确保和平与安定……并讨论其他国事",用意显然是要获取全国承认。这份以国王名义发布的诏书其语气耐人寻味,据它说,这些国事"若得不到你们的忠告及其他教、俗显贵的忠告,朕即不愿予以处理,(因此)朕急令你们尽忠尽爱,拨冗除繁,切勿推辞,前往伦敦……"[1]议会似乎

---

① 《英国宪政史资料》第一卷,第 151 页。

成了解决国事的必要机构，没有它，仿佛什么事也决定不了。

这次议会未能产生永久性的后果，因为贵族很快就在战争中失败了。不过它使议会的组成出现巨大变化，当时的"中等阶级"（各郡骑士和市镇居民）被召进议会，与教、俗显贵共议大事。这似乎在暗示：权利不再是贵族的专利，其他阶级也有"权利"。事实上，在中世纪的等级结构中，任何一个等级在其特定的社会梯级上都有其确定的权利与义务，而现在这种现实是得到承认了。但接下来的问题是：既然贵族可以为自己的权利争取"自由"，其他等级为什么不可以呢？贵族的反抗树立了榜样，"自由"为这种反抗镀上了灵光。后来，地位在贵族之下的社会各阶层，纷纷举起"自由"的旗帜，为自己的权利争取"自由"。从贵族开始，自由的传统逐一向下传播，英国人成了"生而自由"的英国人。由于贵族与王权的抗衡长期不断，这颗"自由"的种子竟可在适合的土壤中当真生根发芽成长起来了。

孟德福领导的贵族反叛虽说没有成功，但它在英国宪政史上留下了永久的印记。议会似乎是一种好形式，全国性的问题可以在这里协商解决。如果问题解决得好，就不必用武力来分胜负了。爱德华一世登位后，开始经常使用这种具有代表性质的协商机构。1273年、1275年和1283年他都召开过议会，由全国每个郡的各两名骑士代表和每个市镇的两名市民代表加上大主教、主教、修道院长、伯爵、男爵等教、俗贵族共同组成，来讨论"与本王及本王国有关的某些棘手问题"。[①] 这以后，同样的会议几乎每年都要召开，逐渐形成

---

① 1295 年爱德华一世召开议会的敕令，载《英国宪政史资料》第一卷，第 159 页。

惯例,议会成为"民意"的代表,成为各阶层代表与国王讨价还价的场所。

起先,议会是国王向各地要钱的一种方便形式。以前,每当国王需要向地方征税时,都必须亲自或派代表去各个地方,与当地的有关人士商讨税额问题。自"议会"这种东西出现后,国王发现让各地派代表同时来开会要省事得多,可以一举解决全国的问题。由于《大宪章》的制约,用议会的方式向全国征税更显得必要,因为国王已不得随意征税了,任何横征暴敛都会引起全国的反抗。1297年,国王擅自决定要对私人财产征收一种重税,贵族们不同意,差一点又引起内战。国王赶紧召集各地代表举行议会,贵族在议会上重申不经同意不得征税的原则,否决了原来的征税计划,但通过一项新税。这以后,征税必须取得议会这个代表机关的同意,便成为英国的定制。议会事实上控制了国王的财源,这个问题的重要性在当时并没有人意识到,特别是国王没有意识到。而当后来国王意识到这个问题而想改变它时,它却已经成为一种"自古就有的"传统而不可变更了。

这以后,议会的重要性日益增加,每当贵族与国王意见分歧时,议会便作为谈判的场所,干预的事也越来越多。1322年,议会的宪法地位以法令的形式得到肯定。根据当年《约克法令》,今后"凡解决与王上及其继承人之地位财产有关的问题,或解决与王国、人民地位财产有关的问题,应由王上在议会中加以考虑、颁布和解决,并得到宗教显贵、伯爵、男爵和王国公众的同意……"这里实际上确立了一个原则,即后来被称作是"国王在议会"的政体制度。根据这个原则,一切重大国事都必须由国王在议会里加以处理,没有议会的同意,国王便寸步难行。议会显然成了政体制度的一个不可分割的组成部分,到了这个时候,要再想不召开议会也就不可能了。再者,《约克法令》是以法的形式确认国王的权力应在议会行使,到这时再不召开议会,也就成了犯法了!

《约克法令》的历史背景是:爱德华二世登位后,国王与贵族的冲突再度尖锐。1311年,贵族制定了一系列"告示"强迫国王接受,企图控制官员的任命权。1322年国王打败反抗的贵族,于是召集会议,颁布《约克法令》,本意是废除那些告示,重申法律的颁布权在国王。但贵族的抗衡已强大到如此地步,国王即便在胜利中也不得不认可这样一个原则,即他必须在议会中行使这个权力,结果反倒为"国王在议会"立下法律根据了。这个事实再次说明:英国的"自由"是在贵族与国王的抗衡中形成的。

14世纪初,议会又取得了听取请愿的职能。凡臣民有不满、积怨之事,皆经由议会向国王申诉。议会将这些申诉交政府处理,或径自通过决议,加以解决。这种趋势发展到14世纪中期,便常能将请愿变成议会的法案,对全国具有法律约束作用。议会能够制定法律,这对王权是一种很大的威胁,因为国王已经被《大宪章》置于法律之下,当议会能够自己制定法律时,就意味着有可能让国王听命于议会。但这个秘密在很长时间内并未被人识破。中世纪的议会从未想到要独立于国王之外,在国人心中,法律仍是国王制定的,议会的法律只不过是国王在议会制定的而已。立法权仍在国王手中,但他应该在议会行使权力——这就是英国的"混合君主制"。

中世纪欧洲影响最大的教会思想家托马斯·阿奎那最推崇一种集君主制、贵族制和民主制之特点为一体的"混合制"国家。在英国,这个设想似乎已是现实:国王、贵族和平民在议会中结为一体,共同维持一个和谐而等级分明的社会。14世纪中叶,一个由平民组成的"平民院"(即下院)开始出现,其成员是乡村骑士和城镇市民。这对于等级制下的英国来说,似乎没什么好奇怪的,然而骑士和市民却携起手来,找到了他们共同的"权利"。贵族不再是国家中唯一的政治力量了,"自由"的精神已传给平民。而且,自从贵族院和平民院分开之时起,代表制原则只能由平民院体现。国王和贵族似乎都是诺曼征服者的后代,只有平民院才是人民的代表。

不过,这种潜在的裂痕在当时是不为人察觉的。就连在70年中有两个国王由议会废黜(爱德华二世和理查二世),也可用托马斯·阿奎那的理论加以解释。阿奎那不是说:混合政体中的民主成分是用来推翻暴君的统治吗?这似乎正证明英国混合政体的完善程度。

总之,当中世纪结束时,自由的传统已根深蒂固,它起之于贵族对国王的抗衡,并开始向中间等级渗透。"权利"的概念已深刻在英国各阶层的心扉上,为维护权利,他们随时准备抵抗暴君。正因为如此,马考莱在总结中世纪英国政治制度时说:"古老的英国政体属于有限君主制类型……(国王的)权力虽很充分,却受三大宪政原则的限制;这些原则如此古老,没有人能说出它们起自何时;这些原则又如此有效,其顺乎自然的发展已持续了这许多代,产生出我们生活于其中的事物秩序。"

这"三大原则",据马考莱说,是:

其一,不经议会同意国王不得立法。其二,不经议会同意国王不得征税。其三,他必须按国家法律掌管行政,如果他违背法律,其谋臣及代办官员应负责任。[1]

尽管"诺曼枷锁"论仍在这里留下痕迹,但"三大原则"的说法至少是反映了 17 世纪以后人们的看法。而这三大原则,在中世纪结束时已经定型了。

这些原则即使在专制主义时期也没有消失,反而被糅合进英国的专制主义理论。

专制王权之所以出现,是因为它能消除国家的分裂状态,克服贵族的分离势力,建立统一的民族国家。因此,专制主义是民族国家在其初建时的一种需要。但如前所说,专制制度是王权与民族的奇怪结合,在英国,既然议会被看作是"人民"的代表,那么,王权与民族的结合就必须体现在国王与议会的合作上,而"国王在议会"也就是现成的政体形式了。因此,在英国的专制主义时期,议会始终发挥重大的作用,尽管它事实上对国王言听计从,有"都铎朝的卑恭使女"的雅号,但国王始终离不开它,否则权力就会发生动摇。这种政治的现实使都铎时期的政治理论一方面要证明专制的合理性,以保持它的强大;一方面又要解释限制它的必要性,以维护"自由的"传统。如何能做到这一点? 实际上很简单——就是把国王与议会、与法联系在一起。

宗教改革时期按新教教义翻译圣经的威廉·廷代尔(William

---

① 马考莱勋爵著《英国史》,第一卷,第 28、29—30 页。

Tyndale)说："评价国王的人是在评价上帝……若国王有罪,他应留待上帝的判决与报复……国王在现世无法律,他可以随心所欲地行善行恶,而只对上帝负责。"这是把国王的权力提高到绝对,是在为专制权力的合理性辩护。

但是在另一处他又说,国王"仅是执行上帝之法的仆从,不可凭自己的想象进行统治"。他甚至说:"无一国王、主上、主人或任何种类的统治者在现世有绝对的权力……其之所有仅为有限之权,当其越过界限时,就犯下反对兄弟之罪。"

这个说法似乎与第一个说法有矛盾,但事实上,他承继的是中世纪的法的观念。在中世纪,法有神法与人法之分,神法是上帝之法,是天地万物的最高准则,人法则是人世之法,是可以更改变动的。所谓"国王在现世无法律",就是指不受人法的限制;但他必须是"执行上帝之法的仆从",向上帝的法律负责。"国王乃上帝之替身,他的法律即上帝之法,上帝铭刻于人心中者,唯自然之法及其公道。"①这就清楚地表明:真正的王法是上帝之法,对上帝之法,他必须执行,必须遵守。

廷代尔的说法很典型,它表明在专制主义时期,有政治意识的英国人对专制王权的双重心理,英国人煞费苦心地使用中世纪关于神法与人法的概念,其目的,就是要把王权一方面抬高到君临一切的地位,维护强大的中央集权;一方面又要对其限制,保护英国人古老的"自由"。这种双重意识就是在专制王权最热衷的支持者那里

---

①《英国政治思想》,第37—39页。着重号为引者所加。

也是清清楚楚的,就连把国王说成是"我的另一个上帝"的艾尔默,也说统治英国的是法律,而不是国王:"首先,不是(女王)统治而是她的法律";"如果……政权完全维系于国王或女王一人意志上而非法律文件上,如果她可以独自颁布和制定法律而无需议院……一句话,如果她就是一个君主而不是混合君主",那么,英国的情况就危险了。"(女王)不制定律令法律,而是可敬的议会司法庭在制定;她不中断法律,而必须是她和议员们一起才能中断,舍此而不可。"①

于是,"国王在议会"与"以法治国"成了都铎朝的专制君主们所不可逾越的两条界限,跨过界限,就会引起严重的麻烦。由此可知,利用和操纵议会,不仅是都铎朝君主借助民族的力量伸张自己的合法性的需要,也是他们对英国"自由"传统的承认。他们在与民族结盟压垮了封建贵族的分离倾向后,却不得不承认民族有其自身的权利,他们必须置身于"民族"(国王在议会),才能装扮成民族利益的代理人。他们需要执行"上帝的法律",才能做君主而不是"暴君"。长期以来为亨利八世充当喉舌、为他的每一个政策作辩解的圣杰曼(St. Germain)这样为"国王在议会"作解释:国王只有在议会中才不会做出违反上帝之法律的决定,国王与议会在一起才可能辨别何为上帝之法律。

都铎朝君主对这两条界限也很清楚,亨利八世自称说:"朕于任何时期都不如在议会中时据有更高的为王身份,在这里,朕如首,君

---

① 《英国政治思想》,第 78—79 页。着重号为引者所加。

如躯,连合一体,组成国家。"①因此,他的一切重大行动都是由议会采取的,包括离婚也由议会来宣布。他的一切行动都要以议会立法为挡箭牌,以使其具有合法的外形。伊丽莎白女王在这方面也很高超,她漫长的统治经历了许多困境,但她始终要设法让议会服从她的需要。1566年,在与议会经历了一场艰苦的讨价还价之后,她说:"有谁竟如此无知,会怀疑作为躯体之首的君主在两脚打滑时不该命令它们不可走失? 上帝不许让你们的自由成为我的羁绊,也不许你们的合法自由受到任何侵害。"②这真是都铎朝专制君主的绝妙写照:他既要绝对的权威,又要尊重臣民的"自由"。比一比路易十四的言论就可以知道,英法两国的专制制度差别何在。路易十四说:"只有当全部权力完全集中在唯一的国君手里时,臣民的幸福和安谧才有保障……臣民没有权利,只有义务。"③英国人始终享有"合法自由";而法国的臣民却"没有权利,只有义务"! 由此看来,英国的"自由传统"绝非子虚乌有,而是确确实实的历史存在,即使在专制主义时期,它也以有限王权的形式存留了下来。

三、君主立宪制度

对于都铎朝的政治现实,理查德·胡克(Richard Hooker,

---

① 《亨利八世》,第 507 页。

② J. E. 尼尔(J. E. Neale)著《伊丽莎白朝的议会下院》(伦敦,1954 年版),第 429 页。着重号为引者所加。

③ 罗琴斯卡娅著《法国史纲》,中文版(生活·读书·新知三联书店,1962 年版),第 25 页。着重号为引者所加。路易十四是法国专制君主(1643—1715 年在位)。

1554—1600)作了最充分的概括。他的《教会政制法》表现了英国人对专制主义的双重看法。胡克是都铎朝最重要的政治理论家。

胡克认为宇宙万物层次分明,各层都有各自的法律,但唯有上帝的法律最完善,它永世不变,统帅一切。人的任务就是去认识这种上帝的法律,而认识上帝之法的工具就是人的理性。人组成社会需要有法律,法律属于社会全体成员,遵守法律也是社会全体成员的事。确立法律的权力在全社会,这是一种公共权力,而公共权力高于一切个人。君主若将这种权力攫为己有,私自行使立法权,"便与纯粹的暴政无异"。至此为止,胡克是在申诉自古就有的"自由"。

但法律一经制定,政府形式一经选择,就不可再更改。国王一经产生,就不可以再剥夺其已有的权力,因为权力是由群体所赋予,又以群体为基础的,尤其是它已经得到了上帝的认可,上帝要他们服从权威。"这时,他们的统治者就可以不需要他们而合法地行事了。"权力的这种绝对性质出自对秩序的需要;人们在暴政与无政府之间作出选择,发现前者尚比后者稍好一些。因此,为避免社会混乱不堪,就必须有一些人不受制裁,而超然于司法体系之上。这些人就是统治者,他们的权力广及社会一切领域,而且在一切领域中都至高无上。国王是国家的最高权力,但是,他所谓的国王是指国王在议会!

由这样一种最高权力,胡克清楚地知道很容易导致暴君出现,因此,"在权力被授出之前,就必须事先考虑好能够限制它的东西"。然而,如何才能进行限制呢? 他却说:"我看不出躯体如何才能用正当的手法帮助自己。"不过他仍然可以聊以自慰,因为在胡克看来,君主们一般总是想管好国家的,他们自身的道德将有效地对权力加以限制。

如果一切统治者都像胡克所希望的那样用道德来束缚自己,那么王权与"自由"的冲突也许就不存在了。然而道德是一个历史的范畴,不同的人在不同的时期有不同的理解。1588 年,英国战胜西班牙无敌舰队,这表明英国成为欧洲大国,同时也表明专制王权的历史使命在英国已经完成了。这时候,国家已统一,社会正昌盛,封建割据的危险早已消除,外敌入侵的图谋也已被粉碎了。一个统一、富强、生机勃勃的民族国家已经在专制王权的锻铸下形成,专制王权已经没有存在的必要了。这时,国王若能审时度势,凭其优势地位和政治手腕合理地统治,王权与自由的平衡尚可维持。在这方面,伊丽莎白表现得非常成功。她最典型的例子是在 1601 年召开她治下最后一次议会时,对议会作出的重大让步。当时,政府提出长长的一份专卖品清单,囊括了几乎所有商品。议会对此大为不满,当场就发出一片嘘声。女王知道后,下令砍去其中的一大半,重新赢得了议会的支持。

但无论如何,专制王权已失去存在的合理性了,它如何长期维持下去? 就在这时,詹姆士一世(1603—1625 年在位)继承王位,提出了无限王权的理论,提出"君权神授"。王权于是完全脱离了现实,成为飘浮于空中的"来自天国的权力"了。在这个权力下,自由将被碾碎,权利无立锥之地,英国历史上一直并行发展的两种传统这时有一个要完全压垮另一个,不允许另一个有丝毫存身之地。平衡被打破了,王权被推到最极端,詹姆士显然认为这是道德的,因为他在伸张神的权力。于是,一个丧失了历史合理性的王权在新的朝代下与自由激烈地冲撞了。

所谓"君权神授",按詹姆士的说法,不仅是君的权力来源于神,而且君与神同等:

> 君的身份是人世上最高的东西,因为国王不仅是上帝在人间的副手,坐在神的宝座上;而且他还被上帝自己叫作神。有三样东西可主要用来类比君的身份:……圣经把国王叫作神,因此其权力经某种联系便可与神权相比拟。国王还可比作父亲,因为国王确实是 parens patriae(父亲),是其人民的政治之父,最后,国王可比为人体这个小天地的头。

因此,国王是神、是父、是人体之头!把国王说成是上帝的代理人,其权力从上帝那里来,这本不是詹姆士的发明,路德和加尔文都作如是说,都铎朝君主也有过类似的话。但把国王与上帝直接等同起来,这是少见的。既如此,国王就该有神的权力了,所以詹姆士接着说:

> 的确可以把国王叫作神,因为他对人世行使某种神权或类似的权,假如你们想一想上帝的特征,就会看出这些特征如何适合于国王这个人。上帝有权创造也有权毁灭,有权建设也有权破坏,一切皆凭他高兴;他有权决定生死,评判所有人而不被任何人所评判;有权抬高卑者或贬低尊者,凭其高兴;而且,(人的)灵魂及肉体都属于上帝。国王也有类似的权力:他挥斥召

唤其臣民,他有权提拔,也有权贬抑;他在一切官司中审判他的
所有臣民,定其生死,除上帝之外无需对任何人负责。[①]

由于有这样的权力,国王便不可受任何限制了:"正如辩争上帝之所
为是渎神行为……臣民若辩争握有大权的国王之所为,就犯了煽动
罪。"[②]而不受限制,首先意味着不受法律限制。曾担任过詹姆士一
世的大法官的爱德华·柯克(Edward Coke)爵士回忆他与詹姆士的
一次谈话时记载:

> 国王接着说,他认为法律是基于理性的,他本人和其他人
> 跟法官一样也都有理性。对此,我回答说,确实是这样,上帝恩
> 赐陛下以丰富的知识和非凡的天资,但陛下对英吉利王国的法
> 律并不熟悉。对于涉及陛下臣民的生命、继承权、货物或其他
> 财物的案件并不是按天赋的理性来决断的,而是按特定的推理
> 和法律判决的。人们要懂得法律必须经过长时间的学习并具
> 有实践经验……对此,国王勃然大怒,并说,如此说来他必须受
> 到法律的约束了。他说,这种说法构成了叛国罪。对此,我说,
> 布雷克顿说过:"国王不应服从任何人,但应服从上帝和
> 法律。"[③]

如果柯克的记录属实,那就清楚地表明:詹姆士认为要国王服从法

---

① 詹姆士一世 1610 年 3 月 21 日对议会训词,载 J. P. 凯尼恩(J. P. Kenyon)编《斯图亚特
　朝宪政》(剑桥大学出版社,1978 年版),第 12—14 页。
② 詹姆士一世 1610 年 3 月 21 日对议会训词,载《斯图亚特朝宪政》,第 12—14 页。
③ 转引白乔治·霍兰·萨拜因(George Holland Sabine)著《政治学说史》下册,中文版(商
　务印书馆,1986 年版),第 509—510 页。

律就是"叛国"！这无异于向英国最古老的自由传统公开挑战。正因为如此，他在1604年对其登位后召开的第一次议会严正警告说："我希望你们今后能更谨慎地使用自由，应该懂得：不去驾驭自由的议会并不是一个真正的议会。"①

1615年，一个叫理查德·米基特的人写了一本叫《上帝与国王》的书，其中说臣民对国王，应该比子女对父亲负有更多的义务，臣民应服从国王的命令，视其为上帝的代表，这种服从的关系，不可违反也不可解除。詹姆士对此如获至宝，立即下令全国所有学校用作教科书，还下令每家每户都要购买，俨然是一本人人必读的政治圣经。按詹姆士的看法，臣民应该在"一切问题上"服从国王的命令，"把它们看作是上帝之代表的命令，而只有那些直接反对上帝的命令可以不服从"。② 这大概就是"驾驭自由"的含义，也是他要每个人都读《上帝与国王》的原因。

这样一套"君权神授"的理论，远不是都铎朝君主所望尘能及的。然而，詹姆士一世及其儿子查理一世（1625—1649年在位）还非要将它付诸实践，而且不达目的誓不罢休。这样，国王与民族的结合就破裂，而变成国王与民族的对抗了。

1603—1640这几十年间，国王与议会的关系一步步由冲突走向对抗，最终发展成以王权为一方、以议会所代表的民族为另一方的全面大内战。

---

① 詹姆士一世1604年7月7日对议会的训词，载《斯图亚特朝宪政》，第41—42页。
②《新编剑桥世界近代史》第四卷［J. P. 库珀（J. P. Cooper）主编，剑桥大学出版社，1970年版］，第125页。

詹姆士和查理在以下几个方面否认议会的权利：

首先，他们不承认议会有讨论国事的权利，说政治是"国王的事"，"远非他们（指议会）之力所能及"。[①] 在他们看来，议会只能规规矩矩地按国王的旨意行事，否则就是不从天命。因此，1604 年，在詹姆士召开的第一届议会上，他就否定议会有自由地讨论宗教问题的权利，从而与议会发生冲突。以后这种冲突持续不断，冲突的实质是议会能不能就国家大事发表意见，能不能参与政策制定。而根据英国的历史传统，这本来是没有问题的。1621 年，问题的实质暴露得更加清楚，当时詹姆士要对西班牙开战，要求议会拨给战费，议会则要求国王提交作战方案，让议会审查计划的可行性。詹姆士对此大为恼火，他决定宁可不要议会拨款，也不准议会横加干涉。议会于是通过一份抗议书，重申议论国事是议会的固有权利，议会有权对任何问题自由发表意见。詹姆士对这个决议大动肝火，几天后他便当着众人之面将会议决议从议会记事录上撕下来。后来，查理一世又在同一个问题上否定议会的权利，他虽然提交了作战方案，但不肯听从议会提出的主要进行海战的意见，结果议会不肯拨款，而查理则将议会解散，英军则在战争中惨败。

其次，为摆脱议会在财政上的控制，他们无视议会特权，企图不经过议会就强行征税，从而破坏了英国一项最悠久的传统。1606 年，为一个商人进口葡萄干是否可以抽税的事国王与议会尖锐地对立，国王让法庭通过判决，大量开征葡萄干进口税，议会则坚称此种

---

① 伦特著《英国史》，第 389 页。

行径非法。双方坚持不下，导致国王为这个问题接连解散两届议会（1610 年、1614 年）。查理时期关于征税的矛盾更加尖锐。查理比他的父亲更进一步，他公然强行下令征税，结果，引起全国公开抗税，其中最著名的就是汉普登抗拒船税事件。正是在征税权问题上，查理激起了全国民愤，清楚地表现出他与整个民族的对立。

其三，他们把自己的意志等同于法律，不经司法程序就抓人、捕人。1614 年，当詹姆士为征税权问题第二次解散议会时，他就把议会中领头反抗的人逮捕监禁，而不加审判。后来，凡是在议会中批评国王的人都免不了遭到这种下场，这不仅破坏了法治的原则，而且破坏了议员在议会中言论自由的特权。1626 年查理强行征税时有许多人因抗税而被捕，其中有五名骑士，他们要求出示拘捕理由，交由正常审判。当局拒绝了这个要求，只说是根据国王的命令捕人。五骑士于是提出《大宪章》为证，说明国王的命令并不构成拘禁的理由。当局虽不否认这种抗辩言之有理，却又不肯放人，这就是著名的五骑士事件。这件事使国人感到人身的安全失去保障，因此在全国引起巨大的反响。1629 年，查理再次逮捕议会反对派，其中约翰·埃里奥特（John Eliot）爵士后来就死在监狱中。

最后，他们对议会存在本身提出了挑战。1604 年，詹姆士就声称议会"从他及他的恩赐中获得一切特权，因此他希望不要用这些特权来反对他"。言外之意即议会若反对他，他就可以取消议会。1621 年，他再次声称下院特权"来自本王列祖列宗的恩典允诺"，希望议会清楚地知道这一点。① 由于他们认为议会是靠国王的"恩赐"才存在的,因此当他们发现议会已难以驾驭时,就不召开议会,而实行无议会的个人统治。詹姆士从 1614—1621 年 7 年间不召开议会,查理则从 1629 年起便实行了 11 年的无议会统治。这 11 年中,英国的王权似乎到了毫不受限制的巅峰状态,但正是这 11 年,打开了引向王权陨落的通道,因为"国王在议会"的混合君主制传统被破坏了。

总之,詹姆士和查理以"君权神授"为依据,力图谋取绝对而无限制的专制权力。他们否定英国人的权利,这就必须否定权利所赖以体现的形式——议会,也否定权利所赖以维持的保障——法律。在这种情况下,权利若想继续存在,就只有行使"自由传统"中最后的手段——抵抗暴君的权利了。这就是英国革命的历史背景。

从詹姆士登位之时起,王权与自由这两种传统就进入全面冲突的阶段。起先,以捍卫自由为己任的议会只为维护议会的权利而抗辩,1610 年的议会呈交了一份权利请愿书,"让陛下知道我们的自由";1621 年议会则宣称:"议会的自由,选举权、特权和司法权是英国人自古就有而无可置疑的天生权利及遗产;有关国王、国家、国土之保卫及英国教会的艰巨而紧急之事务,法律之维护及制定,委屈冤情之解除等等……都是议会中商讨及辩论的恰当议题。"② 在这

---

① 参见伦特著《英国史》,第 391 页;克里斯托弗·希尔(Christopher Hill)著《革命世纪》(纽约,1966 年版),第 61 页。

② 1610 年 5 月 22 日下院辩论记录,1621 年 12 月 18 日下院抗议书,载《斯图亚特朝宪政》第 43、47 页。着重号为引者所加。

里,已明确提出了英国人天赋自由的概念。这个文件正是针对国王所谓"列祖列宗的恩典允诺"而起草的。可见,"生而自由"实在是与"君权神授"针锋相对,如果王权不提出"君权神授",自由也许就不自称"生而自由"了。

1628—1629年,这种抗争进入新的阶段,当时查理强行征收吨税和磅税(两种进出口税),议会则坚持享有决定征税问题的特权。查理派人去解散议会,议员们反锁会议厅,把议长按在椅子上,强行通过一项决议,称凡不经过议会同意而强行征税或交纳这种征税的人,都是国家的叛徒。这里实际上已含有这种思想,即否定议会权利的人,无论他是国王还是百姓,都是国家的敌人。因此,议会(而不是国王)开始与国家等同了。

就在1628年这一届议会上,议会通过了《权利请愿书》:

> 本请愿书由本届议会的教、俗贵族及平民向陛下呈明有关
> 臣民的如下权利与自由……

因此,这标志着贵族与平民的结盟,国王与民族的结盟瓦解了,一个新的贵族——民族国家中的贵族打起了"自由"的旗帜。这个贵族已不再是民族国家的威胁,相反它是民族国家的一个组成部分了,它又成了自由的守护神。

《权利请愿书》只有两条基本内容:一是不经议会同意不可征税,二是不经法律审判不得拘捕监禁。在陈述这两条原则时,《权利请愿书》广征博引,将历史上许多文献援引出来,特别是引述《大宪章》,来表明《权利请愿书》的原则是无可非议的历史传统。到这时,

《大宪章》的历史重要性才全部显露出来；这以后，《大宪章》就成了英国"自由"的护身符，各阶级都要将其为己所用了。[①] 不过，一个为诸侯们伸张权利的封建性文件，从此也就变得面目全非了。"自由"不再是贵族的独占，它成了民族的自由、人民的自由、各阶级的自由。从这时起，我们就看到英国近代历史上最有趣的一个现象：要求变革的力量到传统中去寻找根据，而维持现状的力量反而成了反传统的叛逆了！说得更通俗一点就是：革新者自称是守旧派，守旧者则被看成是反传统分子。这种"革新"与"守旧"在当事人心理上的倒置，是促使对立面在冲突中走向融合的重要文化因素。

但在这时，事态却继续向扩大冲突的方向发展，原因是王权继续走向极端。11 年的无议会统治似乎完全压倒了自由，自由无声无息了，王权则为所欲为，它可以无所顾忌地征收税款，而不必考虑议会的作梗；它可以随心所欲地肆意逮捕，而不必顾虑法律的限制。国家像一个面团在国王的手里揉捏，政治是"国王的事"，一切人都不可干预。国王在这几年中几乎就成了国家本身，他是高于一切的：高于法律、高于民族、不受任何限制。王权的膨胀激起自由的反抗，它以十倍的力量加以反击。于是，一场急风暴雨般的革命就爆发了，自由以革命为手段一举推翻了王权。1640 年长期议会召开后，上升的王权迅速被遏止、逐渐回落、终至倾覆。到 1649 年，国王的脑袋掉在革命的利剑下，英国人在全世界的惊诧困惑中废除了君

[①] 有意思的是，莎士比亚的剧作《约翰王》中根本未提《大宪章》，这说明《大宪章》在莎士比亚时代并不为世人所重视，而它重新变得重要起来，是在斯图亚特王朝以后。可参见莎士比亚《约翰王》中文版。

主制,建立了共和国。历史如一个风暴震怒的海洋,波谷降得越低,浪峰就升得越高。在 20 年中,英国从王权的最高峰滑下来,又冲向"自由"的顶端,当共和国建立时,自由的光辉似乎已光芒万丈,理想的天国在向"上帝的选民"们招手了![①]

在革命中,议会取代了国王的地位。战争初期,议会征收税款、组织军队、指导战争、成立各种委员会来执行政务,议会不仅是立法机关,而且也是行政机关,同时还具有司法职能。这种集立法、行政、司法为一体的权力,正可以与革命前国王的无议会统治相比拟,在这种情况下,议会主权的思想形成了。1649 年 1 月,当议会彻底战胜国王时,议会通过决议说:"在上帝之下,人民是一切正当权力的来源;在议会里集会的英国下议院是人民选出并代表人民的,在本国有最高的权力……"[②]与"君权神授"相反,议会的权力来自现世,来自人民,因此它有最高主权! 这是对自由传统的突破,现在,自由不仅要限制王权,而且还意味着人民主权。

人民主权的思想在现代虽被普遍接受,在当时却是政治观念上的巨大革命。议会在与王权对抗时,开始根本没有想过主权问题。1628 年起草《权利请愿书》的议会领袖之一埃里奥特爵士后来被关进监狱,并且在狱中被折磨至死,但他仍然在囹圄中写了一本《主权论》,其中说国家的主权在君主,君主的主权不可伤害。君主即便十

---

① 关于革命的进程,可参见希尔的《革命世纪》,此处不细述。英国革命以清教为思想基础,清教徒自视是"上帝的选民"。
② 阿·莱·莫尔顿(A. L. Morton)著《人民的英国史》,中文版(生活·读书·新知三联书店,1976 年版),第 336 页。

恶不赦,臣民也应该绝对服从。因为,不服从会导致更大的灾难,即无政府状态。1621 年,议会的另一领袖皮姆(John Pym)也说"国王的权力来自上帝",而这种思想直到 1640 年,几乎没有什么人反对。当时人们要求的是限制王权,不让它侵害人民古老的权利,由限制王权发展到议会主权,而议会的主权又来自人民,这表明"自由"也已经冲破传统,而为历史缔造新的原则了。王权因冲破传统而否定了自由,现在自由也冲破传统而否定王权。双方在战争的激烈冲突中各自走向最极端,而这,就是革命。

密尔顿(John Milton,1608—1674)是新的主权原则的最激烈的辩护人,他的《为英国人民声辩》(前后两部分分别于 1651 和 1654 年出版)对自由作了最极端的阐述:

> 如果在暴君的势力压倒人民的地方可以说是上帝把人民送去受奴役,那么在人民的势力压倒暴君的地方,为什么就不能说上帝使人民获得了自由呢? 如果昏君的暴政是由上帝那里来的,那么,我们的自由为什么不能说也是由上帝那里得来的?

与"君权神授"针锋相对,这里是"民权神授"。

> 你说所有的国王都源于上帝,因此人民连暴君也不应反抗。我告诉你,人民的集会、投票、决议、行动、法令也同样是源于上帝的,上帝在这桩事上亲自作了证,因此便有了上帝的权威作根据。用你自己的话来说,国王也同样不应反抗人民。如果现在肯定国王源于上帝,从而认为国王可以强制人民服从的

> 话，那么今天人民的自由集会也同样源出于上帝，而且也有同
> 样理由使他们有权约束或驱逐国王。国王如果为此而向臣民
> 开战，便和罗波安一样是毫无理由的。

与"人民不可反抗国王"相对，这里是"国王不可反抗人民"。总之，人民把权力交给国王，国王就必须服从人民。国王如果不服从，人民就可以推翻他。这个权利是上帝给的，因为上帝允许以色列人抵抗罗波安。[①]

　　如果说至此为止密尔顿仍是在申诉英国人自古就有的天赋权利，那么谈到国王与议会的冲突时，他就突破传统的界限了：

> 　　总而言之，议会是国家的最高机关，议员是由绝对自由的
> 人民选任的。他们具有商讨重大事件的充分权力和权威。设
> 立国王只是为了监督议会两院所提出的一切法案和法令，使它
> 能按他们的票决和决议去推行。[②]

这就是议会主权。密尔顿为之声辩的不仅是议会的权利，而且是议会的主权。进而，密尔顿还要提出人民的主权，因为人民是决定一切政府形式的原动力："……官吏的建制源于上帝，其目的在于使人类在官吏的管辖下能依据法律生活。至于选择哪种政权形式或选择哪些人任官的自由权，则毫无疑问地完全属于自由的人民。"正因为如此，人民高于政府、高于国王、高于一切统治者，人民的利益是

---

① 约翰·密尔顿著《为英国人民声辩》，中文版（商务印书馆，1978年版），第75、94页。罗
　波安是古代犹太国王，派军队镇压反抗的以色列人，上帝加以禁止。见《圣经》"列王记"。
②《为英国人民声辩》，第177页。

决定政府取舍的决定性因素,政府不过是执行人民意旨的工具而已:

> 这样说来,君主便是为人民而生存的,人民的地位也在君主之上。我们首先应当考虑的是人民。这一点如果成立,君主作为地位较低的人便绝对没有任何权利可以压迫和奴役地位较高的人民。国王既然没有权利为非作恶,人民的权利从自然秩序上来讲便是至高无上的。根据这个权利,人民在国王没有出现以前便已团结了自己的力量,商讨共同防御的问题。他们根据这个权利,为了保障大家的自由、和平和安宁,才指派一个或多个人来管理其余的人。根据这个权利,原先由于具备了智慧与勇敢而被选进政府的人,一旦由于懦弱、愚蠢、虚伪、奸诈的本质暴露,或临政暴乱时,人民便可以加以惩罚或废黜。因为自然关心的并不是一个人或少数人的权利,而是全体人民的普遍利益。至于一个人或少数人的权柄会因此而变成什么样子,它是不管的。①

总之,

> 国王和官吏的权力不过是派生的东西,是出于人民的信赖、为了全体人民的共同利益而授予并委托他们的。从根本上说,这个权力仍然为全体人民所有,不能从他们那里拿走,否则就是侵犯他们的天赋权利。②

---

① 《为英国人民声辩》,第 71、109—110 页。着重号为引者所加。
② 萨拜因等著《政治学说史》,第 571 页。

从"天赋权利"出发,密尔顿引出了完全的人民主权论。正因为如此,密尔顿才在世界政治学说史上占有崇高的地位。

但另一方面,专制主义也找到了它最极端的代言人,这就是托马斯·霍布斯(1588—1679)。霍布斯在革命时期流亡巴黎,在巴黎写成大部分著作。霍布斯的理论其实很简单:人在自然状态中不是和睦相处,相亲相爱,而是你争我夺,彼此仇杀。为摆脱这种恐怖的状态,人订立契约,交出每个人全部的自然权利,让一个绝对主权的"利维坦"(圣经中提到的巨型怪兽)即全权国家来统治。这个利维坦可以是一个人(君主国),或者是全体人(民主国),也可以是一部分人(贵族国家)。但不论采取哪种国家形式,都"必须在那些有关和平和自卫的事务上所有人只有一个意志。但要做到这一点,只有每一个人都使他自己的意志屈从于别人(无论是一个人或一个委员会),无论这个人对公共和平所必要之事务持有什么意志,这个意志都必须被总体而言的一切人、特殊而言的每一个人所接受"。因此,一个人的统治是最理想的,因为它最能统一意志。

为了这强大的利维坦,公民的自由是没有必要的;如果人间还有"自由"二字,那它也仅仅指"人身自由,也就是不受锁链锁禁和监禁的自由;人们显然已经享有这种自由了";既如此,何必还要"这样喧喧嚷嚷,要求这种自由"呢? 很显然,霍布斯的理论与自由的传统格格不入,它否定了自由的全部真实性。

但有意思的是,霍布斯也同时否定了王权的传统,特别是专制王权的传统。在他看来,一切权力都来自人民,君主制也不例外。"如贵族制一样,君主制来源于人民的权力,人民把他们的权利即权威转让给一个人。"这样,他就把王权的神性抽掉了,"君权神授"的理论便站不住脚。更有甚者,霍布斯实际上并不认为"君主制"一定要由国王来统治,其他形式的"一个人的统治"也同样可以。[①] 正因为如此,霍布斯在克伦威尔独裁掌权后返回英国,表示归顺克伦威尔,称赞他的独裁是理想的政体。因此,霍布斯虽然极为推崇君主制,但并不赞成王权的神性和血统性,这样,他就否定了王权从中世纪以来的合法性基石。由此可见,霍布斯的理论与其说是传统的、保守的,不如说是完完全全的反传统的。他同时反掉了英国历史上两大传统主流,而企图在一个悬空而没有根基的设想上建造一座全新的利维坦大厦。这个利维坦与其说是专制王权的写照,不如说是克伦威尔军事独裁的化身。正因为如此,霍布斯既受到自由的批判,又受到王权的指责,他的学说为两种传统皆不容。

　　而克伦威尔的军事独裁也正是这样,战争爆发后,革命为赢得战场上的胜利作出了巨大努力,但它未能达到预期目标。革命以推翻专制为出发点,结果却导致另一种专制。革命发生时,它是为议会的主权而战的,但议会未能将它引向胜利。为了战争的胜利,它不得不把权威交给军队,议会却退居于从属地位。但军队从本质上说又是一种强制的力量,它对于专制比对于民主更适宜。政府的职能由军队代管,军队最终却解散议会。这样一来,革命就手足无措了——既然议会丧失了事实上的最高主权,那么革命所捍卫的原则

[①] 托马斯·霍布斯著《公民论》,载伯纳德·格特(Bernard Gert)编《托马斯·霍布斯著〈人论〉及〈公民论〉》(纽约,1972 年版)第 169、198 页。《利维坦》,中文版(商务印书馆,1986 年版),第 165 页。

又应该如何体现呢？理论和实践间产生了不可克服的矛盾，在处死国王后的八年中，英国始终陷在这痛苦的矛盾中不能自拔。它不断试验各种政治制度，选举权一会儿扩大，一会儿缩小；上院先是取消，然后恢复；议会一会儿召开，一会儿解散；法令今天公布，明天废除。王位虽然去除了，但权力最终落到克伦威尔一个人手里。共和国的旗帜飘扬了不久，就被迫把整个国家放在护国主一个人的肩膀上。护国主成了无冕之王，他的作为比过去的国王还要专断。他下令召集议会，也下令解散议会；他可以要一个议会装潢门面，也可以不要议会而实行赤裸裸的军事管制，在军管之下，法律不起作用，军事长官可以任意逮捕和处决人；抽税无需经过任何程序，军管当局的命令就是决定。这一切都是在"保卫自由"的名义下进行的，但"自由"这时成了军事独裁的代名词。有趣的是，军队与议会的冲突始终不断，尽管产生议会的方法不断改变，有时甚至由军队直接任命，但议会一旦产生，就会指责军队独裁，指责它把自己置于法律之上。1657年，议会确实想把独裁的护国主置于法律的控制下，办法是提议让克伦威尔当国王。按他们的想法，国王（如果他不想当暴君）至少必须服从法律，而对护国主则不知道该如何加以羁绊。但军队坚决反对克伦威尔当国王，于是在"自由"的旗帜下重建法治的尝试失败了，革命陷入了更加不可自拔的矛盾之中。

革命以争取自由为出发点，结果自由似乎和以前一样遥远；革命把"议会主权"确定为原则，结果连议会能否存在都成了问题。在这种情况下，革命迷航了。20年中，革命左冲右突，试图找到一条正确的航道；但对抗与冲突未能解决问题，相反却使冲突愈演愈烈。

起先是王权压倒自由,随后是自由压倒王权,但谁压倒谁似乎都行不通,只会给国家带来动荡。20 年的革命给人们留下深刻的记忆,克伦威尔死后,谁也不知道革命该往何处去,于是只好回到它原来的出发点——斯图亚特王朝复辟了。

但王权与自由的冲突并没有得到解决,"君权神授"回来了。查理二世(1660—1685 年在位)和詹姆士二世(1685—1688 年在位)竭力想恢复绝对的不受限制的专制权力。为免受议会的财政控制,他们向天主教的夙敌法国寻求秘密津贴。1681 年起,无议会的个人统治重新开始,此后直到 1688 年,只是在詹姆士二世刚上台的那一年短暂地召开过两次议会。复辟期间,议会与国王的冲突重新形成,重新加剧,直至 1685 年不再召集议会。这种情况就如同革命前的经历重演一遍,1685 年甚至发生过一次武装暴动,要把詹姆士二世赶下台。① 复辟 28 年中,英国是在王权与自由的对抗中度过的,这两者的关系不调解好,英国将永远在痉挛中震颤。

终于,这个关系由"光荣革命"调解好了;不过,这一次没有用对抗的手段,而是用融合的手段。

1688 年,迫于王权的膨胀和天主教在英国复活的现实危险性,议会中的辉格党和托利党联合起来,向荷兰的执政威廉亲王发出邀请,请他到英国来接管王位。威廉是詹姆士二世的女婿,他的妻子玛丽本来是王位的第一继承人,只因为詹姆士刚刚老年得子,才被

---

① 1685 年,辉格党支持查理二世的私生子蒙默思公爵(1st Duke of Monmouth)反叛争夺王位,结果失败,遭残酷镇压。

推到第二继承人的位置上。威廉接受邀请后率大军在英国登陆,詹姆士很快众叛亲离,只好孤身逃往法国,不得人心的詹姆士被推翻了。

但"光荣革命"的重要性还不仅在于推翻了一个不得人心的老国王,更重要的是它拥立了一个愿意服从议会的新国王。根据议会条件,威廉接受了《权利法案》,随后和妻子玛丽一同登上英国王位。《权利法案》基本上是重申英国人"自古就有的权利",比如议会必须定期召开,享有讨论国事和言论自由的权利,征税权属于议会,国民可以自由请愿等等。从表面上看,它似乎没有什么新意,但事实上,这是政体制度上一次真正的"革命":国王承认了国民的"自由",在"自由"的条件下才登上王位,这样,权利重新得到保障,此后,"自由"的传统就再也没有受到过威胁,"自由"成了英国宪政中一个不可分割的组成部分。进而,国王是从议会手中接过王冠的,还保证要遵守议会的法律。这表明议会的权力高于王权,因此,"光荣革命"不仅消灭了专制的王权,而且还消灭了独立的王权,议会主权确立了。虽说"国王在议会"仍旧被说成是主权之所在,但主权的重心现在已从国王转向了议会。从今以后一个人统治国家的时代过去了。在以后的岁月里,国家将由议会治理。通过"光荣革命",英国完成了从绝对君主专制向多元寡头政制的转化,克服专制的任务,在这场几乎不流血的"革命"中成功地完成。

但这个转变是靠融合的方式完成的。"光荣革命"并没有消灭王权,而只是改换一个国王,况且新国王是老国王的女儿女婿,他们本来就有权继承王位。议会也没有提出主权问题,而只是重建"国王在议会"，重申"自古就有的权利"，这对任何国王来说，也当然都是无可非议的事。整个过程对英国的制度似乎没有作任何触动：王权仍然存在，只不过现在又把它放回到"国王在议会"的传统中去。英国仍保留"混合君主制"，国王、上院和下院现在又重新很好地合作。传统似乎全都保留下来了，历史一点也没有被割断。不过，国王和议会却交换了位置，在保留传统的表象下，政体制度改变了。"光荣革命"奠定了英国的君主立宪制度，开创了英国历史的新纪元。而完成这种变革的方法，是把长期冲突的两种历史传统巧妙地编织在一起，在融合中产生出崭新的制度。

"光荣革命"是两种对立因素的相互兼容，体现着一种历史运动的模式，在这种模式中，对立的两方面在冲突后达到融合，使历史进入一个新的发展阶段。冲突与融合在这种模式中各有其独特的作用，没有冲突，历史就没有前进的动力，就永远停滞在陈旧的发展水平上。但另一方面，没有融合，就不会有长期的社会稳定，也不能降低历史为进步而付出的代价。当然，对任何一种历史运动的模式都很难做绝对的肯定或否定，它们都产生于并适应于一定的社会、历史环境，起着不同的作用。在英国特定的条件下，英国人从革命的经历中吸取了教训，学会用冲突中的融合来解决问题，这既不是无限制的斗争，也不是无原则的调和，它是斗争与协调的平衡，是更新与传统的平衡，在维护传统与追求变革之间他们找到了一条"适中"的路，事实上，"光荣革命"甚至是以维护传统的名义进行的！1689年1月28日下院的决议就这样说：

> 国王詹姆士二世力图推翻本王国的政体制度，他背弃国王

> 与人民间的初始契约，在耶稣会士和其他邪恶之徒的指导下破
> 坏基本法律，他自行离开本国，放弃政府，致使王位空缺……①

因此，为恢复国家的传统宪政，议会只有废黜詹姆士！于是，传统再次被用来充当革新的依据。事实证明，就稳定社会秩序而言，这种在冲突中融合的运动方式符合英国历史发展的实际需要。在此后300年中，英国再也没有发生过重大的社会动荡，取得了惊人的进步。

关于英国式发展道路，我们将在第三章深入探讨。这里需要补充的是：专制王权覆灭后，"自由"的精神继续流传，但它斗争的对象不再是王权，冲突的双方都改变了内容。"光荣革命"建立起一个以议会为工具进行统治的多元寡头政府制度，操纵这个政权的是一二百个贵族，他们是乡绅地主和大商人集团的联盟。以后，由于工业革命的发生，社会力量发生变化，工业阶级向土地阶级要求分享政权，争取民主的斗争就此开始。这种斗争不再像过去克服专制王权时那样具有全民族的性质，它是一种阶级斗争，是不同利益的阶级为争夺政权而进行的斗争。它表现为"无权的阶级"对"有权的阶级"的斗争，在斗争中"无权的阶级"一个个变成"有权的阶级"，这就是政治"民主化"的过程。这个过程也完全是以冲突中的融合这种方式进行的，冲突使"民主"的范围一步步扩大，融合则始终保持传统的延续性。通过这种方式，英国最终建立起西方民主政治，使英

---

① 转引 C. C. 威斯顿（Corinne Comstock Weston）和 J. R. 格林伯格（Janelle Renfrow Greenberg）著《国民与君主：斯图亚特朝英国关于合法主权问题的大论战》（剑桥大学出版社，1981年版），第255页。

国完成从贵族寡头制向民主制的转折。在这里,我们既看到自由的魅力是如此之大,以至英国人一代又一代、一个阶级又一个阶级孜孜以求,索取他们"自古就有的权利";又看到统治者往往采取"明智"的态度,在冲突的关键时刻作出让步,使新的变革得以实行。而每当统治者这样做时,他们为适应变化的形势就必须使自己也发生变化,于是,新的精神融合进传统,逐渐成为民族精神。如果今天有哪一位国王还坚持詹姆士的"君权神授",或者哪一位贵族还向往过去的贵族寡头制,那他在当今的英国人中,便会成为笑柄,因为"民主"的精神是今天英国的民族精神。

当今的英国政治制度虽说是采用民主的形式,却又是一个奇妙的结合体。国王、贵族俱在,上院、下院并存,这仿佛和300年前毫无二致,英国的政治结构依然如旧。但事实上,有哪一个因素还具有300年前的实质呢? 不错,国王仍然是国家元首,整个国家以他的名义进行统治;贵族仍然占据上院,其威风尊严不减当年;下院作为"平民院",仍然是"平民"聚会的场所,在荣誉的台阶上处于最低层。不过这一切都是表面现象了,当下院议长单腿跪下,向国王呈上议会所草拟的"圣谕",让他再到议会去宣读时,他呈上的实际是内阁制定的国情咨文,政府只是借国王之口向全国发表施政纲领而已。当国王宣布他的"选择",组成新一届"国王陛下的政府",代表国王进行统治时,他宣布的,实际是全体选民投票的结果,执政党已经在大选中产生了,执政党领袖就是政府的当然首脑,而不管国王个人是否喜欢新产生的首相。国王在一切意义上都只是名义职位了,主要承担礼仪性工作。与"君权神授"的专制国王相比,他只是"民主"

王国的终身总统。但君主制的传统保住了,国王仍按世袭的原则往下传,英国仍旧是君主国,《上帝保佑吾王》仍旧是英国的国歌。

这就是由"光荣革命"开创的英国君主立宪制。它在今天虽然与 300 年前"光荣革命"刚完成时有所不同了,但它的基石是在"光荣革命"时铺下的。

政治方面的这种演变方式又影响到其他方面,促成一种独特的民族文化传统的形成。把新的内容装进传统的外壳,使古老的形式与时代精神相结合,这是英国国民性中最大的特点,也是英国人最令人吃惊的创造。由此而产生的近代民主制政治,是英国对近代世界的重大贡献之一。

"光荣革命"的模式由洛克(1632—1704)作了最充分的理论阐述,具体表现在他的《政府论两篇》中。但这两篇文章几乎是与"光荣革命"同时完成的,并不是在"光荣革命"发生后才仓促间写成的辩护词。这说明,冲突中的融合已成为许多英国人沉思已久的思想,它不是一个偶发事件的产物,不仅表现在政治家的权宜活动上,也反映在思想家的深沉思考中。这种时间上的巧合恰恰反映了全民族统一的价值取向的形成,而正是这种价值取向,解释了为什么会出现"光荣革命"(而不是另一场内战)!

洛克和霍布斯一样是从人的"自然状态"开始论述的。但他的自然状态是一个人人享有自由、平等和财产权利的和谐社会,而这些就是所谓的"自然权利"。自然权利与生俱有,不可剥夺,也就是说,人"生而自由"。然而,这些权利在自然状态下却得不到充分的保障,因为没有一个公共机构来调解社会冲突,社会也就难免会发生动荡和纷争。因此,为保障社会的安宁,就必须组成政府,让政府来负责公共安全。但为此个人就必须交出一部分权利(而不是全部权利),人由此而进入"文明"。尽管在文明社会中,个人丧失了一部分权利,但自由、平等和财产权仍被保留下来,成为人的基本权利。人和政府间必须结成"契约",如不得本人同意,不能把任何人置于这种状态之外,使受制于另一个人的政治权力。这就是说,统治必须征得被统治者的同意。

为了使这种同意得到最充分的表达,为了使人民的自由得到最充分的保障,人在组织成国家后就必须制定法律,依靠法律来进行统治。为此,建立立法权是社会的首要任务:

> 这个立法权不仅是国家的最高权力,而且当共同体一旦把它交给某些人时,它便是神圣的和不可变更的;如果没有得到公众所选举和委派的立法机关的批准,任何人的任何命令,无论采取什么形式或以任何权力做后盾,都不能具有法律效力和强制性。

也就是说,这是"议会主权",而议会的权力来自人民。由此可知,洛克的理论是一种自由的理论,他是自由传统的继承人。然而在同时,洛克又认为在民主、寡头和君主三种政体中,君主制最理想,最能符合人性的需要。不过,这种君主制不是专制的,它不具有绝对的权力,它必须受到制约,服从法律的支配。为制约君主的权力,洛克提出著名的分权学说。他认为国家存在三种权力:立法权、行政权和联盟权。立法权是国家的最高权力,它属于议会。行政权属于国王,由国王行使。联盟权涉及和平与战争、外交与结盟等问题,这个权力也在国王手中。由这样一种分权的机制,洛克认为能建立起最合理的政府,在这种政府中,既有自由的崇高地位,又有王权的适当作用。这种政府通过相互制约而取得平衡,不让任何一种权力取得绝对优势。因此,在洛克的学说中,自由和王权结合起来,两种传统同时被继承。在这里,自由虽然占了优势,王权却也被保留。这是一个新的"混合君主制"的模式,它基于传统,却又超越了传统,它是两种传统的融合,得到两种传统的批准。因此,洛克的学说与"光荣革命"所建立的君主立宪制一样,成为后来英国政治制度的奠基石。①

很显然,洛克的学说是融合的学说,它体现着"光荣革命"的基本精神。到这时,一个前所未有的政治制度借助于冲突中的融合而建立起来了,在传统之中进行变革,这体现着新的民族精神的形成。

---

① 参见洛克著《政府论》下篇,中文版(商务印书馆,1964 年版),第 59、82 页,并参见第 1 章、第 7—12 章等。

第二章 工业民族精神的演进

　　英国是世界上第一个工业化国家,它第一个进行工业革命。工业革命改变了历史的进程,把人类社会分成两个明显不同的阶段——工业社会和前工业社会。工业革命对于人类来说,其影响无论怎么估计都不会过分。自英国发生工业革命以来,实现工业化成为世界各民族所孜孜以求的目标。蒸汽机的轰鸣震动了全球,无论此前哪一次政治革命,都不如工业革命那样,彻底改变了人类的面貌。工业化唤醒了人类的巨大创造力,在哈格里夫斯以他女儿的名字命名那部新发明的纺纱机之前①,人类可能从来没有设想过,他们可以创造出如此巨大的生产力!

　　英国对于人类的贡献,莫过于它所开创的工业化道路!

　　但英国这样一个偏安于北海之隅的小小岛国,如何能首创人类历史上最伟大的技术革命? 这个问题显然不仅与经济及技术的发

---

① 哈格里夫斯(1720—1778),"珍妮"纺纱机的发明者。一般把这种纺纱机的发明看作是英国技术革命的开端。

展水平有关，它也是一个社会文化问题。笔者曾经阐述过这样的观点：

> 事实上，这场人类历史上的第一次工业革命，不是在新科学新知识触发下发生的技术大改造，而是把人类已有的知识用于生产，使生产突然间发生飞跃。这使人们感到，工业革命在这时发生，很大程度上不是由于过去缺乏应有的知识，也不是由于生产没有发展的潜力，而是由于社会故意压制生产，不让它得到应有的发展。
>
> 因此，生产发生飞跃的关键就不在于生产本身，而在于社会能不能创造条件，使人的才能和知识得以运用。换句话说，社会的潜在结构是鼓励发展生产（生产的发展和这个社会的利益相一致），还是一个社会的本质必须维持现状（任何变革都会打破原有的平衡，因而使社会本身受到威胁）？这个问题就是我们从社会史的角度来认识英国工业革命的关键所在。[1]

这个观点，我们认为是理解一个工业民族形成的关键。

英国工业革命有其成功之处，也有其失误之处。成功之处是它激发了人的创造力，失误之处是它加剧了社会的不平等。于是，在追求财富与追求平等之间失去平衡。正是这个事实，使人们对英国的工业化道路提出疑问，甚至否定。但英国自身在这两者的冲突与融合中，为自己开辟了道路，其结果是一个不同于早期工业化制度

---

[1] 钱乘旦著《第一个工业化社会》（四川人民出版社，1988年版），第47页。

的新型模式的出现——"福利国家"的形成。

我们在这一章所要谈的，就是工业化过程中深层的文化因素。

一、财富的召唤

爱丁堡大学经济史副教授弗林(M. W. Flinn)说：

> 长期以来，很多历史学家在解释工业革命时都准备以技术
> 为中心，即便今日这种单向式解释已不那么时兴时，也很少有
> 人愿意完全否定技术进步所起的作用。但现在，不愿把技术变
> 化抬得太高的主要理由，在于人们注意到这种变化在不发达国
> 家不能够独力促进经济增长，最先进的技术一般来说，只要哪
> 个国家想要它，它就可以得到它，但多数国家仍然落后，因为它
> 们不要这些技术。它们不要这些技术，不是因为这些国家不知
> 道这些技术，或缺少有关的知识，而是因为这些国家运用先进
> 技术的资本不够，操作和使用的技术水平不够，或更重要的是，
> 它们不愿接受先进技术必然会带来的社会改组，不允许企业家
> 精神充分发挥以图大规模运用这些技术。①

这段话表明，除科技与经济的因素外，工业革命还有心理和文化的
动因。工业革命之所以首先在英国发生，这种心理和文化的因素是
不可忽视的。

---

① M. W. 弗林著《工业革命的起源》(伦敦，1966 年版)，第 69 页。

工业革命是生产力的巨大释放，是国民经济的迅速增长，用罗斯托(Walt Whitman Rostow)的话来说，就是发生经济起飞。但经济的增长得助于需求的增加，没有需求，生产就没有发展的动力。然而需求是与人的追求相关的，正是在这一点上，心理文化现象与生产的发展联系起来，并对经济增长产生作用力。

在现代世界，对发展中国家，这种心理的动力比较容易理解：它来自发达国家的示范效应，来自日益觉醒的现代化意识，来自广大民众对现代生活方式的热切而不断的追求。传统的经济结构已经不能满足社会的需要了，人们追求经济的迅速增长。

然而对于最初步入工业化的国家，其发展的动力又来自何方？显而易见，当英国开始工业革命时，它并没有现成的典范去追随，事实上当工业革命刚刚起步时，连英国人自己也无所觉察；只是当工业革命已发展得势不可挡，突然间改变了国家的面貌时，英国人才惊异地发现：他们经历了一场改变国家命运的经济大革命。很显然，工业革命并不是处心积虑事先规划的结果。

那么，英国工业革命的动力从何而来？

事实上很简单：它来自人们对财富的追求，在某种意义上可以说是来自人们的贪欲。

但贪欲本身并不能自动地转化为工业革命的动力，它可以表现为无耻的掠夺与抢劫，而不产生现代工业所需要的企业家精神。比如说，在早期殖民活动中独占鳌头的西班牙和葡萄牙，它们从美洲攫取了大量贵金属，但这些财富并未能在本国转化为资本，形成新的生产力；相反，它被腐朽的贵族挥霍掉了，流入别国变成了发展生产的资本。正如马克斯·韦伯所说,贪得无厌并不等于资本主义,更不等于资本主义精神。他指出:"中国的封建官宦,古罗马的贵族,或现代农民的贪婪,与谁相比都毫不逊色。而那不勒斯马车夫或船夫,亚细亚操同样行业的人以及南欧或亚细亚各国的手艺人,他们的'金钱欲'比同样境遇中的英国人更为强烈,尤其是更为无耻。"[①]可见,不择手段地牟取暴利并不能积极有效地推动生产的发展。只有人的谋利动机转化为目标合理的社会行动,才可能产生工业革命的动力。

正是在这一点上,我们又回到弗林的论点上:在一个"不愿接受先进技术必然会带来的社会改组,不允许企业家精神充分发挥以图大规模运用这些技术"的国家,工业革命是不会发生的。因此,工业革命的必要前提之一就是,这个国家的社会、政治结构具备以下条件:它既不压制人们的追求,又能把这种追求引导到目标合理的渠道中去。

用这个标准衡量英国,我们发现它具备三个得天独厚的重要条件。

(一)英国形成了有利于资本主义生长的政治环境。

在中世纪,英国的王权始终受到贵族抗衡,未能发展成君临一切的绝对力量。1215 年的《大宪章》确立了"王在法下"的原则,开创了英国"自由"的传统。不仅如此,《大宪章》还有一个非常重要的结

---

① 马克斯·韦伯著《新教伦理与资本主义精神》,中文版(四川人民出版社,1986 年版),第30 页。

果，那就是承认伦敦等城市已享有的自治权，尊重市民利益，统一度量衡，保护商业自由等。这是商业精神的重大胜利。

然而，这次胜利的意义尚不仅限于此。它使得孕育于封建社会结构中的贸易和工业的幼芽得以在一个和它本不相容的母体中成长起来。其显著标志之一是城市普遍开始获得特权，而这种特权的获得显然是城市接过"自由"的旗帜与国王开展斗争的结果。城市的特权包括以下三方面的内容：

1. 租地法，即承认房主有权自由地买卖城市的土地。

2. 通过市民自己征集每年固定的税收金额缴付给国王或贵族，以换取自己财政上的独立和自由，即国王不得于固定税金之外再横征暴敛。而这种财政自主，尤其是独立征税权产生了城市自治政府的胚胎。

3. 城市拥有自己选择自己官员的权利和司法自主权，并按照他们自己的习惯决定这一范围内的事务。

所有这些特权，再加上《大宪章》中明文规定的对贵族权益的保护，全都可以归结为一点，即国家应对私有财产，尤其是对个人集聚私有财产的权利进行保护。政府应当保护私有财产，私有财产神圣不可侵犯，这种信念的建立对于英国资本主义精神的产生和发展的作用，不亚于17世纪的清教革命对英国政治发展所起的作用。人们的确很难设想在一个没有法治，国王或君主可以随心所欲地剥夺臣民财产的国家里会产生合理谋利的精神。

15世纪中期的红白玫瑰战争对英国的政治发展也具有极为重要的意义，恩格斯指出："对于英国，幸而旧的封建诸侯已经在红白玫瑰战争中自相残杀殆尽。"①旧的封建贵族衰落之后,新王朝依靠新兴的城市中等阶级建立了君主专制。这样,市民和商人的社会政治作用日益增长,他们的工商业活动不仅得到许可,而且得到王权的大力支持。伊丽莎白女王甚至为保护本国的工商业利益而向西班牙等海上强国开战。

最后,在 17 世纪,经过革命及光荣革命,英国摆脱了专制王权的统治,而步入立宪政制之下。在这种制度下,有产者牢牢地掌握政权,财产被作为"自由"的基本条件;但同时国家又不受一个人的摆布,经济的成长不会因有可能威胁到国王的个人权力而受到压制。

总之,英国从中世纪开始的政治发展过程中,诸种因素的汇集形成了一个对资本主义生长极为有利的政治环境。

对比更能说明问题。在西班牙这个当时最强大、从美洲掠夺黄金最多的国家中,没有形成有利于工商业发展的政治环境。中世纪末,西班牙城市起义反对王权,起义被镇压后,城市的自治权被取消,等级议会制日趋衰落,王权完全依靠旧的封建主的支持,因而更为反动。正如马克思指出的:"贵族没落了而没有丧失其最恶劣的特权,城市丧失了它中世纪的权力而没有获得近代的重要地位。"②

于是,大量掠夺来的金银控制在贵族手里,反而使封建贵族更轻视本国的经济生产,而宁愿将这些轻易得到的钱财用来购买外国的廉价商品。政府为了满足贵族和豪富的要求,也极力输入奢侈品

---

① 恩格斯著《社会主义从空想到科学的发展》(人民出版社,1961 年版),第 20—21 页。
②《马克思论西班牙革命》(人民出版社,1962 年版),第 87 页。

和手工艺品，对国内产品则实行重税盘剥政策，税率高达 30％，使城市工商业遭到了沉重的打击。掠夺来的金银引起物价上涨，西班牙本国的工业品也由此增加了成本费用，从而导致自己的工商业产品失去了国际市场的竞争能力。

在这样的政治环境下，掠夺来的财富不仅未能转化为再生产的资本，反而加速了西班牙经济的衰落。历史雄辩地证明，仅靠掠夺为生是不可能长期昌盛的。

（二）英国与欧洲大陆各国相比有着较为独特的社会结构。

自 16 世纪始，随着旧式贵族的衰落与中等阶级的兴起，英国逐渐形成了一种三层式的社会结构，以三个社会阶级——土地贵族、中等阶级与工资劳动者为主体。

这种社会结构的形成有着漫长的历史渊源，它与中世纪封建制度的发展演变有密切关系。中世纪是一种相对固定和静态的社会结构：

> 封建主之间买卖"忠诚"的必要性——因为小贵族和他们的上级进行精明的讨价还价——是使动产（货币）在十世纪不出现的一个重要原因。它是没有什么用处的。因为除了土地上所提供的东西外没有什么可买，而这些土地上的产品他们已经有了。因此，货币被窖藏起来，由于这个缘故，服务日益以土地来酬报；又因为道路不良，安全难保，通行税使所有的运输遭受麻烦，商品的流转有着强烈的地方化倾向。因此，几乎所有的产品都在庄园内消费了，没有什么剩余品可出售，所以，封建时代是一个没有资本的时代。唯一的资本，是土地，而土地是

固定的,不是移动的;这一事实,是社会结构在封建社会里之所

以具有静止状态与固定性的主要原因。[①]

这种静态的社会结构主要是两层式的,一端是土地贵族(即封建领
主和他们的首领国王),另一端是有人身依附关系的农奴。贵族的
身份和特权,农奴的依附关系和义务,都有法律条文作明确规定,任
何逾越身份的行为,包括贵族和农奴,都要受到法律、教规和习俗的
严厉惩罚。因为任何破坏封建"规范"的事,都将被视为是对整个社
会稳定与和谐的威胁。在这样的社会结构中,社会各阶层的垂直流
动几乎是不可能的,具有革命意义的新兴社会力量的幼芽当然也就
不易产生。

　　然而,这并非意味着社会进步就到此为止。农奴中最大胆的分
子不甘心受奴役而逃亡。随着中世纪城市的兴起,农村人口开始流
向那里。结果是劳动人口中进取心最小的成分留在庄园上,庄园的
经济效能因而下降。在这种形势下,为了阻止其土地上人口的进一
步缩减,土地贵族被迫对农民提出宽厚条件来留住他们:改善对农
奴的待遇。把服役变为固定的缴款,最后则是释放农奴。

　　于是,至1300年,农奴中至少有几百万已上升到自由人的地位。
随着社会经济的进一步发展,这一支人数庞大的自由民大军逐步分
化为两个阶层,自由的工资劳动者与中等阶级(包括城市商人和农
村富裕的土地承租者)。"农奴"开始成为一种法律的虚构,原有的

---

① 詹姆斯・汤普森(James Westfall Thompson)著《中世纪经济社会史》,中文版下册(商务
　印书馆,1984年版),第323页。

两层社会结构开始解体，让位给一种由土地贵族—中等阶级—工资劳动者组成的三层结构社会。很明显，至中世纪末，原有社会结构的解体已成为一种历史的必然趋势。问题在于，在这种变化的形势中，哪一个国家最先完成社会结构的转轨，它就走在历史潮流的前面。

在当时的欧洲大陆国家中，中等阶级并非没有产生，然而其力量相对弱小，在社会功能方面意义不大。货币地租正在形成，但仍属封建地租性质，封建地租和超经济剥削依然是阶级关系的主要内容。因而，原有的社会结构虽已过时，但尚未解体；新的社会力量虽已产生，却尚未强大到可以与旧势力抗衡的地步。于是，在一个新的历史转折关头，它们落后了。

反观英国，它的三层式社会结构已处于轰轰烈烈的重新组合的过程中，其显著特点是有数量众多、层次复杂的中等阶级出现，它既包括农村的乡绅地主，也包括城市商人、工匠和各种专业人员。因而，尽管我们可把社会大致分为三个大的层次，但层与层之间的界限不那么明显，而是有相当程度的开放性和灵活性，能对变化的环境作出较灵活的适应和反应，并能适时地根据经济因素的变化来调整每个阶级自身的社会存在方式。

这种社会阶级的开放性和适应性在贵族身上表现得特别明显，而贵族阶级的这种特点对英国商品经济的发展也就具有特殊的意义。玫瑰战争之后，老的贵族世家或被消灭，或被削弱，亨利八世的宗教改革，尤其是1536年和1539年对修道院土地的没收，又进一步打击了旧贵族的势力。这两种因素合在一起的结果，是促进了具有商业精神的新的土地所有者的产生。在占有土地的贵族阶层依然存在的表象下,这个阶级的价值观念却已经大为改观。

与羊毛贸易的持续刺激相适应,都铎王朝时期出现了对商业利润的巨大追求,而在这个过程中起先锋作用的正是这个新的贵族阶级。正如一位著名的英国史学家所说,经过 15 世纪的动乱之后,英国农村的社会结构已发生了巨大的变化,大规模的租赁已比高额的土地收入更加重要,都铎王朝的有关维护财产所有权的禁令以及解除封建武装的措施,使得对金钱的支配变得比对人的支配更为重要。这种变化,开始了从中世纪的土地价值观念(即把土地视为政治功能和职权的基础)向现代的土地价值观念(即把它视为产生利润的资本)转变的过程。简而言之,土地经营开始逐渐商品化了。①

农业的商品化趋势也意味着另一个重大的变化,即原来凶悍强横的封建领主式贵族完成了向地主式贵族的转变。后者更接近于机灵的生意人,他们开发资源,看重功利和效益,因此,他们与商人集团的行为方式有着更多的相似之处。

除此之外,英国贵族还与大陆贵族有一种不同之处:他们虽然享有政治特权,却不享有经济特权,即无免税权,这就迫使他们重视经济活动,用一切办法来改良农业生产,并经营工、矿、商业,以避免经济实力日益增强的中等阶级的竞争威胁。于是,在这样的社会环境中,同样以海盗式的掠夺得来的美洲黄金,并未像西班牙那样被

---

① 参见巴林顿·摩尔(Barrington Moore)著《民主与专制的社会起源》,中文版(华夏出版社,1987 年版),第 4 页。

贵族们挥霍掉，而是大批地转化成再生产的资本，甚至连英王乔治三世也以"农夫乔治"自称，在温莎城堡外设立模范农场，亲赴"躬耕"，还饲养了一群螺角羊。① 由此可见英国社会上层对经济活动的重视，这恰与大陆国家贵族轻视经济活动形成鲜明对比。

这种特定的社会结构和心理状态，保证了谋利动机易于转化为目标合理的社会行动。

（三）在上述两个有利条件下，英国人形成了独有的工业民族精神，也即是马克斯·韦伯所提出的"合理谋利"精神。

所谓"合理谋利"，是与在前工业社会中以非经济的强制手段吞占社会财富为特征的谋利手段相对而言的。在封建时期，领主们不劳而获，完全脱离生产过程，仅凭血统和地位就能获得优越的生活和丰裕的收入，这就是一种典型的"非合理谋利"，因为社会要赡养一批与生产完全无关的高级寄生虫。"合理谋利"则要求通过发展生产创造新的财富以求致富，谋利者在生产过程中发挥作用，比如有利润意识的英国绅士经营地产，在生产活动中起"经理"的作用，并让经济杠杆来调节生产。当然，这种新的经营本身也包含着对劳动者的剥削，而且除此"合理"手段之外，也并未完全放弃不合理手段的继续采用，如殖民掠夺、贩卖黑奴等等。不过，这和全然的超经济剥夺相比较，仍然是一个进步。

"合理谋利"精神主要起源于新兴的市民等级。市民等级是一个复杂的组合体，它包括手工艺匠人、商人、雇工、作坊老板以及所

---

① 参见蒋孟引著《英国史论丛》（南京大学出版社，1964 年版），第 113 页。

有居住在城镇中的人。从这个世纪的市民等级中,发展出后来的城市中等阶级。中世纪末期,英国仍是一个农业国,其人口的基本构成仍是农民,市民仅占总人口的 5%~10%,在数量上并不引人注目。① 但在社会经济生活中,它构成了一个极有活力、极为重要的群体,它的存在及其高出于人口比例的重大社会作用一直是英国经济的一个基本特色。城市作为自由、自治的市民社会,取代了原有庄园而成为新的文明与经济的火种,它创造出一种可以引发农民的市场兴趣、把他们富余的产品出售到市场从而为自己增加收入的新机制,很显然,这种经济联系日益紧密。正是这种联系,形成了国内市场,并产生了两方面的后果:其一是促进了加工产业的专业化分工,最终产生出英国的民族工业;其二是孕育出一种与纯农业社会完全不同的精神追求和价值体系,正是这种追求和价值体系,才产生出工业民族精神。

农业社会的一个共同特点是其稳定性和连续性,很可能,农民们的生活水准乃至消费和娱乐的方式在几百年漫长的岁月里都不会发生什么显著变化。然而,在一个需求扩大、增加了消费选择方式的时代里,则很难指望年轻人会完全按其父辈的生活方式去生活。因而,在"传统"的农业社会里,"稳定"是一种理想的社会状态,是公众普遍渴求的目标。而在以贸易和手工业为主的市民社会中,"变化"则构成一种新的精神追求,成为一种新的价值起点。

渴求变化的心理状态本质上是一种自由的精神。在"传统"的

① 参见 J. F. C. 哈里森(J. F. C. Harrison)著《平民百姓》(伦敦,1984 年版),第 56 页。

谋生方式的制约下，一个人的命运与自己的奋斗并无多少必然联系，他的命运几乎是给定的，他的一生一般应该是他父辈的翻版——父亲是鞋匠，儿子也当鞋匠；父亲是马车夫，儿子也应是马车夫。只要按照预定的社会规范行事，他基本上就可以指望获得他父辈所获得的一切社会与物质的待遇。安分守己，就可以度过劳碌、平凡然而毕竟是平稳的一生。他既不情愿也根本不可能对自己的前途想入非非。但是处于一种向"市场"经济转变的社会结构中的市民，具有完全不同的心理素质。他们每个人既是市场的'买主'，又是市场的"卖主"，必须更多地依靠自己的力量去掌握自己的命运。[①] 他的创造力和作为一个独立个体的潜力被激发了出来。他试图按照自己的自由意志支配自己的行动，在风云变幻然而却极有吸引力的市场活动中去施展自己的才能，从而可以凭着自己的努力去过一种与自己的父辈完全不同的生活。这时候，他必须得到一种新的社会条件，否则他的奋斗就不可能得到成果。这种新的社会条件是：他的个人奋斗不再被社会视作是非分之想，而被认为是一个有作为的人的正常人生旅途的一个组成部分。在竞争的洪流中，个人的安分守己已不再被视为一种美德，而只能被看作是懦弱无能。

不可否认，城市中等阶级对自由的追求与他们对财富的追求紧紧联系在一起，而英国的社会经济结构恰好适时地为他们施展这种抱负提供了充分条件：贸易的发展给工业的发展创造了机会，而工

---

① 参见 J. 皮科克(J. Peacock)著《现代资本主义初期——奥古斯都观念》，载 E. 卡门卡 (Eugene Kamenka)主编《封建主义、资本主义及其他》(伦敦，1975 年版)，第 63 页。

业的发展又促进了专业分工，专业化分工产生出众多新的技术，又创造出更多的市场。这一切，都使得资金能够迅速地积累，劳动力能够大规模大范围地流动。① 这种种条件，都有利于一切有雄心、有能力的人脱颖而出。

由于以上诸种因素，城市中等阶级对财富的追求，一开始就带有一种合理谋利的倾向：社会为他提供谋利的可能性，而其自身的属性又使他易于接受谋利的规范——用经济的手段依照商业的原则进行谋利，而公平交易自古以来就是正当商业的准则。同时，注意到这一点也是重要的：在纯农业型的社会经济结构里，一个人发财往往以损害他人为前提，因为他很难寻求到一条既能有效地增加社会财富总量，又能为自己带来好处的致富方式。社会对破坏原有财富"均衡"的现象表示强烈的敌意，而试图谋利者往往也只好通过为社会所不齿的方式去达到自己的目标。但制造业能有效地增加社会财富总量，创造出比较多的社会财富，从而使整个社会得到某种好处。

显然，市民的发财欲望无论从主观还是客观方面讲，都极易转入合理谋利的轨道。这样一个阶层形成合理谋利的传统，并成为这种传统的执行人，也就是理所当然的了。当然，除了以上因素，宗教因素对英国合理谋利精神的形成也有着不可忽视的作用。

孟德斯鸠认为，英国人"在三件大事上走在了世界其他民族的

---

① 参见 T. S. 艾什顿(T. S. Ashton)著《工业革命，1760—1830》(牛津大学出版社，1980 年版)，第 1—2 页。

前面：虔诚、商业和自由"。的确，虔信是产生合理主义的主要因素之一。自从韦伯提醒人们注意新教伦理与资本主义精神的关系之后，这一点往往被夸大到了不适当的地步。尽管如此，仍然不可否认虔信教义对促进合理谋利动机形成的巨大作用。特别是清教在其中扮演的角色。英国的清教与加尔文教义相接近，根据加尔文教宿命论的教义，在不可揣测的天意之下，人不是受到上帝的恩宠，就是受到他的遗弃。这种教义在英国转化为这样一种表达方式，即信徒可以把自己在经济上的成功视为上帝赐予的恩宠和永恒幸福的标志。这就使虔信与富有以一种非常奇特的方式相互接近起来。清教的"内心世界的禁欲主义"进一步促进了这一点，它表现出一种以理智约束欲望的特征，往往能够发展出一种系统的合理行动的方法，旨在克服"自然状态"，使人摆脱不理智冲动的支配，摆脱他对尘世以及自然的眷恋。它试图使人服从于某种有计划的意志的统治，使他的行动处于经常不断的自我控制下，并使他认真考虑这些行动的伦理后果。这种禁欲主义对清教徒的直接影响是不允许他做任何可能导致挥霍金钱的事，而是推动他去积累资本。资本的积累可以表明他的成功，却并不赋予他挥霍的权利。这也是黄金等贵重金属流入英国和流入西班牙会产生不同社会后果的原因之一。于是，在新的经济浪潮的冲击下，人们过去被压抑的对财富的热望像火山一样爆发出来，只要它不被用于无限的挥霍，它就得到宗教的全力支持。随之而来的是旧的道德体系在事实上的全面崩溃，新的宗教意识在转折时期对形成新的道德规范起了重要作用，它既鼓励人们为"上帝"而追求财富，又反对人们用"不正当的手段"去发"不义之财"。这显然有助于新的工业精神的形成。为社会舆论所称道和肯定的，是靠生产与扩大生产去创造财富，而不是单纯靠投机取巧、巧取豪夺去走捷径。这样，新教伦理促进了英国的企业家进取精神。根据统计，工业革命时期，第一代企业家与发明家中有49％产生在非国教（由清教发展而来）的各个教派中，而所有非国教徒在人口总数中只占大约5％。这说明，工业精神在非国教徒中比在国教徒中强得多。

除此之外，虔信对一支有纪律的现代劳动大军的形成也有重要影响。美国学者英格尔斯（Alex Inkeles）等人分析过传统人与现代人的很多不同特点，劳动纪律方面的区别就是其中之一。据他们研究，增加工资并不能自动提高劳动生产率。如一个工人按每英亩1马克的报酬劳动，每天收割2.5英亩，总共获得2.5马克的报酬。但当工资提高到每英亩1.25马克时，他不是去收割3英亩从而挣到更多的钱，而是只收割2英亩以获得他所习惯的2.5马克。很明显，物质刺激只是增加生产的一个因素。在很多情况下，特别是在高技术的劳动中，如果没有把工作本身当作目的，把劳动作为本分，是不可能创造额外的价值的。对于这种劳动"良心"或"良知"的形成，清教的虔信所起的作用也不容忽视。这就在一定程度上解释了为什么英语民族对工作的态度一般都很认真。

当然，隐含在宗教中的合理主义因素一般只能为工业精神的形成提供助力，它本身并不是真正的工业精神。要形成真正的工业精神，必须经历一场思想领域的大革命，从理论的角度为新的行为方式和新的经济制度大喊大叫，以此传播新的价值观念体系，完成合理主义从宗教到世俗的转化。在这里，最重要的是公开宣称人们有权合法地追求自己的利益，宣布私有财产神圣不可侵犯。这是新兴中等阶级急切希望得到社会承认的价值准则。在他们看来，如果人们不能合法地追求自己的利益，则只能通过不正当的方式去牟取暴利；如果私有财产可以在宗教、国家、社会等等的名义下随意受到侵犯，则人们就会失去追逐财富的动力。因此，为个人追求私有财产正名，就成了工业革命在理论上的前提准备之一，而这项工作，确实从 17 世纪起就如火如荼地开展起来。

第一个把个人抬高到无可非议的地位的是霍布斯。霍布斯从自然状态出发，认为在这种状态中的人在体力上与智能上都绝对平等，所有的人都按自己的意愿行事，拥有不受任何权威限制的绝对自由。但由于每个人都拥有与他人同等的权利与愿望，便自然会出现不断的纷争，加之没有足够的物品去充分满足每个人的需要，因此不损害他人就很难平息自己的欲火。在这种近于疯狂的抗争中——

> 产业是无法存在的，因为其成果不稳定。……土地的栽培、航海、外洋进口商品的运用、舒适的建筑、移动与卸除须费巨大力量的物体的工具、地貌的知识、时间的记载、文艺、文学、社会等等都将不存在。最糟糕的是人们不断处于暴力死亡的恐惧和危险中，人们的生活孤独、贫困、卑污、残忍而短寿。①

很明显，霍布斯是站在中等阶级的立场上来批评"自然状态"的，他希望出现一个强大的"利维坦"，来保护生产，保护财富，保护

---

① 霍布斯著《利维坦》，中文版（商务印书馆，1986 年版），第 94—95 页。

拥有财产的个人。正因为这样，他要求人们达成一项协议，自愿放弃一切"自然权利"，把它无条件地交给一个人或一些人。这样一来，人为的"利维坦"就集中了所有主权，使自己成为无所不能的权力，这种权力最主要的使命之一，就是保护私人财产。

霍布斯的理论固然有其局限性，然而，他却为未来的社会铺下一块基石：他坦率地宣称，由私利驱使的个人是市民社会的起点，个人转让权利，就意味着社会的单位是个人；他之所以转让权利，不是为了对神明和社会作无私奉献，而是为了他自身的安全与保障。"利维坦"虽然无所不能，但其宗旨是保护个人以及他们的财产不受无政府状态的危害。因此"利维坦"是建立在个人利益的基础上的，并且为个人所利用。只有在这个意义上理解《利维坦》，我们才能看出它对后来的社会哲学所具有的重大影响。

当然，正如第一章所说，霍布斯的理论是失败的，因为他的国家组织形式同时否定了英国的两个历史传统。在他之后，威廉·配第（William Petty，1623—1687）继承了霍布斯的政治思想，但同时又为英国古典政治经济学开辟了道路。

从国家有利于社会及个人的长远利益这样一个观点出发，配第认为国家征收赋税是应该的，但是国家必须合理地使用这批财富，主要应用于经济发展，以便以后有更多的钱财重新流回人民的手中。他的《赋税论》通篇都暗示了个人私利的存在，并认为决定社会地位的因素是财产。国家的存在就是为了保护私人财产，个人因而应对国家的开支作出贡献。①

---

① 埃里克·罗尔（Eric Roll）著《经济思想史》，中文版（商务印书馆，1981年版），第100—101页。

出于对私人财产权的关注，配第十分强调劳动是价值的源泉。他认为劳动是财富之父，而土地则是财富之母。劳动是一切价值的真正源泉，是衡量价值的真正尺度。虽然他尚未像亚当·斯密那样十分鲜明地提出这个观点，却已经为合理谋利的精神定下了一个基调。

继配第之后的约翰·洛克是 17 世纪英国最伟大的思想家之一，他为新兴阶级的总体理论建设做出了异常重大的贡献。他的理论从人的性善论出发，认为理性具有伟大的力量，人类能够控制自己的行为并逐步完善自己。站在这样的立场上他对霍布斯的观点十分反感，并以性善论重新解释自然状态。他认为，在自然状态中，人类是普遍充满善意和友爱的，但人们的自然权利并无制度化的保障，因此对每一个人都很不方便。为了避免争议和保障各人的权利，人们缔结社会契约，建立国家，从而结束自然状态。由此而产生的政府天然是向人民负责的，他强调：

> 如果人在自然状态中是如前所说的那样自由，如果他是他自身和财产的绝对主人，同最尊贵的人平等，而不受任何人的支配，为什么他愿意放弃他的自由呢？为什么他愿意丢弃这个王国，让自己受制于其他任何权力的统辖和控制呢？对于这个问题，显然可以这样回答：虽然他在自然状态中享有那种权利，但这种享有是很不稳定的，有不断受别人侵犯的威胁。既然人们都像他一样有王者的气派，人人同他都是平等的，而大部分人又并不严格遵守公道和正义，他在这种状态中对财产的享有就很不安全，很不稳妥，这就使他愿意放弃一种尽管自由却是

充满着恐惧和经常危险的状况,因而他并非毫无理由地设法和甘愿同已经或有意联合起来的其他人们一起加入社会,以互相保护他们的生命、特权和地产,即我根据一般的名称称之为财产的东西。

因此,人们联合成国家和置身于政府之下的重大和主要的目的,是保护他们的财产……①

正因如此,洛克进一步推论道:

人们参加社会的理由在于保护他们的财产;他们选择一个立法机关并授予权力的目的,是希望由此可以制定法律、树立准则,以保卫社会一切成员的财产,限制社会各部分和各成员的权力并调节他们之间的统辖权。因为决不能设想,社会的意志是要使立法机关享有权力来破坏每个人想通过参加社会而取得的东西,以及人民为之使自己受制于他们自己选任的立法者的东西;所以当立法者们图谋夺取和破坏人民的财产或贬低他们的地位使其处于专断权力下的奴役状态时,立法者们就使自己与人民处于战争状态,人民因此就无需再予服从,而只有寻求上帝给予人们抵抗强暴的共同庇护。②

洛克的学说显然为中等阶级锻造了最强有力的理论武器,他清楚地表明:政治形式必须为经济利益服务,必须保护个人的经济利

---

① 约翰·洛克著《政府论》下篇,中文版(商务印书馆,1964年版),第77页。着重号为引者所加。
② 同上,第133—134页。

益。在这里,洛克把私有财产与自由、平等一样列为不可转让的自然权利——换言之,私有财产是神圣不可侵犯的。

那么,为什么私有财产应该具有如此神圣的性质? 洛克的回答是,如同人的自然权利在自然状态中就存在一样,私有财产在自然状态中也一直存在,所以它和理性一样,是合乎善的原则的。但是,如果财产既不是上帝赐予,也非根据契约,它在自然状态中如何产生? 就在这一点上,洛克提出了极其关键的论点。他指出,上帝创造了世界,使它为人类所共有,因此,就自然本身而言,它是属于全人类的。但是,人类要享有自然的创造,就必须加入劳动这一要素。由于劳动,人们把不可直接利用的东西变成了可以利用的东西,由此他便拥有了支配此种物品的权利,也即是此物品成为他的私有财产。但为什么他可以拥有此种权利? 洛克认为有以下两个原因:

其一,人的身体只属于他自己,与旁人无涉,他的劳动力是他本人的一个组成部分,支配自己的劳动力是天赋的自然权利。当他从自然界取得某一物品时,就在这种物品中掺进了自己的劳动,也就是把某些无疑是属于自己的东西加了进去,从而将它变成自己的财产。

其二,一般东西在自然状态中是没有什么价值的,使它成为有价值的是人的劳动。而价值的创造者——劳动既然是人的一部分,而人又是他自己的主人,那么他取得的当然就是他自己的东西。[①]

因而,洛克的结论是明确的,劳动是享有财产的必要条件,人们

---

① 参见《政府论》下篇,第18—32页。

由于劳动而获得的财产权具有神圣不可侵犯的性质，因为它是人们天赋自然权利的一个组成部分。

这个理论可以看作是合理谋利的最好表述。洛克把私有财产与自由、平等一样列为不可转让的自然权利，在思想领域是一个重大变化。他否定了中世纪虚假伪善的平均主义说教，为中等阶级追求财富提供了理论依据。从此后，私有财产既然是一种自然权利，那么人们就可以理直气壮地去追求它、维护它，而不必像在中世纪那样，"犹抱琵琶半遮面"了。不过，洛克为追求财富规定了一个前提：它必须是通过自己的劳动取得的；否则，未经劳动而存在于自然界的一切，就只能看作是上帝赐给全人类的物品。这里就包含有合理谋利的因素了：财产是经过努力（付出劳动）取得的，社会不承认不义之财。然而，洛克尽管十分强调劳动在变自然存在为私人财产方面的关键作用，他却并非在为劳动者说话。按照他的逻辑，很容易把贫穷看成是懒惰的产物，因此不必同情。更有甚者，他甚至认为应惩罚沿街乞讨的流浪者，"不足 14 岁的小乞丐应受鞭笞并送进工艺学校"。①

在洛克强调私有财产神圣不可侵犯，呼吁确保政治自由之际，1691 年，达德利·诺思（Dudley North，1641—1691）爵士表达了与重商主义原则明显不同的观点。诺思是一位英国绅士，曾在土耳其经商，担任过政府高级官员及伦敦市长。他认为：

---

① 米歇尔·博德(Michel Beaud)著《资本主义史，1500—1980》，中文版（东方出版社，1987年版），第 30—31 页。

就贸易来说，整个世界只不过像一个国家，一个民族，在这方面，各个国家就无异于各个个人。……总之，一味赞成一种贸易或利益而反对另一种贸易或利益，这是一种错误的作法，大大有损于公众的利益。任何法律都不能规定贸易的价格，因为贸易行情必然而且将会自行确定下来。一个国家变富了，金银、珠宝以及各种有用的或人们向往的东西，就会多起来。没有一个人是靠政策致富的，而和平、勤劳和自由，却能促进贸易和财富，此外别无其他途径。①

诺思的观点表明，新兴阶级在提出政治自由原则以确保私有财产神圣不可侵犯的同时，也提出了自己的财富增长原则，那就是他们所渴求的经济自由。于是，历史显示出一种有趣的发展趋势，人们从经济动机出发，渴求政治自由，转而又从这一点出发，要求有与政治自由相适应的经济自由。

然而，经济自由此时尚是一个并不十分明晰的概念。一直到工业革命兴起之时，这个概念才逐渐明确起来。

经济自由的第一个含义来源于对财富的理解。重商主义的论点是一国的财富取决于它的贵金属的拥有量，因此，在对外贸易中应尽可能地把别国的贵金属收进，而限制本国的贵金属外流。随着工业革命的开始与英国经济的起飞，人们对经济运动的客观规律有了进一步的认识。大卫·休谟（1711—1776）、亚当·斯密（1723—

---

① 达德利·诺思爵士著《贸易论》，中文版（商务印书馆，1964年版），第97、98、120、123页。着重号为引者所加。

1790)等古典政治经济学的代表,开始坚决反对重商主义的论调,他们认为一国的财富最终取决于一国可以用来和他国进行交换的劳动产品,因此,国家的生产能力是一国取之不尽的财富源泉。要增加一国的财富总量,就必须发展本国的生产,增加本国的经济实力,在此基础上大力发展对外贸易。休谟指出:"对外贸易的好处是,既使臣民富裕,又使国力强盛。对外贸易能够增加国家劳力的储备,君主可以从中把他认为必需的份额转用于社会劳务。对外贸易通过出口,则可将本国消费不掉的某些商品用于增添劳力。总之,一个从事大量进出口的王国,比起一个满足于商品自给自足的王国来,其工业必然更加发达,在生活方面更讲究舒适。因此,这样的国家就更富裕,更幸福,也更加强大。"①由此可以看出,经济自由的第一个重要内容是自由贸易。

经济自由的第二层意思是要求政府尽可能少地干预经济生活,这最早是由古典政治经济学大师亚当·斯密提出的。他的经济自由主义思想产生了深远的影响。甚至在当代的社会潮流中,人们仍然可以随时看到亚当·斯密的影子。

在斯密之前,虽然已有不少人为摆脱中世纪的道德枷锁,确立新的适应变化了的经济世界的道德标准作出过种种努力,但尚未能完全从理论或哲学的高度来证实新的经济制度的优越性,并确立一种适合于工业精神的崭新的价值标准。亚当·斯密以他庞大的理论体系完成了这一艰巨的任务,为新生的工业资产阶级提出了道德

---

① 大卫·休谟著《休谟经济论文选》(商务印书馆,1984 年版),第 33 页。

标准。

斯密认为,人类行为是由六种基本动机推动的:自爱、同情、追求自由的欲望、正义感、劳动习惯及交换。由此推论出,一切个人行为的原始动机都是大同小异的,人人都是他自己利益的最好判断者,因而应该让他享有按自己方式行动的自由。假如他不受外界的强力干预,他不仅会达到他的最高目的,而且还有助于推进公共的利益。由于上帝给了社会以自然秩序的规律,社会便自然会产生同样的结果。

不同人的行为之间存在着微妙的平衡,这使得一个人的利益不至于和其他人的利益完全对立,自爱与同情相互关照,由此而产生的行为必然在自己的利益中包括了别人的利益。由于深信人类动机的自然平衡,斯密提出他著名的"看不见的手"的论断,即每个人在追求自己利益时,都被一只无形的手引导着去实行并非属于他原来意图的目的:

> 一只看不见的手……实行生活必需品的分配,就同地球如果在其居民中按等份本来就会分配到的没有什么两样;这样,既非出于有意,事前也不知道,就增进了社会利益,并且提供了物种繁殖的手段。……当上帝在给少数的贵族主子们分割地球时,既没有忘记也不会排斥那些似乎留在这个分配之外的人。这些人生存着,也分享着地球全部生产中属于他们的份额。①

---

① 亚当·斯密著《道德情操论》(伦敦,1853 年版),第 263、264 页。

依据此种理论,斯密甚至怀疑那些不是出自追求自身利益的人们的行为能否有效地促进社会利益。他说:"我从来未见过那些假借为公众谋利之名的人们作出了多大的贡献。"①

这样,让每一个社会成员放手去追求自己的利益吧,在自然规律的约束下,他会对公众利益作出最大的贡献!政府的干涉未必比无为更有效,还是让它管管抵御外侮、公平司法之类的事情好了!

这就是著名的"自由放任"或"不干涉主义",它为放手追求财富作出道德上的辩解,因为根据这种理论,每个人在追求财富时,他也就不知不觉地"增进了社会利益"。斯密曾经说过这样的话:"我们之所以吃得上饭并不是由于屠户、酿酒工人或面包大师傅的仁慈,而是出于他们自身利益的考虑。"②因此,人出于"自身利益的考虑"而延福于全社会,他是不必为追求这种利益而感到羞愧的。

从经济自由主义原则出发,斯密提出了著名的"经济人"概念,并强调经济人在人类历史上的积极作用。他认为:文明或社会的改进不是人类的先知预见的结果,而是由富于经济活力的人创造的成果。人为谋求自己的私利而发展生产,提高生产效率,这种情况只有在私有财产制度下才会发生。私有财产制度由于能增加财富、改进生产,因此肯定是合理的制度。然而,富人的贪婪和野心,穷人的偷安和懒惰,这些都会激发人们去侵占别人的财产。因此,世俗政府必须阻止这些罪恶,保护私有财产。这就是世俗政府应该存在的

---

① 埃里克·罗尔著《经济思想史》,第 146 页。
② 亚当·斯密著《国富论》(商务印书馆,1979 年版),第 17 页。

唯一理由。

斯密的思想是时代的产物，也是工业时代来临的标志。当时，工业革命正迅猛地改变着英国的面貌，工业资产阶级急于在一切领域，尤其是思想领域挣脱旧传统的束缚。斯密学说为此种需要提供了一件有力的武器，因此它立即产生了巨大的反响。他的学说很快为工业资产阶级所接受，成为其正统的经济指导思想。经济自由主义表达了他们久已埋藏在心底的愿望，他们高兴地发现，在斯密那里，追求利润现在已变成正常的伦理，而自私的动机可以造成社会的福利。做生意可能有罪或者有失绅士尊严的那种潜在的负罪感一去不复返了，柏拉图式的或经典派的种种高雅的思想残余现在终于被除净。千百年来人们在现实的经济活动中早就奉行的谋利准则，现在终于和社会公认的伦理价值吻合起来了。一种对财富的强烈追求欲望，最终被公开释放出来，这被哈佛大学一位经济史学家叫作"被释放的普罗米修斯"。① 正是在这种对财富的强烈追求的欲望引导下，人们急切地扩大生产，从而激发了工业革命。

斯密是古典政治经济学的开拓者，他预示着一个新时代的开始。他以后有许多学者追随他的足迹，在发展和充实古典政治经济学理论方面做了许多工作（如大卫·李嘉图）。但在经济自由主义的道德伦理方面斯密已将其完善化了，后世人很少再提供新的东西。在3个多世纪里，英吉利民族从清教的虔信与天职开始，到经济自由主义定型为止，他们在追求财富的活动中，不仅改变了国家的

---

① 参见大卫·兰德斯（David Landes）著《被释放的普罗米修斯》。

经济,而且完成了价值观念的转换。追求财富的活动终于从宗教的朦胧中解脱出来,得到了世俗的、合理主义的解释。以前尚须用面纱遮掩着的动机,现在成了合情合理的行为。工业革命的心理条件具备了,它为一个新的工业民族的形成打开了心扉。

无疑,18 世纪下半叶对英国人来说是一个令人激动的时刻,一切条件都成熟了,社会生活的每一个角落都可以感受到一种巨大的变化正在来临。技术发明层出不穷,新的行业与日俱增,一种朦胧的、新的社会前景正展现在人们面前。不少精明强干的冒险者(或者所谓"富有进取精神"的人),抓住这一千载难逢的好时机乘风而上,以发财致富为动机,对生产的每一个部门进行全面的技术改造,从而使生产力得到成百上千倍的提高。无数人加入这支探险大军,其中不少人跌得粉身碎骨,但也有许多人获得成功,成为新时代的开拓者。跻身在这支探险大军中的,不仅有工业家、发明家,也有文学家、政治家;不仅有贵族富豪,也不乏平民百姓。所有这些人都是以"合理谋利"的精神武装起来的,顽强地谋取利润是这些人共同的特点。在这里,我们不妨举几个例子来说明。

首先是丹尼尔·笛福。

丹尼尔·笛福(1660—1731)是一个文学家,他的小说《鲁滨孙漂流记》脍炙人口,至今还在全世界流传。但很少有人知道他还是政论家、旅游家、报纸发行人兼报纸主编、游记撰写人、小册子作家,与政界人士有广泛交往;更没有人知道他自己就曾当过商人,做过砖瓦厂老板,经营过袜子批发和烟酒进口,从事过航海保险业,发过大财,只因为他涉足政治太深,受政治风云变幻的影响,生意才未能做下去。

笛福生在斯图亚特王朝复辟的那一年，但成年时代大部分在"光荣革命"以后度过。如前所述，这正是洛克为私有财产正名，对财富的追求已躁动于全社会的时代。笛福在这个时代身体力行，追求财富，投身于当时最赚钱的行业——对外贸易。但他更把推崇商业、宣传商业作为毕生的己任，他的《评论报》（1704—1713）、《商业报》（1713—1714）明确地充当商业利益的喉舌。他对商人的颂扬无以复加："如果说在任何行业中只有勤劳才能得到成功，那么在商业界，恐怕这样说才更确切：比起任何人来，商人更加依靠智慧生活。"他认为商人是"世界上最聪敏的人，因而在迫于无奈不得不另想生活门路的时候也是最能干的人；依照愚见，本书在讨论的题材中所涉及的种种计划都是从这种人中来的。在这种人身上很容易追溯出他们的本行是银行、股票、股票买卖、保险、互助会、彩票等等"。[1]他所说的商人主要是指从事对外贸易的进出口商人，他希望以对外贸易为中心，带动工业、农业和其他生产部门的发展，因为"贸易鼓励工业，促进发明，雇用人民，增进劳动，付给工资"；他建议：

促进贸易：航海与对外贸易

制造业，使贫民做工

农业：改变耕作方法

种植，圈地，修整土地

---

[1] 丹尼尔·笛福著《计划论》，载《笛福文选》，中文版（商务印书馆，1984年版），第68页。

接枝,饲养乳牛等①

总之,随着贸易的发展,其他各业都能发展起来。这种观点与后来休谟的说法有异曲同工之妙;正因为如此,他才把不辞艰险在全世界经商、不择手段谋取利润、不惜以殖民手段进行掠夺的远洋商人奉为英雄,而鲁滨孙正是他理想中的典型人物。

鲁滨孙是一个永不安于现状的人,他虽出身于殷实之家,却不愿在家里安享中等阶级的安康生活,而情愿外出冒险,寻求巨富。他几次航海经商,在巴西发了财,购置了种植园,成了地方名流。但他仍不满足,又去非洲贩运黑奴,结果船沉遇险,漂浮到一个荒岛上,独自一人生活了 28 年,只是在第 18 年才驯服了一个野人,留他做一名仆役。鲁滨孙在这远离文明、孤苦无告的荒岛上饲养动物,种植粮食,建造住房,构筑栅堡,靠顽强的自我奋斗存活下来,最后被救回到英国,靠巴西的产业成了富人。他在困境中足智多谋,多才多艺,确实印证了笛福的这句话:"在迫于无奈不得不另想生活门路的时候",商人是最聪明能干的人。事实上在笛福笔下,鲁滨孙并非唯一的海外英雄:辛格尔顿船长横贯非洲,纵横太平洋,既当探险家,又当海盗,最后掠劫致富,安享天年(《辛格尔顿船长探险记》);杰克上校被卖美洲,沦为白奴,但他拼力奋斗,走出绝境,终于获得自由,而且自己当上殖民者,发家致富(《杰克上校》);就连烟花尘中的失身女子莫尔·弗兰德斯也最终在弗吉尼亚殖民地找到了安身立命之地,获得财产(《莫尔·弗兰德斯之幸与不幸》)。所有这些都

①《笛福文选》序,第 9 页。

说明，笛福把殖民探险、海外贸易看得多么重。笛福曾把《鲁滨孙漂流记》解释成是他自己一生的寓言，不论这种说法是当真还是戏言，鲁滨孙精神却是他热忱歌颂的时代精神。笛福以鲁滨孙比喻自己，恰恰说明他心目中的价值尺度。

如果说笛福是商业时代的鼓吹者，那么斯特拉特（Jedediah Strutt）和阿克莱特（Richard Arkwright）就是工业时代的实干家了。斯特拉特和阿克莱特是工业革命的两位主角，他们的故事形象地说明了英国第一代工厂主是如何在追求财富的洪流中，为自己闯开成功之路的。

杰德狄亚·斯特拉特生于 1726 年，父亲是小农，兼制麦芽。杰德狄亚自己学过制轮，是个工匠。1756 年，他的妻弟，德比的一个袜商登门拜访，说他的一个工匠罗珀发明了一种机器，要出卖给他，问斯特拉特该怎么办？这本是件偶然的事，但斯特拉特立即抓住这个机会，向别人借了五个英镑买下那具模型，又在罗珀本人帮助之下加以改进。于是，一项杰出的发明——提花机就在英国正式问世了。为了取得专利权，既无钱又无势的斯特拉特和他的妻子抱病奔走，求神告天，吃尽辛苦和挫折，最后才在德比两个大袜商的帮助下，合伙取得专利权。这是 1759 年的事。再过三年，斯特拉特和那两个袜商解除了合同，单独得到发明专利；从此便福星高照，财运亨通了。他凭借手中的专利，开厂致富，资本越积越厚，工厂越办越大，到 1769 年，已经很有钱了。由此可以看出：斯特拉特并不是一个天生的发明家，可是他有远见，有经营头脑，知道新的发明可以使他赚钱，于是准确地把握了时机，登上了工业革命的头班车。就在他生意越做越好的时候,他结识了正丧魂落魄的阿克莱特,两人之间的不解缘分就由此开始了。

阿克莱特(1732—1792)当然更是大名鼎鼎,他的水力纺纱机在纺织技术史上是一次大革命,由于水力的运用,纺纱可以不用人力,提高了生产效率。并且,水力纺纱机纺出的纱线结实,可以用作经线,从而使英国可以制造纯棉产品。1771年他在克朗福德建立全世界第一个工厂,在这种生产组织形式中,成百上千的工人同时在同一个工作场地进行有组织的大规模生产,极大地提高了生产力。由于工厂的诞生,工业时代便真正到来了,从此,它就主宰了人类的生活方式,直至今日仍大体如此。因此,阿克莱特在工业革命史上的地位,是无与伦比的。

关于阿克莱特早期的生活,我们几乎一无所知,唯一的记载是博尔顿一个工厂主托马斯·里奇韦在1799年写给阿克莱特的儿子的:

> 我最初结识你父亲,大约是在1750年,当时他搬到博尔顿来住,我想,大概是在18岁左右。他给一个叫爱德华·波利特的人干活,那人是个假发匠。波利特死后,他在寡妇那儿留了一段时间——然后就娶了你母亲,开始自己做生意。他勤劳至极,取得一些成功,也许可以说是处境比较舒适了。他有了一所房子,再干净不过了,他的朋友和熟人常在那里受到他热情款待。……他后来在博尔顿的日子可没那么好过,他盘下一间小酒馆,结果就变穷了,酒馆不合他的意,他在上面花了很多的钱去改建。由于老犯气喘病,改建工作一停再停,这个病真正

把他拖垮了，他不得已也只好对改建的事听之任之。尽管如此，我相信他离开博尔顿时只欠了一个人的债，而且信誉很好。他生意中的主雇们一般境遇都不错，如果他肯做得卑俗一点的话他也许可以干得更好；但他的精神境界很高，而且似乎总是有什么更好的目标。大家都注意到他的机械天才，那表现在他平时的言谈中，他谈着谈着就谈到这方面来了。我记得很清楚，我们常常对他店里的一个钟特别好奇，那看起来是由烟囱里的烟来发动的，我们让很多人都相信是这样；我常看见他把硬纸切成不同形状，比如用长方形来拼成方形，既不增加，也不减少块数；还有一大堆说不清楚的其他有趣把戏。在假发制造业中大家都认为他很聪明，对放血和拔牙也很精通，认识他的人都说他有发明天才。①

这是一个在工业革命的浪尖中弄潮的人物的绝妙写照！阿克莱特在丢掉小酒馆后就四乡流动，收买头发以制作假发。这时候，他开始对纺纱技术感起兴趣来，于是就和人合作研制一部机器，1768 年提出专利申请。这项专利权后来引起很多官司，以至直到现在，都说不清楚究竟是谁发明了水力纺纱机。

斯特拉特认识他时，阿克莱特正一筹莫展——他没有钱申请专利权，也没有钱制作模型。斯特拉特从这项发明中看出了生财之道，于是立刻慷慨解囊，拨资相助，和阿克莱特建立了协作关系。他

---

① R. S. 菲顿(Fitton)和 A. P. 沃兹沃思(Wadsworth)著《斯特拉特一家和阿克莱特一家》(曼彻斯特大学，1958 年版)，第 61—62 页。

和几个资助人一起帮助阿克莱特取得水力纺纱机的专利权，又帮助他在克朗福德建立起世界上第一个工厂。这以后，斯特拉特也在离克朗福德不远的贝尔珀和米尔福德开办了自己的棉纱厂，和阿克莱特一样成为棉纺织业的巨子。他死时留下五个工厂，贝尔珀厂和米尔福德厂是全英国雇佣工人最多的厂，和欧文在新拉纳克的厂一样出名。阿克莱特则拥有六个工厂，累积的财富已不计其数。他被授予爵士头衔，破格当上德比郡守。他的巡回法庭开庭时，30个枪手"穿着最富丽堂皇的号服，为此种场合所少有"。开庭期间他设下"盛宴，有最上等的葡萄酒"；他的车套着灰色骏马，都"非常高雅入时"。① 他把克朗福德附近的几乎所有土地都买下了，还在工厂附近造了座城堡。由于有钱，他得以与贵族社会开始交往，还借钱给德文郡公爵夫人。报纸说他在"十年的一瞬间从一个不值五镑的穷鬼，成为拥有马车仆役的采邑地主，并买下了价值二万镑的地产；而千百名妇女，当她们能得到工作时，就必须捱过那长长的一天，把5040码的棉线梳啊，纺啊，卷啊，为此她们只得到四五个便士，绝无更多"。在他死时，《绅士杂志》说他留下的"制造厂其收入比大多数德国王公都要多得多……"②

这就是两颗棉业巨星的升起，他们的活动推动了英国的发展。那么，他们毕生追求的是什么呢？ 斯特拉特在为自己拟定的墓志铭上这样评价自己：

①《曼彻斯特环球报》1787年3月27日。转引自《斯特拉特一家和阿克莱特一家》，第90—91页。
②《斯特拉特一家和阿克莱特一家》，第95—97页。

> 这里安息着 J. S.（即杰德狄亚·斯特拉特）——他把自己从没有财产、没有家庭、没有朋友的地位提升到在这个世界上有财产、有家庭、有名望的地位——他没有智慧却有足够的普通常识——没有天才却得到健全理解能力的真实祝福——他很少有炫耀之处却鄙视卑鄙无耻之事——不尚宗教教义及仪式的虚饰却度过了诚实而有道德的一生——虽说不知道死后将会如何，却死而充满信心：若真是有一个最后的审判，它必会酬赏有德行的好人。①

这是何等充满自信！又多么自得于自己的成功！这就是工业革命时期的工业巨子，他们相信成功得自于自我奋斗，相信成功有益于整个世界，他们安然面对最后的审判，坚信已完成了上帝的使命。这就是从宗教改革起就孕育着的民族的追求精神，他们相信这种精神体现了人类的高尚道德。确实，我们在洛克、在笛福、在亚当·斯密那里都看到了这种精神；只不过，在亚当·斯密们正编织理论的罗网时，斯特拉特和阿克莱特们却把它付诸实践。他们奋斗一生的目标是什么？斯特拉特早在 39 岁时就在写给妻子的一封信中表达得很清楚了：

> 今天我顺齐普赛河而行，调剂一下，等等，竟不免立即联想到：那人类大潮流的唯一途程，他们的喧嚣与奔忙，他们表现在脸上的急切之情，就是弄钱，而尽管有些神学家说教起来正相

---

① 《斯特拉特一家和阿克莱特一家》，第 108 页。

反,但事实上这是真的:弄钱是人生的主要之事……①

这就是追求财富,何等溢于言表啊! 这就是斯特拉特们和阿克莱特们终身拼搏的动力,而当时的社会正鼓励他们这样做。

阿克莱特的一个孙子是议员,孙女婿是大法官院副院长。斯特拉特的一个孙子则是议员和贝尔珀男爵,大学学院的副院长、院长,与边沁、马考莱、欧文都很熟,最后当上兰开斯特公爵领地大臣。斯特拉特一家都支持 1832 年议会改革,又都反对保护工人的工厂法。工业革命初期崭露头角的村野之流,就这样把他们的孙辈推上了权力的宝座,接下来,我们就来看一看这些孙辈们的代表人物——理查德·科布登(Richard Cobden,1804—1865)的情况。

科布登代表着斯特拉特和阿克莱特的孙辈们在政治上的高度觉醒,他的一生都和工厂主的政治运动联系在一起。19 世纪 40 年代,他领导了赫赫有名的反谷物法运动,是反谷物法同盟的主要领袖。由于这个运动,议会于 1846 年废除谷物法,以后又确认自由贸易的原则。可以说,亚当·斯密和大卫·李嘉图在理论上追求的东西,是通过科布登和其他一些人的手来实现的,英国由此而进入自由资本主义的鼎盛时代。1860 年代,科布登又领导中等阶级激进派要求进一步改革议会,支持工人阶级提出的普选权要求。可以说,边沁和密尔的政治遗产也在科布登和他的同事们手上实现了。科布登在工厂主阶级争取权力的事业中,确实占有显著地位。

---

① 《斯特拉特一家和阿克莱特一家》,第 109—110 页。

科布登自己正是这个阶级中的一员，他体现这个阶级对财富的追求。他晚年回忆自己年轻时的经历时说：

> 我和其他两个年轻人开始合伙做生意，一共集资一千镑，其中一半以上是借来的。……我们对曼彻斯特的商号一无所知，于是就在旅馆要了一份指南，翻到印花布商名册栏，他们的生意是我们所熟悉的，我们也有信心从他们那里得到贷款。为什么呢？因为我们知道我们的优势，我们有广泛的关系网，我们了解这个行业在伦敦的最好分支机构，我们对花样设计有极好的鉴赏力，这些都会使我们成功，他们会满意的。我们于是向福特兄弟公司自我引荐，那是一家富商号，我们说了我们的故事，诚实而不隐瞒任何东西。从1830年起，两年不到的时间里我们收了他们四万镑的货，他们把货送到沃特林街来给我们，不要任何担保，只要我们的品德和做这门生意的知识。

这个故事倒很像是斯特拉特和阿克莱特在他们早年开张时的情况那样——白手起家，靠自己的拼劲韧劲，跻身于竞争行列之中。时隔三代人，其风格竟是一样的。科布登早就知道，"对人的能力只有一种看法或一个标准——即赚钱"，因此他对他优柔寡断的哥哥说："我希望我能够分给你一点我所浸染的波拿巴精神——这种精神激励着我，使我相信：一切阻止我发财的障碍，都将（不，一定会）让道，只要我全力向它进攻。"正因为抱有这样的精神，他毅然决然地从伦敦来到曼彻斯特，因为"曼彻斯特是做赚钱生意的地方"。尽管曼彻斯特又脏又乱,但"从这肮脏的下水道里流出人类勤奋的洪流,肥沃着整个的世界,从这油腻的阴沟中流出纯质的金子。人性在这里发展得最完备,也最粗野;文明在这里创造奇迹,文明人几乎退回去变成野蛮"。[①]

这就是科布登对人生和社会的看法,这种看法与斯特拉特们竟何其相似乃尔! 8 年后,到 1836 年,科布登的印染厂已经有资本 8 万镑,年产值 15 万镑,年获利 23 000 镑了。科布登成了曼彻斯特的一个阔佬。只有在这个前提下,他才有资格成为"曼彻斯特学派"[②]的代言人。

在这股追求财富的洪流中,中等阶级是主要力量。法国经济史学家克鲁泽(François Crouzet)的研究表明:英国工业革命时期的工业家,大多数来自"中等阶级"。中等阶级的含意非常广泛,它从有钱的商人、乡绅一直延伸到普通职员、中小老板等。因此克鲁泽说:"得益的多数人……在中等阶级内部上升,从较低的层次(有时甚至从工人阶级的边缘)上升到富裕或至少是殷实的工业家的新层次上。"[③]我们知道,科布登就是这样的人,他的父亲曾是农场主,后来又开过店,但还在科布登童年时期就已经破产了。像科布登这样出身于"中等阶级",但并没有什么钱,只是在追求财富的动机驱使下

---

① 尼古拉斯·C. 埃德索尔(Nicholas C. Edsall)著《理查德·科布登传》(哈佛大学出版社,1986 年版),第 4、5 页。
② "曼彻斯特学派"是自由主义经济理论的拥护者,以曼彻斯特为中心,主张自由贸易,要求废除谷物法。
③ 弗朗索瓦·克鲁泽著《早期工业家的起源问题》(剑桥大学出版社,1985 年版),第 142 页。着重号为原文所有。

走进探险的行列的,当时真不知有多少。他们所凭借的,主要不是家族的资产,而是亲朋关系网,以及几百年来中等阶级所特有的精明经营能力,以及对财富固执的追求。按克鲁泽的说法,这些人构成了"资本家后备军",从他们中产生了成功的工业家,不断对工业本身"进行革命"。① 在少数成功的企业背后,则有无数昙花一现的小型商号,他们也在追求财富的行列中挤进一条腿,"像蚂蚁一样无休止地扩大利润,提高经济增长曲线图"②,但很快就被这股洪流冲垮,而只在破产负债表上留下记录。

置身于追求财富的洪流中的不仅是中等阶级;事实上,在工业革命过程中,社会各阶层都被卷进这股洪流。作为工业革命的预备阶段的"农业革命",可以说就是由贵族乡绅发动的。18 世纪上半叶,地主们竞相发展生产,改良农业技术,引进良种,增加耕作面积,其动机是谋取利润,为市场提供更多的商品作物。唐森德(Charles Townshend)勋爵引进芜菁,采用四熟制,因而得了个"芜菁唐森德"的美名;杰思罗·塔尔(Jethero Tull)引进条播法,取代了过去的撒播法,大大提高了粮食产量;大地主科克(Thomas Coke,后来的莱斯特伯爵)首创在贫瘠土地上施放泥灰土的新技术,使他的庄园在 40 年内收入增加了近 10 倍。工业革命开始后,也有一些贵族投资工矿业,比如布里奇沃特公爵(Duke of Bridgewater)开凿运河,为解决工业革命早期的运输问题作出贡献,他还是英国最大的煤矿主之一;

---

① 《早期工业家的起源问题》,第 116 页。
② 理查德·威尔逊(Richard Wilson)著《绅士商人——利兹的商业社会》(曼彻斯特,1972 年版),第 122 页。

弗利勋爵经营矿山,套购公债等等。事实上,英国的贵族很早就有经营的习惯,贵族幼子外出经商,谋取商业利润,早就是一种惯例。相比之下,在欧洲大陆,法国的贵族游手好闲,整天在宫廷中谈情说爱;西班牙贵族宁愿讨饭也不屑经商;普鲁士贵族的幼子只是去从军,一心指望在战争中名利双收。

英国贵族这样"不耻下求",通过经营而追求财富,为全社会树立了一个模仿的榜样。于是上行下效,牵动全国,谋求利润而追逐财富不仅不被视以为耻,而且还被引以为荣。正如时人所说:"贵族追求王公的豪华,绅士则渴慕达到真正的贵族地位,生意人从他的柜台后面爬出来去填补绅士的位置……"于是,

> 英国不同等级的人不知不觉地交错在一起,一种平等的精神贯注于宪政的每一部分,各种地位各种状况之间彼此发生激烈的竞赛,每一个较低的等级都野心勃勃,无休无止地要把自己提升到更高一等的级别上去。这样一个国家必然是无拘无束地注重风尚的,上流的奢侈风气如传染病一样到处传播。①

这种"向上看"的风气,不仅在上中层流行,而且在下层流行,从而导致整个社会永远处在一种不安于现状的追求中。英国社会学家曾对英国小资产阶级作这种评论,说他们是

> 许多传统价值的贮藏室,资本主义社会秩序就建筑在这些

---

① 伊丽莎白·沃特曼(Elizabeth Waterman Gilboy)《工业革命中的欲求因素》,载 R. M. 哈特韦尔(Robert M. Hartwell)主编《英国工业革命的原因》(伦敦,1967 年版),第 135、128 页。

传统价值之上。小店主们热烈的个人主义和对工作的道德观表现得很清楚，而可以使他们这种人兴隆的"自由放任"经济的幻象也是这样。此外，他们相信，通过勤奋和智慧就可以成功，这对我们这样一个开放型社会至关重要。因此，这个阶层有重大的象征性意义：对许多人来说，他们的生活好像表现了个人升迁的可能性。尽管许多人出身卑微，但他们成功了，当然这是在对资本主义社会带根本性的意义上来说的。他们赢得财产与自立，尽管数量并不大。①

甚至连工人阶级也都怀着这种"升迁"的愿望。1859 年一本叫《自助》(*Self Help*)的书在工人中吸引了大量读者，因为它向工人宣传发家致富的奥妙：

> 没有什么比赚钱的能力更普通了，很少有比积累钱财更高的目标。一个人若全身心地追求这一点，他很少不会变得富起来。不需要动太多的脑筋，只需要花得少而挣得多，一几尼一几尼地垒起来，精打细算，勤俭节约，金堆就会慢慢长高。……为别人为自己老年的舒适与自立做准备是光荣的，大大值得赞许；为财富而死守财富是心胸狭窄和吝啬鬼的品行。

这本书的作者塞缪尔·斯迈尔斯(Samuel Smiles)自己也是个"自立"成功的人，他也是从雇佣劳动者的队伍中"自助"出来的。他的书中举了许多靠自我奋斗发家致富的例子，因此在工人群众中很有

---

① 理查德·斯凯斯(Richard Scase)和罗伯特·戈菲(Robert Goffee)著《产业中等阶级》(伦敦，1982 年版)，第 12 页。

市场。"靠着持久的追求和活力,把自己从最低微的劳作阶层中拔出来,上升到社会上有影响的显著地位,这样的例子……太多了,人们已不再把这些看作是例外。"①

总之,从 17 世纪末开始,一种追求和进取的精神开始在全英国弥散,并得到社会的承认与鼓励,结果就激发了人的创造力,引发出技术大革命,这是工业革命重要的文化和社会因素。作为这种追求的结果,英国在物质财富的生产方面发生突飞猛进的发展,英国成为"世界工场",率先跨进了"工业民族"的行列。

二、平等的召唤

但工业革命所召唤出来的巨大财富并没有合理地在社会上分配,它大部分流进了有产者的腰包。多数人没有享受到工业革命的好处,许多人甚至受到它的危害,这就使不公平的社会变得更加不平等了。就在科布登看来连"肮脏的下水道也流出金子"的曼彻斯特,我们在工人阶级街区看到的却完全是另一幅景象。1841 年,曼彻斯特布道团对工人生活状况进行调查,结果证明:在工业革命的这个心脏地区,等待着工人的却是饥饿、失业和死亡。试看以下调查记录:

　　查尔斯顿街区传教士认为在他的地域内现有三分之一的

---

① 特雷弗·梅(Trevor May)著《英国经济社会史》(纽约,1987 年版),第 206 页;P. L. 佩恩(Peter Lester Payne)著《19 世纪英国企业界》(麦克米兰出版公司,1988 年版),第 26 页。

人失业……

萨福德市靠近伯里街的区域据称有一半人抱怨工作不正常,一大批人已完全失业了。

萨福德另一传教士说:"我的地域内有许多人家无米下锅,这是由失业造成的……"

圣玛丽街区传教士称:"在我的区域内的一半人因没有工作而处境凄苦……"

……

据传教士 T. A. 报告:

巴克·万比,家住布鲁克斯街,失业;我走访时正躺在床上。没东西吃,衣服已当光了。

麦克法伦,有三个孩子,住布鲁克斯街;衣服已当完。丈夫是油漆工,失业已久。上次我走访时她说:"我们今天没吃一点东西(当时是四点钟了),我得把这些东西当了,给挨饿的孩子买点吃的。还有一天她把小男孩的裤子拿去当了,我给她钱去赎了回来……"

罗伯特·奥布莱恩,住泽西街,染匠,有四个孩子;好几个月没工作了;妻子最近生产,一家人好几天没吃东西;家中一切能卖能当的都拿去换东西吃了,或拿去交了他们这间地下室的房租。

另一传教士报告:

R. 卡恩,一家五口,三个孩子,全都失业,丈夫有病,一个孩子也病了。病孩躺在地下室潮湿的角落里,身下只铺一层刨花。没有一点破烂可以遮身的。地下室里空无所有,丈夫说已失业十六周了。

如此等等。

1840 年,一个布道团教士在访问了一家工人之后说:"我有一切理由相信,这件事是饥饿导致死亡的又一个例证。这年轻人才 26 岁,有妻子和一个孩子,女人快临产了。他失业已好长时间。只偶尔有一点工作做,因此体质极差。临死前那天晚上他干了一夜活,但好久没吃东西了,一下就从织机上栽下来,昏迷不醒,不久死神便带走了他的贫困和痛苦。"

1841 年某一天,一位慈善主义绅士走进一间地下室,里面"又黑又湿,屋顶不过 7 尺高,地面只有 12 平方码,屋内住着这女人和她的孩子——一个六岁的男孩;还有一个寡妇带着三个孩子,是他们的房客;另一个寡妇也带着两个孩子住在这儿,她是租这地下室的那女人的妹妹,九个人挤在这又黑又小的地方,完全不适于任何人住。就是在这么个破烂的家里,我们见到了穷人表现出的对弱小的同情之心。在我们走访的前一天,穷主妇碰着一个无家可归的女人,她带两个孩子在流浪,他们又饿又累,几乎都要倒在地上了。这可怜人的丈夫三个月前出去找工作了,她相信一定是还没找着,否则,她说他一定会回来找她的。女主人没有其他地方,只有让她在地下室旁边那个地上没铺东西的暗室里栖身,这里既没床也没被子,只有她用来当枕头的一小堆刨花,饿得半死的母子们千恩万谢,庆幸能有一块安身之地。夜里婴儿死了,他只有十一个月大,显然是由于长期受冻，母亲干瘪的乳房中又没有奶水而死的。当我们走进地下室时，看见这饥饿的牺牲品躺在屋顶上吊下来的一块板上。其他孩子……围着他看。母亲抛下她剩下的孩子，出去乞讨埋葬婴儿的东西去了"。①

财富的分配如此不均，就连后来成为保守党首相的迪斯雷利（Benjamin Disraeli）也说：英国是一个"两个民族的国家"。

于是，很自然而然地在痛苦的人群中产生了对平等的渴求。

对平等的渴求有悠久的历史，从人类进入文明社会起，它就是一个不变的主题。一切被压迫的人，一切正直的社会志士，都希望能够建立一个人人平等、人人参加劳动、人人都能获得幸福的社会。在这个社会中，物质财富和精神财富都极为丰富，人们可以不再为自己的生存而挣扎，而能将自己的主要精力用于发展自己的潜能，最终按照人类的自由意志改造世界。

平等的概念也可追溯到古老的基督教教义中：每一个信徒，不论其社会地位如何，只要他虔信上帝，就会得到上帝的拯救；在上帝面前，人人都是平等的。可见，在基督教世界中，平等也是一种基本准则——尽管在现实世界上它从来不是这样。

平等有各种含义：有权利的平等、有地位的平等、有身份的平等以及其他许多平等。我们这里要谈的，是对社会财富的一种平等的享受权利，即一般意义上的经济平等的愿望。正是这种愿望，构成

---

① 约瑟夫·阿谢德（Joseph Adshead）著《曼彻斯特的贫困：1840—1842 年劳动阶级状况的证据》（伦敦，1842 年版），第 27、29、31—32、35 页。

一个工业民族在形成时的另一个侧面——对平等的追求。

在英国,平等的理想有着悠久的传统。英国历史上第一个提倡财产公有、鼓吹经济平等的是约翰·威克里夫(John Wycliffe,约1320—1384)。威克里夫是牛津大学的神学博士,以主张宗教改革而著名。

他试图以自然法来解释经济平等的理想。其假定前提为:自然法和神律是永久不变的,公有财产和普遍自由是合乎自然法和神律的。

威克里夫认为,自然法可分为三类,与人类的三个道德阶段相适应,即逆命前、逆命后和不公平与腐化现象的出现等三阶段。在逆命前阶段,人类根据自然的公平原则而生活,一切公有,人人都享有充分的自由。在逆命后的阶段中,正当的理性帮助了人类,并向人类提出了种种戒条,如勿奸淫,勿说谎,要在大同世界上自由地生活等。在第三阶段,政治与经济上的不平等产生了,私有财产出现。这一阶段的情况较为复杂,不能简单地说它完全合乎自然法。只有当此种体制得到被统治者的同意并有利于他们时才是自然和合理的。

财产来自上帝的恩赐——一切人拥有财产的唯一理由是他们正直并虔信上帝。上帝把一切财产赐予人类并使他成为万物的主人。然而,人类只有将一切都归公才可能成为一切的主人。众生纵然正直,也只有通过公产主义才可能真正成为一切的主人。公产比私产好,正如普遍真理高于特殊真理一样。公产可以使大家利益一致,使大家齐心协力地从事生产。而这种最完美的制度,也必然得到人民普遍的拥护。世俗统治权和公有财产相结合是最合乎自然的、合乎人类本性的制度。取消私产，在人人享有平等物质财富的基础上重建合乎神意的社会，这就是威克里夫通过对财产的本质进行分析后所得出的结论。[①]

作为牛津大学巴里奥学院院长的威克里夫，虽然鼓吹财产公有，却反对采用革命的手段。但下层人民在吸收了威克里夫有益的养料之后，马上将其转向更激进的方向，从而发生罗拉德派的政治活动与起义。[②] 其著名代表人物就是威克里夫的门生、下层传教士约翰·鲍尔（John Ball，？—1381）。

鲍尔的主要宗旨是：民主与公产。

他同样用自然法推论出人类的初始社会状态。他指出，在人类最初被创造出来时，在本质上是平等的，奴隶制是由于卑劣的人施行不正当的压迫引起的，完全不符合上帝的意旨。如果上帝真有心创造出农奴，他就会明确地规定谁应做主人，谁应做奴隶。因此，现存的一切都是不合理的，只要人民有勇气，就可以像铲除杂草那样把大贵族、审判官、律师以及一切社会中的寄生虫败类清除掉。鲍尔的著名口号是："亚当耕地夏娃织，当日谁人是绅士？"他认为，只要打倒一切贵族，把一切财产归公，所有的人就可以享受平等与自由。

---

① 参见马克斯·比尔（Max Beer）著《英国社会主义史》上编，中文版（商务印书馆，1959 年版），第 21—23 页。

② 罗拉德派多为威克里夫的信徒，主张废除各种捐税，实行社会平等。该派活动于城乡下层民众之间，为 1381 年的农民起义作了舆论准备；罗德拉派 1414 年因反对迫害而发动起义，后失败。

鲍尔的学说和宣传活动是英国劳动人民对平等的第一声呼唤，这声呼唤与1381年的英国农民大起义结合在一起。不幸的是，这次农民造反并未获得成功。鲍尔本人也在起义失败后被吊死了。于是，英国历史上对平等的第一次追求就此告终。

下一次追求平等的行动发生在17世纪革命时期，当时出现了一个下层劳动者的派别——掘地派，也称"真正平等派"，他们追求土地共有，希望建立同耕共住的农业公社。

1649年4月1日，在革命已取得胜利、议会已战胜国王的时刻，一群贫苦农民在伦敦附近萨里郡圣乔治山上掘土耕种，过共同劳动、共同消费的生活，得名为掘地派。掘地派希望人人都有平等使用土地、同等享受土地产品的权利，因而把无主的荒地和公用土地加以开垦，并未侵占有主的地产。消息传开，各地农民开始响应，次年，在北安普敦、白金汉、亨廷登、兰开和肯特等郡都发生了贫民耕种村社公地的运动，出现了很多共同生产、共同生活的农业公社。运动的势头引起有产者的惊恐，尽管掘地派的行动是和平的，也避免触犯私有财产，但它强烈地反映出劳苦大众对土地私有制的不满。于是，有产者以克伦威尔的军队为武器，很快采取军事行动，驱散了掘地派，摧毁了公社开垦的庄园。1651年，掘地派运动基本上已被压制下去。

掘地派运动是英国近代史上劳动群众一次真正的对平等的呼唤，他们的目的在于变土地为公产，每一个人都对土地拥有平等的使用权。在这里，人们隐约听到了中世纪大同思想的回声，比如托马斯·莫尔的《乌托邦》。

掘地派运动的一个主要特点是：它是一次自发的，同时又产生了某种理论思想的群众运动，是将一种古老的理想付诸实践的运动。在这次运动中，产生了杰勒德·温斯坦莱（Gerard Winstanley，约1609—约1652）这样一个杰出的理论家和宣传家。

温斯坦莱出身于中等阶级，其生活经历使他同情贫苦人民的处境，在他投身于掘地派运动之后，他很快成为这一运动的领袖。温斯坦莱的重大贡献是在理论上阐述了掘地派的平等追求，从而使平等的理想成为一种强大而持久的社会思潮。

温斯坦莱认为，土地问题是一切社会问题的焦点，因此，未来社会的基本原则是土地及其果实的公有。他指出，按照造物主的本意，土地被创造出来，是为了"让土地成为共同的财富，让大地保存野兽、飞禽、鱼和人。人是注定要管理这些创造物的，因为人获得了给予他的管理飞禽走兽和鱼类的权力。但是最初根本没有谈到一部分人将要管理另一部分人"。[①]

他认为，在每个人心中都有他应该遵循的规律，这就是普遍幸福的规律，上帝赋予人们理性，要求人们应像谋取自己的幸福一样去谋求他人的幸福，但人们的贪婪驱使人们去追求个人幸福，并用暴力去抢占公有财产——土地，其结果是少数人成为土地的主人，而其余的人则变成了他们的仆人和奴隶。他认为，自从土地私有制产生以来，人就陷入受奴役的状态，成为自己同胞的奴隶。而争夺财产又使人民、国家和世界分成许多集团，引起纷争、战争和流血。因而，在世

---

① 《温斯坦莱文选》（商务印书馆，1979年版），第5页。

界上占统治地位的是黑暗的法律和贪欲的法律,是人与人之间的互相斗争和歧视。这种制度是对造物主的侮辱,是不合乎"正义"和"理性"的。真正公正的立法和真正的自由,就在于自由地使用土地。

温斯坦莱认为,人的本性是渴求自由的,而自由的基本因素是土地和生存权。因而在消灭私有财产和世俗政权以后出现的社会里,应该具有一种真正的共和国的自由,这种自由就在于自由地使用作为公共财产的土地,保证人有为了维护他的生活所必需的一切。因此,当英国人民在内战中推翻国王后,新政府就应该废除土地私有制,归还人民被夺去的土地。他认为:"在无地的贫农还未得到允许耕种村社的土地,还没有生活得像住在自己圈地上的地主那样富裕之前,英国不会有自由的人民。"[1]但革命后产生的新政府并未给人民带来好处,土地关系的变动只是将贵族和教会的地产转到了富人手中,农民仍然要照例交纳地租,并承担原有的封建义务,温斯坦莱在失望之余,主张农民依靠自己的力量拯救自己。他说:

> 如果我们为了自由而战死,而你们的屠杀性的统治人的法律还要消灭我们,我们就只有死路一条。因此,我们要求而且已经决定占有村庄的土地和土地上的树木,以求获得生活资料,并把你们看作与我们同等的人。[2]

在这里,我们看出对平等的召唤怎样引导出与对财富的召唤截然相反的结论,它否定的是财产的基础——私有权。

---

[1]《温斯坦莱文选》,第16页。
[2] 同上,第31页。

为了使人人平等的理想得以实现，温斯坦莱设计了一个"真正自由的共和国"。在这里，无论土地还是土地所生产的产品，都是公共财富，禁止在居民间进行买卖。生产仍由一家一户进行，消费也具有个人性质，家庭实行严格的一夫一妻制，共和国公职人员由人民选举产生，并定期改选，以避免他们腐化。

掘地派的实践和温斯坦莱的理论是英吉利民族对人性和平等的又一次呼唤，其中存在着某种永恒的价值。然而，就实践的方法和追求的理想而言，他们对平等的呼唤却是"向后看"的，那就是试图返回到自然状态或是原始共产主义的状态中去，恢复以自给自足的农业经济为主的田园式或小农式生活方式，这显然与历史发展的方向不符合。在伴随机器轰鸣滚滚而来的工业化浪潮中，掘地派的呼声很快被淹没了。

但工业革命再次唤醒了对平等的追求，而这一次它可以不再是乌托邦式的了，因为工业革命创造了那么多财富，它为什么不能给每一个社会成员带来平等的好处？于是，很多人开始探求不平等的根源，企图找到那把打开平等之门的钥匙。

第一个提出完整理论体系的是托马斯·潘恩（1737—1809）。关于潘恩的政治思想，我们将在下一章提及；这里只谈他对贫穷问题的分析。

潘恩自己是学徒出身，因此对劳动人民的思想感情非常了解。他所代表的是一个正在被工业革命的滚滚洪流所吞噬的阶层——手工工人阶层，这个阶层有其特殊的社会地位。他们以"独立"谋生自诩，尽管这种"独立性"越临近工业革命越只剩下一副假象。但他们在新的工业资本主义经济制度下,确实不受工厂主的直接雇用,而是在严密的市场机制中受到各种中间商的层层盘剥。这种盘剥是无形的,在貌似公正的市场上,手工工人出售产品,买取原料,似乎是在公平地交换——以自己的劳动换取报酬。这样,他们就被"独立"的假象蒙住了眼,看不清自己贫穷的真实原因。他们相信自己的劳动果实是被人硬夺走了,夺取的方法就是国家赋税。潘恩的理论就体现了手工工人的这种看法,他是这个阶层在政治上的代言人。

潘恩说,贫穷的原因是赋税。"今天,一个有妻子和两三个儿女的男士,每年纳税不下七八镑。……由于捐税至少拿走了他一年收入的四分之一,结果他就养不活一家人,特别是他自己或家中任何人生了病的话。"英国在赋税的重负下残喘:"英国在所谓现存宪政下,每人(包括男人、女人和儿童)要纳税48先令6便士,大人小孩都一样,总共将近1700万镑,为数达100万以上的征税费用还不算在内。"这些赋税被用来赡养腐败的宫廷和贵族:"每年从一个国家的公共税款中提取100万镑供养一个人,而千百万被迫贡奉的人则因缺吃少穿而形容枯槁,在苦难中挣扎。"之所以出现这种情况,是因为议会掌握在少数人手里,这少数人通过议会立法来征税,而通过征税养肥了自己,剥夺了穷人。正因为如此,潘恩认为要想摆脱贫穷就必须改变不合理的政治制度,所以,他号召劳动人民奋起投入政治斗争,争取议会改革。①

---

① 托马斯·潘恩著《人权论》,载《潘恩选集》(商务印书馆,1982年版),第259—260,268—269,305页。

简而言之，潘恩的理论是这样的：劳动者贫穷是因为纳税，之所以纳税是因为无权，因此，要想摆脱贫困就必须取得权利，而要想取得权利就必须改变不合理的政治制度，但要想改变不合理的政治制度就必须首先控制议会，因为议会的法律能决定一切，而要想控制议会则必须取得普选权，因为只有取得普选权，才能使没有财产的劳苦大众都得到平等的政治权利，而一旦占全国人口绝大多数的劳动群众都取得选举权时，他们就能控制议会，就能够保证国家的政权为自己谋利了。因此，从赋税致贫论出发，潘恩得出争取政治权利是改善经济地位的前提条件的结论。

但潘恩也提出了一个消灭贫穷的具体方案，这就是在人民掌握了立法权，建立起代议制政府后，通过立法手段取消苛捐杂税，设立累进所得税，用对富人征税的办法推行社会福利计划，解决贫困问题。他提议给穷人的孩子每人每年 4 镑生活费，直到 15 岁；给 50 岁以上的穷苦老人 6 镑养老金、60 岁以上 10 镑；为 130 万穷人子弟开支教育费；穷人妇女每生一个孩子就发给 1 镑津贴；穷人夫妇结婚可领取 1 镑补贴；开办工厂，为到首都来寻找工作的穷人安排临时就业；发放复员军人津贴费；取消长子继承权；给死在他乡的穷人发放安葬费等等。很显然，这简直就是 20 世纪"福利国家"的蓝图！他还特别指出："需要赡养的是农民、普通工人、各行各业的工匠和他们的妻子，水手和退伍士兵，年老力衰的男女仆人以及穷苦的寡妇。"因此他的这个计划的阶级倾向是相当明显的。[1] 当然，这个计划中

---

① 参见《潘恩选集》，第 304—326 页。

很少或几乎没有社会主义成分，更谈不上所有制公有的共产主义因素。但这个计划触动了自洛克以来就被奉为神圣的私有财产，它要用国家的政权对财富进行再分配，用对平等的追求去否定对财富的无限制积聚。

以马克思主义的观点来评判潘恩的理论，那显然是一个头脚倒置的体系，因为它把原因和结果弄颠倒了，基础与上层建筑摆反了关系。但潘恩的理论确实反映了工业革命时期手工工人的社会存在以及他们对外部世界的看法。潘恩理论的重要性，主要并不表现在它的理论建树上，而是表现在其实践意义上。潘恩的理论被几代工人所接受，他们始终用赋税致贫论来解释世界，得出必须以政治权利来改善经济地位的结论。因此，在几十年时间中，工人阶级孜孜不倦地追求政治平等，要求政治改革，而其最终目标，是追求较平等的经济关系，即使这并不意味着财产公有，至少也是平等地分享近代工业的成果。而这正是现代福利国家的一个基本出发点。可见，潘恩的理论虽然建立在一个似是而非的基础上，但他所指出的方向是十分有远见的。

由此可以知道，在早期工人阶级政治运动的背后，隐藏着工业革命时期英国工人对平等的殷切追求和憧憬。因此，不管其理论是否幼稚或不完备，甚至在后世人看来也许还是错误的，但英国历史上第一次有了一个反映某一特定阶级（或阶层）的社会存在的平等理论（而不是泛泛而谈的关于大同的理想），这个理论在几十年时间里武装了群众，让他们投身到漫长而艰巨的现实斗争中去。

关于这一点，我们想用以下几个实例来说明。英国工人政治斗争初起时，就以潘恩的理论为指导。第三章将对这个问题有详细叙述，特别是伦敦通讯会，它作为英国早期工人运动的典型代表，其纲领和奋斗目标都将在下章加以介绍。与伦敦通讯会同时，诺里季市一个由手工工人组成的"爱国会"也在一份宣言中说得很清楚："捐税多如牛毛，沉重而无必要"；"战争毫无原则，既无必要，又造成灾难"；"生活品昂贵，人民买不起……所有这些苦难，都来源于议会制度的不公正；因此，只有实行普选和年度议会，才能摆脱贫困"。[①]

潘恩的声音甚至到宪章运动时仍然在回响，尽管这时关于平等的理论已经有了很大发展，但关于政治不公正是经济不平等的原因的看法，仍然保留下来，宪章运动最杰出的理论家奥布莱恩说：

> ……恶棍们说你们没有代表权是因为你们没有财产，我说相反，你们没有财产是因为你们没有代表权。每个勤劳而又为自己及家庭生产出（在价值上）超过其自身需要的生活用品的人，都应当拥有那笔超额的财产。……但你们为什么拿不到那笔差额呢？是因为法律和国家机构把它交给了制定法律的人。假如你们和他们一样拥有代表权，你们就能有完全不同的法律和国家机构，这些法律和国家机构就能把财富赋予挣得它的人，从而使勤劳的人得到财富的最大份额。因此，你们的贫困是没有代表权的结果，而不是原因。[②]

---

① 艾伯特·古德温（Albert Goodwin）著《自由之友》（伦敦，1979 年版），第 377 页，着重号为引者所加。

② 阿尔弗雷德·普卢默（Alfred Plummer）著《布朗台尔·奥布莱恩政治传记》（伦敦，1971 年版），第 177—178 页。

所以说从潘恩到奥布莱恩，工人政治运动有一根贯穿一致的线，这根线的主旨，就是以追求政治平等为手段，争取经济平等的最终目标。

与潘恩几乎同时，出现了一位农业社会主义论者托马斯·斯彭斯（Thomas Spence，1750—1814）。斯彭斯看到了工业化给社会带来的不平等，但他主张回到前工业社会的小生产状态中去，建立没有工业的农村教区公社。

斯彭斯出生于泰因河畔的纽卡斯尔。他干过织网、制鞋和店员等行当，劳苦的生活经历，使他对因财产引起的人类不平等有切身的体会。他要求平等，认为平等最首要的条件是财产公有。他认为最重要的财产是土地，因此土地公有成为他终生奋斗的目标。

和洛克一样，斯彭斯也以自然法作为他的理论出发点，但他得出的结论与洛克截然相反。他认为，在自然状态中，土地及其一切产物都是公有，人人享受同等的自由。文明不应使人类陷入比自然状态更坏的状态，而应该消灭种种因缺乏有意识的组织而产生的不便。在文明社会中，人们的自然权利仍然不可侵犯，因此土地仍应该是人类的公产。他反对洛克以劳动来证明私有财产的合理性，因为没有谁能证明土地是由贵族自己开垦出来的，但贵族仍然能占有土地。既然如此，土地就仍然应该归社会公有，并在土地公有的基础上建立一个共和国。他设想土地由教区集体所有，每个土地耕种者需向教区交租，教区用这些款项来开办各种社会福利事业，建立一个真正平等的社会。他把财产公有叫作"真正的人权"，1775 年，他以此为题第一次表达了公有制思想："土地财产权和人民的自由在自然状态下必然平等……既然如此，那么任何一个国家，在正常情况下当然是人民所共有，其中每一个人都拥有平等的地产，拥有用这份地产上的动物植物和其他出产去为自己和家人谋取生存的完全自由。"①此后，直至他去世为止，他始终孜孜不倦地宣传这个主张。

但斯彭斯在有生之年并未能造成很大影响，他的多数论文都是以手写传单的形式散发的，因此读者不会很多。此外，他的思想并不能像潘恩那样反映一个确定的社会阶层的存在和愿望，因此只有极少数极为激进的人才会接受他的理论。但这些人后来构成工人激进运动中最激烈的一个派别，他们主张用暴力推翻政府，用革命的手段实现斯彭斯的平等理想。这样，我们在工人早期政治运动中又找到第二个理论源泉，它同样以追求平等为理想。

工人运动的第三个理论源泉是罗伯特·欧文（Robert Owen，1771—1858)，他的空想社会主义学说作为人类思想的伟大成就之一，已具有不可动摇的地位，当然，这更是一个追求平等的学说，以这个思想为武器的工人运动中的另一个分支，自然也就表现出追求平等的倾向——事实上，由于它以社会主义为号召，其追求平等的性质就更加明显。

欧文出身于一个小手工业者的家庭，10岁即离开父母自谋生路，他先后当过学徒和店员，繁重的工作使他每天只能睡5小时。他回顾这段生活时说："站了一整天之后，即使是在栏杆的帮助下，我

---

① H. T. 狄金森（H. T. Dickinson)编《托马斯·斯彭斯政治文集》（泰因河畔的纽卡斯尔，1982年版)，第1页。

也简直不能走上楼去睡觉。"①这种经历使他本能地渴求一种人人平等的社会生活,而当他发迹之后,这种愿望更加强烈。

在工业革命的潮流中,他很快出人头地,显示出巨大的组织才能,20岁就当上了一家纺织厂的经理。1800年,他在新纳拉克接管一个大工厂,正是在这个地方他开始了平等的试验,给工人提供了比较好的工作和生活条件。1813年,他出版了《新社会观》一书,在书中总结了他以前的工作,试图引起社会对他的实验的兴趣。

欧文在自己的生活实践中已经观察得很清楚,工业革命创造的巨大财富并未得到合理的分配,体力劳动的价值随着机器的运用反而降低,贫富间的差距更加悬殊,社会矛盾更加尖锐。尤其是在1811—1812年间,大规模有组织地破坏机器的行动引起了社会的不安,更进一步激发了欧文的正义感,使他把社会问题当作他终生关心的中心问题。他自称,他的任务是"寻求改善贫民和劳动阶级的生活并使雇主获得利益的方法",以便对社会的不合理状态进行改革,使生产力的发展和科学的进步能造福于整个社会。②

欧文是一位集理论与改革实践于一身的争取平等的斗士,他有自己的一套完整的社会改革理论,其学说基本上建立在唯理论的基础之上。他对社会的看法是从分析人的性格的形成着手的,他认为社会所遭受的苦难,是由"我们祖先的谬误"——统治者与被统治者的无知造成的。谬误和无知是一切罪恶的根源,而理性和知识则是

---

① 朱庭光主编《外国历史名人传》近代部分中册(重庆,1982年版),第220页。
② 维·彼·沃尔金等著《论空想社会主义》,中文版中卷(商务印书馆,1982年版),第298页。

幸福的源泉。他把人的一切道德缺陷，乃至整个社会的不幸，都归结为人的愚昧无知，归结为缺乏必要的教育，从而顺理成章地推出他的结论，即人的性格的形成基本上是由其所处的环境所决定，恶劣的条件产生恶劣的人，良好的环境产生良好的人。只要改变环境就可以塑造新人，从而进一步改变整个社会。

由此而观察世界，充斥于社会的罪恶与丑恶现象就不是由个人的性格决定的，而是由社会环境所决定的。因此，如果要责怪什么人的堕落，首先应责怪社会的环境。

由此，欧文把批判的矛头指向了现实的社会。他认为：人类面临着一个巨大的转变时期。采用机器和技术发明，引起了空前未有的变革，造成了私人财富和生产力的迅速增长。生产力巨大发展，本身是一件好事，因为"社会希望以花费最少的人力劳动获得最多的有益产品"。然而，在现存制度下，生产力增长带来的好处，并未被社会上的大多数人分享。机器本来是财富的源泉，反而成了贫困的根源。机器同工人竞争，并把工人从生产中排挤出去，降低了在业工人的"劳动价值"。很大一部分工人，在生产上成为多余的人。其结果是"世界上充满了财富……但到处都是一片贫困"。[1]

欧文同时指出，迄今为止采取的一切消除贫困和失业的措施都毫无效果，只要社会继续维持现有的生产制度，情况必然更加恶化。要摆脱现有的危机，可能有三种方法：或是拒绝使用机器；或是让多

---

[1]《论空想社会主义》中卷，第307页。

余的工人死亡;或是建立一种组织,使穷人和失业者得到收入充裕的职业,同时机器将协助他们劳动,而不是代替他们劳动。很明显,前两条路都不对,只有第三条路可走。

欧文的社会改造理想是创造一个人人平等的世界。他首先在自己管理的新拉纳克纺纱厂进行试验,缩短工时,提高工人工资,改善工厂的劳动和居住条件,用实践证明企业的利润不会因此减少,反而会有所增加——因为这些措施极大地调动了工人的劳动积极性。我们只要看一下他在工厂实行的下列改革纲领,就能明白这一点:① 把每天的劳动时间从 17 小时减少到 10 小时;② 不雇用 10 岁以下的儿童,而是向他们提供免费教育;③ 废除一切罚款,因为罚款是当时工厂里的一种普遍现象。

对于抱怨他所采取的措施的其他工厂主们,欧文十分坦然地答复如下:

> 经验一定已经告诉你们,一个有效地装备起来的、其机器经常清洁而运转良好的工厂,与另一个其机器污秽失修运转困难的工厂是有很大差别的。如果你们为机器操的心,能给你们带来如此出色的成果,你们难道不希望从对人类及其非常优越的组织操的心中取得同样良好的结果吗?岂不是十分自然地可以作出结论说,这些在细致和复杂的程度上高出无数倍的"机械装置"如能保持良好的运行状态并受到仁慈的待遇,也定能增加力量和效率而且实际上节约得多吗?这种仁慈大大有利于消除往往由于营养不足,使躯体不能保持充分的生产效率而造成的精神上的阻力和恼怒,也有利于防止机体的衰弱和过

早的死亡。①

欧文的看法无疑是正确的。在新拉纳克实验的成功更增强了他的这种信心。1817年,他进一步提出了劳动公社的设想,并决定建立示范公社。1824年,欧文用一大笔资产到美国创办了按自己的理想设置的共产主义移民区——"新协和村",公社实行财产和生产工具公有、按劳动分配产品、共同参加劳动、人人平等、民主管理等原则。他计划在两三年的时间内转入完全的共产主义。不过,这个实验最终是失败了,欧文没有考虑到改造人的艰巨性,产品的分配在公社内部造成很多矛盾,最后生产也维持不下去了,欧文几乎丧失了他的全部家产。然而,这次实验仍具有深远的意义,它是在大工业制度下实行财产公有的一次认真的尝试。

欧文对现代工业生产并不否定,他坚决反对倒退到小生产方式去的主张,坚持人类社会的改造应该以使用机器的工厂制度为基础。他非常重视科学技术的作用,因为它们是消除人们"不健康和不愉快工作"的手段。

因此,欧文是在肯定大机器生产的前提下反对资本主义制度的,这与手工工人反对资本主义制度不同。手工工人一般都反对新机器新技术的使用,他们要求维持他们传统的手工生产方式。欧文虽认为资本主义制度是万恶之源,但他指出,资本主义工业生产创造的财富为改造这种制度本身创造了物质前提,只要对人民加强教

---

① 夏尔·季德(Charles Gide)和夏尔·利斯特(Charles Rist)合著《经济学说史》,中文版上册(商务印书馆,1986年版),第301页。

育,提高人民的知识水平,使人们认识到现存制度的弊病,就可以改造现存社会。同时,还可通过经济手段对现存社会直接进行改造,那就是调整浪费,扩大消费范围,提高工人阶级的消费能力,使它与生产相平衡,这样就能使财富的增长自然而然地给所有的人都带来幸福。

欧文社会改革的最终理想是建立一种全新的社会制度——共产主义社会。与温斯坦莱不同的是,这种"理性的社会制度"是建立在物质生产极为丰富的基础之上的。在这种制度下,财产公有,幸福共享,人人都有平等的权利和义务,都有言论和行动的自由。虽然我们认为欧文在如何建立此种共产主义的方式上过于天真,过于简单化,但他设计的这幅共产主义蓝图是一个彻底平等的远景,对无数愤懑于社会不平等的劳苦大众有很强的吸引力。

欧文的活动和思想表明英国劳动阶级在新形势下对平等的渴求和愿望已经产生了新的升华。他们已不再像掘地派那样,一心想倒退回小生产的自然经济中去,而是试图利用现代科学技术的成果,建立一个更加平等和富裕的社会。从这个角度看,欧文提出的平等追求是"向前看"的,它已从掘地派的"人人贫困的平等"上升为追求"人人富裕的平等"。这是一次具有重大历史意义的飞跃。对平等的渴求其主导方向发生了转变,劳动阶级不再一般地反对大工业,而是力争从这一制度中为自己争取合理的利益。

从欧文的思想中产生了英国的合作社会主义运动。

合作社会主义运动的组织中心是伦敦合作社,它建于1824年秋,目的在于"组成一个以互相合作为原则的社团",使"劳动的全部产品归劳动者所有"。发起者宣称幸福是人类努力的真正目标,但若不知道有关社会原则的知识,这个目的就不能达到;促使财富生产大量增加的创造发明,只有在道德和政治科学也有相应的进展时,才能产生幸福。人们只有通过这种认识过程才会发现:竞争、私人积累和极端不平等永远不能产生幸福。新的社会主义制度应该建立在互相合作、财富公有、平等劳动和平等享受的基础之上。因此,伦敦合作社的社员决议:"反对买卖或纯粹商业的一切罪恶,也反对靠别人劳动为生的利润;我们提议把我们的一切交易全变成等值的公平交易,代表等值的劳动,以直接消费或逐渐消费为目的,而不是为了积累起来去支配别人的劳动。"①

合作社员们经常聚集在一起讨论诸如下面这些问题:

"劳动者是否有权享有他劳动所得的全部产品呢? 为什么在现存的社会状态下,生产阶级会陷于贫困和悲惨的境地?"

"人类精神和身体之受折磨,大部分是否可以归咎于财富的生产和分配中的私人竞争呢?"

"在合作制度下,艺术与科学能发达吗?"

"人的本质中是不是含有合作制度难以克服的障碍?"

"工人阶级能不能借组合的力量,增加工资率,或是借救济公社和他们现在所采取的类似措施,来彻底改善生活条件呢?"

"财产权是起源于自然呢,还是来自社会契约呢?"②

---

① 马克斯·比尔著《英国社会主义史》,第168页。
②《英国社会主义史》,第169页。

"社会主义"这一名词就在这一讨论过程中被创造了出来。"社会主义"理论家以财产的公有为旗帜,以欧文的平等合作理论以及李嘉图的劳动价值学说为依据,试图为彻底改造不公正的现存社会制度、建立一个平等的社会提供理论依据。

这里有必要评述一下李嘉图的劳动价值理论如何为"社会主义"所利用。

亚当·斯密和大卫·李嘉图都认为劳动是为"购买一切东西而支付的原始本钱",在"还没有货物囤积和土地私有以前的早期和野蛮社会状态中",交换价值就已存在。但斯密犯了一个错误,他推论说:在财富和价值的创造过程中,主要的角色是资本家,劳动者只处于和牲畜并列的地位。所以,只有资方的经营才是财富和价值的真正来源。财主和资本家是经过许多代的辛勤劳动才把财富积累起来的,而贫苦的劳动阶级则是好逸恶劳,贪图享乐,除了侵犯别人的财产外对社会没有什么贡献的人。

李嘉图明智地避免了这种混乱。他认为劳动是交换价值的基础和衡量尺度,劳动包括劳动者和牲畜的劳动,也就是除开固定资本之外的活的劳动,或流通资本。固定资本,即机器和原料本身并不创造任何新的价值,它只是把生产和分配过程中被用去或耗去而损失的价值数量加到所生产或运销的商品上面去。相反,流通资本却是交换价值的真正来源,新价值就是从那里产生的。增加价值的不是机器而是活的劳动。[①]

---

① 参见《李嘉图著作和通信集》第一卷(商务印书馆,1983年版),第7—15页。

李嘉图的价值学说显然具有一种革命的性质，他关于劳动是一切价值创造本源的看法显然很容易为争取平等的劳动阶级所利用。其中，尤以他关于工资和劳动的看法影响最大。他说："劳动正像其他一切可以买卖并且可以在数量上增加或减少的物品一样，具有自然价格和市场价格。劳动的自然价格是让劳动者大体上能够生活下去并不增不减地延续其后裔所必需的价格。……食物和必需品涨价，劳动的自然价格也会上涨，这些东西跌价，劳动的自然价格也会跌落。"①

"社会主义"的思想家们由此推论出，在资本主义制度下，劳动者的工资永远不能超过生活资料的最低限度。不管工人生产多少，他的实际工资一定停留在最低限度上。这种工资法则的结果，必然是贫者愈贫富者愈富。例如，一个工人生产的必需品足供两人使用，则他所得将是产品的一半，如果由于发明和改良，他所生产的足够 10 人之用，则他所得的将只是他劳动产品的十分之一，其余的十分之九便落入了雇主的腰包。由此可知，他创造的财富愈多，他的报酬所占的百分比便愈低。事实上，国家的政治怎样，有哪些赋税，政党有些什么活动，与工人都无直接关系，真正与工人相关的主要就是工资法则。这种法则是和资本主义生产方式分不开的，只有随着资本主义生产方式的消灭，此种不合理的工资法则才会消失。

由此可见，这种思路是和潘恩的理论完全不同的，从这样的思路中发展出"合作社会主义"的经济理论，其中有下面几个人特别值

---

① 《李嘉图著作和通信集》第一卷，第 77 页。

得注意：

第一位是一名来自苏格兰的记者乔治·缪迪（？—1833？）。他从1821年起担任《经济学家》杂志的编辑。他认为，人类现存社会的灾难在于人们没有认识到真理。那么，什么是真理呢？真理存在于能正确地揭示现存制度弊端的人类思想中。现存社会的弊端之一在于它以错误的原理作为自己的理论依据，其致命的错误前提是，"每一个人的利益几乎在所有的情况下都与别人的利益和社会的利益完全对立。"在这种错误理论的引导下，社会生产力始终没有发挥充分和健全的作用，因为生产工具的占有者在进行生产时所考虑的不是社会的利益，不是大众的需求（他们认为这种考虑不利于自己），而只是那些能付出高价的人。利润支配了生产，一切活动均以能增加资本的利润为前提条件。在这种情况下，消费的范围很窄，生产能力不能充分发挥，结果就产生贫困。不仅劳动阶级陷于贫困，就是资产阶级也没有能够达到占有生产资料所保证的富裕程度。各种利益的相互冲突与竞争所引起的浪费，使生产陷入瘫痪状态并妨碍人类各方面知识的进一步提高。

各文明国家实质上不是以社会而是以相互竞争的个人为自己的基础。每人考虑的只是他自己，并没有任何社会团结的联系存在；因而，国家也只好通过武力和强迫、监狱和断头台来维系自己的存在。从这里，缪迪提出了他最富创造性的见解：政府的缺陷和统治者的暴政并不是人类各种祸害的原因，而是社会建筑在不平等基础上的结果。只要这些基础存在，贫困就会存在。扩大生产力和减少人口都不能消灭这些现存的灾难，即使上帝将大量的物品赠送给人类，也会引起巨大的灾难，因为物资的丰富将引起更大规模的失业，从而使群众的消费能力进一步降低，使生产的范围更加狭窄。

指出了灾祸的来源，那么补救的办法何在呢？唯一的理智选择是以利益的调和或合作，而不以冲突和竞争作为社会的基础——这就是缪迪的结论。缪迪坚持劳动是价值的来源，坚持人人必须参加劳动，坚持人人平等的财富创造和分配原则，但坚决反对用激烈手段改造现存制度。他认为，劳动与资本在生产中都是必要的，彼此应该通过合作而非抗争来创建一种新制度。无论它是怎样的不现实，缪迪的此种阶级合作主义，当时在工人队伍中却很有市场，在有产者的队伍中也受到相当欢迎。

然而欧文与李嘉图的影响并未到此为止，因为劳动价值学说与合作主义使一直存在于种种"社会主义"思想中的那些困难变得更为复杂。首先是怎样使平等与自由协调起来？因为充分的自由意味着每一个人可以通过自己的奋斗去获取尽可能多的财富，而这就与平等发生冲突。其次是怎样尽可能公平地分配以便最大可能地接近平等，并且与进一步的资本投入协调起来？对第一个问题，力主平等的"社会主义"者可以论述说，一个受过适当教育的有理性的人，能够不受权力和财富的诱惑而按理性原则行事。对于第二个问题，则很难确定为维持一个理性社会的正常运转需要多少新的投资，而这些投资的来源及获取方式则更令人苦恼。

约翰·格雷(John Gray，1798—1850?)在试图解释这些问题方面提出了一些见解。他的注意力主要集中于使生产体系不能充分发挥效率的供给与需求的关系上。他认为，解决上述问题只要进一步改善现存的交易方式即可办到。

格雷指出,任何个人都不可能生产出所有的生活必需品,因而交易与交易媒介是必不可少的,问题在于用什么交易媒介最为合适？他认为,目前使用的货币不行,必须用一种新的货币。这种货币只是一张收据,证明某人将一定的价值交给了国家的财库。当他需要时,又可用收据取回自己贡献给国家的价值,但这种收据不含内在价值。国家设立一个银行和一个总仓库,所有物品先送进总仓库,详细计算出它的价值,然后,银行便按国家仓库中的所有商品的总价值发行数量相等的货币,这样,货币总额便始终和货物恰好相等。生产者便可以为他们的货物取得准确的货币价值量,并且能够从货仓中换取他们所需要的任何东西。[①]

这种改革的实现将使交易变得顺利而公平,其时卖货也就会像买货那样容易。在这种制度下,生产者的投入和生产越多,他的收入便愈多。国家的货仓将联合为一个巨大的贮藏所,各生产者又将会按照他所投入的劳动价值量从这个贮藏所提取他的物品。这样,生产与再生产,分配与合理收入之间的问题也就迎刃而解了。

威廉·汤普逊(William Thompson, 1775—1833)则极力使用边沁的原则来分析问题,提出一种符合这种原则的政策来解决前面提到的难题。

汤普逊把"功利"作为自己的出发点,认为人类社会的准则是追

---

① 参见 S. G. 切克兰德(S. G. Checkland)著《英国工业社会的兴起》(朗曼出版社,1982 年版),第 406 页。

求人类最大的幸福。要达到此种目的,必须具有良好的物质享受方式和足够的财富,因而,丰富的生产和公平的商品分配是幸福不可少的条件。为了使财富生产丰富充分,保障是不可缺少的,因为如果没有把握享受它们,就没有人愿意辛辛苦苦地生产商品。当然,光有丰富的财富也不行,还须有公平的分配,使社会的每一成员都能满足其需要,不能让财富只掌握在少数人手里。只有通过公平的分配,才能使幸福的总和达到最大限度,因为全体幸福的总和大于部分。①

问题在于有保障的生活与平等之间是否有矛盾? 平等的分配会不会使人们丧失创造大量财富的兴趣? 如果勤劳和有技术的人所获得的财富和懒惰的、技术较差的人相等,换言之,如果他们没有享受辛勤劳动果实的保证,他们便不可能保持其勤劳和充分发挥其技术,这样就根本不可能得到幸福了。

这涉及目前福利经济学家和所有社会改革家所关注的一个问题,即平等与效率的关系。问题的焦点在于,在生活完全有保障的无差别状况下,人们会不会像他们在私有财产制度下那样努力工作? 边沁的回答是,效率比平等更重要。在二者不能调和时,必须放弃平等,把社会放在私有财产的基础上,然后逐步改革,达到平等。

汤普逊于是脱离边沁而走上了欧文的道路。两者虽然都坚信

---

① 参见 H. G. 伦丁(Hilda G. Lundin)著《边沁对英国民主发展的影响》(洛瓦大学出版社,1920 年版),第10 页。

人类幸福的原则,但对政府和国家的看法有很大的差别。边沁相信保障私有财产,需要政府的法律来规定分配的方式。使生产工具的主人获得地租、利息和利润。汤普逊则相信平等,排斥人为法律,希望用自然法则来支配分配。

分歧的焦点在于谁是真正的价值创造者。边沁等人显然认为主要是企业家,汤普逊则认为是工人与技术人员。因而,汤普逊认为,社会问题的症结在于真正生产财富的人并未获得公平的一份,阻碍生产的是不公平和不自然的分配,而生产出来的大量财富又被少数人所垄断。贫富的两极分化造成普遍的不幸,根本不符合"功利"的标准。

可见,公平地分配财富对一个社会是生死攸关的大事。为了能尽可能多地创造财富,并从财富中取得尽可能多的幸福,汤普逊认为,新的社会必须做到:

(1)劳动的方向和延续均应由生产者自由和自动地决定;

(2)劳动的一切产品应归生产者所有;

(3)所有这些产品的交易应是自由和自觉的。[1]

他把实施这些原则的希望寄托于建立在工会基础上的合股工厂。他认为,当工会有一定的资金后,便可以自己建立工厂,在这些工会工厂中工人的劳动产品,除了管理费和资金损耗的费用外,全归劳动者所有,各工会应鼓励这些工人变成工厂的股东。每一个占有股份的劳动者都应该成为"资本家-劳动者",既享受资本也享受自

---

①《英国社会主义史》,第 203 页。

己劳动的收入。但任何人不得购买一股以上的股份，以免形成新的特权。这样，这些工厂就成了劳动者本身的联合股份公司，它们可以利用自己的盈余扩大经营，并可以对资本家的剥削起有效的抑制作用。它们可以证明不要资本家的帮助也可以积累资本，同时还要对工人进行教育，并逐步扩大合作工厂的基础，使工人成为社会经济生活的主流。

使雇主与雇员融为一体，将资本家和劳动者的职能集于一身的想法，无疑是合作社会主义者最富有特色的思想。它对英国劳动阶级的影响很大，同时也使他们的斗争染上了深深的改良主义色彩。

理论的发展固然对争取平等的斗争起着重大作用，但它并不能替代争取平等的行动。而这一行动的主体，从工业革命开始，就历史地落在了英国工人阶级的肩上。与理论的发展同时，工人阶级争取平等的斗争向三个方向发展，这就是合作运动、工会运动和争取选举权的运动。[①] 通过这些运动，工人阶级对平等的追求越来越成为社会的实践，而不仅仅是理想的憧憬了。

由劳动者通过合作进行生产和分配，一直是受欧文鼓励并在工人中很有影响的一种设想。欧文很早就萌生出设立劳动交换所的念头，以使那些因销路不好而受害的生产者可以用自己的货物进行交换，从而避开中间商的层层盘剥。这以后，再把劳动者组织起来，从事合伙经营，企图用这些方法摆脱资本的控制，达到劳动者之间的相互平等。作为工人解放进程的第一步，欧文在 1831 年 12 月创

[①] 争取选举权的运动见本书第三章。

立了"劳动阶级善良知识分子消除愚昧和贫困协会",其宗旨是使劳动者的子女获得教育,为农业学校购买土地,并"接受食物、衣服和其他财产以至各种服务,根据劳动公平的原则,通过劳动票据的媒介,交换等值的劳动;并且设立银行使持有劳动票据者可以兑换国家的货币"。[①] 这就是劳动交换所的蓝图。

1832 年 9 月 3 日,劳动交换所在欧文的协会内成立了。在最初的四个月中,它的成绩非常可观,每周寄存和交换的货物平均值达 600 镑,足见工人对于通过合作以摆脱资本,并取得较平等的社会财富抱有多大的希望。然而,时间一长,劳动交换所的局限性也就暴露出来了,它只对处境较好的工人有所裨益,真正穷困的工人不能参加各种活动,因为他们交不起入场费;他们也不能享受劳动交换所的各种利益,因为他们没有资金,生产不出任何属于自己的产品。于是,劳动交换所不久便失去影响,代之而起的是以合作商店为主流的合作运动。

第一个合作商店成立于 1844 年,它通过工人的集资批发一些货物,在成员中出售,所获利润在成员中分红,这样可以免遭中间商的盘剥。这和劳动交换所相比,其目标已经温和得多了,但它仍然反映出合作社成员对平等的强烈渴求。随着合作商店业务的扩大,它们开始拥有一定的资本。这些资本数量虽微,但它对工人建立以合作劳动为基础的社会理想无疑是一种鼓励,甚至一些中等阶级的激进人士也认为如此。以后,合作社开始办一些小型工场,如面粉加工、面包制作等,以满足该地区工人的需要。合作社所拥有的资金

---

① 《英国社会主义史》,第 289 页。

当然从未达到可以与整个社会的工商业资本相匹敌的地步，但它给处于绝望之中的工人在生活上和观念上带来的希望是巨大的，它不仅使工人感觉到了自己的力量和自己存在的价值，并且在小范围内描绘出一个可能的平等合作的社会前景。正因为如此，很多中等阶级知识分子也对合作运动寄予希望，并热情地表示愿在创造美好新世界的过程中与工人合作。①

与合作运动较为温和的色彩相比，工会运动自 1830 年开始，便带着一种战斗的色彩。工会最初是以同行业工人互助为目标的，然后发展为以罢工和集体议定工资为手段的行业性组织，最后发展为跨行业的工人组织。由于受欧文主义的影响，工会的斗争比原来所追求的目标有所扩大。它们不仅把工会斗争看成是提高工资、维护自己经济利益的手段，而且试图通过这种斗争改变整个社会。它们希望一旦工人的组织力量加强到足以控制资本的时候，便会把整个生产控制在自己手里，并按照工人的利益加以经营，这实质上也是一种完全推翻现存秩序的设想。他们希望生产者也同时就是管理者，社会不再分雇佣者和被雇佣者，人人都具有平等的地位。同时，非生产者再也不能恣意享受财富了。因为依照自然法和公意，财富和权力只属于生产者。当然，要达到这一目标，只有依靠工人阶级本身的团结，而有组织的工会运动认识到这一点，是在 1832 年议会改革之后。1834 年 8 月 30 日《贫民卫报》刊登的一封不署名信中把这一点表达得非常清楚：

　　劳工反抗资本的斗争并不依靠枪炮和刀剑，资本家本身并

①《英国工业社会的兴起》，第 364 页。

不参加作战,他们只派遣无知的工人去对抗觉悟的工人。人民的报纸必须是我们斗争的主要武器。当劳动者一旦认识自己的错误时,资本家的丧钟便响了起来。……一星期的罢工就可以使这些工人提出这样的问题:他们的雇主为了自己可以无所事事,大发横财,而强迫他们做苦工和挨饿,究竟是根据什么法律?①

因此,劳动者,即财富的创造者应当联合起来,以便按照自己的意图平等地分享自己创造的财富。工人阶级的此种团结的意向和改变现存社会秩序的愿望,在1834年各工会代表力图在伦敦创立"全国工会大同盟"的过程中表现了出来。大会草拟了几项建议,作为今后的行动纲领:

(1)在彼此完全谅解的原则下,力求大多数工会在处理一切有关一般法律和政府、有关筹借和开支款项以购置能供久用的物品的问题上采取一致行动。

(2)本委员会鉴于土地是人生主要必需品的来源,没有土地,劳动阶级必然会永远或多或少地屈服在资本家之下,而他们劳动的金钱价值也必然会由于贸易和商业的起伏而受到恶劣影响,故建议各工会在财力允许的范围内,尽量租用土地,期使工人在一切罢工期间可以在农业管理人的指导下从事生产自己生活资料的大部分。……

---

① 《英国社会主义史》,第299页。

（3）本委员会诚恳建议，在一切罢工期间，工人们应在确实可行的范围内，尽量制造或生产兄弟工会工人所需要的一切消费品，为达此目的，每个分会都应筹设一间工作室或作坊，由分会设法供给必需的原料，使工人们可以为该分会制造那些消费品。

（4）各区分会如能筹借基金维持工人疾病和年老退休之用，则能带来很大的好处。

（5）各区分会，在确实可行的范围内，都应设立一个或数个供给站以便储存粮食和一般家庭用品；通过这种办法可以使工人依照稍高于批发的价格购得最好的商品。

……

（7）我们应该对劳动阶级中的妇女给予各种鼓励和帮助，使她们参加各分会，以保障她们的劳动。①

在这个纲领中，团结起来争取平等的意向表达得十分清楚。

劳动阶级中的大多数人都认为，工会在把他们从资本家的统治中拯救出来，以获得自己应得的一份社会财富的事业上是万能的，因为这是劳动者团结斗争的手段。虽然有产者的破坏使工人组成更大规模工会的尝试一次次遭到失败，但各行业的工会仍然陆续出现。工人们为创建更有效率的工会而进行了长期的努力，在"全国工会大同盟"失败之后，"机械工人混合工会"于1851年成立，亚历山大·麦克唐纳又于1858年创建了组织更为严密、资金更为雄厚的全国矿工联合会。这种被称为"新模式工会"的组织主要由收入较高

①《英国社会主义史》，第307页。

的技术工人组成,它很快在全国其他行业中出现,并且逐步获得了各行业雇主的默认。这种工会排他性、封闭性强而斗争性不强,在组织形式上带有一些"贵族"色彩,不过它在宪章运动失败后的艰难时期,在保存和发展工人运动方面发挥了独特的作用,成为19世纪下半叶工会运动的主流。从19世纪60年代后期起,工人运动再次把注意力转到了政治方面,那就是为工人争取选举权,首先获得政治上的权利,然后再来为自己争取平等的经济权利。在某种意义上,这是宪章派思想的复活,但这一次,由于工人阶级有组织的力量——其中主要是工会——已经如此强大,所以在第二次和第三次议会改革运动中,工人们取得了与宪章运动完全不同的结果,成年男工中的大部分人拥有了选举权。

在工人阶级有组织的力量逐步发展壮大,通过政治权利来争取经济平等的前景似乎变得现实起来之时,以主张"渐进"和"自然长入"为特色的费边社会主义的出现,产生了重大的影响。

必须指出,费边主义是在英国的土壤上生长的,在欧洲其他国家,比如在法国和德国,它就不会有那么大的影响,更不用说在社会、经济状况完全不同的俄国等国家了。费边社会主义也绝不等同于马克思主义的社会主义。在这样的认识的基础上,我们来看看费边社在英国历史上的地位。

费边社认为,在劳动阶级中广泛存在的贫困现象是由非个人的因素造成的,只有通过对制度的调整,即对旧的社会经济结构进行大规模的调整,用"社会主义"的新型社会组织加以取代,才可能铲除贫困的根源。

费边社认为,社会与其他生物有机体一样,有其生长、发展、患病和死亡的过程。既然社会有机体是一个动态而非静态的概念，在其患病时就应及时医治，使社会有机体通过不断改造而保持健康状态。所谓健康状态就是始终保持社会的高效率，一旦社会失去效率，那它离死亡也就不远了。有识者的任务是"努力使公众意识到现存制度下的社会弊病，以激发社会的良心"。而其途径则是通过建立在实证基础上的"社会科学"，对社会问题作出合理的诊断，并在此基础上重建英国的社会组织以提高其效率。[1]

什么是效率？效率高低在于个人与社会间是否有一个合适的协调关系。这种关系的要点在于人们组成社会后，必须自觉不自觉地以社会的延续为目标。如果以追逐个人利益为最高目标，就会随时与社会利益发生冲突；但如果人们努力增进了社会利益，则会反过来增进个人利益。因此两者的关系中应以整体为重。"离开了继续存在的健康的社会有机体，没有人能够活着或是滋生后代。因此，社会有机体的继续存在乃是个人至高无上的目的。"[2]

由此种社会哲学出发，费边社认为个人只有通过协作而非竞争，才能在增进社会利益的同时增进自己的利益，如果相互残杀，把自己的幸福建立在他人的痛苦之上，就会导致社会的无效率和衰亡。由此出发，费边社认为，平等"是社会主义最强烈的伦理启示，并仍然是当今社会主义的特点"。[3] 平等与协作是保持社会有机体凝聚力与进步的基本前提，反之，不平等则会造成低效率；建立在不

---

① 《费边短评》第 20 号（伦敦，1897 年版）。
② 萧伯纳主编《费边论丛》，中文版（北京，1958 年版），第 114 页。
③ 《费边短评》第 72 号。

平等基础上的自由市场机制的运行原则是需求而不是需要,在为少数人提供蛋糕时却不为多数人提供面包,这就违反了"最大多数人的最大效率"原则,并进而损害社会利益。

费边社会主义者主张的平等并不仅是许多有产者所标榜的机会平等。如费边历史学家托尼(Richard Henry Tawney)就认为,事实上的不平等阻止了机会的平等。假如要求真正的机会平等,则必须以一种公平的条件来作为衡量的准尺。平等不仅要使有才能的人得到上升的机会,更重要的是要使不能上升的人也能过上像样的生活,成功者与失败者之间的收入差别过大,将会造成失败者的不满而使社会解体。[①]

当然,在费边社看来,这并不意味着收入上的绝对平均主义。收入上的差别是必要的,因为:① 与责任轻重联系起来的有差别的报酬是合理的,特殊的责任必须有特殊的报酬;② 要求收入的绝对平等必然导致强制行为,这就违反了社会自由的原则。

因此,费边社会主义要求有一种"合理的平等",反对"不合理的平等"。这种平等是一种立足于才能基础上的平等,社会应该为每一个人提供站在同一起跑线上的机会,就这一点而言,费边社与斯密的看法是一致的。但费边社更强调一种对"人"的平等态度:"不管作为个人他们在能力和性格上有多少不同,他们都同样应该被作为人来对待并受到尊重。"所以,"平等不是要求能力和成就的平等,

---

① 参见 C. A. R. 克罗斯兰(Charles Anthony Raven Grosland)著《社会主义的未来》(伦敦,1961 年版),第 253 页。

而是要求环境、组织机构与生活方式的平等"。现存社会的"不平等
不是由个人的天赋,而是社会与经济环境所造成的"①,因而是一种
"不合理的不平等"。为了铲除这种"不合理的不平等",费边社认为
任何个人都应过上维持"国民最低生活标准"的生活,以便使他能够
充分发挥自己的潜能。

"国民最低生活标准"是工会关于维持最低工资的要求和布思
(Charles Booth)②等人提出的"贫困线"相结合的产物。维护"国民
最低生活标准"需要满足如下条件:

(1) 由国家制定一个最低工资标准;

(2) 最低工资必须与工时挂钩,不能靠延长工时来维持最低工
资。八小时为每日最长工时;

(3) 政府应保证国民生活符合最低卫生要求,以保证国民健康;

(4) 应能保证国民有良好的居住条件;

(5) 国家应实行免费义务教育,保证每个公民有受教育的权利,
并为儿童提供免费午餐;

(6) 制定工厂法,改善工人的工作环境与条件,增进工人的
福利;

(7) 通过防止失业来根除贫困,一方面由国家来创造工人的就
业机会,一方面实施技术教育来提高人民的就业能力,以期最大可

---

① R. H. 托尼著《平等》(伦敦,1964 年版),第 27 页。
② 查尔斯·布思,英国中等阶级社会改革家,曾对伦敦的贫民窟进行广泛的调查,著有《伦
敦的生活与劳动》一书。

能地铲除产生贫困的根源。①

费边社会主义为平等的追求提供了极有价值的理论根据,它的重要性在于,它把平等说成是不仅关系到"社会下层"的命运,也关系到整个社会的生存效率,因而也就关系到"上层"的命运。费边社会主义者提供了在现存资本主义制度下有可能实行的对财富进行再分配的计划,由此绘制了"福利国家"的最初的蓝图。

但费边社会主义者还不仅仅是理论的设计师,他们多数也还是很有能力的实干家。他们有些参加实际的工人运动,组织工人罢工(如贝桑夫人),有些则置身于工人政党活动,参与组织工人政党(如韦伯夫妇)。费边社认为,民众需要思想,然而却不能自己产生思想,智者能出思想,但缺乏有力的方式去推行自己的思想。因此,智者应将自己的思想提供给需要思想的民众,"使广大的英国群众转到我们的观点上来"。② 由此而产生了著名的费边"渗透"策略:把费边社的思想"渗透"到全社会去。为此,他们规定:"费边社非但不脱离其他团体,它还督促它的成员不要锚过加入这些团体的机会,并且尽可能地用费边主义思想渗透它们。……要鼓励费边社员参加其他一切组织,不管他们是社会主义的还是非社会主义的,以便能够在其中进行费边社的工作。"③

正因为如此,费边主义在群众中产生了巨大的影响。在把理想转变为现实的过程中,工人政党已经是一个不可缺少的因素了。到

①《费边短评》第 162 号。
②《费边短评》第 51 号(伦敦,1887 年版)。
③《费边短评》第 70 号(伦敦,1897 年版)。

19世纪末，组建工人政党的时机已经成熟：工人阶级大部分已取得选举权，而费边主义又为拟议中的政党提供了自己的理论基础。在组建工人政党的活动中，基尔·哈第（Keir Hardie，1856—1915）作出了巨大贡献。

哈第讨厌贫富不均的社会制度，他认为，穷人应当获得与富人相同的权利。哈第宣称穷人应当把自己的代表推选进议会，因为只有穷人才知道穷人的苦难，才会同情穷人，而富人在议会里是不会为穷人的利益说话的。他因此号召劳工运用自己已获得的选举权，把工人代表送进议会，组成一个新的议会党团，以便通过对自己有利的立法，进而争取经济平等。① 这种观点在工会运动中得到普遍支持，一位工会领导人达维特也指出，"在目前的情况下，要想公正地处理劳工待遇是不可能的。……要想改变这种状况，工人阶级必须由他们自己队伍中的人来代表他们；地主和律师们是不会选工人去代表他们的，所以工人当然不应去选他们。为了这个目的，组织起来是必要的；而这个组织的第一个目标就应是通过普选以使国家机器向着工人所有过渡……"②

经过哈第等人的努力，1900年，英国工会与"社会主义者"共同创建了工党。工党是一个以工人阶级眼前利益为追求目标的政党，它的活动充分体现了费边社的理论与行为模式。它当时的宣言曾

---

① 参见阿萨·布里格斯（Asa Briggs）和约翰·萨维尔（John Saville）著《劳工史论文集1886—1923》（大不列颠，1971年版），第43页。

② E. J. 霍布斯鲍姆（Eric Hobsbawn）著《劳工的转折点1880—1900》（伦敦，1948年版），第119页。

表示了要把劳工从资本主义和特权统治下解放出来的立场，以后，经过长期而曲折的努力，工党在英国议会中站稳了脚跟。

1918年，工党通过党章，声称工党的最终目标是在生产资料公有和对每一行业进行最佳的民主管理与监督的基础上，确保体力劳动和脑力劳动者能够得到劳动的全部成果和尽可能公平的分配。当然，正如我们所说，这种"平等"是在资本主义允许范围内的"平等"，目的是维护整个社会的安宁。对这种要求，当时社会的任何一个集团都不可能再置若罔闻了，因为提出这种要求的，并不是个别理论家或社会改革家，也不是一群被饥饿驱赶得无路可走的流浪者，而是一个组织严密、纲领明确的有着广泛的社会基础的政党。任何一个社会集团，都不可能也不能够无视这一现实的存在。对平等的追求，第一次把英国社会发展的天平压到了对它有利的那一面。

走向"福利国家"的道路开通了。

三、"福利国家"

在英国的特定条件下，随着历史的发展，对财富的追求和对平等的追求逐渐融合起来，虽则各社会集团的侧重点大不相同，它们却像同一个钱币的两面，共同勾画出一个工业民族前进的轨迹。对财富的追求最终导致英国成为世界上第一个工业强国，而对平等的追求则使这一富有的国度能在现行制度允许的范围内，按较为合理的原则对财富实行再分配，最终通过某种调节而使现存的社会在一定阶段内,在不同程度上能为各方所接受,这是英国发展的特点。

追求财富需要有一个基本前提,就是私有财产神圣不可侵犯。追求平等则向相反方向发展——它要求全面否定私有财产。这两种追求在英国相互冲突,最终产生的结果,是既承认私有财产的合法性,同时又肯定为整个社会的利益可以对私有财产进行再分配,从而否定了私有财产神圣不可侵犯。这种构想的雏形,早就由潘恩表达出来了,后来又被合作社会主义者从另一角度加以发挥,尽管他们和潘恩在观察问题的角度和前提上都不同。到20世纪,这种思想主导了社会,在此基础上终于形成"福利国家"。

福利国家是通过社会立法来实现的。为此,有必要回顾一下英国社会立法的历史。

社会立法是国家通过立法的手段来协调各种利益之间的冲突,帮助较贫困的社会集团获得某种生存保障。在社会发生重大变革时,经济秩序的变化很有可能只给少数人带来好处,给多数人带来痛苦,这在工业化初期表现得特别明显,因此,改变不幸者的处境,不仅与劳动者的利益息息相关,也是统治者为巩固自己的统治所必须解决的问题。无止境的冲突只会导致社会的解体,通过某种方式来协调冲突,实现新的社会整合才是一条出路。

在英国,第一次由政府通过立法来解决社会问题是在都铎王朝末期。当时,在英国已发生了生产力的第一次大发展,作为生产力的人开始从封建土地关系中解放出来,地产开始为市场提供产品,工资劳动已成为农业生产的重要方式。然而,这个过程一开始就意味着对劳动者的凶残剥夺,因圈地被赶出家园的农民不得不背井离乡，四处流浪，而其他生产部门（如手工业）又不可能大量吸收这些人，于是形成了一支庞大的失业大军。这支大军又由于玫瑰战争后被遣散的贵族家兵和寺院被解散后大批的僧侣参加进来而变得更为可怕。这样一支动荡不安的大军显然对统治阶级的安全构成了巨大的威胁，于是都铎王朝先后制定了一系列法律来制止流浪并设法阻止圈地，但结果证明这些措施收效甚微。于是，1527年开始，都铎王朝被迫寻求另外的途径来解决这个问题，它规定了一个强制征收济贫税的条例，每一教区须对其贫民负责，任何须由济贫税负担的人可以被遣送回原籍。1601年，伊丽莎白女王把已有的惯例用济贫法的形式固定下来，由官方划出了一条贫困救济线，在救济线以下的贫民可接受教区救济。同时，又规定教区要为失业者提供工作，对贫苦人家的小孩进行训练，对老年人、患病者和孤儿则进行收容。对于官方认为懒惰而不值得救助的穷人，仍然规定用严酷的手段惩罚他们。①

《伊丽莎白济贫法》表明统治者开始意识到贫困和失业对自己的威胁，因而企图由政府来采取某些措施缓和这些社会矛盾。因此，在此之后，英国政府除了把教区作为救济贫民的基本单位外，又添了一些补救措施，如尽量稳定食品供应的价格，鼓励慈善事业等。②

《伊丽莎白济贫法》执行后，在一定程度上缓和了当时的社会矛

① R. C. 比奇（Roger C. Brich）著《福利国家的形成》（英国朗曼出版社，1974年版），第8页。
② R. H. 泰勒（Richard H. Tawney）著《宗教与资本主义的兴起》（英国企鹅出版社，1938年版），第260页。

盾，并由此而被以后的历届政府承袭下来。

此项济贫法的实施曾在17世纪的内战中短暂中断，但掘地派对平等的呼唤使整个有产阶级感到震惊，使他们再次感到了劳动阶级的力量和威胁。于是，斯图亚特王朝复辟后，再次公布济贫法，重新肯定了伊丽莎白济贫法的主旨，在一定的程度上再次缓和了社会矛盾。

1688年的"光荣革命"之后，大量乡绅涌入了议会，他们对贫困态度漠然，认为处境不好是懒惰和不负责任造成的，因此要求对济贫作严格的限制。1722年，有人提出法国和荷兰的工资比英国还低，所以，只有让英国的穷人拿较低的工资并以此来提高英国对大陆商品的竞争能力，才能改善英国穷人的状况。在此思潮的影响下，议会于1723年通过立法，正式批准两个或两个以上的教区联合起来建立济贫院，其目的不是救济，而是使穷人"懂得"劳动。

不过，17世纪的内战仍然给有产阶级留下了一个深刻的教训，那就是任何形式的社会动荡都将最终损害有产者的财产和既有利益。因而，18世纪中期的"惩贫"是有节制的。随着工业革命的开始，劳动者的生活再次面临威胁。社会矛盾激化的第一个结果是工人运动的产生，由行会基础产生的工会组织开始发展起来，18世纪末又形成了工人激进主义运动，试图通过获取选举权来改善劳动者的经济地位，这对所有的有产阶级集团都是一个危险的信号。美国独立战争的胜利和法国大革命的爆发，更加深了有产者们的惊恐。在此形势下，有产者不得不再次采取措施来缓和社会矛盾。1796年，英国议会认可了著名的斯品汉姆兰法。

该法承认:"在目前的状态下,穷人的确需要得到比过去更进一步的补助。"由此规定:"当每加仑面包重 $8\frac{1}{2}$ 磅,价值 1 先令时,每个勤勉的穷人每周应有 3 先令的收入。""其妻及其家庭成员每周应有 1 先令 6 便士。"如劳动者及其家庭成员的全部收入达不到此项标准,则应从济贫税中予以补足。并宣布此项补贴随着面包价格上涨而上浮。[①]

斯品汉姆兰法的意义在于把济贫的范围扩大到有工作做的贫穷家庭,从而建立了广泛的户外救济制度,使低工资收入者得到了某种最低限度的生活保障。地主们对此没有反抗,他们意识到圈地的不良后果;工业家们则为了良好的秩序宁愿付出一定代价。但沉重的赋税主要还是由不需要接受救济的一般劳动群众承担的。根据当时的规定,凡不接受救济的"自立"的人,都需要向教区交纳济贫税,而且济贫税的数额相等。因此,这是一种"以穷人养穷人"的政策,自然遭到普遍的反对。1810 年后,济贫税已增加到每年 600 万镑以上,负担十分沉重,而且,并没有丝毫平等的意味,因为:富者仍然富,贫者却更贫。

总之,从都铎王朝起至 19 世纪初,随着经济的发展,对财富的追求与对平等的追求之间的冲突日趋激烈。为了不使这种冲突超过社会所能容忍的限度,代表有产者的英国政府采用了济贫法来作为缓和社会矛盾的手段。然而,占统治地位的有产者并不把济贫作为

---

① B. W. 克拉普(B. W. Clapp)编《英国经济史文件集》(伦敦,1976 年版),第 473—474 页。

劳动阶级理应享受的社会财富的一部分来看待，而是把它看作一种权宜之计，是一种施舍，目的是避免各种不满的力量形成一次总爆发。但是这种权宜之计毕竟表明统治者认识到了这样一个事实：要避免法国式的革命，就必须尽力缓和社会矛盾，将各种冲突控制在一定的范围内。这意味着政府必须将贫穷的人数和贫穷的程度控制在一个不致引起动乱的"度"上。劳动阶级由于在对平等的追求过程中尚缺乏大规模有组织的行动，虽然对有产者形成了一定压力，但未能扭转自己在社会财富分配中所面临的不利局面。这表明，在这个历史阶段中，两种追求（有产者对财富的追求和劳动者对平等的追求）尚未找到一个合适的契合点以融合到一起。

真正的融合过程发生在 19 世纪。

对于英吉利民族而言，19 世纪是一个伟大的时代。19 世纪中期，工业革命的任务已经完成，英国成为世界上第一个工业化强国。然而，这种经济的繁荣并未能给劳动阶级带来好处。相反，在 1834 年，就在中等阶级在工人阶级的帮助下取得选举权，成为"有权的"阶级后不久，他们竟鼓动政府对济贫法重新修订，而这种行为可以说是蓄谋已久的。

斯品汉姆兰法的长期实施无论对政府还是对纳税人都是一个沉重的负担，有产者显然不愿这个负担长期压在自己身上。随着 19 世纪对法战争的胜利结束以及彼得卢事件[①]后英国工人运动的暂时低落，有产者日益要求采取严厉的社会政策。李嘉图认为自由竞争

————————————————

① 1819 年英国政府镇压请愿的工人和市民的事件。

必须实行低工资；马尔萨斯宣称救济穷人是不明智的；边沁则认为教区太小，应有一个全国性的机构来对付"不努力而处于困境的人"，并对受救济实行"济贫院检验"。[①]

1831年，英国政府虽然支付了370万镑济贫款，仍然爆发了英国历史上最后一次农民起义。这就给有产者修改济贫法提供了口实。于是，本应对工人阶级支持自己进入议会的努力表示感谢的中等阶级，反而迫不及待地促使议会在1834年通过了新的济贫法修正案。其最突出的特点是将贫困的原因归咎于个人，认为应该创造不堪忍受的条件，"教育"贫穷者积极谋生。它规定"无论以何种方式对有工作能力者及其家庭进行救济，使其生活状况超过了组织良好的济贫院的水准，均为非法"。[②]所以，任何请求救济的人都必须住进济贫院，接受"济贫院检验"。济贫院此时变成了一个对贫穷者进行惩罚的机构，而不再是原本意义上的救济组织。资产者中有人公然宣称："我们的意图是使济贫院尽可能像监狱。"显然，统治集团再次采取了对穷人进攻的政策。

有产者的此种行为引起工人阶级的愤怒，这成为宪章运动的一个原因。工人阶级认为，"贫困是没有代表权的结果，而不是原因"。[③]政权决定产权，富人有了政权才致富，穷人没有产权而致贫。所以，工人必须依靠政治权利来摆脱受剥削的贫穷地位，争取经济

① 德里克·弗雷泽（Derek Fraser）著《英国福利国家的发展》（大不列颠，1978年版），第38页。

②《英国福利国家的发展》，第268页。

③ 大卫·古德韦（David Goodway）著《伦敦宪章运动》（剑桥大学出版社，1982年版），第16—17页。

上的解放。因此，宪章派的目标是明确的，他们把获得选举权看作是获得经济解放的保证："假如工人有选举权，就会有一个比现在的议会更愿促进工人利益的立法机构……就会采取一些措施来保证更平等地分配他们所创造的财富。"就这个意义而言，"普选权的问题是饭碗的问题，是每日三餐粗茶淡饭的问题"。① 宪章运动后期，琼斯(Ernest Jones)甚至提出了"工人议会"的设想。他计划在全国范围内开展一个"群众运动"，从工人的工资中按比例征收会费，这笔钱一部分用作罢工基金，对有产者进行斗争；另一部分用来购买土地，或建立合作工厂、合作商店等。这些企业的所有权归"群众运动"所有，经管权归各企业，其利润的 2/3 用于收买新资产。这样，运动最终将导致群众管理整个社会。②

琼斯这一设想固然带有空想的性质，但当这种设想和声势浩大的宪章运动联系在一起时，显示出了一种时代的趋势：工人阶级的觉悟程度和组织能力都有了相当大的提高，他们再也不愿意只在社会中扮演受欺凌、被压迫的角色了，他们用自己的行为向统治者显示，如果劳动阶级不能受到公正的对待，社会将永无安宁之日。

前后掀起三次高潮、历时达十几年的宪章运动最终失败了，力量对比从整体来看对宪章派不利。尽管如此，有产者还是为这次工人运动所爆发出来的惊天动地的力量而感到担忧，他们逐渐认识

---

① 尤金·C. 布莱克(Eugene C. Black)编《英国 19 世纪的政治》(纽约，1977 年版)，第 131—132 页。
② 参见约翰·萨维尔编《宪章派恩内斯特·琼斯》(伦敦，1952 年版)，第 264—273 页。

到,如果根本无视劳动阶级的要求,最终会损害自己的利益。发展工业需要一个安定的社会环境,而安定的基本条件就是劳动阶级对现存制度在某种程度上的认同,苟安于现实;这也就意味着必须对劳动阶级的要求作出一定的让步,让他们能在政治和经济上得到一些满足。另一个越来越现实的问题是,在一个把个人与社会比以往任何时候都更紧密地联系起来的大工业时代,如果不在最起码的限度上解决诸如公共卫生、教育、市政建设等问题,整个社会就无法维持下去。事实上,19世纪中期很多英国城镇霍乱流行,与穷人的居住条件差、键康状况不好密切相关。而疾病的流传是不分贫富的,瘟疫的流行最终威胁到富人的生存。因此,对穷人的状况不闻不问是不行的,有产者中不少明智之士已经开始意识到了"共存"的必要性。

而要解决这些问题,任何个人都无能为力,只有求助于国家的力量。于是,英国政府在推动新的严厉的济贫法的同时,又不得不执行一种似乎相互矛盾的政策,即通过立法普及教育,限制工厂的劳动时间,增加公共卫生开支等。这表明,英国统治阶级实际上没办法完全无视穷人的生存权利。

另一种因素也促使有产者关注劳动阶级的状况。19世纪末,由于工业革命和殖民扩张等因素,英国已成为当时世界上最强大的国家,而国内公民的贫困却与这样的地位极不相称。长期维持这种状况,势必出现新的危机。自由党党魁阿斯奎斯(Herbert Henry Asquith)曾焦虑地指出了这一点:"假如在我们眼皮下的帝国中心,总可以发现大群的人不能接受教育,根本没有可能过上任何真正意义上的社会生活，空谈帝国又有什么用呢？"①不仅如此，广泛存在的贫困使得英国公民的体质普遍不好，英布战争中，曼彻斯特报名当兵的一万人中竟有八千人不符合体检要求。这清楚地表明，贫穷，尤其是社会财富分配的极度不平等所引起的贫困已不再是某些人，甚至也不是工人阶级一己的事，它已关系到统治阶级与国家的安危了。

最后一个因素则是一种历史发展的必然趋势。19世纪下半叶，由于产业工人力量的壮大，工人阶级与有产者在整个社会结构中的力量对比已发生了变化。在这样的社会大背景下，继续采取一种简单的敌视工人阶级的政策已经显得很愚蠢了。相反，在适当的时机作出让步，逐步地把工人阶级纳入现存的社会体系，将被证明是一种明智之举。基于此种认识，19世纪下半叶，英国议会通过了第二次和第三次议会改革法，使不少工人阶级的成员获得了选举权。同样，无论是自由党还是保守党政府，都相继在立法方面对工会的活动加以认可，并默认了工会提出的一些合理要求。

统治阶级的这种变化反过来又对工人产生了影响，他们在经过长期的斗争获取了这些权利后，对平等追求的态度也开始发生微妙的变化。许多人觉得既然能通过合法的方式达到某种目标，也就不必要用极端的手段来不折不扣地实现自己原有的目标了；工人阶级既然通过选举的方式将自己的代表送进议会，实际上也就承认了这

---

① 悉德尼·伍德（Sydney Wood）著《英国福利国家，1900—1950年》（剑桥大学出版社，1982年版），第4页。

种制度本身的合法性。于是,阶级合作和改良主义的调子逐渐在工人阶级的队伍中占了上风。

19世纪下半叶,战斗的工人阶级被"软化"了,变得"温和"起来,这是一件引人注目的大事,它表明两大对立阶级侧重点不同的追求——对平等的追求和对财富的追求,开始向一个契合点上靠拢,从而最终导致"福利国家"的产生。当然,发生这种变化除了其他诸种因素外,一个重要的原因是工业革命使英国成为世界上最富裕的国家,面对着空前丰富的物质财富,各对立阶级有可能较为心平气和地坐下来协商这样一个问题:当老板们分享香肠时,工人是否可以获得足够的面包?

这种变化由于英国的工人政党——工党的出现而加速了。工党的宗旨是明确的,它的主要任务是通过工人的选举权在议会为劳工争得一些眼前的利益。韦伯曾明确地指出这一点:"当一个工人获得选举权后,他不会对诸如任命谁担任巴黎大使这种事感兴趣,而会越来越多地寻求如何把他的政治民主转变为工业民主,以便作为一个投票人对自己的生活环境有某种形式的控制。"①

致力于改善现实工人生活状况的工党议员进入议会,使英国的政治格局产生了微妙的变化。原来的两大政党,尤其是自由党,为了争取工人阶级的选票,比以往任何时候都更积极地主张社会改

---

① J. R. 海(J. R. Hay)著《英国福利国家的演进,1880—1975年》(伦敦,1978年版),第14页。

革。1906 年,自由党和工党联盟,在大选中以压倒优势获胜,正如一些史学家所说,自由党获胜是社会改革思潮的获胜。在一片要求社会改革的呼声中,自由党政府采取了一系列改革措施。这些措施包括改善儿童健康状况,设立劳动介绍所,改善工人的工作环境和劳动条件,给年逾七十的老人养老金以及建立由个人、雇主和国家三方集资的劳保制度。

这一系列计划需要国家提供大量财政补助。为此,当时任财政大臣的劳合·乔治提出了 1909 年的"人民预算案",准备根据收入的差别征收不同税率的所得税,凡年收入超过 3000 镑者每镑征收 6 便士所得税。同时也征收土地、烟草、烈酒等税,以便筹集社会改革所需的 1600 万镑基金。

劳合·乔治的预算案经过一年的斗争后获得了通过,一般认为,这是英国福利政策的开端。

香肠和面包的关系,有产者的利润和无产者的最低生活保证,这就是福利政策、福利国家的实质所在。

自由党改革的胜利是一件意义深远的事。比一切具体福利政策更重要的是,它承认了一个新的原则,即私有财产可以通过政府税收进行再分配,较富的人应该拿出较多的份额交给社会,较穷的人则可从福利政策中得到好处。这对私有财产神圣不可侵犯的原则是一个极大的否定,它也使雇主与工人之间除了劳动力买卖的关系外,又增添了一处新的关系,即雇主必须对雇员的健康与生存承担某些责任。它同时使政府更深地卷入了经济生活,并要求设立一种合适的机构来协调政府与公民之间的这种关系。

从此,被迫进入可诅咒的济贫院的人日趋减少。据统计,1914年尚有 282 000 人在济贫院,至 1919 年时,人数已下降至 183 000 人。[1]

显然,自由党所进行的前所未有的社会改革是两种追求找到共同契合点的重要开端,这个契合点就是在维持现存经济秩序的前提下,由国家对国民财富进行适度的再分配。

不过,寻找到契合点并不意味着这个契合点的基础已经巩固,更不意味着它已成为被各阶级所共同认可的新的价值和信念。自由党的改革是有限度的。温斯顿·丘吉尔坦率地承认了这一点:"我们无意损害竞争活动,但我们能大大减轻由竞争失败所造成的后果……我们并不想推翻科学和文明的结构,只是在失败的深渊上张开一张网。"[2]

而工人阶级的愿望显然也没有得到完全的满足,他们即使不再要求绝对公平地分配社会财富,也要求分享到足够的面包,至少也要过上一种有保障的生活。对于一生中随时面临失业威胁的工人来说,这一点尤为重要。自由党的改革虽然表明统治阶级不再把贫困的原因归咎于个人,放弃了"惩贫"的政策,但它离工人阶级的要求显然还有很长一段距离。

真正的契合需要社会的两大集团在默契的基础上对原有的社

---

[1] 参见《英国福利国家,1900—1950 年》,第 19 页。
[2] 《福利国家的形成》,第 27 页。

会经济结构作某种调整,以便确立一种新的体系。这种社会结构的调整,既需要双方作出一定的妥协和让步,也需要在外部形成一种不得不进行变革的压力。

从第一次世界大战结束到第二次世界大战爆发这段时期,英国社会改革并未取得突破性进展,但为以后取得成就打下了基础。

首先,战争的经验证明,国家的干预完全可以导致更充分地利用资源,而在 1914 年前,是很少有人希望扩大政府此种权限的。这就为政府大规模地干预经济生活提供了一种社会心理基础。

其次,两次世界大战之间,英国的经济状况一直不佳,因而政局动荡不安。1930 年 3 月,失业人数已达 160 万,1931 年春则高达260 万。严重的危机终于导致了第二届工党政府的垮台。

持续的经济危机同样震动了思想界,在英国历史上,因经济危机而引起政府垮台,尚属首次。事态的发展引起了各阶层有识之士的关注,为了探寻摆脱危机的道路,稳定现存的社会秩序,早在 20 世纪 20 年代初,庇古(Arthur Cecil Pigou,1877—1959)就发表了《福利经济学》一书,他提出,如果政府一方面征收累进所得税、遗产税等,一方面增加社会福利,将货币收入从富人那里"转移"给穷人一些,就可以增加货币的边际效用,使社会满足的总量增加。随后,凯恩斯也提出了他的经济学观点。他认为亚当·斯密时期的经济自由主义已经过时,它无法解决失业问题。因此,政府必须采取新的工业政策,干预经济生活,扩大财政开支,扩大社会福利以刺激生产。[①] 这些思想为"福利国家"制度提供了重要的理论基础。

同时，严重的经济危机，也带来了其他阶层认识的变化。费边社的韦伯夫人（Beatrice Potter Webb）承认，她原以为不改变社会经济基础就可以改变人们命运的信念是错误的，马克思关于消灭资本主义制度的预见完全正确。工党理论家拉斯基（Harold Joseph Laski）甚至认为，工人阶级要想通过议会民主彻底改变他们的命运是不可能的，因为整个议会就是中等阶级观念的产物。[②] 现在证明：这些看法并不完全正确。

同一时期，工党也逐渐发展壮大，在 20 世纪 20 年代两次组成少数党政府。1934 年，在工人群众的推动下，工党发表了《社会主义与和平》的纲领，其中包括这样一些目标："给男女公民以政治与经济平等的机会；保证每个公民能受雇于使他过上保持人的尊严、独立的生活的工作；尽快扩大种种社会服务的范围……失去这些服务，个人就会被经济机遇所嘲弄而成为环境的牺牲品；按有利于工业生产发展并使剩余价值为所有人的福利服务的原则调整税收"，等等。[③]

在各种压力下，英国政府于 1934 年设立了失业保险委员会，由贝弗里奇（William Beveridge）担任主席。他的工作取得了一些成绩，失业率降了下来。但是，贝弗里奇指出，根治贫穷必须与充分就

① 参见肯尼斯·O. 摩根（Kenneth O. Morgan）著《劳合·乔治时代》（伦敦，1975 年版），第216—217 页。
② 参见 G. 福特（Geoffrey Foote）著《工党政治思想》（伦敦，1985 年版），第 154—157 页。
③ 参见 G. D. H. 柯尔（G. D. H. Cole）著《1914 年以来的工党史》（伦敦，1978 年版），第295 页。

业联系起来，没有充分就业，根治贫穷是不可能的。

贝弗里奇和凯恩斯等人的观点表明，英国资产阶级已意识到对社会经济结构进行调整是势在必行。这种调整已不是仅仅为了安抚穷人，而是为了自救——没有这种调整，资本主义生产就无法维持下去。这表明，一贯以追求财产为目的的社会集团这时也不得不承认平等的必要性。

这样，一方面是工党提出社会福利的调查政策，一方面是有产者承认相对平等的必要性，全面改革的时机就成熟了。尽管工党的纲领与凯恩斯等人的理论在出发点上相去甚远，但不难看出在如何进行社会结构调整的问题上已经取得了大体上的"协商一致"。第二次世界大战的爆发加速了这种调整的进程，战争迫使英国各阶级各政党都在紧急状态下空前地团结起来。以丘吉尔为首的三党联合政府控制了全国的一切物质和人力资源，并实行了一种"全民分享"的经济原则，包括食品配给。

这种"准经济平均主义"是战时团结人民的必要措施。广大英国民众也希望"人民的战争"带来"人民的和平"，在战后过上一种崭新的生活。在这种愿望的推动下，威廉·贝弗里奇于1942年拿出了他关于社会改革的著名报告，其中包括七个要点：

（1）统一社会福利事业的行政管理；

（2）有工作的国民按统一标准交纳保险捐；

（3）对不定期失业的人给予补助；

（4）给老年、产妇、工伤致残者提供补助；

（5）废除贫困调查，按统一标准支付补助金；

（6）为贫困家庭提供补助；

（7）建立国民卫生保健服务。[1]

贝弗里奇的报告立即引起了强烈的社会反响，成为全英国从上到下普遍议论的话题。人们都把这份报告的出现看作是一种新时代的希望。报告也很快得到了三大执政党的认可，于是，战后重建英国的蓝图基本确定下来。

1945年，工党在战后的首次选举中以394席的压倒优势获胜，这次选举的结果再次显示了人民要求社会改革的强烈愿望。这届工党政府在长达6年的执政期间里，顺应时代潮流，通过了一系列重要的社会立法，其中最重要的是1946年通过的《国民保险法》和《国民医疗保健法》、1948年通过的《国民补助法》。[2]

《国民医疗保健法》规定："除本法令所明文规定的某些项目须收费外，所有的医疗服务项目一律实行免费。"根据这项法律，政府对医院实行国有化。建立地区管理委员会，对医生进行全国性分配以"照顾缺少医生的地区"，确立医务人员的薪金制，建立医疗服务中心，并允许病人免费邀请医生到家里诊治。[3] 这一系列措施旨在实行"医疗平等"，保证人人都享受到充分的医疗保障。但该法并没有取消私人行医，因此富裕的人仍可以按照他的愿望选择他认为合适的私人医生。

---

① 参见《议会文件集》"社会保险及联合服务"，第6卷（1942—1947年），第5—17页。
② J. H. 威纳（Joel H. Wiener）编《大不列颠，雄狮在国内》，第4卷（纽约，1974年版），第3305—3359页。
③《国民医疗保健法》（1946），见《大不列颠，雄师在国内》第6卷，第3519—3538页。

按照新的《国民保险法》，每一个英国公民，凡已离开学校，又未达到领取养老金年龄者，应一律投保，并从指定之日起终身享受到社会保障。保险金来源于雇主、雇员和政府补贴三个方面，政府根据不同人员的不同情况，分别给投保人员支付失业补助金、疾病补助金、产妇补助金、寡妇补助金、儿童照管补助金、丧葬补助金等等。社会保险实行普遍性原则，并将失业保险扩大到一切行业。投保人员在失业时将从保险金中为自己及家庭领取生活费，从而使每个英国公民的生活在任何时候都不低于"国民最低生活标准"。① 这套制度使每个英国人的基本生活条件有了保证，从此以后，"贫穷"就不再含有"吃不饱穿不暖"的意思了。

1948 年，工党政府又提出了作为《国民保险法》重要补充条例的《国民补助法》，按照工党卫生大臣、福利制度的设计师之一比万（Aneurin Bevan）的说法，这项法令将给"那些处于特殊状态的人"提供照顾，因为，"将会有一定数量的人们，他们没有领取保险金的资格，也没有领取失业补助金的资格，但他们却由于特殊的事故，如火灾和洪水而处于困境之中"。② 此外，还有一些特殊的困难如聋、哑、失明人等也需要得到特殊的照顾。由此，政府根据《国民补助法》设立国民救济署，解决这些特殊的照顾问题。

1948 年 7 月，上述各法开始生效；两年以后，首相艾德礼宣称这种新制度为"福利国家"。至此，令人厌恶的济贫制度终止了。除此

---

① 《国民保险法》(1946)，见《大不列颠，雄狮在国内》第六卷，第 3501—3514 页。
② 1947 年 11 月 24 日下院辩论记录。

之外,工党将战时就已执行的累进所得税制保留下来,并对重要的基础工业部门采取一系列国有化措施。虽然艾德礼政府创造出的只是一种"福利资本主义"制度,然而无可否认的是,英国的社会政策从此发生了巨大的变化。这些政策已不再作为一种权宜之计或施舍而存在了。每年,国家通过立法税收的形式对国民财富进行再分配,为社会福利政策的实行给予大量的财政补贴。其中,社会保障的开支最大,20世纪70年代初每年约170亿镑,80年代则增至每年180亿镑。政府的各项社会开支,已占国民生产总值的40%以上。[1]

　　由于战后英国经济的增长进入了所谓"丰裕年代",也由于"福利国家"政策的实施,英国社会发生了显著的变化。在财富的享受方面,虽然贫富仍有巨大的差距,但相对而言,已比历史上任何时期都小。1938—1949年间,占人口10%的社会最上层,在纳税后拥有全国个人收入总和的1/3,而在20世纪70年代则只有1/5;在财产占有方面,"二战"以前,英国占人口10%的社会最上层家庭拥有全国财产的56%;1972年,此比例已降为27.6%。普通民众的处境在此期间得到了相当的改善。80年代,英国男子的平均寿命已达69.8岁,妇女76.2岁。私人住房由1951年的400万幢增为1983年的1300万幢,私人汽车由1961年630万辆增为1983年的1592万辆。80年代初期,94%的家庭拥有电冰箱,98%的家庭拥有电视机,77%

---

[1]《英国社会福利》,英国中央新闻署出版部参考资料服务处出版(伦敦,1980年版),第291页。

的家庭拥有电话,59％的家庭拥有汽车。① 普通英国人的食品消费结构也改变了,曾经一度是英国人主食的谷物,在现在的菜单上已几乎没有什么位置了。

事实证明,经过几个世纪的漫长的冲突,对财富的追求和对平等的追求,这二者终于在"福利国家"的原则上求得了基本的融合。有产者从本阶级的根本利益出发,牺牲了一部分私有财产,用来争取劳动者对现存社会制度的认可,换取到社会的相对稳定。而对劳动者来说,现存的社会制度虽与本阶级的根本利益相抵触,作为阶级,有产者与无产者的根本对立依然存在,但他们的斗争锋芒明显地收敛了。双方都默认了"福利国家"的原则,"香肠""面包"在"福利国家"的构架中达成了协调。

"福利国家"是"明智"的资产阶级和被"软化"的无产阶级"协调"的结果。今天,尽管"福利国家"制度也遇到了种种麻烦,然而,无论是保守党或工党,都不能从根本上改变它。这不仅因为福利制度牵涉到千百万人的生计,而且福利原则已融入人们的精神世界。当对财富的追求和对平等的追求在"福利国家"的交点上契合起来时,英国就形成了一种新的民族精神——工业民族精神。当这种精神渗透到民族的各个领域之中,渗透到它的血液之中后,一个工业民族就形成了。

英国是一个走资本主义发展道路的国家,英国的道路是曲折的,也是漫长的。英国的经历既有成功,也有失败,挫折和失误更是

---

① 英国统计局:《社会动向》,转引自《西欧研究》1985 年第 10 期,第 10 页。

不计其数。英国在漫长的摸索中发展成今天这个样子，自然是它特定历史条件的产物。在冲突中融合，是英国文化模式的特点，而这个特点又确实是在许多历史事件中逐渐形成的。在其他西方国家，尽管也或多或少都出现了"福利制度"，但其发展过程未必像英国一样，出现的方式也未必相同。必须明确指出，福利制度是在资本主义发展的一定阶段上出现的，它体现着资本主义国家工人阶级斗争的成果。在英国文化模式背景中，福利国家体现着在冲突中融合的这种独特方式，同时也体现着资本主义制度自身的某种演变——而这种演变，正是在斗争中才形成的。

第三章　英国发展道路的形成

　　在第一章中，我们谈到冲突与融合的相互关系，指出冲突中的融合是社会发展的一种模式。在这种模式中，相互制约的历史传统通过冲突而达到融合，在融合的过程中超越传统，从而完成变革，产生新的政治制度。"光荣革命"就是这种模式的极好的先例，于是"光荣革命"自身也就成为一种传统，为以后的人们提供历史依据。由于"光荣革命"本身就既有传统又有变革，因此在后来的历史发展中，有些人就强调它的传统方面，有些人则强调它的变革因素。但事实上"光荣革命"既是传统的沿袭，又是变革的手段，由此，从"光荣革命"出发，就形成后来英国历史上两个主要的政治倾向，而这两个倾向的冲突与融合，就导致英国式发展道路的形成。

　　这两个倾向，一个是保守主义，一个是激进主义。英国的保守主义和激进主义都不是极端的政治派别和思想体系，相反它们却在一定范围内可以互相渗透、互相转换。这里的原因，是它们都来自同一传统，这一点正是我们下面所要讲的。

　　"光荣革命"在英国建立了君主立宪制，在这个制度下，专制王权被克服,议会的统治被确立。不过,这个制度并不是民主的,而是贵族的,少数人通过家族纽带及腐败收买等手段操纵议会,再通过议会控制政权。多数人被排除在政治权利之外,一小批贵族牢牢地把持着国家政权。由贵族制向民主制过渡显然需要新的变革,而围绕这个变革所产生的一切理论和实践上的分歧,如变革有没有必要发生、如何发生、什么时候发生、在多大程度上发生、用什么方式发生等等,就成了"光荣革命"以后英国政治的主旋律,产生于保守与激进之间的冲突,正是在解决这些问题的过程中,形成了英国式的发展道路。

今天,人们对英国式发展道路越来越重视了,国外不少人认为它是完成变革的一种理想方式。但这种方式有其必要的社会历史条件,它能够在英国形成,是有其相当深刻的文化背景的。

一、稳重守成的保守主义

"光荣革命"使统治者与被统治者、激进的派别与保守的派别都学到了不少东西,并在此基础上产生了英国独特的激进理论与保守理论,形成了相应的激进传统与保守传统。

英国的保守主义是一种稳重守成的力量。它并不一味顽固地反对进步,而是对变革的进程和方式持稳重态度。当现存制度尚能维持、仍可继续时,它就坚定地守住阵地、不肯变革;但当已有的体制已绝不能满足现实的需要时,它就允许某种程度的变化,并在这个新的变化的基础上把守新的阵地,成为反对新的变革(同时也反对倒退）的守成力量。20世纪初，保守党政治家休·塞西尔（Hugh Cecil）对这种形式的保守主义作了相当充分的论述。据他说，保守主义是人类的一种天性，人们对未来不可捉摸之命运的恐惧与惶惑，是守旧求稳倾向的心理基础：

> 天然的守旧思想是人们心灵的一种倾向。那是一种厌恶变化的心情；它部分地产生于对未知事物的怀疑以及相应地对经验而不是对理论论证的信赖；部分地产生于人们所具有的适应环境的能力，因此，人们熟悉的事物仅仅因为其习以为常就比不熟悉的事物容易被接受和容忍。……变化不但是可怕的，它也使人疲劳。当人们试图了解和判断一项新计划时，这种努力总要消耗精力，使他们不堪负担，判断力和识别力在他们内心发怵。为什么抛弃安全的已知事物而去追求可能有危险的未知事物呢？

既然如此，最好是一成不变，万事如旧了。让千百年流传下来的传统永生永世地维持下去——这当然是"天然守旧思想"的必然逻辑。然而，英国的保守主义却又并不这样看。虽说对陌生事物的怀疑"是一种最简单的谨慎问题，这样的怀疑却可能存在于妨碍一切进步事业的非常极端的形式之中"。塞西尔把当时（1912年）的中国作为这种极端形式的典型，说明对祖先的严格的亦步亦趋及对西方新事物的顽固抗拒是"长期阻碍并在很大程度上仍然妨碍着中国的哪怕是十分有限的进步"的原因。为避免保守主义成为阻碍社会进步的势力，塞西尔说：

　　　　希望进步和害怕前进中的危险这两种心情在表面上是矛
　　盾的,而在实际上却是相互补充、互为条件的……进步依靠守
　　旧思想来使它成为明智、有效和切合实际的行动。如果没有守
　　旧思想,进步就纵然不是有害的,至少也是徒劳的。……

　　　　……人们在整个进步过程中的一个首要的、虽然确实不是
　　唯一的问题,就是如何以正确的比例来调和这两种倾向,既不
　　至于过分大胆或轻率,也不至于过分慎重或延迟。①

也就是说,进步和保守互为表里,进步带动历史,保守则抑制其速
度。把两种看来矛盾的倾向结合起来,才能导致合理的变革。这就
是塞西尔心目中的保守主义,也是英国保守主义所自我界定的那种
保守主义。我们对英国保守主义的理解,就只能在这个意义上来
进行。

　　塞西尔在本世纪初所说的这些话,自然是后世人对无数历史经
验之总结,不免带有美化的色彩,而且具有党派的倾向。但总体而
言,他的这个分析还是客观的。在英国,"保守"这个词并不意味着
开历史倒车,甚至也不意味着抗拒变革;它意味着尽可能长地保持
某个事物,并且在不得不进行变革时把变革的幅度限制在尽可能小
的范围内。这样一种保守主义,是在历史的大变革中形成的,而且
它起源于支持变革的阵营内。

　　如第一章所述,英国内战是由议会与国王的冲突引起的。议会
长期以来指责斯图亚特朝国王"标新立异",背弃传统。因此在英国

---

① 休·塞西尔著《保守主义》,中文版(商务印书馆,1986年版),第3—4页、5—6页、9页。

革命中，要求改变现状的人自称是在维护传统，而竭力维持现状的人则被指责为"标新立异"。1640 年长期议会召开时，几乎众口一声地谴责国王，说他侵犯了国民的自由，违背了国家的传统。这个反对国王专断独行的"自由"阵营几乎囊括了所有议员，在那时，维护国王"君权神授"的人可以说是寥寥无几。在这种情况下，国王才被迫同意处死自己的宠臣斯特拉福伯爵，并且签署了一系列法令，承认议会的各种特权。这时，有一部分议员认为"自由"的传统已经恢复，专制王权已受到限制，议会的目标已经达到了，事情应该到此为止，否则，宪政的传统会遭到来自另一方面的破坏。这些人并不想要"议会主权"（因为这不符合传统），他们只希望国王改正他违背传统的出格做法，维持国王与议会间的平衡，即"混合制"。1641 年 11月，议会就《大抗议书》进行表决。这是一份感情色彩非常强烈的文件，其中对查理一世的所作所为提出控诉，同时要求一系列变革，包括大臣对议会负责、限制主教的权力等等。刚才提到的这些议员认为文件的内容背离了传统，因此在表决时投反对票，结果，《大抗议书》仅以 11 票多数通过，到这时，议会明显分成了两个阵营，一派要求更多地维护传统，另一派则要求更多地进行改革。正是在这种情况下，国王以为有机可乘，才率领武装侍卫去议会抓人，企图一举扑灭自由，而导致旷日持久的内战爆发。在内战中，投票反对《大抗议书》的人站到了国王一边，不过这是有条件的，查理一世已不能再主张"君权神授"，他不得不向"自由"让步，承认了他所不愿意承认的议会特权。他让立宪保王派首领爱德华·海德（Edward Hyde，后来受封为克拉伦登伯爵）代笔起草了著名的宣言，依靠这个宣言，他才在内战中得到立宪王党的帮助。宣言称：

> 我的愿望是，用已知的本国法律统治国家，并且用法律保
> 全臣民的自由和财产，要与保全他的正当权利一样周到。并
> 且……我在上帝鉴临之下，郑重而真诚地宣誓，我要维护议会
> 的正当特权和自由……尤其要不加侵犯地遵守我向本届议会
> 表示同意的法律。[①]

这就是说，内战还没有开始，议会的原则就已经胜利了。国王不得
不用自己的敌人的语言来说话，把王权放在法律之下。在这个原则
的基础上，英国保守主义站到了国王那一边，以为这样做便能坚固
地守住已取得的阵地，牢靠地抵御进一步变革。但国王是不要这个
阵地的，他在骨子里仍然要恢复"君权神授"，恢复专制的统治。他
与保守派的联盟只是权宜之计而已，按英国的标准，他不是保守派，
而是开历史倒车的反动派，因而保守主义的这第一次亮相，就显然
非常不光彩了。

　　但真正的保守主义确实把"议会的正当特权和自由"当作是必
须坚持的原则来对待，这可以用海德为例。为海德的《大叛乱史》撰
写前言的人曾在 1707 年这样评价海德："……当人民随时愿对国王
作出不适当的服从时，他却有幸在维护政体完整方面作出最大贡
献。……本书作者曾对英王说：要时时与议会好生相处，不要让国
外那些稀奇古怪的念头蒙骗你；它们在这个国家不适用。要时时坚

---

①《人民的英国史》第 314 页，着重号为引者所加。

守民族利益;只有这样,英王才会是世界上最伟大最幸福的君主。"①
海德在伴随查理一世的儿子(即后来的查理二世)流亡法国时,正是
这样做的。1660年,当革命陷入困境,复辟的机会来临时,海德又帮
助查理二世在布列达发表宣言,承认了议会的宪法地位。当时查理
给下院的信中说:

> 朕以国王的名义保证:本王之列祖列宗中无一有比朕更尊
> 重议会者⋯⋯朕确信议会为王国政体之必要组成部分,为王国
> 政府所必须,故本王深知,若没有议会,君主与人民皆不可有起
> 码程度之幸福⋯⋯②

由于承认了这个原则,查理二世才得以在英国复辟。可惜的
是,查理并不想真正执行这个原则,因此海德想把英国固定在国王
与议会平衡状态中的梦想也很快就破灭了。海德在1667年被解职,
流亡国外;查理二世则步其父之后尘,想恢复无限制的绝对君主专
制。在这种情况下,保守主义被放在一个极其难堪的位置上,他们
要么放弃原则,无条件地承认王权的绝对权力,承认服从是最高的
行为准则;要么承认变革的时机已经来临,从而改变现状,做事实上
的变革派。保守主义最终选择了后者。参加了"光荣革命",尽管是
以维护传统的名义参加的。那个在17世纪70年代还因为要维护王
位继承的正统性而支持詹姆士继位的托利党,到1688年却不得不与

---

① 克拉伦登勋爵著《大叛乱史》(牛津克拉伦登出版社,1958年版),第一前言,第29、30—
   31页。
②《大叛乱史》第六卷,第204页。

辉格党联合起来，推翻了詹姆士二世。① 这是保守主义在不得不前进时作出的第一次重大选择，它为以后的保守派作出了表率。

由于"光荣革命"，海德所坚守的平衡原则过时了，保守主义不得不进入一个新的阵地，这就是"光荣革命"所确立的议会主权原则和君主立宪制度。然而"光荣革命"所建立的新的制度是否还需要进一步变革？这成了保守主义与激进主义间明确的界限。"光荣革命"的发动者都认为英国已建立起最完美的政治制度，因此任何变革都只会摧毁这种完美性，导致恶劣后果。在这种情绪笼罩下，英国进入一个全面保守的时期，不仅托利党保守，辉格党也保守。事实上在"光荣革命"以后很长时间中辉格党一直掌权，所以他们绝不想对现存制度作任何变动。这个制度最坚定的辩护士是法学家布莱克斯通（William Blackstone，1723—1780），他的《英国法律评注》为当时制度的完美无缺大唱赞歌：

> 英国政府的真正长处确实就在于此，其中所有部分都彼此制约。在立法机构中，人民制约贵族，贵族也制约人民，相互都有拒绝另一方已决定之事的特权，而国王则制约双方，以保证行政权力不受侵犯。但这同一个行政权又由两院限制在一定的范围内……这样我国公务制度的每一分支都相互支持，又相互调节，两院自然向利益相对的两个方向发展，王权则不同于双方而向另一个方向发展。它们相互牵制，不让超出其适当的

---

① 詹姆士二世是查理二世的弟弟，天主教徒。17 世纪 70 年代后期，围绕他是否有权继承王位的问题议会发生分歧，产生了辉格和托利两党。

限度；同时，王位的混合性质又把这整个机体人为地粘合在一起而不使之分散。这王位正是立法机构之一部分，是唯一的行政长官。正如机械中的三个分力，它们结合起来推动政府这部机器，把它向无论其中哪一部分单独行动都不可能达到的方向推进；但同时这又是个共同的方向，它形成于它们全体之中，这是个真正代表公众的自由和幸福之路线的方向。①

这样一种完美的状态，自然是无需丝毫变更的。正如布莱克斯通所说："这种政治或公民自由的观念与实践在我们这些王国[指英格兰和苏格兰]繁荣昌盛、最充满活力，它几乎就是完美无缺，只有其拥有者的愚蠢与过失才可能丢失或摧毁它……"这里所谓的"愚蠢与过失"，明显是指不负责任的任意改变与不知珍惜。不过，布莱克斯通聊以自慰的是：英国制度构筑得如此之好，以至"任何东西若不打破立法机构的一个部分与其余部分之间的权力平衡，便不可危及或伤害它"。② 因此，维护这精心构筑的权力平衡，不作任何新的变动，就是维护自由与安全的基本条件了。

托利党在这一时期的态度特别有意思。"光荣革命"后，许多托利党人仍怀念旧的原则，向往国王与议会间的平衡。他们当初支持"光荣革命"，是反对王权对议会的超越，而现在议会却超越了王权，这又是他们所不愿接受的。这种情绪成为少数托利党人追

---

① 布莱克斯通著《英国法律评注》，见《英国史文件集》第十卷(伦敦，1969年版)，第89页。
② H. T. 狄金森(H. T. Dickinson)著《自由与财产》(伦敦，1979年版)，第273页；哈罗德·拉斯基(Harold J. Laski)著《英国政治思想，从洛克到边沁》(纽约与伦敦，1920年版)，第138页。

随流亡的詹姆士，为推翻新秩序而积极活动的思想基础，不克服这股思潮，保守主义就有可能被复古倒退的反动力量所融会。就在这个时候，博林布鲁克（Henry Bolingbroke）为保守主义奠定了新的基础。

博林布鲁克说：英国的传统是议会限制王权，否则王权就有可能变成专断的权力。"光荣革命"恢复了这种古老的传统，因此革命的成果应该得到人们的捍卫。"光荣革命"是由托利党和辉格党共同完成的，因此它也就是托利党光荣传统的一部分。"光荣革命"以来，"两党间实质性的分歧已经消除了……尽管其阴影尚存，仍然在许多年后把我们分开；然而在现存的政体制度下登上舞台的人们中，现在既没有也不能有党派之分……"既然如此，托利党在当前的形势下应该做什么呢？就是在土地财产的基础上使贵族阶级团结起来。使国家政权牢牢地掌握在地主手里。在他看来，只有冷静而富于理性的人才配管理国家，而这些人恰恰就是土地贵族。地主们拥有地产，不依附于任何人，他们是"自由"的天然捍卫者。博林布鲁克看到了 18 世纪初开始的社会变化，因此愤愤地抱怨道：

> 他们（指商人）的财富创造了新利益，新的财产（指商业资本）在 20 年前还不为人所知，现在已增加得和这个岛国上的土地财产几乎一样了。结果，有地产的人变穷了，意志消沉。他们要么完全不关心公务，成了货真价实的农民，去改良其所剩下的地产；要么去宫廷应卯，投靠党派，补偿他受到损害的财富。与此同时，以前那些巴不得来做他们仆人的人，现在却成

了他们的主人。①

因此,在"光荣革命"的新的原则基础上保卫土地阶级对政权的独占,就是新时期保守主义的纲领。我们知道:这个纲领,正是后来一百多年中保守主义所奉为神圣、死死抓住不放的。事实上,博林布鲁克为以后一百多年的保守主义选定了方向。但这个方向又是以承认"光荣革命"的成果为前提的,这就把保守主义的思想理论提高到新的原则的基础上。

但是在18世纪大约三分之二的时间中,多数托利党人却避开积极的政治活动,隐退到田园过乡居生活。这是因为辉格党掌握政权后,保守"光荣革命"成果的任务是由他们承担的,保守主义的作用也由他们来发挥,托利党无所事事,就只好忍气吞声,袖手旁观。但是当18世纪中期以后辉格党改变态度,指责这个制度弊病丛生,并提出改革纲领时,托利党的保守功能就开始发挥作用了。他们坚决卫护辉格党长期以来曾卫护过的政治制度,进占了辉格党长期以来所占据,但现在因企图再往前走一步而已经放弃了的阵地。正因为如此,他们可以在18世纪后期重整旗鼓,再起东山,统治英国半个世纪之久,而他们所依据的理论,正是辉格党法学家们已经用滥了的"完美结构"论。1809年,曾多次在托利党内阁中任大臣职务的温德姆在议会驳斥改革意图时说:

　　有些人可说是在不断地搜寻,在现有的制度里暗中窥探以

_____

① 《自由与财产》,第52、178页。

求一逞,像啄木鸟绕着树那样绕来绕去,一心想找出某些不完善之处,以便他们好插进嘴去,着手工作;但又不像诚实的啄木鸟那样,仅仅寻找蛆虫去吃掉,而不管那棵树本身如何。他们相反却只把蛆虫作为借口,为见不得人的目的去打开一个洞,让阴湿霉烂乘虚而入,英国这棵大橡树……就可以由此而腐烂、灭亡了。[①]

也就是说,改革不会使事物变得更好,而是把已经很好的英国政体腐蚀霉烂掉。正是在这种"改还不如不改"的思想指导下,托利党在半世纪的统治时期抗拒一切改革。"我确实遗憾地看到这种陌生而又不切实际的想法近来从大陆大群地飘荡过来,就如蝗虫般吞食我们土地上美丽的花朵……在飓风席卷的时节,怎能建议你去修补屋舍?"[②]温德姆在 1790 年法国革命初起时提出的这个警告,典型地体现了托利党保守主义的担忧:即便确有缺点,也不可以修补;因为在修补开始后,谁能担保结果不会更坏?

如果说到 1790 年止,保守主义还只是一种政治本能的反映,是出于对陌生事物的疑惑与恐惧,以及对熟悉事物的本能的依附,那么到法国大革命爆发时,它就上升为完整的理论体系了,其集大成者是爱德蒙·柏克(Edmund Burke, 1729—1797)。这个体系以习俗为支柱,全面表达了英国保守主义的守成特色。

柏克是都柏林一个讼师的儿子,早年投奔辉格党,是该党得力

---

① 约翰·坎农(John Cannon)著《议会改革》(剑桥大学出版社,1973 年版),第 155 页。
②《议会改革》,第 118 页。

的理论家。他曾参加过辉格党的改革运动,在美国革命时也大力支持美洲独立。正因为这种背景,他的保守主义也就特别有号召力。1789 年,一个叫理查德·普赖斯(Richard Price)的牧师在"光荣革命"纪念日作了一次布道演讲,其中提到一百年来,"光荣革命"的原则在英国已经被遗忘,但法国革命的光芒"点燃了燎天巨焰,将把专制制度烧为灰粉,温暖并照亮整个欧洲!"①这篇演讲触发了柏克的反驳愿望,他早就想对法国大革命发表评论了,于是就乘此机会以普赖斯的演说为靶子,写成《法国革命感想录》(1790 年)。在这本书中,他把英国保守主义的原则发挥到淋漓尽致的地步,为保守派提供了经典性的理论武库。他针对普赖斯对"光荣革命"所作的解释,即"光荣革命"中人民作出选择,选出了一位新统治者的说法反驳说:"光荣革命"尽管打破了继承的常规,拥立了一位新的君主,但它并不是一次变革,而只是对传统的恢复;它是"习俗"的需要,是为"保持我们古老而无可争辩的法律和自由,保持那作为法律和自由的唯一保障的古老政府体制而发动的",哪里像普赖斯所宣称的那样,是对英国政体的"标新立异"呢? 英国人从来不需要标新立异,他们最大的长处就是固守祖宗的传统:

> 从大宪章到权利宣言,我们制度的一贯政策就是在追求和维护自由的时候,把自由看作是来自祖先又将传诸后代的法定遗产,看作是一笔特定地属于我国人民的财富,而与其他任何

---

① 理查德·普赖斯著《论热爱我们的国家》,载 H. T. 狄金森选编《18 世纪政治文献集》(伦敦,1974 年版),第 175 页。

更普遍或更崇高的权力毫不相干。正因为如此，我们的制度可以在千差万别中维护团结：我们有世袭的王位，有世袭的贵族，也有从祖先万世那里继承了特权、选举权和自由的下院和人民。

在他看来，社会本身只是一种契约，是各个世代之间的协作："它不仅是活着的人之间的合作，而且是活人、死人和未生的人之间的合作。"联系这每一个世代之间的唯一纽带就是传统，传统将每一个世代放在一个固定的位置上，让他们充分扮演自己的角色。历史就是由一个接一个的世代之环衔接而成的，每一个世代都应该在自己的位置上安分守己，不可逾越；从祖先那里接过传统，再把它传给下一代人，由此，而构成人类社会的和谐链条。这就是柏克的历史观，很显然，它表现出强烈的传统主义，打破传统就是罪恶滔天。

但强调传统并非否定变异，在柏克看来：

> 如果我们不想陷入形而上学的诡辩迷津之中去，那么，就远不是不可以把按常规办事与随机应变、把我国政府制度中神圣的继承原则与在紧急关头有变化地运用这种原则调和起来。[这是在为光荣革命辩护！]但即使在这种极端的情况下（比如我们以光荣革命中的所作所为来衡量我们的权利），变化也只能局限于有毛病的部分，局限于有必要作出改动的部分；就连在这种时候，也只能在不会瓦解国家与政治整体的条件下进行，目标是从原有的社会因素中创建新的国家秩序。

总之一句话："英国人永不仿效他们所未曾尝试过的新花样，也不回归经试验已发现有问题的旧式样。"①英国人只站在他们现在所在的地方,既不盲目向前,也不回头倒退;他们要同时对付两种危险,既不为轻举妄动所感,也不做历史垃圾箱中的陈糠烂谷,这就是柏克的保守主义,是一种把变革捆起来硬塞在传统之中的保守主义。在柏克看来,传统是传统,变革也是传统,因为变革是传统的再生,变革使传统延续。真正的变革是没有的,有的只是传统的相传,是传统在每一个世代之环节上的发展与沿袭。这虽是一种严格的传统主义,却并非反动与倒退。它不把历史拉向后退,而只是墨守陈规,不肯前进;它并不全然否定变革,只否定"未曾尝试的新花样",也就是不能被传统所证实的那种变革。它尽可能阻止变革的发生,但当变革非来不可时,它也准备接受。这是一种由"光荣革命"养育出来的保守主义,在"光荣革命"中,传统是作为变革的依据出现的,于是,偏爱传统的人也就不可能完全否认变革的必要性。在传统与变革之间,他们偏向传统,但同时也承认变革。这就决定了他们是变革的制动闸,却不完全是反对者。

在这种传统主义的基础上,柏克阐述了自己对英国政治制度的看法:

> 我国的政体是约定俗成的体制,这种政体的唯一权威性在于它的存在源远流长。……你们的国王,你们的贵族,你们的法官,你们的陪审团。不论是大陪审团还是小陪审团,这一切

---

① 爱德蒙·柏克著《法国革命感想录》(英国企鹅出版社,1987版),第105—106、111、117、119页。着重号为引者所加。

都是约定俗成的。……约定俗成在一切权柄中最坚实,不仅对
财产是如此,而且对保障该财产的权利,对政府,也是如此。
……它是支持任何既定方案以反对未经考验的计划的根据,一
个国家正是以此为根据而长期存在并得到繁荣的。它甚至是
一个国家作出抉择的更好的根据,远比通过现实的选举作出突
然和暂时的抉择要好得多。因为国家并不是仅仅局限于地方
范围的观念,也不是个别的暂时的聚合体;它是一个连续性的
观念,既在时间方面持续,也在人数和空间方面延伸。这种抉
择不以一时或一部分人为转移,也不是乌合之众的轻浮选择,
它是经过若干世纪和若干代人的审慎选择而成的……①

既然如此,这个制度就不能轻易改动了,否则就很容易被“未经考验
的计划”引入歧途。柏克事实上是在说:既然历史经过了长期的选
择选定这种制度,那就证明这种制度是合理的。否则,难道古人不
如我们吗? 他们为什么不选择别种制度,而只选择这种制度呢? 这
种制度的唯一权威性就“在于它的存在源远流长”。

柏克深信,一切权力都是在历史的长河中形成的,制度来源于
传统,而不来源于任何理论或原则。“自然权利”是没有的,“自然状
态”只是人们头脑中的臆想。英国的传统已经缔造了完美的政治制
度,达到了国王、贵族和平民间的利益平衡。但这种制度是以“自
由”为基础的,自由形成于英国自身的历史长河中。他强调自由是
一种传统,任何人若想破坏它,便是破坏传统,背离传统的原则。他

---

① 埃德蒙·柏克著《下院代表制度改革》(伦敦,1782 年版),第 146 页,着重号为引者所加。

强调："为了保证公民的自由，政府必须明确地享有一定程度的权力。……凡是享有任何一部分权力的人都应当深刻而严肃地感觉到：他们是受委托而行事的，他们要向伟大的社会主人、缔造者和奠基人汇报他们在所受委托的事务方面的行为。"①

请读者注意，柏克反复强调尊重传统，反对任何人破坏"自由"，其实是反对任何未经证明的权利（当然在柏克看来任何权利都必须经过传统的证明，否则无效），其矛头所指，既针对平民，也针对统治者，谁都无权为所欲为。这是英国保守主义的独特之处。从这一点出发，保守主义就可以在一个临界点上与变革的理论相交接，同意用革新的手段将某种"弊病"革除——当然，保守主义把这看作是"恢复传统"。柏克有一句堪称是保守主义座右铭的名言："我决不排除另一种可以采用的办法，但是，即使我改变主张，我也应该有所保留。"②这就是"有保留地变革"的原则。在他以后，这个原则一直是英国保守主义的处世哲学。

事实上柏克自己就是这种保守主义的化身。他热烈拥护"光荣革命"，因为它恢复了自由的传统。他因此而反对任何想加强王权的企图，乔治三世（1760—1820 年在位）加强王权，恢复个人统治，柏克就站在辉格党一边，赞成有限的"改革"，并且为辉格党的"经济改革"作出了贡献（所谓"经济改革"，是指对王室经费进行控制，不让国王通过贿赂控制议会）。当然，在柏克看来，这是"恢复传统"。美

---

① 《保守主义》，第 31 页。
② 《保守主义》，第 40—41 页。

洲独立战争时,他又为殖民地人民的自由事业大声疾呼,当然,这也是为维护人民的"自由传统"。但法国大革命使柏克迅速地转变立场,与始终支持法国革命的辉格党人分道扬镳。在他看来,法国革命已背离传统,完全切断了与历史的联系,因此是不足取的。事实上,在法国革命时期,英国政坛就是以此为分界线,划分保守与激进这两个阵营的。

如果说柏克是保守主义在理论上的集大成者,那么将这种"有保留地变革"的原则率先在保守主义政治中自觉加以运用的,就是小威廉·皮特(William Pitt, the Younger,1759—1806)。小皮特的父亲(他也叫威廉·皮特)是著名的辉格党首相,曾领导英国打赢七年战争。他的家族有悠久的辉格党传统,但他本人从辉格党中脱离出来,并把早已偃旗息鼓的托利党重新组织起来,形成所谓的"第二托利党",这个"第二托利党"此后在英国政坛上雄踞半个世纪。1783 年,年仅 24 岁的小皮特应国王之召担任首相,乔治三世本想让这乳臭未干的娃娃政治家成为他个人统治的得力工具,但小皮特坚决维护议会政治的传统,彻底粉碎了国王的权欲梦。在英国,这是建立国王的个人权力的最后一次回光返照,从此以后,王权在英国政治中就不再起实质性作用了。在这一点上,小皮特代表保守派守住了"光荣革命"的成果。

小皮特执政时,辉格党正濒临瓦解,一部分人支持对政体作进一步变革,多数人则厌恶"标新立异",却又缺乏政治活力,没有政治原则。显然,由辉格党来担任保守主义的载体已不可能了,小皮特正是在这种情况下充当起保守主义的旗手,最后把大多数辉格党人也拉进托利党阵营的。从 1783 年起，直到 1806 年他去世止，中间只间隔约两年时间，小皮特一直坐在首相的宝座上，形成一个漫长的"皮特时代"。他死以后，他的门徒又独占政权约 20 年。这 40 多年是英国历史上一个著名的保守时期，小皮特堪称是英国保守主义的政治之父。他统治时期曾经对改革运动横加镇压，而他对法国革命的仇视又决不在柏克之下。正是他领导了英国的反拿破仑战争，在他的墓碑上至今还刻着这样的墓志铭：

> 在思想毒化使文明社会受到解体威胁的时代，他带领忠诚、理智而正直的人们捍卫了可贵的英国君主制。

20 世纪，另一位著名的保守党政治家丘吉尔评论说："这段碑文写得至为贴切。"①

但正是这个保守政治之父，脑子里一度装满了现实的改革计划。150 年后丘吉尔评论说：当别人在"高谈阔论宏伟的改革计划时，实际上却是皮特在……默默而认真地为国家制定切实可行的政策"。② 皮特首先进行财政改革，使国库达到收支平衡；接着他开始试行自由贸易政策，对亚当·斯密的学说表示赞赏；他还在殖民地印度实行行政管理改革，削弱东印度公司在当地的行政特权。他支持过废除奴隶贸易的改革方案，但未能获得成功；自他从政之初起，他还一心想对议会制度做某种改革，取消一批选民数极少的衰败选区，并适当扩大选民的范围。1782 年，他在议会就改革问题发表演

---

① 温斯顿·丘吉尔著《英语国家史略》，中文版下卷（新华出版社，1985 年版），第 252 页。
②《英语国家史略》，第 199 页。

说时宣称：

> 我国的宪政体制发生了明显的变化，议会下院由此而出现不适当的危险倾斜，实际上是远远地偏离了它在宪法中原来所意想的、理应所遵循的方向与目标，这一点我想用不着去证明了。……我只想考察一下政体的这个部分[指下院]在初建时的实质内容，并把它与现实的情况作比较。那美好的政府形式，这曾使我们成为人类羡慕与赞叹的对象，人民是其中突出的一部分，现在却已经严重萎缩了，远不如原先那样纯洁无瑕，因为代表们在很大程度上已失去与人民的联系了。[①]

很明显，他认为现实已背离了传统，因此应该进行改革，使它回到传统的轨道上去。1783 年和 1785 年他又两次提出改革方案，还说它对"政府的信誉和稳定具有终极的重要性"。不过从此以后，他就再也不提改革了，法国大革命和长期的战争打断了他的日程，也改变了他的思想，至少是改变了他的策略重点。他开始认为维持现状比"有保留地变革"更能维护传统，1793 年他反对辉格党提出的改革方案，说"对这个问题的煽动，可能造成大灾难"。[②] 在 18 世纪 90年代，他对国内的激进改革运动进行全面镇压。他死以后，其门徒继续执行这种不妥协的抗拒政策，反对一切细微的变革，终于导致托利党的全面瓦解。党内支持"有保留地变革"的人在 19 世纪 20 年

---

① 威廉·皮特 1782 年 5 月 7 日在下院的发言，载《英国史文件集》第十卷，第 223 页。
② 基思·G. 费林(Keith Grahame Feiling)著《第二托利党》(伦敦，1959 年版)，第 173 页；塔塔里诺娃著《英国史纲》，中文版(生活·读书·新知三联书店，1982 年版)，第 360 页。

代末转入辉格党去了。"皮特时代"的后半期，托利党实际上已经背离了英国保守主义的正统路线，而转到偏执、反动的立场上。这是保守主义在英国历史上最严重的一次路线偏离。

丘吉尔对小皮特的评述是很耐人寻味的，他的《英语国家史略》以很大的篇幅叙述小皮特的改革措施，而对他镇压改革运动则只有一句话（"英国政府最终对他们采取了强硬措施"[1]）。这一详一略实际上反映了丘吉尔的褒贬抑扬。丘吉尔作为 20 世纪最伟大的保守党政治家，他要继承的是早年小皮特的有限改革思想，因为这是保守党的正统路线。事实上，丘吉尔早年曾加入过自由党，而且为自由党的社会政治改革大唱赞歌。他后来投向保守党，动机是这样的：1924 年工党组成政府，第一次执政；丘吉尔希望"1886 年就形成的自由党的那一派"与保守党合作，以对抗工党的兴起：

> 自由党的这个派别将把保守的政策修改得与它所具有的人数和力量相适应；进步的保守党人和那些大的劳工选区的代表，将为国家提供反对倒退所必需的保证。这样，也只有这样，才能形成一个足够强大而广泛的阵线；以对抗社会主义者政党日益扩大的威胁……[2]

这里实际上有一个阵线划分的问题：保守党代表保守主义，工党（丘吉尔所谓的"社会主义者政党"）则代表激进的改革，自由党已经失去作用了。丘吉尔所表达的保守主义明显是一种有保留的变革的

---

[1]《英语国家史略》下卷，第 231—232 页。

[2] 亨利·佩林（Henry Pelling）著《丘吉尔传》，中文版（东方出版社，1988 年版），第 301 页。

主张,它将取代自由党,实行自由主义政策。在这时,自由主义已经是保守主义保守的对象了。

话说回来。当小皮特的门徒们丢弃了有保留地变革的传统,把托利党推入绝境时,是罗伯特·皮尔(Robert Peel)恢复了保守主义的正统路线。1832年议会改革把辉格党重新推上台,托利党则为人所不齿。面对现实,长期以来就以托利党自由派著称的罗伯特·皮尔在1834年发表《塔姆沃思宣言》,奠定了"新保守主义"的基础。这个宣言不仅是托利党在思想上的重建,而且是保守主义正统原则的恢复,使托利党重新走上"有保留地变革"的传统路线。在"塔姆沃思宣言"中,皮尔代表新近改组的托利党——保守党宣称:

> 至于改革法本身,我愿重复我作为改革后的议会议员进入下院时所发表的宣言,即我认为改革法是解决宪政体制这一重大问题的最终的、不可逆转的法案,凡有心于国泰民安者,都不会用直接或暗中的手段去妨害它。

这表明,保守主义已不仅不抗拒这次改革,而且事实上接受它了。但紧接着皮尔就要把这次改革作为保守主义最新进占的阵地加以据守,从而为保守主义找到了新的据点:

> 如果说,接受改革法的精神就意味着我们将生活在一个永久动荡的漩涡中,公务人员只有接受当时公众的每一项意见才能使自己得到人民的尊重——答应立刻纠正任何人都可能称作是弊病的东西……假如这就是改革法的精神,我就不会去接受它。但假如改革法的精神只是对国家及宗教制度进行细心

的审视，采取善意的态度，在坚决维护现有权利的前提下对确定的弊病和真实的抱怨加以纠正——如果是这种情况，我就可以说我自己和我的同事都将以这种精神行事。①

这个宣言非常有意思，因为它不仅表明保守主义将在新的原则基础上坚守阵地，而且准备对"确定的弊病和真实的抱怨加以纠正"，也就是说，它将不排斥主动进行变革。显然，这就是"有保留地变革"，事实上，皮尔在19世纪20年代就开始这样做了，当时他在托利党政府中任内务大臣。他与党内其他自由派如乔治·坎宁（George Canning）、威廉·赫斯基森（William Huskisson）等对内政、外交、财政、司法都进行了多种改革，甚至采取大胆的措施向自由贸易让步。这个派别当时的策略是用各种琐碎的改革来回避当时最根本的变革——政治改革，但他们与托利党中顽固分子不同，顽固派反对一切变革。1829年，皮尔支持了威灵顿公爵在迫不得已的情况下实行的"天主教解放"，从而对英国政体原则作出了第一次重大修改，因为自亨利八世宗教改革以来，剥夺天主教徒的政治权利一直是国家的基本政策之一。然而在议会改革的问题上，他却一直不肯让步。1831年12月，当围绕改革法的斗争已相当激烈时，他还在下院坚称"我对我幼时即有的政治制度感到满意……我将永远反对改革这种制度"；直到改革即将成功的最后一刻（1832年5月）他还坚持这种立场。但当新的议会在1833年按改革后的原则选举出来并举行会议时，他已经采取了新立场，承认改革的现实了："这个问

---

① 《英国史文件集》第十二卷（上）（伦敦，1956年版），第128—129页。

题已最终解决了,已是不可改变的事实。"这清楚地表明保守主义已放弃了博林布鲁克的老阵地,即"光荣革命"的阵地,而前进到第一次议会改革的基础上了。① 最后,关于罗伯特·皮尔还要提到的是,正是他在 1846 年废除了谷物法,炸毁了地主阶级保守势力赖以抵御自由主义经济体制的最后一道屏障。② 当时他是保守党内阁首相,他强迫保守党完成了自由资本主义所要求的最重要的经济体制改革。

继皮尔之后,另一个对保守主义作出重大贡献的是迪斯雷利(Benjamin Disraeli),他曾经两次出任保守党内阁首相(1867—1868,1874—1880),三次出任财政大臣。当时,自由党(其前身即辉格党)连续称雄英国政坛。在 1830—1866 年三十多年里,保守党仅执政七年左右,这是其前身托利党反对改革的结果。迪斯雷利看出了问题的症结,他深知人民群众对变革有迫切的要求,因此在工人阶级越来越成为有组织的政治力量时,他对保守党的政策进行了调整,使之能适应新的形势。这种被修正的保守主义被称为"新托利主义"。

新托利主义的第一个内容是主动进行政治改革,给工人阶级以选举权,这种主动改革的精神在皮尔的"塔姆沃思宣言"中就有了,迪斯雷利将它付诸政治实践。小皮特和皮尔都曾在其他方面进行过主动改革,但对政治改革蓄意回避,不愿触动这最敏感的神经。

---

① 诺曼·加什(Norman Gash)著《皮尔时代》(1968 年版)第 39 页;同作者著《皮尔传》(伦敦,1976 年版),第157 页。

② 1815 年议会通过《谷物法》以限制粮食进口,人为地提高粮食价格而保护地主阶级的利益,同时又损害了其他一切社会阶级。1846 年议会废除《谷物法》,标志着工业资产阶级开始主宰国家政治。

迪斯雷利采取了新的策略,他要把主动权抓到自己手里,让政治变革局限在保守党能够容忍的范围内。1867 年,他在议会辩论保守党提出的改革方案时说:

> 我一直说议会改革问题在保守党方面是敞开大门的,我已经当着国人之面,在本院,在竞选中,把这种话说过了不下一百遍。我已经说过,现在还要再说:当你解决这个问题时,万不可被某一特别的方案捆住手脚,就好像你是在处理一桩食糖进口税问题似的;解决宪法的大政方针……你必须尊重时代的精神和国家的需要。

保守党必须"尊重时代的精神"、满足"国家的需要",对政体实行适合时宜的改革,这与他在法国大革命时期的先辈们相比,其差别竟如天上地下。但这才是保守主义的正统路线,托利党在"光荣革命"时是这样做的,柏克在奠定保守主义理论时是这样说的,小皮特和皮尔在非政治领域中曾经这样做,迪斯雷利只是把它第一次运用到政治领域中而已。由于迪斯雷利开了先例,保守党此后不再对政治改革讳莫如深了,而只在改革的时机与程度上做文章。迪斯雷利对为什么应该给工人阶级选举权作出的解释特别有趣,他说,这是因为 1832 年改革有"巨大的缺陷",若不能加以弥补,"任何议会改革的方案就都不令人满意"。这个缺陷,据迪斯雷利说,就是:

> 在 1832 年的解决办法提出以前,有一些专门适用于工人阶级的选举权,虽说很难对这些选举权的确切性质作全然的辩护,但若不是因为发明了新的选举权[指中等阶级财产选举

权]……工人阶级的选举权肯定是不会消失的。①

由此看来，让工人阶级获得选举权倒变成是恢复 1832 年以前的传统了！这真是英国保守主义的典型体现——明明是创新，却说成是恢复传统。不过"光荣革命"也正是这样做的，可见从"光荣革命"到迪斯雷利，有一条多么连贯的线。

新托利主义的另一个内容是社会改革。迪斯雷利认为单纯的政治改革还不够，还必须给工人群众某些直接的好处，改善他们的生活处境。"当茅屋不舒服时，宫殿是不安全的。"②因此为保住宫殿，就必须改进茅屋。这就是迪斯雷利的社会改革观。出于这种动机，新托利主义主张国家制定工厂和社会立法，保护工人健康。在迪斯雷利的领导下，保守党在执政时期对住房公共卫生和有关工会的合法权益问题制定了一系列法律，从而扩大了保守党的支持面，使它得到很大一部分工人的拥护。这就说明为什么在工人阶级的大部分都获得选举权后，保守党仍能获得近 40% 的工人选票。迪斯雷利对此的解释是：

> 任何政府都是为了它治下的人民的利益而存在的，教会与国王，上院和下院，以及所有的公共机构都必须维持，只要它们对增进百姓的幸福与福利有益，就应该维持……人民应获得选

---

① 1867 年 7 月 15 日迪斯雷利在下院发言，载《英国史文件集》第十二卷（上），第 177、179 页。迪斯雷利所说的 1832 年以前的"工人阶级选举权"，是指当时有一些穷苦人可以参加市镇选举，后来被 1832 年改革所取消。

② 莫尼佩尼（W. F. Monypenny）和布克勒（G. E. Buckle）著《迪斯雷利传》（伦敦，1929 年版），第 709 页。

> 举权，这种让步是为了让他们投提高他们利益的人的票。这是
> 民主的原则，因为它的最高目的是人民的福利；但它又是托利
> 的，因为国家的政体是达到这一目的的手段。①

反过来说，为了保护"所有的公共机构"，就必须随时对人民关心的
问题进行变革。这就是新托利主义的精髓。

从皮尔到迪斯雷利，人们会发现一个现象，即保守主义并非一
种亘古不变的教条，它也必须随着时代的发展而逐渐变化，增加新
的内容。导致保守主义不断调整的主要压力来自工业社会中始终
存在的社会、政治和经济变化，而这一切，注定要把保守主义推到较
激进的立场上。事实上，保守主义总是跟在激进主义后面去承认新
的变化，从而把激进主义的原则化作它保守的对象。保守主义是在
生存的压力下改变自己的形象的，在皮尔宣布"新保守主义"原则
时，托利党正因为抗拒改革而民心丧尽；当迪斯雷利创立"新托利主
义"时，英国正处于自由主义的极盛期，保守党必须在自由主义所最
忽视的死角上为自己开辟阵地，而这个死角正是"自由放任"最不关
心的那个问题——工人阶级的福利。由此可见，所谓的"必要的"变
革，最大的必要正是出自保守主义自身的生存。

新托利主义将保守党的社会基础扩大到工人阶级队伍中，无疑
增强了保守主义在英国政治中的生命力。但是，新托利主义主张的
社会改革，只是非常有限的主人对仆人的施舍而已，它的核心仍然

---

① T. F. 林赛（T. F. Lindsay）与 M. 哈林顿（Michael Harrington）合著《英国保守党》中译
本，第 18 页。着重号为引者所加。

是私有财产神圣不可侵犯,反对国家以任何方式将一部分人的财产转移到另一部分人手中。因此,当社会改革进一步发展,涉及国家对整个国民财富实行再分配时,新托利主义也就充分表现得不合时宜了,从而使保守党再度陷入困境。于是,在1945年大选时,工党以压倒的优势获得胜利,组成强大的工党政府,而这竟是在保守党领袖丘吉尔领导英国取得了辉煌的战争胜利时发生的。工党上台后,立即实行福利政策,建设"福利国家"。此后保守党虽然也不断上台执改,但它所承担的角色,却只能是维持"福利国家"的既成事实而已。

随着"福利国家"的弊端日渐显露,以及英国经济的长期不景气,保守主义再度改变自己的形象,它再次以恢复传统的名义出现,实际上是对"福利国家"实行改革。这样,就出现了新的"新保守主义"。

这种新的新保守主义是一种对变革的变革,即对1945年以来所实行的福利政策进行修正。新保守主义产生于20世纪六七十年代,这一新的思想体系大力提倡"自由企业家精神",猛烈抨击它所谓的"国家专断主义"(即国家在社会一切方面执行功能)。它要求在经济、教育与社会保险以及一切"运用自己的能力与才智"的领域内实现"个人自由"、"个人主动精神"和"个人选择的自由"。新保守主义认为,实行上述原则的手段是削减直接税,节省社会福利开支,让消费者可以根据"自己的斟酌"来花销由此节余下来的私人资金。新保守主义断言,在获得必要的"选择自由"后,英国人会工作得更努力、更积极,通过增加劳动量来增加收入,从而补偿由于国家"监护"的减弱而失去的、迄今为止由国家提供的那些服务。"公民必须自立"，而不应成为"受国家供养的没有主动精神的人"，社会应当鼓励而不是钳制人们的主动精神和进取精神，"公民有权享受平等的待遇"。①

从某种意义上讲，新保守主义呼唤的，正是一百年前自由主义所强调的价值，而在一百年前，保守主义是反对自由主义的。这真是一个奇妙的循环。新保守主义是由撒切尔夫人来执行的。她上台后，对战后几十年来历届政府所执行的福利主义政策进行大刀阔斧的改革。她减少税收、削减开支、紧缩银根、控制福利项目，大规模开展国有企业的私营化。从表面上看，这是回复到一百多年前的自由主义价值观念去。曾在第一届撒切尔政府中任商业部长的约翰·诺特对此毫不讳认，他说："我是个 19 世纪的自由党，撒切尔夫人也是，这就是本届政府的全部内容。"一个曾获得诺贝尔经济学奖的美国经济学家也一针见血地说："有一点人们还没有看出来，即玛格丽特·撒切尔就其信仰而言并不是托利党，而是个 19 世纪的自由党。"②

当然，新保守主义并不想也不能回到 19 世纪的"自由放任"去，它只是借传统来解释自己的变革而已，正如迪斯雷利解释为什么要给工人阶级选举权一样。福利国家毕竟形成了，它已经不可逆转。新保守主义仍然维护"混合经济"的基本框架，不过它偏重的是"混

---

① 雷克斯·波普（Rex Pope）、艾伦·普拉特（Alan Prat）和伯纳德·霍伊尔（Bernard Hoyle）合编《英国社会福利，1885—1985》(伦敦，1986 年版)，第 241—243 页。
② 艾伦·斯凯德（Alan Sked）和克里斯·库克（Chris Cook）著《战后英国》(英国企鹅出版社，1986 年版)，第 329 页。

合"中的市场调节这一侧。有趣的是,保守党中比较稳重的一派则反对对现存制度作大刀阔斧的改革,他们把迪斯雷利捧出来,维护国家对经济进行监护的政策。同样在第一届撒切尔政府中任职(掌玺大臣)的伊恩·吉尔莫说:"……人民如果不能被其他东西所吸引,那他们起码也应该对国家有效忠感;而如果他们不能从国家得到保护和其他好处,他们的效忠也就不会深。……经济自由主义由于其僵化、不能产生集体感,很可能会使人民讨厌自由主义的其他内容。"①可见,这种比较稳重的保守主义(即竭力维护现状的保守主义),现在居然是站在准集体主义的立场上,这是多么难以想象!

新保守主义实际上是保守主义的一种悖论。以"个人主动精神"为基础的"新的保守"其实也可看作是某种断然的改革,而过去由改革产生的结果在今天却已是现存制度,它正是需要保守的对象。从这个意义上看,在英国,激进与保守已形成变革的两翼,由于时代不同,社会条件不同,对同一事物的同一立场有可能在此时属于激进,到彼时则成了保守。而事实也正是如此:过去所争取的东西一旦成为现实,它就成为保守的对象了;对这种东西进行修正,也就是对新的变革加以追求。事实证明,当保守主义从"有保留地变革"出发,在执行过程中不得不屈从于现实的需要,而对其自身的原则作补充和调整时,它已在不知不觉中接受了其对手的许多价值取向。结果是,保守主义从政治传统转化为政治实践时,它与激进变革的界限越来越模糊不清了。

---

① 《战后英国》,第 330 页。

二、走在历史前面的激进主义

如果说英国的保守主义是一支守成的力量，守护着不断变化的新阵地，那么英国的激进主义就是勇往直前的先锋队，它总是战斗在历史发展的最前沿。

"激进"（radical）这个词源出于拉丁文"根基"（radix）一词，带有"刨根究底""触动根基"的含义，但同时也带有"归根到底""正本清源"的意思。这两种相反的含义表现在同一个词中，恰恰很符合英国激进主义独有的特色。激进主义就其本义讲，是要求对现存制度进行根本变革。在西方价值观念中，这个词并不一定有"激烈"的意思，更不见得含有"偏激"之义；但它肯定是要求对基础进行改造，要求大幅度的根本变革。

与保守主义反自然法的世界观相反，激进主义把自然法奉为社会理论的基础，因此在激进主义理论中，就不可避免地会带有回归过去的因素，最早的激进主义者大多是原始共产主义的信徒，他们渴望回到享有公社民主制的、不受私有财产侵害的社会去，一切不公平的现象都将被消灭。以后的激进主义理论，虽然并不幻想回到自然状态去，却总爱用平等、公正与正义作尺度，来衡量现存制度中的一切，并得出社会必须改革的结论——因为无论何时，用理想的尺度进行衡量，现实总是不足的。

和保守主义一样，英国的激进主义也可以追溯到英国革命。在内战中，每一个社会阶层都产生了自己的政治派别，其中有一些提

出对现存的制度进行根本的改造。如果按"激进就是根本改造"来
理解,那么在漫长的革命岁月中,激进派包括独立派、平等派和掘地
派。长老派虽站在革命阵营一边,但他们并不想对传统制度进行根
本改造,因此他们显然不是激进派。

独立派以高级军官为代表,其社会基础是城乡中等阶级——城
市中有钱的商人和农村中有影响的中小乡绅。激进主义在他们身
上主要不表现为纲领,而是表现为实际行动。1647 年 8 月,独立派
提出《建议要点》,这是他们的正式纲领。在这个文件中,除了要求
每两年召开一次议会并"按照各地在国家捐税中承担的比例"重新
调整议席外,几乎看不出任何"激进"的痕迹,事实上,它保留了原政
体制度的几乎一切方面。① 这个建议被国王拒绝后,军官们被迫与
平等派结盟,采纳了他们的部分纲领,从而使独立派变得激进起来。
在独立派领导下,军队战胜了国王,处死查理一世,建立了一个没有
国王的共和国,取消上院,实行一院制议会统治。这些在英国历史
上,显然是前所未有的革命创举。旧的制度被根本否定了,国家机
器被彻底重建,新的试验层出不穷,政府形式也动摇不定,共和国转
为护国制,议会统治让位于军事独裁。从表面上看革命切断了与传
统的一切联系,但新的政治制度始终未能建立起来,这说明传统的
延续性始终在暗中发挥作用,阻碍新制度的建成。事实上,革命从
反对国王专制发展到军事独裁,政权又落入一个人之手,这说明传

---

① 《建议要点》(1647 年),载塞缪尔·R. 加德纳(Samuel Rawson Gardiner)编《清教革命宪
政文献选》(牛津克拉伦登出版社,1951 年版),第 316—326 页。

统的做法即使在革命队伍中也很容易恢复，即便是出于形势所迫也罢。

事实上，独立派所作所为确实是不得已而为之的，他们的初衷并不想背离传统。即使是在国王拒绝《建议要点》之后，独立派也没有放弃他们的纲领。1647 年 10 月底独立派在普特尼军中大会上与平等派激烈辩论时，其主要发言人艾尔顿将军（克伦威尔的女婿）仍然说："我宣布我没有，也不愿，而且也不会和任何人一起去图谋摧毁议会和国王；任何人只要不尽全力尽可能地维护议会和国王、不为国家的利益尽善尽美地去利用它们，我就不会同意他们的做法，也不会参与他们的活动。"①然而两个月后，由于国王从军队的控制下逃脱，内战再次爆发时，军官们就不得不采取激烈的立场，最终把议会和国王全都"摧毁"了。

然而传统的力量是很奇怪的，它时时刻刻要表现自己。1649 年，独立派宣布废除君主制、建立共和国时还庄严宣告："经验已经证明国王的职务……以及把这种权力放在一个人手中是不必要的、累赘的，威胁到人民的自由、安全与公益……任何人握有这种权力，通常就总是自然而然地以损害人民的合理自由为一己私利之所用"；但到 1653 年，军官们结束共和国时，又宣布"最高的立法权在一人之手……这个人的称号是护国主"了。② 看来，独立派在革命中走

---

① 克里斯托弗·希尔及爱德蒙·德尔（Edmund Dell）编《昔时义举——英国革命文献节选》（纽约，1969 年版），第 353 页。
② 1649 年 3 月 17 日下院立法；1653 年《政府约法》；载艾伦·G. R. 史密斯（Alan G. R. Smith）著《一个民族国家的兴起》（纽约，1987 年版）附录，第 408 页。

完一圈之后,仍未能走出传统阴影的手掌心。

相比之下,平等派则是不折不扣的激进派,其目标是连根铲除旧制度。1647 年 10 月,针对独立派的《建议要点》,平等派提出《人民公约》,这是他们的正式纲领,其要点是:① 废除君主制,建立共和国(这一点后来被独立派接受了)。② 取消上院,成立一院制议会(这一点后来也被独立派接受了)。③ 实行普选原则,凡年满 21 岁的成年男子一般都应该有选举权,按人口比例重新分配选区。④ 宗教信仰自由,任何权力机构都不得加以干涉。⑤ 一切人,不论其官职、财产、地位、出身如何,都应服从统一的法律,任何人不得例外。在后来重新修改过的《人民公约》中,又加进了一些经济要求,如取消贸易垄断、废除国产税、停止圈地、把以前的公用土地归还给农民等等。很显然,这些都是对现行制度的彻底否定。平等派是城乡个体劳动者的政治代表,其纲领反映着他们的愿望与要求。

平等派纲领明显走在历史的前面,其中有一些至今也没有实现(如取消上院、建立共和国等);另一些则要到 19 世纪甚至 20 世纪才能实行(如普选权、平等划分选区等等)。平等派对传统的态度也是不妥协的。在 1647 年的普特尼大会上,平等派的主要发言人伦巴勒上校反驳克伦威尔对平等派的指责时说:

> 我听有人说这是骤然大变,是引进新法律,而我国自它成为王国起就已经在这种政府体制之下了。……但即使人民从来就被置于这些法律下,只要人民发现其不适合他们的自由人的身份,我就看不出为什么应该阻止我……用一切方法去争取

　　一切有可能比现在他们所生存于其中的政府更好的体制……①

这就是说，即使一个制度有千百年的历史传统，只要它不符合人民的需要，就没有丝毫理由应该加以维持。这种情绪在 1646 年平等派给下院的一份请愿中也表达得很清楚："不管我们的祖先如何，不管他们做了什么，忍受了什么或被迫屈从于什么，我们是现时代的人，决意从一切形式的无法无天、欺压凌辱与专断权力下解放出来……"《人民公约》也在其前言中说：平等派的目标之一是要"用相互的义务来约束自己……避免回到奴役状态中去的危险。"他们对回归传统的危险是十分警惕的。②

　　不过，平等派虽然与一种传统完全决裂，却向另一种传统寻求庇护，这就是"自由"的传统。我们在第一章中就已经说过，英国革命是以自由传统为号召的，平等派对此当然始终不渝。在上面引用过的那份平等派致下院的请愿书中，平等派就将"诺曼枷锁论"阐述得十分明确：

　　　　自我们的祖先被诺曼人征服后，他们的历史确实表明：我们民族是被奴役的，自那以来一直是这样的……〔因此，〕我们一心指望从诺曼的奴役下解救出来。现在，我们已经和先辈们一样，对诺曼奴役、对那不幸的征服发生以后所制定的一切不

---

① 《昔时义举》，第 353—354 页。
② "数千公民……致下院书"（1646 年），载安德鲁·夏普（Andrew Sharp）编《1641—1649 年英国内战中的政治思想》（纽约，1983 年版）第 182 页；《人民公约》（1647 年），载威廉·L.萨克斯（William L. Sachs）编《形成中的英国历史》第一卷（纽约，1967 年版）第 267 页。着重号为引者所加。

合理的法律,感到切肤之痛了……①

　　由此看来,在平等派所否定的传统(诺曼征服以来的传统)之后,还有一种更深刻的传统,它更源远流长,远在"诺曼枷锁"之前就已经存在了;它是人的自然权利,它与生俱有,直接来自那人类最古远的"自然状态"。诺曼征服前那臆想的然而却为平等派所深信不疑的美好制度,在平等派的理论中占有突出位置,可以说是平等派一切纲领的根本出发点;正是这想象中的"自由时代",为激进主义提供了重要的历史依据。以后很长时间中,所有激进派都把诺曼征服看作是英吉利民族受奴役的开始,而打碎"诺曼枷锁",从根本上否定这个枷锁所带来的一切法律与制度,就是激进主义的基本目标,也是他们的理论出发点。借助于一个更深远的(尽管是臆想的)传统去否定另一个(尽管是实际的)传统,这成了英国激进主义的重大特点。

　　英国激进主义从起源时起,就表现出内部包含的多样性。激进主义从来不是一个整体,从一开始它就不是这样。独立派只关心彻底战胜王权,平等派则要求彻底实行民主。掘地派认为没有经济自由就不会有政治自由,"自由利用土地就是真正的自由"。② 这些不同的纲领导致各激进派别都在争取不同的目标,他们往往只能在某个最基本的问题上协同行动,超出这个基本问题之外,激进派之间就会有激烈的争论,甚至是对立,在内战中则彼此敌对,使用武力。

①《1641—1649 年英国内战中的政治思想》,第 181、185 页。
②《温斯坦莱文选》(商务印书馆,1979 年版),第 109 页。

他们只在彻底变革现存制度这一点上是共同的;至于变成什么样,彼此之间就互不相容了。独立派与平等派之间有过激烈的冲突,最终独立派用武力压制了平等派的反抗。掘地派由于触及私有财产问题,因此它刚刚露头,就被克伦威尔派军队驱散了。激进派内部的裂痕有其深刻的社会原因,由于激进派不是由同一个社会阶层组成的,因此不同阶层在利益上的区别甚至对立,就必然造成其政治代表在纲领上的分歧。不过,这些阶层有一点是共同的,就是都想从根本上改变现存的秩序,因此当他们与现存制度对抗时,又可以结成统一战线。这正是英国内战中出现的情况,也是后来激进主义在议会改革中发生的事。找到这样一个契合点至关重要,否则激进主义就只能是一盘散沙,不会发挥整体的政治作用。

英国革命中,掘地派只是昙花一现,温斯坦莱的著作在当时也没有太大影响。平等派与独立派的争端却显得十分重要,因为它预示了后来两个世纪中激进主义内部的分歧,1647 年在普特尼辩论中,伦巴勒声称:

> ……在英国,最穷的人也和最高贵的人一样生活,因此,先生,我认为事情再明白不过了:每一个在某个政府之下生活的人都应该首先同意把自己放在那个政府下。我坚信,在英国,最穷的人如果没有表示要把自己放在某个政府下,那么严格地讲,他就不受那个政府的约束。

对此独立派的艾尔顿反驳说:

> ……在本国,一个人若不具备永久不变的利益所在,则他就无权关心或参与国事的处理,也无权决定或选举将为我们制定法律

的人——他没有这样的权利。……那些选举代表、要他们为国家制定法律的人，就总体而言，是确知国内各地方利益的人，也就是说，是掌握了土地的人，或组成法人团体而控制商业的人。①

独立派与平等派的根本分歧正在选举权问题上。《人民公约》提出一切经济上能够自立、年满 21 岁的成年男子都应该有选举权；《建议要点》则坚持要对选举权实行财产资格限制，1653 年由军官们提出的《政府约法》中，把这种限制规定为 200 英镑。请注意《人民公约》并没有提出完全的成年男子普选权，那是在一个多世纪后由当时的激进派提出的。但这样一个不完全的普选权也完全是超越时代的，因此克伦威尔反问道："我们怎么能知道，当我们在争论这些问题时，不会有另一群人聚集起来，提出另一个与此一样貌似有理的文件……而且也许还不只一个，也许还会再来一个，再来一个，直至许许多多……这不就乱成一团糟了？"因此他要求把变革限制在一定范围内，也就是限制在"掌握了土地和商业的人"的范围内。这种态度自然就招致平等派的反对，士兵鼓动员代表塞克斯比在普特尼大会上说："我们已经看出：我们许多人为之战斗的目标，不是使我们吃尽艰辛所追求的目标。……你们要早说就好了，否则就不会有这么多人跟着你们走……"②选举权问题上的分歧一直延续到下两个世纪，在这个方面，独立派与平等派也是开了激进主义的先河。

对激进主义来说，团结一致是相当困难的，激进之外还有激进，

---

① 《昔时义举》，第 355、358 页。
② 坎农著《议会改革》，第 7 页；《昔时义举》，第 358 页。

每一个激进派别的旁边都可能有另一个更激进的派别,它会提出更激进的纲领、策略和奋斗目标。这造成激进主义内部深刻的猜疑和不信任感,它们彼此之间会互相否定甚至斗争,这就使激进主义事业很难取得坚实的胜利(比如英国革命就是这样),因为激进主义自己也不知道这个坚实的基础在哪里。纲领与目标上的分歧使他们很难找到共同的基础,当他们在"要求变革"这一点上方向一致时,他们却在"怎么变"和"变到哪里"的问题上各持己见。这是英国(也许还不只是英国)激进主义的一贯特征,只有这样来看待激进主义,才能理解为什么无法为激进主义下一个明确的历史定义。我们只知道激进主义要求变革,它提出的要求往往超越历史许多年。它为历史的前进指出了方向,它是未来社会的预言家。但激进主义只是代表一种历史的趋向性,很难说它具有某一特定的历史内容①(在这一点上它倒是与保守主义十分相似的,因为英国的保守主义也是一种历史趋向,它并不保守某一特定的历史原则)。只有当各种不同的变革趋向都指向同一焦点时,激进主义才具有非常明确的时代含义。在英国近代史上,这个焦点出现在议会改革的问题上,因此本章将在这个意义上,集中讨论激进主义。

如果说"自然状态"为激进主义提供了一个虚幻的历史依据,那么"光荣革命"就为它提供了一个真实的历史依据。从这时候起,激

---

① "激进主义与其说是一种行动计划,不如说是一种心理状态或多种思想的松散组合",20世纪历史学家对激进主义下这样的定义。参见爱德华·罗伊尔(Edward Royle)和詹姆斯·沃尔温(James Walvin)合著《英国的激进派和改革派》(肯塔基大学出版社,1982年版),第9页。

进主义就不再仅仅是回味一个臆想的传统,而是在引证一个切实可见的历史传统了。

"光荣革命"是历史的重要转折点,这一点在第一章中就详细论述了。"光荣革命"的成功为要求变革的理论提供了活生生的证据,它表明变革对国家是多么重要。"光荣革命"虽然在外观上对英国政体没有作任何变动,然而在激进主义看来,它是一次真正的创新,是真正的"触动根基"。在人们看来,"光荣革命"建立了一个新制度,是后来社会发展的新的历史基础。没有"光荣革命",就没有后来英国的伟大、帝国的强盛、国家的一切光荣与实力。"光荣革命"不仅改换了一个国王,它还缔造了一个新英国。不过,激进主义在这一点上又回到追溯传统的立场上去了。因为据他们解释,这个新的英国只是回到古老的自由,是恢复失去的权利,是摆脱六百年的"诺曼枷锁"。但激进主义只把"光荣革命"看作是这个回归过程的第一步,要想完全恢复古老的权利与自由,就必须继续改革,直到主权完全归还给人民为止。这样,臆想的历史根据就和真实的历史根据结合在一起了,走在历史前面的激进主义也就在历史的传统中找到了依据。英国激进主义的这一特点是很有意思的,它在超前发展的历史意识中却保留着潜在的传统主义因素。

1789 年 11 月 4 日理查德·普赖斯牧师的布道演讲表达了激进主义对"光荣革命"的看法。当时,为庆祝"光荣革命"101 周年,普赖斯在给"光荣革命纪念协会"所做的感恩礼拜上指出:"光荣革命"体现了三条原则:① 宗教信仰的自由;② 反抗暴政的权力;③ "选择我们自己的统治者、因其劣迹而解除他们的职务、建立为我们自己所有的政府的权力"。拿这三条标准，特别是最后一条来衡量"光荣革命"，那么它显然是不足的：

> ……"光荣革命"留给我国宪政的最重要的不完善之处，就是不平等的代表权。我确信，我国宪政中的这一缺陷如此之大，如此之明显，以至它仅在表面、仅在理论上优越无比。你们应记得一国立法机构中的代表权是宪政自由的基础，也是合法政府的基础，没有它，政府就无异于篡夺。当代表权公正而又平等，同时又具有我国下院现在所握有的权力时，这个国家就可说是自我治理的，因此也就享有真正的自由。代表权若不完整，国家享有的自由就不完整；代表权若极不完整，那它就只提供了一个自由的外表；如果不仅是极不完整，而且用腐败的手法选出来，选出来以后又在腐败的影响之下，它就成了一件令人讨厌的事，并衍生出政府形式中最坏的一种——一个腐败的政府……

因此，"凡是热爱祖国、感激'光荣革命'的人，就没有什么比精诚团结、努力使之得以纠正更为重要的职责了"。[①] 很明显，在普赖斯这里，"光荣革命"是第一步，它为以后的变革提供基础。只有沿"光荣革命"的道路走下去，才能完成其未竟的事业。在这里"光荣革命"虽然也是作为一种历史的根据而被引用的，但激进主义用它来证明进一步变革的合理性，而不像保守主义那样，把它说成是变

---

① 普赖斯：《论热爱我们的国家》，载《18世纪政治文献集》，第171—173页。着重号为原文所有。

革的终极,创建了完美的制度,因此完全不必作进一步改动。

普赖斯是一个温和的激进主义者,但正是他这篇讲话触动了柏克的神经,因而有《法国革命感想录》之出现。由于《法国革命感想录》集大成地表达了保守主义的原则,激进主义也就必须有一个人站出来,旗帜鲜明地作出回答。结果,就产生了英国激进主义的宣言书——托马斯·潘恩的《人权论》(1791—1792 年出版)。

潘恩(1737—1809)生于一个贫穷的教友会家庭,他自幼受教友会平等教义的熏陶,对自由、平等充满热烈的向往。他年轻时做过学徒,后来当胸衣匠、税务员、小学校长,贫穷的生涯与饱经沧桑的阅历使他对社会的不平与下层人民的苦难感触极深,这使他很早就接受了激进主义影响。1774 年,他在富兰克林介绍下去美洲,在美国独立战争中建立了殊勋,他所发表的《常识》一书,成了美国独立的战斗号角。1790 年他回到英国,这时正好柏克发表了《法国革命感想录》。潘恩与柏克本来相识,两人都坚定地支持过美国革命。这时,由于柏克对法国革命的全盘否定,潘恩就不得不拍案而起,奋起反击了。这样,这两位曾经在美国革命问题上立场相同的思想家,却以法国革命为分水岭,一个成了保守主义的旗手,另一个成了激进主义的先锋。

潘恩首先批判柏克的传统主义。柏克说,"光荣革命"为英国确立了永世不变的政体原则,子孙后代永不得改变。潘恩反驳说:

> 在任何国家里,从来不曾有,从来不会有,也从来不能有一个议会,或任何一类人,或任何一代人,拥有权利或权力来永远约束和控制子孙后代,来永远规定世界应如何统治,或由谁来

统治;……每一个时代和世代的人在任何情况下都必须像它以前所有的时代和世代的人那样为自己自由地采取行动。死后统治的狂妄设想是一切暴政中最荒谬而又蛮横的。人不能以他人为私产,任何世代也不能以后代为私产。1688 年或任何别的时期的议会无权处置今天的人民,或者以任何形式约束和控制他们,正如今天的议会或人民无权处置、约束或控制百年或千年后的人民一样。"①

这就是说:祖先是祖先,后代是后代,祖先之制不必视为准绳。祖先做出什么决定这是他们的事,他们有权那样做。但祖先做的决定对后代并没有约束力;对祖先的制度是保留还是改变,这应该由每一个世代自己去决定,不能以祖先的先例为依据,因为:"生活在千百年前的人,就是当时的现代人,恰如我们是今天的现代人一样。他们有他们的古人,古人以上还有古人,而且将来也要轮到我们成为古人。如果仅仅以古代的名义来支配生活,那么,千百年后的人也将把我们作为先例,正如我们把千百年前的人作为先例一样。"既然如此,每一个世代就只应当自己作出判断,自己决定自己的事:

世界形势在不断改变,人们的看法也在改变;政府是为活人而不是为死人服务的,所以,只有活人才对它有权。在一个时代被认为正当和适宜的,在另一个时代可能被认为不正当和

---

① 托马斯·潘恩著《人权论》,见《潘恩选集》(商务印书馆,1982 年版),第 115—116 页。着重号为原文所有,下同。

> 不适宜。在这种情况下由谁来作主呢？由活人还是由死
> 人呢？①

答案很明确——当然是活人，而一旦祖先的定制与现实的情况不相符，活着的人就有权改变它，甚至完全否定它。它就是潘恩的变革理论，这种理论为不断变革提供了依据。

从这一点出发，潘恩对现存的英国制度进行全面的抨击。他认为，英国的政治制度完全建立在世袭原则的基础上，而这恰恰就是以传统主义为根据的，是最不合理的政府原则。"一切世袭制政府按其本质来说都是暴政。一顶世袭的王冠，一个世袭的王位，诸如此类异想天开的名称，意思不过是说人是可以世袭的财产。继承一个政府，就是把人民当作成群的牛羊来继承。"把人民当作世袭的财产，这就从根本上否定了天赋人权，因此是对人权的最大践踏。以这种原则建立起来的英国政体中，王位只"意味着一年一百万镑收入的挂名职位，其任务就是拿这笔钱。至于拿这笔钱的人是聪明还是笨，正常还是不正常，本国人还是外国人，那都无关紧要"。贵族院的"唯一用途……无非是要逃避地产税，而把负担转嫁给它本身受影响最少的消费品"。至于下院，那是一个靠收买和贿赂来支撑的机构，"那些现在叫作议员的，他们大多数不过是宫廷的傀儡、命官和附庸而已。……尽管英国全体人民都交税，可是有选举权的还不到百分之一……"英国政体的这三个组成部分情况既然不过如此，那么由"光荣革命"所建立、被英国官方引以为荣的所谓"混合政

---

① 《人权论》，《潘恩选集》，第 119、140 页。

体"，就"不过是一种没有宪法的政体，政府爱什么权就可以行使什么权"了。它"收买理性"，"通过贿赂把许多不协调的部分结合起来"，"各个部分相互包庇以至于丧失责任，推动政府机器的贿赂同时也就是为自己谋出路"。总之，这个"混合政体"的目的是谋私利，手段是贪污、腐败、贿赂收买。在这样一个制度下，"国家的财力都浪费在国王、宫廷、雇佣、骗子和娼妓身上；连那些衣食无着的穷苦人也不得不去支持那种压迫他们的欺骗行为"。人民哪里有什么自由呢？他们仍然身受奴役。因此，潘恩的结论是：

> 由于政府不是当代的英国人民建立的，对于它的任何过失他们不负责任；但是，早晚总要由他们来进行一次宪法的改革，这一点就同法国已经发生过的那样肯定无疑。①

与普赖斯的言论相比，潘恩的立场是异常激烈的。他否定了王权，否定了贵族，否定了世袭原则，否定了"混合政体"，否定了上院和下院，否定了政府的行政方式。事实上，他否定了英国的整个制度，并且预言将发生"法国已经发生过的"宪法改革。显然，这是彻底的变革，是与传统秩序一刀两断。然而在否定了这所有的传统之后，潘恩却引证一种更古老的传统，他把传统推到了一切传统由之发生的地方，并且认为这才是最应该追溯的传统：

> 关于人的权利，有些人是从古代汲取先例来推理的，其错误在于他们深入古代还不够。他们没有追到底。他们在一百

---

① 《人权论》，《潘恩选集》，第203、211、237、263、283、289、294、330、311页。

年或一千年的中间阶段就停了下来,把当时的做法作为现代的
准则。……如果我们再进一步深入古代,就会发现当时还有着
一种截然相反的见解和实践;如果古代就是权威,那就可以找
出无数这样的权威,他们是一贯彼此矛盾的;如果再往深里挖,
我们将最后走上正路,我们将回到人从造物主手中诞生的时
刻。他当时是什么?是人。人是他最高的和唯一的称号,没有
再高的称号可以给他了。①

因此,对革新者来说,尽管他们否定"一百年或一千年"的传统,但他
们要回到最古老的权威上去,回归最古老但又最公正的政府体制。
潘恩在《人权论》中提出了他所向往的新的政府体制,而且对这种体
制加以详细说明。但他首先声明:"现在称为'新'的那种政府体制从
原则上来说乃是所有已经存在过的政府体制中最古老的",然而为了
和现存的不合理的政治体制"区别起见,还是称它'新'比由于要求承
认权利而称它旧来得好"。很明显,潘恩认为,他所倡导的政治制度并
不是"创新",而是"复旧",不过这个"旧"是最古朴、最纯正的"旧",这
里,就明显表露出英国激进主义的重大特点,即它在否定传统的同时,
又总是在另一个方向上追溯传统,而且对传统否定得越深,这种追溯
就越古远。在潘恩看来,任何传统都是可以变更的,唯有一点是永恒
的,那就是人权:"人权是不可分割的或转让的,也是不可消灭的,而只
能代代相传,而且任何一代都无权打破和切断这个传统。"这个传统是
直接从造物主那里来的,是最古老的政府形式。因此,他的巨著以"人

---

① 《人权论》,《潘恩选集》,第 139 页。

权"为题，这本身就含有最深层的回归古朴的倾向。①

那么，以人权为基础的这种既旧又新的政治体制是什么呢？潘恩说，是"代议制"。潘恩认为，人类社会的政府形态只有四种：民主制、贵族制、君主制和代议制。前三种中，只有民主制在原则上是正确的，但它只适用于人少地狭的寡民小国。潘恩所指的民主制实际上只是希腊城邦式的直接民主制，即他所说的"雅典人的民主制"。除民主制之外，贵族制和君主制其原则都错了，它们的基础都是世袭，但它们可以用于国土广大的民族与国家。既如此，那么，既适应人多地广又以正确的原则建立起来的政治制度就只能是代议制了。因为只要"把民主制作为基础保留下来，同时摈弃腐败的君主制和贵族制，代议制就应运而生，并立即弥补简单民主制在形式上的各种缺陷以及其他两种体制在知识方面的无能。"简言之，潘恩所憧憬的理想政体是："把代议制同民主制结合起来"，从而建立"一种能够容纳和联合一切不同利益和不同大小的领土与不同数量的人口的政府体制"。不难看出，在潘恩思想中，这正是把最古的原则运用于最新的社会经济现实中去的一种制度，无怪乎他说，这种"新"的政府体制"从原则上来说乃是所有已经存在过的政府体制中最古老的"了。② 由此看来，就不难理解潘恩的激进主义中为什么有返朴归真的倾向了。

那么什么是代议制？按潘恩的看法，就是人人对国家的治理有发言权。他在另一篇文章中说得很明白："代议制政府的唯一真实

① 《人权论》，《潘恩选集》，第 195—196、236—237 页。着重号为引者所加。
② 《人权论》，《潘恩选集》，第 243—246 页。

的基础是权利平等。选举中一人一票,不能更多"(当然也不能更少)。他反对按财产资格规定选举权,指出社会不应当只保护财产,更应当保护劳动,因为劳动是大多数人民的唯一财产。对劳动者来说,"选举议会代表的权利是其他一切权利赖以得到保障的基本权利。取消这个权利即把人变为奴隶⋯⋯"[①]正是从这一点开始,潘恩的激进主义显示出它的阶级性来了。他要求"选举中一人一票",是为劳动者争取政治权利;他认为政治权利是其他一切权利的基本保障,因此他的民主制就不再基于某种空洞的政治原则,而具有社会阶级利益的因素了。正因为如此,他的激进主义不仅在政治原则上超越于时代,而且在社会内容上也远远地超出了时代的局限。也正因为如此,他提出一整套社会福利计划的构想,为 20 世纪的福利国家吹响了第一声号角。很久以后,英国的激进派仍在为潘恩的理想而奋斗,建立人人有发言权的代议制政府以保护劳动者的利益,这是许多工人激进派梦寐以求的目标。

潘恩是走在历史前面很远很远的人;他不为时人所理解。他为美国的诞生立下了殊勋,却在美利坚的土地上默默地死去;他为英国的自由大声疾呼,却被英国逐出自己的国土;他为法国革命高声叫好,却被法国革命政府投进监狱。在他与柏克的论争中,柏克虽然是时代的优胜者,但是潘恩赢得了历史。他的思想,是要由历史来作证的。不过,潘恩的著述在他那个时代唤醒了一个强大的激进

[①] 潘恩著《论政府的首要原则》(1795 年),载菲利普·方纳(Phillip Foner)编《潘恩全集》(纽约,1945 年版),第 577—581 页。

主义激流，那就是工人的激进主义。无数下层劳动者从潘恩的著作中得到启发，发现了"政治权利是其他一切权利的基本保障"。于是，他们为政治权利而斗争，形成工人激进主义的汹涌潮流，这股潮流一直到宪章运动才告一段落，其主要目标就是争取"选举中一人一票"的原则，而这正是潘恩心目中的代议制精髓所在。如前所说，激进主义从来就不是一个整体；正如英国革命中的平等派一样，潘恩代表着激进主义中的社会下层这一翼。

与潘恩同时的还有葛德文（William Godwin，1756—1836），他也在一定程度上代表着激进主义的这一翼。不过他的著述太学究气了，因此其社会影响就小得多。他的著作名为《论政治正义及其对道德和幸福的影响》，这长长的书名就表明他学究气有多重。葛德文和潘恩一样，也从人的自然权利出发，提出人类生而平等。他也否定君主政体和贵族政体，认为民主制是较好的政府形式。但直接的民主又不适用于人多地广的国家，因此应该由"一个由群众委托代表组成的代表大会"来避免它的缺点，也就是实行代议制。他有一句名言："个人没有权利，社会也就没有权利，因为社会所有的，只不过是个人带进来的共同储备。"因此，他主张个人在一切权利方面充分平等，包括政治权利和经济权利。出于这个原则，他主张在政治上"给每一个人以发言的机会"，让他来"协助选出一个议院"，或"帮助任命行政官员"。在经济上，他要求"每一个人都有要求得到一切物品的完全权利，只要这些物品为他所享有时对他之利多于对别人之害"。这是一种"平均分配生活中的好东西"的制度，很显然，这种主张非常激进，因为它触及了私有财产的神圣不可侵犯性。不

过,葛德文并没有告诉人们如何去实行这种制度,而且他还说:"平
等的制度并不需要任何限制或自上而下的监督。人们并不需要共
同劳动、公共食堂和仓库。"他对如何实现政治上的平等也没有提出
具体的方案,在他那里,似乎这一切都把宝押在了某一天理性的突
然胜利上,然而理性到何年何月才会胜利,那显然是一个非常非常
遥远的将来。葛德文是在这为将来而说话,他的书完全建筑在一个
泛泛而谈的原则的基础上,似乎完全不必与现实发生关系。① 正因
为如此,那些被生活的不平等压榨得筋疲力尽的人,就宁愿跟着潘
恩走,去追求那较为实际的目标了:通过政治改革而取得经济地位
的改善。

　　不过,葛德文有一个思想至少是被激进主义在实践中遵循的,
这就是"人类的利益要求逐步但却是不间断的变化"。这是他的变
革理论。他认为"人是处于不断变化的状态之中的",适应这种变化
是一切政府的责任。他说:"革命是激情的产物,不是清醒而冷静的
理性的产物。一定是一方有对于改革的顽强反抗,才会在另一方引
起一举而实现新制度的愤怒的决定。改革者一定是在遭到不断的
反抗,为反对者的阴谋诡计所激怒之后,才处于一种绝望的状态,并
且想象要实现改革就必须在第一次有利的时机中实现全部改革。
所以,公众幸福的有力支持者对于掌握国家特权的人所应该提出的
要求看来一定会是:'不必给得太快;不必给得太多;但是要有给我

---

① 威廉·葛德文著《政治正义论》,中文版(商务印书馆,1982 年版),第 111、146、394、608、
　 610、638 页。着重号为引者所加,下同。

们一些东西的不断想法。"①葛德文也许并没有意识到他是在作历史的预言,但他的这段话确实为英国式的发展道路指出了一个不可缺少的先决条件——不断地变,但一次不必变得太多。

如果说潘恩和葛德文的激进主义代表着下层人民,那么功利主义者就是中等阶级激进主义在理论上的概括了。潘恩从"天赋人权"出发来论证政治改革的必要性,边沁则以"功利"为基础,同样得出必须改革的结论。

杰里米·边沁(1748—1832)是伦敦一个讼师的儿子,12岁就按照父亲的安排去牛津学法律。但不久他就对英国的习惯法产生反感,认为它不讲科学,没有道理可讲。他的变革思想也许就从这里开始的,他决心要创建一套"科学的"法律体系。后来,他提出"功利主义"理论,把它作为观察社会和改造社会的基本准则。

根据功利主义理论,"自然权利"说是站不住脚的。那只是人们头脑中美好的臆想。"社会契约"论也不存在,因为那只是一场骗局——法律是国王掌握的,"诺言是由国王们在加冕典礼上许下的,他把那些喝彩声解释为多数人总体上服从的诺言,而让这两种诺言结合在一起就成了一种完美的契约"。② 既然如此,自然权利说的社会契约论国家观就被否定了,那么,国家是如何产生的? 社会靠什么来支撑? 进而,凭什么来判断政治制度的好坏呢? 边沁认为,只有靠"功利"。按照他的看法:

---

① 威廉·葛德文著《政治正义论》,中文版(商务印书馆,1982年版),第165页。
② 杰里米·边沁著《边沁政治思想》(伦敦,1973年版),第320页。

> 自然界把人类放在痛苦和快乐这两个至高无上的主宰的支配下，正是因为有它们，才指出我们应当做什么并决定我们将要做什么。同它们的宝库紧紧联系在一起的，一方是是与非，而另一方则是因与果的链条。[①]

这就是说，苦与乐是人类行为的基本动力，避苦求乐则是人类活动的最高准则。而所谓的"避苦求乐"，这就是"功利"原则；快乐和幸福，这些都是功利。边沁说：人们出于自然的本能，必定要追求幸福，躲避痛苦，这就为人类社会的有序状态创造了条件。国家就是因此而产生的，因为如果没有国家，人们就没有安全，没有财产，没有家庭生活，甚至连从事劳动的可能性都没有。在这种情况下，无政府状态主宰社会，任何幸福都无从谈起，功利也就丧失其一切可行的基础了。在这种情况下，人们感到"不服从的祸害较服从的祸害更大"，于是就服从某种权威，从而产生国家。

由此可知，功利主义的国家观完全丢开臆想中的一种远古社会，而建立在社会现实的基础上；它完全以人的需要为出发点，是一种利益至上的思想。功利主义的特点正在于此，它是以利益为标准作出判断的。但在人追求幸福的过程中，会发生错误的行为，也会发生不同利益之间的互相抵触。那么如何能判断行为的对错，如何评定不同利益间的冲突呢？为解决这个难题，边沁提出了他的学说中最著名的一个论断，即"最大多数人的最大幸福"。

拿这个标准来衡量一切，凡符合最大多数人的最大幸福的，就

---

① 杰里米·边沁著《道德与立法的原理》(伦敦，1789年版)，第4页。

符合功利主义的原则；凡不符合最大多数人的最大幸福的，就违背了功利主义的主旨。这个标准不仅用来判断个人的行为，也用来判断政府的行为。政府必须为最大多数人的最大利益恪尽职守，只有做到这一点，才能算是好政府。为此，边沁为一个合格的政府设计了如下职责：① 它必须有助于创造社会财富；② 它必须减少不平等；③ 它应该保障公民的人身、荣誉和物质生活条件方面的权利；④ 它能够确保公民的生存；⑤ 它制定法律，为社会提供必要的服务；⑥ 它在公民中传播同情和仁慈。这些职责听起来对 20 世纪的人似乎比对 19 世纪的人还要亲切；时至今日，英国人恐怕还是以这些标准去评判他们的政府的。

但是，如何能保证政府去追求功利的目标？这就要把政府的利益与社会的利益一致起来，以确保政府追求公共利益。为此，就应该有一个高于统治权并能制约政治权的力量存在，这个力量就是"人民"。人民应该有至高无上的权力，也就是人民主权。人民主权通过代议制形式体现出来，而代议制的基础就是：它是一种民主政体，政府由公众推选出来。人民必须有办法对立法者和掌权者加以限制，以避免他们利用职权牟取私利。拿这种标准衡量君主制，它显然是一种不好的制度，因为君主权力太大，很容易超越于法律之上。贵族制也不好，因为在这种制度下权力的分配悬殊太大，少数人很容易利用权力牟取私利。所以，边沁反对君主制，也主张取消一切爵位。他认为议会应实行一院制，不必设置两院，因为两院中的上院代表的不是人民，而是极少数人的利益。

拿这些标准来判断英国的政体，边沁的结论是悲观的。他甚至认为只有革命才能推翻英国的寡头政治。1817 年边沁曾对美国驻英国大使亚当斯(John Quincy Adams)说："一般说来,很可能不经过一次内战,英国就不会实现真正伟大的变革。腐化已渗透到政府各部门,也已经腐蚀了国民的品质。"他担心"只有用火才能加以涤清。"①同年他发表《议会改革计划——问题解答》一书,提出对英国制度进行彻底的改革。其中基本的纲领就是普选权、无记名投票、年度选举的议会和按人口平均划分选区等等。这些和二十年后工人阶级提出的《人民宪章》相比,至少在表面上有极为接近之处。②

边沁特别强调普选权。他认为每个人是他自己利益的最好评判者。因此,为了让政府充分了解最大多数人的最大利益,就必须让每个人都有发表意见的机会,让他们的要求明确而及时地反映出来。当选的议员应对选民作出保证,即他们将服从选民的意见。为了不让政府有贿赂手段收买议员,他认为议员应得到统一规定的薪俸,而且不能担任政府官吏。他甚至还考虑妇女是否也应该有选举权,因为他觉得:没有理由让一个性别比另一个性别享受较少的幸福。但这种思想在当时显然是太激进了,就连半个世纪之后他最好的学生之一约翰·密尔(John Stuart Mill)在议会提出妇女选举权问题时,仍被人怀疑是否在说热昏话。

就边沁所代表的那个社会阶级来说,他的思想确实大大超前于同辈人。功利主义提出"最大多数人的最大幸福",在经济领域内是

---

① C. F. 亚当斯(Charles Francis Adams)编《约翰·昆西·亚当斯回忆录》第三卷,第 539 页。
②《人民宪章》此外还多两项要求,即取消议员的财产资格限制和议员领取薪俸。

为自由资本主义开辟道路，因为资产阶级全力以赴追求发财的动机可以被解释成是达到了增加财富的效果，而这对社会多数人有利。由于这个原因，即使其动机是牟取私利，其行动也值得加以肯定。因此功利主义学说很快就成为自由资产阶级的正统意识形态。但这个阶级中绝大多数人在边沁创立功利主义学说之时尚无暇顾及政治问题，而只是一心一意牟取利润。即使有一些人要求进行政治改革，其中的多数又坚决反对普选权，认为普选将威胁到私有财产。事实上，好几十年中，工人激进派与中等阶级激进派正是在这个问题上分道扬镳的：工人激进派认为普选可以控制议会，从而制定出保护工人利益的社会立法；中等阶级激进派则要建立某种基于财产资格限制之上的选举权，以便让立法能始终保持财产的利益。1832年，工业家弗赖尔说："……我们现在为整个世界生产，假如我们没有自己的议员来促进和扩大我们的贸易，我国商业的伟大纪元就结束了。"[1]19世纪40年代宪章运动最杰出的理论家奥布莱恩(James Bronterre O'Brien)却这样开导工人："……恶棍们说你们没有代表权是因为你们没有财产，我说相反，你们没有财产是因为你们没有代表权。"[2]激进主义的这种分歧使我们回想起普特尼的大辩论，当时，独立派的艾尔顿将军反驳平等派的伦巴勒上校说："一个人若不具备永久不变的利益所在，则他就无权关心或参与国事的处理……"

① 阿萨·布里格斯："托马斯·阿特伍德和伯明翰政治同盟的经济背景"，载《剑桥历史杂志》第九卷，第194页。
② 阿尔弗雷德·普卢默著《布朗台尔·奥布莱恩政治传记》(伦敦，1971年版)，第177页。

　　确实,在中等阶级激进派中,也有人提出过普选权问题。比如,1780 年,由约翰·杰布领导的一个非常激进的中等阶级团体——威斯敏斯特小组委员会曾提出后来《人民宪章》中所有的六条;约翰·卡特莱特少校在 18 世纪 70 年代,亨利·亨特在 19 世纪初也曾坚持过普选权原则;18 世纪 90 年代,另一个中等阶级激进团体"宪法知识会"也一度接受过普选纲领。但这不过是凤毛麟角,总体来说,中等阶级激进派是不接受普选原则的,尤其是工业资产阶级这一翼。他们直至 19 世纪中叶,仍然坚定地反对实行普选权。当时,激进主义阵营分歧之大,正与社会阶级裂痕之深成正比例。直至边沁死后一二十年,中等阶级激进派中也还只有最坚定的功利主义者愿意站出来为老师说话。

　　这些人之一就是约翰·密尔(1806—1873)。密尔的父亲詹姆斯·密尔(James Mill)也是早期的功利主义者,与边沁交往甚密。因此密尔年幼时就受功利主义教育,长大后成为该学派的主要继承人,政治上非常激进。出于功利主义原则,他同情宪章运动,支持普选权。他在担任议员时多次支持有利于劳工的立法,甚至率先提出妇女选举权问题。他在理论上进一步阐述功利主义,可以说,功利主义的政治学说最终被成为统治阶级的资产阶级视为正统,是与他的活动分不开的。

　　密尔首先肯定变革的重要性。他认为任何政治制度,都必须符合一个国家一个民族当时的发展水平,给这个国家这个民族带来现实的好处。一个制度是好是坏,应该看它在"实际可行和适当的情况下",是否"伴随着最大数量的有益后果"。显然,这是功利主义的判断标准。但无论如何,这种制度必须同时也要能促进下一步发展,"不仅要考虑到下一步骤,而且要考虑到社会有待采取的所有步骤",也就是永恒的将来。"由此可以得出结论说,要判断各种政府形式的优点,就必须建立一种实质上最合格的理想的政府形式,就是说,如果存在实现其有益倾向的必要条件,它将比任何其他形式更有利于促进不仅是某项改进,而且是一切形式和程度的改进。"这是功利主义的变革观,它要求社会不断发展,永不停留在一个水平上。它不奢谈道德原理,而是直截了当地指出:社会必须进步,后一个阶段应该比前一个阶段好;为此,政治制度必须有助于社会进步。

密尔认为:这样一种"理想上最好的政府形式就是主权或作为最后手段的最高支配权力属于社会整个集体的那种政府",也就是代议制政府;在这种制度下,"每个公民不仅对该最终的主权的行使有发言权,而且,至少是有时,被要求实际上参加政府,亲自担任某种地方的或一般的公共职务。"不仅代议制政府是"理想上最好的政府形式",而且,他还认为:"就人类的任何一部分来说,其一般进步程度愈高,就愈适于采用这种类型。"也就是说,代议制是人类社会发展到较高阶段的一种标志。

用这种理想上最好的政府形式来比较英国当时的政治制度(请注意当时已进行过一次议会改革了,资产阶级获得了选举权),密尔认为它尽管是一种代议制的民主制,却仍然不尽如人意。其最主要的缺陷是:它不能代表全体,只能代表多数。但这里所谓的"多数"并不是指人口中的多数,而是指有选举权的选民中的多数。这个选民中的多数是由同一个阶级的人组成的,他们都"具有同样偏见、先入之见和一般思想方法",而且据密尔说,他们还"不是最有教养的阶级"。在这种情况下,就很容易产生"代议制民主容易产生的"一种危险,即"由同一阶级的人构成的多数实行阶级立法的危险"。密尔认为,这是他那个时代最大的弊病:

> 举例来说,在我们国家,被叫作工人阶级的那个阶级可以认为就是被排除在对政府的一切直接参加之外的。我不以为参加政府的各阶级一般地有为自己而牺牲工人阶级的任何意图。他们曾经有过那种意图;看看那些长期以来用法律压低工资的坚持不懈的尝试吧。但是今天他们的意向通常相反,他们愿意为了工人阶级的利益作出相当大的牺牲,特别是金钱上的牺牲……然而议会,或者组成议会的几乎所有成员,曾有过一瞬间用工人的眼光去看问题吗? 当涉及工人本身利益的问题发生时,不是仅仅从雇主的观点去加以考虑吗? 我并不是说工人对这种问题的看法一般地比其他人的看法更接近真理;但它有时是完全同样接近真理的。无论如何应该恭敬地听取他们的意见,而不应当像现在这样不仅不予尊重而且加以忽视。①

因此,他认为应该使工人阶级获得选举权。起先,他认为应该实行普选:"每一个被统治的人都应该在政府中有发言权,因为把那些没有发言权的人不正公地看成是次于有发言权的人,这种情况不应视为合理。……除非被要求应遵守法律的人都对法律的制定与执行

---

① 约翰·密尔著《代议制政府》,中文版(商务印书馆,1984 年版),第 36、43、44、45、56、101、125 页。

有发言权,或有可能有发言权,否则任何政府都应视为极端不完善。"①但 1861 年,他发表重要的政治学著作《代议制政府》时,又对这个观点作了修正:"我曾经设想选举权以个人的条件为根据,在好的事态下它会是那样的。"(所谓"以个人的条件为根据",就是以公民的资格而不是以财产的资格来获得选举权,也就是全民普选。)但是他认为在英国这样做的条件还不成熟,所以他作了如下的重要修正:"除了那个不断减少……的阶级即领取教区救济者以外,所有的人都有选举权。"他承认这样做"本身是种缺陷,但只有当要求作这种排除的事态消失时才能摆脱这种措施"。很显然,他在这里是谈论现实政治而不是普遍原则。1861 年,当他写《代议制政府》时,第一次议会改革已进行了近 30 年,但工人阶级选举权看起来仍然是遥遥无期。宪章运动以争取普选为第一要旨,到这时却已经无声无息了。也许正因为这些,曾同情过宪章运动的密尔降低了他的政治要求。如果考察不久以后在 1867 年和 1884 年连续两次进行的议会改革,我们发现它们完成的实际上正是密尔的这个设想。尽管如此,密尔还是在《代议制政府》中提出妇女选举权问题,把它看作是民主制的基本因素之一。同时,他还表达了这样的愿望:

> 我们希望,随着将垄断和暴政的铸模结构的残余一个又一个地摧毁的工作的不断进展,这一个将不是最后一个消失的;希望边沁……以及我们时代和我们国家的其他许多最有力量

---

① 约翰·密尔:《论议会改革》(1859),载罗伯特·艾克尔歇尔(Robert Eccleshall)编《英国自由主义》(纽约,1986 年版),第 163—164 页。

的政治思想家们……的意见,将深入那些未因自私或根深蒂固
的偏见变得十分顽固的人们的心里;还希望,在另一代消逝以
前,性别这种偶然事件,将和肤色这个偶然事件一样,不被认为
是剥夺公民同等保护和正当权利的一项充足理由。[①]

他寄希望于未来,这正是激进主义最强大的动力所在,而当这一天
终于到来时,他却早已长眠于人世之外了。难道一切激进主义的先
知们,其命运不都是这样吗?

三、渐进发展之路

从 18 世纪下半叶起,激进主义和保守主义都不仅是某种理论体
系,而且是政治斗争的实践。围绕着"光荣革命"以后形成的政治制
度是否应该变革这个焦点问题,两股政治倾向经历了激烈的冲突。
英国式发展道路,就是在这个冲突中形成的。

前面说过,激进主义认为英国制度千疮百孔,弊端丛生,必须经
过彻底改造,才能符合人民要求;保守主义认为这个制度十全十美,
优越无比,必须加以严格保护,才能不被歹徒破坏。为争取政治改
革,激进主义经历了最艰苦卓绝的斗争,其历时之久、意志之坚,在
英国历史上空前绝后。而保守主义也对变革的要求进行了最顽固
的抵抗,从 1790 到 1830 年这几十年间,保守主义事实上偏离了它应
该遵循的正统路线,而几乎滑到完全反动的立场上去。在这种情况

①《代议制政府》,第 129、132、143 页。

下,双方的冲突必然很激烈。另一方面,从历史的角度看,以自我改革的方式完成政治体制的转变在英国似乎还没有先例。"光荣革命"借助了外来力量,而且以武力为后盾,并不完全是自我改革的方式。它虽然提供了在保持原有体制外形的前提下改变内容实质的经验,但它所克服的是专制王权,完成的是从君主专制向寡头统治的转化。而18世纪末叶,历史面临的是建立民主制的任务,这个转变能否靠改革完成,还很难说。再者,从君主专制到君主立宪,君主至少是可以保留的;若是实行民主制,是否要把整个旧体制完全撇开? 如果是这样,是否要来一次革命,就像法国发生的那样? 况且,"光荣革命"在许多人眼中还确实是一次革命,它至少是在推翻了一个有合法统治权的君主之后才达到其目标的;那么,向民主制转化,应该如何进行? 总之,"光荣革命"虽然为改革方式提出了可能性,但它本身并没有提供明确的历史先例,更没有向后世表明改革的具体方法。正因为这样,用改革来转变政治体制仍然是一次创造性的摸索,人们并不能预见改革一定会成功。

但"光荣革命"终究留下了一些痕迹,它最大的作用,莫过于提供一种历史传统,而激进主义和保守主义都可以说是从这种传统中派生出来的。不同之处在于:激进主义强调它进行了变革,以此为依据,说明变革的合理性。保守主义则强调它维护了传统(即使仅仅是维护传统的外形也罢),从而把"光荣革命"本身也说成是恢复传统,因此一切变革就都是"标新立异"。但正如前面所分析的那样,英国保守主义并不排斥"有保留地变革",因此它无法否认"光荣革命"是对现实存在的一种变动(即使不是"变革");另一方面,英国激进主义又天生地含有传统主义因素,总是用某种更古老的传统来为其否定传统寻找根据;这样,保守主义和激进主义就不是两种截然相反的力,向两个完全不同的方向背道而驰。它们在某一个交接点上是可以契合的;这就决定了改革方式有可能成功,不过要看现实中的人们是否有足够的眼光和能力来实现它了。

但现实中的人往往身不由己,事态从激烈的冲突开始。1760年,英王乔治三世即位。这是一个野心勃勃的君主,他力图打破国王与议会之间已经确立的平衡,重新凌驾于议会之上。即位不久,乔治三世就利用辉格党内部的意见分歧,重新起用托利党,以达到树立个人统治的目的。他以空前的规模进行贿赂,在自己周围形成一个党派,即所谓的"国王之友派",在许多问题上能够实行对自己有利的政策。

乔治三世的做法激起了广泛的不满,于是引发了著名的威尔克斯事件。1762年,约翰·威尔克斯(John Wilkes)开始发行《苏格兰人》报,其中第45期刊出一篇文章,激烈谴责政府的对外政策,并对乔治三世本人进行攻击,说他使用贿赂控制国家外交。这使乔治三世大为光火,就授意政府将其逮捕。威尔克斯本是议员,享有特权不受逮捕,但乔治三世指使下院通过决议,剥夺他的议员资格。这个事件成了议会改革运动的触发点,许多人认为:如果议员可以因为国王的指使而被逐出议会,那么议会作为制约王权的政治机构,如何能维持独立性? 于是,各阶层人们开始支持威尔克斯,"威尔克斯与自由"成了当时流行的口号。他三次当选议员,又三次被议会逐出。民众的自发抗议开始出现了:送牛奶的人用牛奶在墙上涂写克伦威尔抨击长期议会的演说词，小土地所有者骑着马在伦敦游行，打出"大宪章和权利法案"的标语。因威尔克斯事件而触发的群众性骚乱发生过好几起，威尔克斯自己也很善于利用这种情绪，他把自己的事件与自由的事业等同起来，在法庭上宣称"全体贵族和绅士的自由以及……全体中下层人民的自由……就要在我的案件里最终决定了"。他还说："一旦大臣们把宣布谁不能当你们的代表的权力篡夺到手，下一步就很容易，而且来得很快了。这就是告诉你们应当选谁到议会来，而吹得天花乱坠的英国宪政也就被连根拔除了。"①总之，他成了保卫自由传统的象征，而乔治三世及其大臣则是破坏自由的罪魁祸首。

这样，以威尔克斯事件为契机，激进主义的政治实践拉开了序幕。人们觉察到政治制度中必然有某种弊端，才使乔治三世可以左右议会的决定。这样，一个以议会改革为目标的群众性政治运动就形成了。1771年，以声援威尔克斯为己任的"权利法案支持者协会"通过决议，要求把"反对贿赂""促进人民在议会中的充分而平等的代表权"列为议员当选的条件。这个组织是第一个中等阶级激进派的政治团体。1780年，它并入另一个更广泛的中等阶级激进团体——宪法知识会。

从威尔克斯事件可以看出：激进政治一开始就与群众运动密切结合，表现出浓厚的群众运动色彩。同时，它又一开始就以议会改

---

① J. 斯蒂芬·沃森(J. Steven Watson)著《乔治三世时期》(牛津大学出版社，1960 年版)，第 99—100 页；狄金森著《自由与财产》，第 211 页。

革为主攻方向,把下院作为改革的主要目标——这个主攻方向无疑选得非常准,因为在当时,英国有一个贵族制政体,少数大贵族通过控制议会把持政权,不仅普通劳动人民没有政治权利,就连中等阶级的绝大多数都没有选举权。而下院在"光荣革命"后已逐渐变成权力的重心,因此,改变议会制度,扩大选举权,就成为争取民主的关键所在。英国的问题是:议会确实是有权的,但议会控制在少数人手里。

激进改革运动诞生后,激进主义和保守主义就开始正面冲突,这种冲突因为美国革命而加剧,双方在意识形态下针锋相对。美国革命是以"无代表权就不纳税"这个原则为号召的。在美洲革命者看来:殖民地在英国议会没有代表,因此英国议会的征税法律对美洲人民无效。他们声称这是大宪章所确立的自由原则,美洲人民与英国本土都有充分享受这种自由的权利。这个论点很快就在英国本土产生共鸣,特别是当殖民地争取独立的战争节节胜利的时候,美洲的榜样更在英国掀起波澜。激进派认为,既然美洲因为没有代表权就拒绝向英国纳税,那么英国广大的没有议会代表权的人民在如数纳税的情况下,就有完全的理由要求获得代表权。也就是说:"纳税就要有代表权。"对此保守派作答说:大宪章"并没有说任何英国人若在本国没有选举权就应该免除赋税。比如说在郡县,居民人数要比自由持有农多得多,只有自由持有农有权选举议员,却毫无例外地人人都要纳税"。[1] 激进派针对这种观点搬出了天赋人权理

---

①《劳埃德晚报》(1766 年 1 月 24 日),载《英国史文件集》第十卷,第 756 页。

论，反对人为的不平等："智慧的造物主一视同仁，使人人平等而且自由，他们有同样的肉体，出自同一模型，具有同样的意识、感觉和情操……因此，不能在人和人之间造成一种差别，让某些人高居于他人之上，而事前不必经过相互的协商。"[1]因此，同是纳税人，为什么有的可以有选举权，有的就不能是选民？

对这个问题，保守派用"实质上的代表权"来加以辩解，据他们说："下院每个议员既代表支持他的人，也代表反对他的人。一个人无论在何处当选……他就成了英国人民大众的代表，而人民中的每一个人也就被代表了，不仅为某一议员所代表，而且为整个下院所代表。"也就是说，英国不存在代表权不完备的情况；议会既然是代表机构，它就代表全体人民。针对这种理论，激进派反驳说：人民是国家的主人，为了人民组织政府；现在这个议会制度是使"人民的仆人忘记主人……不要想着他们被用来为人民服务，而是想着人民被用来为他们服务"。这正是现行议会制度最大的弊端，也正是需要改革的不合理之处。[2]

这一点正戳到旧议会制度的痛处，于是保守派提出财产权，以此证明不平等的合理性。柏克说："财产……特有的实质就是不平等"，议会代表的是财产，不是人，因此不平等的选举权是合理的。"墨守成规是一切方法中最可靠的一种，不仅对财产来说是这样，对保护财产的政府来说也是这样。"这就是说，为了维护私有财产，就

---

① 约翰·卡特莱特（John Cartwright）少校语。载 G. D. H. 科尔和 A. W. 菲尔森（A. W. Filson）合编《英国工人阶级的运动》（伦敦，1951 年版），第 31 页。

②《自由与财产》，第 199、282 页。

必须维护现有制度。在这一点上保守派们还可以得到布莱克斯通的支持。他在 1765 年的《英国法律评注》中就明确提出：应该把"地位如此低下、因此一般认为没有自己意志的人排除"在选民之外；"如果这些人有选举权，就会在他人不正当的影响下受到诱惑，出卖选票，从而使大人物、圆滑的人和富人们在选举中得到与普遍自由不相符的较大发言权"。所谓"地位如此低下"的人，当然是指穷人。就连亚当·斯密这个经济学方面的革新者都在政治问题上声称："就保障财产的安全来说，民政组织的建立，实际上就是保护富者来抵抗贫者，或者说，保护有产者来抵抗无产者。"①

可见，在财产问题上现存制度的维护者最容易联合起来一致对外，而激进派由于本身并不反对私有财产，因此很容易在这个问题上败下阵来。但激进派仍然从另一个角度阐述问题，他们说："人人都有可以称作是某种财产的东西，而且是不可分割的财产"，比如说他的家庭，他赚钱的权利、他的生活等等。因此没有理由去剥夺任何人的选举权。在这个问题上表现最突出的是卡特莱特少校，他接过亚当·斯密的劳动价值论，以子之矛攻子之盾说：既然劳动创造财富，那么劳动本身也就是一种财富，而且是最基本的财富，是人人都有的财富，既然如此，为什么不能人人都有选举权？但问题还不仅如此，"人是被代表的唯一基础，财产实际上与此无关"。他第一个把财产和代表权问题分开，事实上提出了普选权的基础是人而不

---

① 《自由与财产》，第 311 页；《英国史文件集》第十卷，第 91、226 页；亚当·斯密著《国民财富的性质和原因的研究》，中文版下卷（商务印书馆，1974 年版），第 277 页。

是财产这个民主制度的基本原则。①

围绕美国革命而展开的大论战为双方理论的完善化打下了基础，不久以后，潘恩的激进主义和柏克的保守主义就都要以各自学说的集大成者的面目出现在英国政治舞台上了。1780年，一个重要的中等阶级激进组织"宪法知识会"正式形成。其成员包括约翰·杰布、卡特莱特少校和普赖斯牧师等。另一方面，以小皮特上台为标志，保守主义也逐渐集结，"第二托利党"担当起保守主义的政治载体。从这时候起，冲突就不仅仅是意识形态方面的了，它也在政治战场上全面展开。

法国大革命为冲突的炽热化创造了条件。法国革命初起时，英国朝野一片欢呼声，认为这是英国自由在法国的再现。但不久之后，保守派就全盘否定法国革命了，指责它完全背离历史传统。以柏克的《法国革命感想录》为标志，他们迅速站在法国革命的对立面。但激进派从法国革命中受到鼓舞，认为这是民主变革的新曙光。"光荣革命纪念协会"曾写信给法国制宪议会祝贺说："法国作出的光辉榜样将鼓舞其他民族去维护不可剥夺的人类权力，从而导致欧洲各国政体的全面改革和全世界的自由与幸福。"②激进派希望法国的榜样将唤醒政治上消沉的广大人民，从而掀起要求改革的新高潮。

果然，受到法国革命的巨大鼓舞，一场声势浩大的群众性议会

①《18世纪政治文献集》，第156页；《英国工人阶级的运动》，第31页。
②《英国工人阶级的运动》，第39页。

改革运动在英国迅速兴起。这场运动的特点是下层人民发动起来，并形成中下层人民的联合行动。这种局面使英国政府非常惊慌，唯恐英国也出现法国那种革命形势。于是，英国统治阶级的政治立场就愈趋保守，坚决反对哪怕是最微小的改革企图。政府的这种不妥协立场一直延续到拿破仑垮台，并且在战后的最初几年中仍然如此。这样一来，激进主义由于受到空前的压制也就越变越激烈，最后出现武装推翻政府的企图与密谋活动。这一整个时期中，保守主义与激进主义的冲突异常激烈，是英国近代史上剧烈动荡的一个时期。

群众运动的兴起与潘恩的《人权论》分不开。《人权论》提出了社会福利改革方案，并指出政治改革是实行这些方案的前提条件。这种说法第一次把议会改革与劳动群众的切身经济利益联系在一起，因此产生巨大反响。劳动人民中激起前所未有的政治热情，殷切地希望能尽早实现政治改革。这样，激进主义很快就走出中等阶级的圈子，而开始向社会下层渗透进去，鼓舞了成千上万的劳动群众投入争取改革的运动。在《人权论》出版的当年，其销售量就达到5万册，而到1793年止，总销售量达到20万册，开创了英国出版史上亘古未有的最高纪录。据当时有人说："那些图谋造反、背信弃义、邪而无德者之流，竟不遗余力地把这本毒汁漫溢的小书装在驴驮上，一直运到农家和大路上，甚至运进矿井和煤窑，才把它们卸下来。"[1]可见这本书流传之广。

---

① E. P. 汤普森(E. P. Thompson)著《英国工人阶级的形成》(英国企鹅出版社，1979年版)，第117页。

《人权论》成了英国工人阶级的政治启蒙读物,工人激进主义就在它的影响下脱胎而出。有一份传单这样写一个雇工和他的老板的对话:

> ——老板,早上好。我想通知你今天我不能来干活了。
>
> ——怎么了,约翰,病了吗?
>
> ——没有,谢谢上帝!但我有约会,我要去赴约。
>
> ——约翰,得想一想,你有老婆,有四个孩子,他们全靠你养活。即使你每星期只偷一天懒,你就把全家的生活费丢掉六分之一了,这可对不起你全家啊。
>
> ——嗨!老板!和自由比起来,老婆孩子算什么!我这是和自由的朋友们相见啊。每当我想起人权的时候,我从来不考虑家庭的得失![1]

1792 年 11 月,泰因河畔矿工水手大规模罢工。一个船主写信给首相小皮特惊呼道:他看到"这个地区到处充斥着成千上万的矿工、车夫、煤船装运工和其他工人,粗笨的脑子里装满了平等的新说;到处布满干柴,一颗火星就把它们点燃。"[2]到这时候,工人阶级的不满已不再表现为漫无目标的自发骚动,而开始在某种系统理论的指导下活动了。

正是在这种背景下,出现了英国第一批工人阶级的政治组织,

---

[1] 载雷金纳德·雷诺兹(Reginald Reynolds)编《英国的小册子作家》第二卷(伦敦,1951 年版),第 20—26 页。

[2] H. T. 狄金森著《18 世纪末英格兰东北地区的激进政治》(达勒姆市,1979 年版),第 16 页。

其中最重要的是 1792 年 1 月成立的"伦敦通讯会"。这个组织的 8 个创始会员全都是手工工匠,绝大多数会员也都是鞋匠、裁缝、手织工、木匠等等,领导成员也出自相同的社会阶层。在 1792 年 8 月 6 日的"告大不列颠居民书"中,伦敦通讯会明确地提出了自己的纲领:

> ……公民们！无论我们的苦水何其多,无论自由的枷锁何其重,只要有一变就会有万变,疾苦统将随之而去。一旦恢复每年大选,一旦议会由一切人公正地推举出来,人民就将重新分享国家的治理;到那时,他们那不为偏见所惑、不为收买所动的选票,就一定能创造出一个正直的多数;

到那时,人们——

> 很快就能看到:自由得以恢复,出版不受限制,法律得以简化,法官公正无偏,陪审团独立自主,不必要的官职和年金减省了,过高的薪金降低了,公务改善了,税务减轻了,穷人容易得到生活必需品,青年受到更好的教育,监狱不再人满为患,老人获得更好的照顾,用穷人的肌骨举办的华筵美宴不再常有……

总之,就会出现一个自由、平等的新世界。[1] 这几乎就是潘恩的激进主义理论的逐字逐句的翻版！从伦敦通讯会存留下来的文件中可以看出:这个协会认为劳动者贫困的原因是不合理的议会制度。由

---

[1]《托马斯·哈迪审判录》(伦敦,1794 年版)第一卷,第 218 页。哈迪(Thomas Hardy,1752—1832)是伦敦通讯会的第一任书记,职业是鞋匠。

于劳动者在议会中没有代表权,因此议会可以通过立法对劳动者征税。正因为这种征税,有权者养肥了自己,无权者被剥夺净尽。因此,剥削的根源在于政治权利的不平等分配。这实际上是潘恩的理论,因为潘恩就说过:"政治权利是其他一切权利的基本保障。"伦敦通讯会最初的创始者在伦敦创建组织时,就曾"感叹人民落到了何等悲惨的境地,我们相信,这种情况完全是由于下院的代表权不公正、不平等"。因此,他们决心要争取议会改革。[①] 这种改革的动机及纲领是后来一切工人激进主义的共同特色,伦敦通讯会的两项要求:年度选举议会和男子普选权,以及后来增加的议员领取薪俸的原则,也是一切工人激进主义的基本政治要求。

与伦敦通讯会同时,类似的组织在全国大小城镇纷纷出现,就连在威尔士偏僻的山区,也有下层人民的激进组织出现。据伦敦通讯会自己说,它与全国400多个激进组织保持联系,明显地形成了全国性的联络网。

在下层人民的推动下,中等阶级也变得日益激进了。宪法知识会在法国革命爆发后很快恢复了积极的政治活动,而且不再仅限于发行书刊、传播宪法知识等。他们也和工人激进派一样开始组织政治集会、发动请愿、进行全国性的通信联系等等。他们还接受了伦敦通讯会提出的普选和年度议会两条纲领,在相同的纲领下组织联合行动。在外省许多城镇,中等阶级和工人阶级经常组织在同一协会里,而且在运动之初还往往掌握领导权。只是到后来,政府镇压

---

① 大英图书馆馆藏附加手稿第 27814 号,第 1、38 帧。

日益严重时,中等阶级才逐渐退出运动,使激进组织成为清一色的工人组织。法国国民公会召开时,宪法知识会甚至在贺信中说:"法国的榜样树立之后,革命变得容易了,理性定会迅速发展。如果在一段比预料短得多的时间里法国将向一个英国国民公会发出贺信,那也不是意外的事!"①果然,在1793年11月,宪法知识会和伦敦通讯会同时派代表去苏格兰,参加一个"联合起来争取普选和年度议会的全英国民代表大会"。在这个大会上,他们模仿法国的做法,代表间以"公民"互称,文件标以"公会万岁"的栏头,还有些用"全英国民代表大会元年"来纪元。

　　群众运动之所以来势如此迅猛,是有其深刻的社会原因的。当时,工业革命已开始发展,手工工人的经济地位受到威胁;圈地运动进行得如痴如狂,百姓的生活每况愈下。所有这些都使人民的不满愈积愈烈。很容易接受激进的理论。当时一个贵族旅行家约翰·宾(John Byng,后来继承爵位为托林顿勋爵)有一段记述很能说明问题。有一次,他路过一个村庄,见"有两个男孩拉住我的马——他们赤裸着身体,几块破布包不住他们的肉;我把零星的半便士钱币都给了他们,他们竟从来没有发过这么一笔财! 他们从不知道戴帽穿鞋,看起来是十二或十四岁的样子"。但就在同一个地方,他又看到贵族家的狗窝"骄傲地俯视着破烂的泥棚,而这些泥棚竟是为亚当的子孙们[指人]建造的;人们嫉妒地睨视着这些幸运的狗儿们的堂皇住宅,后悔自己投错了胎,竟生而为人而不是一只猎狐的狗"。

----

① 《英国工人阶级的运动》,第53页。

宾因此感叹道："正因为玩忽和绝望，才会有民主和骚乱……他们日子已经苦到了顶点，情况不会再坏了；任何变化都只会向好的方面发展，于是就闹起来了，乱起来了。'国王和议会关我什么事？我们中没有绅士和法官，我们只是受税官和工头的随意蹂躏'……就这样，少数几个大人物，许许多多破产的人，数不清的穷苦人，就喊起来了——改革，改革！"①这段叙述，确实很深刻地说明了当时群众运动轰然兴起的社会原因。

宾是个贵族，他尚且看出了问题的实质，因此觉得确有必要实行一些改革，以缓和社会矛盾。这就是当时极少数辉格党有远见的政治家所采取的立场，如查尔斯·福克斯（Charles James Fox）、查尔斯·格雷（即后来的格雷伯爵）等等。但激进派的革命言论、他们对法国的刻意模仿，以及中下层人民协同行动的可能前景，却吓跑了很多人。他们害怕秩序混乱、国家不稳、社会动荡、前途未卜。总之，正如休·塞西尔（Hugh Cecil）所说，出于"对未知事情的怀疑"和害怕变革会带来危险，因此讨厌变革，反对激进派的一切主张，宁愿在熟悉的环境下安安稳稳地过日子。这些人倒不一定都是统治集团中的人，特别不一定都是有权有势者。但他们是一些没有受到工业革命的强烈冲击、日子还过得去的人，在一种凝固的社会环境中已经生活了上百年，唯恐任何变革会扰乱他们宁静的生活习惯。乡村牧师詹姆士·伍德福德（James Woodforde）的日记就表达了这种情绪。

---

① C. 布鲁因·安德鲁斯（C. Bruin Andrews）校编《托林顿日记》（伦敦，1954 年缩编版），第492—494 页。

伍德福德是一个偏僻乡村的普通牧师,他过惯了乡村的宁静生活,日记中常写些鸡毛蒜皮的小事,如"晚饭吃了条极好的煮羊腿","看见一只野兔,追上并打死了它"等等。但 1791 年起情况开始不同了,日记中常出现群众运动的记载。比如 1791 年 7 月 14 日法国革命纪念日:"……伦敦、诺威奇等全国各地都预告要开许多集会,来纪念这次革命。"1792 年 10 月 12 日:"下星期三要有大批群众在圣费思集市汇合……我相信这是由不满分子长期以来向往天下大乱的癖好所引起的,就像法国目前风行的一样。"11 月 28 日更出现这样一篇记叙:

> 人人在谈论全国许多地区群众起来了,特别是诺福克和诺威奇更加如此。城乡各地有许许多多俱乐部……据说有许多有钱人在支持他们。谣传今天在诺威奇要召开全体群众大会,伦敦目前也很不安定。祈求上帝无论如何赐我们平安吧![①]

类似于伍德福德这样的人在农村中等阶层中是大有人在的,他们因此构成一支强大的不愿变革的力量。

因工业革命而兴起的工业家这时也对革命不感兴趣,他们本是些出身卑微的人,由于赶上了工业革命的头班车,因而发家致富,成了世人瞩目的暴发户。但是在 18 世纪 90 年代,他们正一心一意地积累财产,并不关心政治权利。只要政府不断了他们发财的路子,不侵犯他们积累的财产,他们就不会有什么不满,而这两点,当时的英国政府确实都能做到。亚当·斯密说:政府的目的是"保护富者来抵抗贫

---

① 约翰·贝雷斯福德(John Beresford)校编《一个乡村牧师的日记》(牛津大学出版社,1956 年版),第 232、303、401、423—424、427 页。

者"，这正是这个阶级在当时的心态。他们还无暇去考虑政权问题，满足于把权力放在任何愿意保护私有财产的人手里。他们只求维护社会的稳定，好让他们安心发财。前面提到过工业家弗赖尔的一段话，说如果议会中没有工业家的代表，英国"商业的伟大纪元就结束了"；但就在他的同一段话中他还说："五十年前我们不需要议会代表……因为那时我们几乎完全为国内消费而生产，商业区和工业区是合而为一的，一荣俱荣……"这里所说的"五十年前"，正是指 1790 年前后。

最后，还有大批受传统影响的愚昧的民众，特别是农村人口。他们在传统结构中生存了无数世代，虽然生活困苦，却从不知抱怨，从来不向往较好的生活，也不追究贫苦的原因。他们不识字，见识又少，唯一的教育就是到教堂去听牧师们做礼拜，因此完全在宗教偏见的支配下，没有自己的思想。这些人听不懂改革的理论，也不想摆脱浑浑噩噩的生活状况，他们只会跟着别人的指挥棒走，按自己直接长上的指令去做——不幸的是，他们的长上恰巧就是土地贵族。有一次，谢菲尔德一个激进派协会派人到附近农村去做宣传工作，结果却发现乡村居民"无知得像他们骑着去赶集的畜牲一样，即使是天使向他们诉说权利、自由和选举权的重要性，那也只会是白费口舌。……但让那些摇唇鼓舌的最卑鄙的魔鬼们［指教士］去讲什么什一税吧……他们听起来却像是比夜莺最精美的歌声还要悦耳！"①

---

① 格温·A.威廉斯（Gwyn Alfred Williams）著《英国的工匠与法国的无套裤汉》（伦敦，1968 年版），第 58—59 页。

以上所有这些人就组成了当时保守主义的社会基础，形成所谓"国王与教会派"。与激进主义的社会基础相比，保守主义甚至更强大。在这种情况下，面对法国革命的威胁和国内激进运动的增长势头，托利党政府急速右转，拒绝进行任何变革。小皮特忘记了他在18世纪80年代也提倡过有限度的改革，而开始指责要求改革的人并非真心想改革，而是想"推翻整个现存的政府制度……一切的一切都会在一次轻举妄动中丢失殆尽"。柏克则说在议会中支持改革的辉格党与"一帮闻所未闻的坏透了的法国式叛贼和弑君者"同流合污。① 从1792年秋冬起，政府对激进运动大加挞伐，最后把这次运动镇压了下去。

保守派的反扑有多种形式，首先是"反宣传"。当时，《人权论》深入人心，激进主义声势浩大，成千上万的传单、书籍、小册子到处流传，宣传激进主义的改革理论。政府于是也操起宣传的工具，与激进派争夺群众。借执政之便利，托利党政府筹拨资金，调动人力，组织御用文人炮制大量宣传品，广为散发，制造舆论，使用"以数量对质量"的战术，在宣传品的数量上压倒激进派。所有这些宣传品都操同一个调子，即宣传英国制度完美无缺，以及对国王对政府的绝对忠诚与服从。有一首叫作"宪政诗"的打油诗这样说：

> 为什么要让潘恩的朋友，
> 为他吹捧胡说乱吼；
> 英格兰人的忠诚气质，

① 坎农著《议会改革》，第122页。

> 我们定要保存永久。
>
> 让忠诚的国民齐声高唱,
>
> 我们的宪政地久天长;
>
> 我们不要什么革命,
>
> 英国自有明主贤王。

教会在这种宣传中起重要作用。国教利用官办教会的有利身份,向教徒散布不满现实即是反对上帝的观点。激进派在国教教士口中变成了既反国王又反宗教的恶魔,若不加以诛除,天下就不得安宁。伍德沃德牧师在其日记中就记载过他曾奉教会之命,在公共斋戒日宣读祈祷文,诅咒激进派。苏格兰教士大会则作出决议说:"假如图谋不轨的人想通过宣讲什么人民的尊严和主权来把我国居民诱向骚动和叛乱……教士们难道不应向他们说明上帝的可畏吗?"[①]教会公开站出来为现存秩序说话,这无疑对愚昧的民众有举足轻重的影响。

当然更厉害的是有关切身利益的宣传。对有产者来说,保守派最得力的武器是以财产的丧失相威胁,来诋毁激进派的政治主张。著名的农学家阿瑟·扬(Arthur Young)在其《法国之覆、英国之鉴》中,让农场主们想象这样一幅可怕的图景:

> ……他们的雇工、仆人和靠他们用济贫税养活的穷光蛋们都拿起武器,用某种方式编成队伍,占领教区会议室,然后不仅

---

① 费林著《第二托利党》,第 201 页。

投票决定抽税,而且决定把这笔钱用来私分;规定农场主们一切产品的牌价该是多少;该给仆人多少钱,雇工给多少——我请问:在这样一种政治制度下,那些现在还算安康自得的人们的口袋中,还会有保障地留下一个先令么?①

这种宣传对稍有一点财产的人都十分奏效。法国革命政府驻英国公使曾汇报说:"英国人的态度在一个月的时间里全变了,仅仅因为害怕动乱会危及财产,他们就从羡慕我们到憎恨我们,从热爱自由到狂热地服从奴役。"②随着法国革命的深入和英国人民运动的壮大,有产者纷纷脱离运动。他们在"自由"和"财产"间进行选择,最后选择后者,站到了传统的捍卫者一边。

对劳动群众,政府也有一套宣传方法,他们说法国革命毁掉了国家,"自由"使杀人犯自由地抢劫,"平等"让大家平等地贫穷,因此在法国,富人变穷了,穷人则更穷,自由平等有什么好处呢? 有这样一幅漫画:一个脑满肠肥的英国人,裤腰都胀破了,正在吃一大块肉,嘴里却嘀咕着说:"哦,这该死的政府,它万恶的赋税要把我们拖垮了! ——他妈的,他们在把我们都弄成奴隶,还想把我们都饿死!"与他相对而坐的是个形容枯槁的法国人,他皮包骨头,衣着褴褛,正在啃草皮,嘴里却在欢呼:"啊,神圣的主啊! 自由多么美好,国民公会万岁! 不再有赋税,不再有奴役,人人都是自由的公民,哈哈!"这样看来,还是英国制度好,因为英国有饭吃!

---

① 载阿尔弗雷德·科班(Alfred Cobban)选编《关于法国大革命的辩论》(伦敦,1950 年版),第 403 页。
②《一个乡村牧师的日记》,第 429—430 页注。

保守派的第二种对策是"反组织"。激进派组织了遍布全国的政治团体，保守派也依葫芦画瓢，成立协会。结果，保王的组织建立起来，其中最重要的是约翰·里夫斯于 1792 年 11 月创立的"保卫自由和财产、反对共和派平等派协会"，俗称"反雅各宾协会"。据说，里夫斯是在政府授意下成立这个组织的，后来因此而不知得到多少好处。比如说他作为"王家印刷公署联合专利人"，每年得到 4000 镑赏银。他的"反雅各宾协会"完全模仿宪法知识会或伦敦通讯会的组织方式，在全国各地发展分会，短短几个月就从伦敦扩散到很小的乡村小集市。它的行动方式也学激进协会的样：开展宣传、出版小册子、召开群众大会等等。但使它独具特色的是对改革派人士进行人身迫害——殴打、抄家或捣毁他们的财产。凯斯托分会就明文规定其宗旨为"警惕并依法惩处那些力图扰乱社会治安的人，无论他们的做法是出版、散发煽动性报刊文章，还是进行非法结社和密谋……"[1]

1791 年 7 月 14 日伯明翰改革派集会纪念法国革命时，当地保守势力纠集暴徒冲击会场，烧掉著名化学家普里斯特利（J. Joseph Priestley）的住宅和实验室。暴徒们接着又去攻击其他改革派人士，烧毁许多房子，殴打许多人，在伯明翰市的每一所房子上都写上"教会与国王万岁"。伯明翰暴力事件不受阻挡地蔓延了四天，从此这些受政府操纵的"国王与教会"暴徒就在全国恣意横行起来。里夫斯利用他们到处打砸抢，焚烧《人权论》和潘恩的模拟像，烧毁改革

---

[1] 汤普森著《英国工人阶级的形成》，第 123 页。

派的房屋,捣毁他们的财产,绑架参加激进活动的人,施以私刑和人身污辱。例如费尔斯沃思有一个激进派领袖被绑在龙骑兵的马鞍上,暴徒就往他脚上戳针。曼彻斯特"宪法会"领导人沃克的住宅受到包围,靠一排猛烈的枪弹才击退这伙暴徒。就连皮特的姻兄、"光荣革命纪念协会"的主席斯坦厄普都没能逃脱房屋被烧的厄运。政府对这一切都听之任之,暗中纵容,比如沃克受围时,当地警官拒绝过问;而伯明翰暴力事件后,国王声称"普里斯特利是遭殃者,我只会感到格外高兴"。①

　　当这些措施都不足以遏制激进运动的发展时,政府就使出最后的杀手锏——公开镇压。镇压从潘恩开刀:1792 年 5 月,政府以国王名义发布敕令,不指名地宣布《人权论》为煽动性书籍;6 月以"煽动罪"对潘恩提出起诉;12 月开庭审理。但此时潘恩已前往法国了(他在法国成为国民公会成员)。此后,出版商得到警告,不准刊印激进书籍;地方官发出通令,要封闭群众聚会的酒店;有些地方逐户进行忠诚宣誓,强迫人民保证不与改革派来往;更有许多人因为说了一两句话或写了一两篇文章而横遭监禁,惨受迫害。例如,萨斯伯里一个钉书工因喝酒时祝潘恩身体健康而被捕,北安普郡一个文盲贴了张传单而遭拘留。苏格兰的镇压特别严厉:27 岁的律师、爱丁堡各改革协会联合会的副主席托马斯·米尔以"传播潘恩书籍"罪被判 14 年流放;另一个改革派著名人士托马斯·帕尔马被判 7 年

---

① 转引自 G. D. H. 科尔和 R. 波斯特盖特(Raymond Postgate)著《英国人民》(纽约,1947 年版),第 129 页。

流放。1793 年 12 月初，苏格兰当局对在爱丁堡召开的"全英国民代表大会"采取行动，逮捕了大会秘书和伦敦通讯会两名代表。后来，这三个人全都被流放 14 年。读者若知道流放地点是当时刚刚发现而渺无人烟的澳大利亚荒原，被流放者远渡重洋，十有八九不得生还，这种判决的残酷性就可想而知了。被苏格兰当局流放的这五位激进派人士中后来只有一个人活着回到英国，他们是第一批民主烈士。笔者在爱丁堡曾经见到，时至今日，在现在英国政府苏格兰事务部办公大楼旁的一个小小墓地里，仍耸立着一块高大的方尖石碑，纪念这些为民主改革而献身的人。

1794 年 5 月，皮特政府在英格兰也采取类似行动，他们突袭了伦敦通讯会和宪法知识会，查抄了一切文件，逮捕了两会主要领导成员。接着又中止人身保护法，捕人的浪潮立刻席卷全国，有人说共发出 800 道搜查令。皮特亲自挂帅，主持秘密委员会调查结社活动，内阁大臣邓达斯和温德姆也参加工作。10 月，政府对被捕的 13 人以叛国罪提出起诉。由于得到坚持改革立场的辉格党人的保护，也由于政府拿不出被捕者"叛国"的证据（仅仅提倡改革显然算不上叛国，因为小皮特也支持过改革），因此英格兰的激进领袖幸免于难，被陪审团开释了。不过，轰轰烈烈的群众运动却被压制下去，宪法知识会不复存在，中等阶级激进派从此消沉了，一直沉寂了十几年。伦敦通讯会继续活动了将近四年，最后在 1798 年被政府解散，1799 年被议会宣布为非法。激进与保守的第一个大回合搏斗，以保守派的全面胜利而告终。

伦敦通讯会后期内部发生策略分歧，多数人以裁缝普雷斯为中心,执行一条温和路线。他们主张以读书、讨论、提高工人觉悟为主要活动方式,稳定逐渐地宣传改革,争取改革获得多数人的支持,以至最后成功。(普雷斯后来发迹,当上雇主,成了中等阶级激进派,变成功利主义的热衷信徒,不过他仍然同情工人运动,在工人运动史上有一席之地。)少数人日益热衷于革命的密谋活动,与"联合爱尔兰人""联合英格兰人"等地下组织日益接近,希望用革命的暴力推翻政府,一举改变现存制度。这些人是激进主义中的暴力派,明显偏离了英国激进主义的传统主流。但在保守主义日趋反动、堵住一切合法变革的可能性时,革命倾向的产生是必然的。如果说在保守主义中反动的倾向日益加重,那么在激进主义中革命的倾向也就有可能占上风。在这种情况下,保守主义与激进主义就毫无融合的余地了,问题就只能靠冲突来解决,英国式道路也就不可能形成。

这种趋势在 19 世纪初并非不可能。当初,英国正与拿破仑帝国作殊死战斗,国内外都面临严峻形势。政府实行高压政策,1799 年通过的反结社法一直实施到 1824 年,在这项法律约束下,一切群众性结社团体都属非法,激进主义失去了合法活动的组织基础。最著名的激进运动领导人都受到迫害,大批人被捕,许多人流亡。中上层改革派人士沉默了,群众运动销声匿迹,最激烈的激进分子则转入地下,组成革命的密谋小团体。这时,激进主义的大旗完全由工人阶级扛起来,手工工人是 19 世纪最初二十年激进主义的主力军。

这一时期全国出现了许多秘密结社。它们聚无影,散无形,组织坚固,行动机密,领导核心隐藏在幕后,秘密地指导群众的行动。有一个叫做"黑灯照"的秘密组织曾在约克郡西区一带极负盛名。

1802 年 8 月利兹市市长向郡守菲茨威廉报告说:这个组织在"上星期五晚上大约午夜时分,距离利兹约六英里、伯斯托尔两英里,远离一切交通要道的一段荒路或峡谷中召开了一次会议。……其首领提出的议题是'取消一切赋税,充分享有他们的权利',这也是把他们连接在一起的纽带"。这些组织的活动十分隐秘,比如诺丁汉郡半公开的针织工会会徽上刻写的箴言是:"Taisez Vous(保持沉默)。"另一个工人组织的箴言是:"在你们找到鬼的地方,我们能见到人。"为了保护成员的安全,它们有严格的纪律,并往往带有浓厚的神秘色彩,使任何人一旦参加进去,就感到生活在神秘的气氛中,不敢泄漏组织的机密。许多组织在举行入会仪式时,必须在死神像前举手宣誓:"神明作证,我庄严宣誓:无论是希望、惧怕、酬赏、惩罚,还是死亡本身,都不能使我直接或间接地说出与本会有关的任何情况……"①1802 年,前伦敦通讯会后期领导人德斯帕德上校被捕,政府指控他组织密谋活动,阴谋推翻政府。在他被捕前,他出入往返于伦敦的低级酒吧,与大批的工人与士兵会商交谈,政府说,他是在试图组织一支革命军,策划兵变,准备发动革命。审判时,德斯帕德始终一言不发;当他登上绞刑架时,他说:"我知道,由于我敌视政府那些血腥、残酷、强制而又非法的手段,政府已决意拿我开刀……公民们,祝你们健康、幸福、昌盛。虽说我不能活着体验那神圣的变化带来的幸福,然而请相信,公民们,那一天终会到来,而且

---

① 《英国工人阶级的形成》,第 520、556、557 页。

会很快到来,那时自由的光荣业绩将凯旋而归……"①卷入德斯帕德
事件、后来又幸存下来的人,有许多是伦敦通讯会的前会员,其中有
一些又出现在日后的激进主义运动中。正是这些人,把法国大革命
时期的激进主义传统带进了19世纪。

　　许多秘密团体原先是半公开的工人经济组织,如共济会、互助
会等。18世纪90年代激进派被打垮后,逐渐向其渗透,给它们加上
政治色彩。在19世纪初,它们的公开活动往往表现出强烈的经济斗
争性质,比如年成不好时组织群众反饥饿,劳资冲突时领导工人罢
工等等。这种经济斗争与幕后的政治色彩相结合,便成为19世纪初
工人激进主义的特色,最终,发展为1811—1812年的卢德运动。这
次运动的许多细节至今还隐藏在神秘之中,不肯露出真面目。我们
只知道,运动的地方性很强,从未发生过全国性行动;但其组织性之
强、活动方式之相似、步调之一致,好像存在着统一领导,至少是地
区性的联合领导。参加运动的人昼归夜出,在茫茫月色中,几十个
人乃至数百人,头戴假面具,手执棍棒武器,突然出现在某村某镇,
专与欺压工人最甚的老板作对,捣毁他们的设备,破坏违反行业生
产规定的机器;对严格遵守行业规定的厂商和织机,又严加保护。
行动完毕,一声令下就悄悄散去。这些都说明卢德运动是相当有组
织的行动,它和秘密结社有许多相似之处。

　　卢德派和秘密结社的关系可从他们的誓词看出来。有一份卢
德派誓词说:"我,某某,于此自愿起誓:我将永远不泄露本秘密委员

---

① 《英国工人阶级的形成》,第528页。

会任何成员的姓名,否则将受惩罚,被碰见我的第一个兄弟送回老家。我并且进一步起誓:如果出现叛徒,我将带着无尽的复仇心追踪他,哪怕他逃到天涯海角……"卢德派还有暗号和隐语,以便不同地区的卢德派彼此间辨认,有一个记载说:"你必须把右手高举过右眼,假如有另一个卢德派在场,他将把左手高举过左眼……他会说:'你是干啥的?'回答:铁了心眼儿的——他会说:为啥? 你回答:自由——然后他将和你说话,把他所知道的一切都告诉你……"①

卢德运动背后隐藏着激进主义的政治背景,这一点现在已越来越清楚了。有一份卢德派文件号召人民"拿起武器……打开那个蠢老头[指国王]的可憎枷锁……大家赶快起来,学习勇敢的巴黎市民的崇高榜样,他们当着三万个残暴士兵的面,把一个暴君拉下马。……四万多英雄已冲出来了,要打碎旧政府,建立新政府"。1812 年 3 月约克郡西区曾召集过一个卢德派的代表会议,主持会议的人叫贝恩斯,是个制帽工。他自称为"唤醒人民已斗争了三十年",他对代表们说:砸毁机器是应该的。但运动的目的不仅于此,它应"打倒嗜血的贵族";他说:"我欢呼你们起来反对压迫者,希望它发展下去,直到世界上没有暴君为止。"同年 5 月,曼彻斯特各业代表大会通过决议说:"除了少数几个例外,我们名义上的议会代表……已不再是人民生命、财产和自由的忠实卫士了。……希望唯

---

① 《英国史文件集》第十一卷(伦敦,1959 年版),第 534—535 页。

一所在,就是赶快对下院进行有效的激进改革。"①这些都说明,工人激进主义这时并没有消失,它只不过隐进了工人阶级的行业斗争中去了而已。

在中等阶级方面,19世纪最初十五年中他们几乎没有什么作为,只是在1807年的一次大选中选出了两名激进议员,但这也还是在直接向威斯敏斯特的工匠们吁请帮助之后才能做到的,因为在这个选区,工匠占选民的绝大多数。不过在这十几年中,中等阶级产生了一位激进主义的重要旗手,他从保守阵营跳到激进阵营,最后与工人激进主义结下了不解之缘。由于他的宣传,激进主义很快恢复了从一开始就表现出来的强烈的合法主义倾向,而从十几年中被迫形成的秘密活动传统中跳出来。这个人,就是著名的报纸发行人威廉·科贝特(William Cobbett,1763—1835)。

科贝特出身农民,父亲开过小酒店,他自己却从小种田,给别人当帮工。也许正因为这种经历,他的思想中始终有一种向后看的倾向,喜欢回顾那从来就不存在的田园诗时代。这使他一开始就站在保守主义一边,为英国现存制度辩护,激烈地攻击法国革命,他因此而得到政府的青睐,在陆军大臣温德姆资助下开办《政治纪事》报,为皮特政府大唱赞歌。但他从1804年开始批评政府的腐败,于是受到政府压力,他因此一不做二不休,干脆彻底与政府决裂,在1806年

---

① W. B. 克伦普(W. B. Crump)编《利兹毛织工业》(利兹,1931年版),第229页;弗兰克·皮尔(Frank Peel)著《卢德派、宪章派和拔活塞者的起义》(伦敦,1880年版),第55页;约翰·丁威迪(John Dinwiddy):《北方各郡的卢德运动与政治》,载《社会史》杂志第四卷第1期(1979年),第46—47页。着重为引者所加。

转到激进主义这边来。1807年威斯敏斯特大选中，正是靠了他的大力宣传，再加上激进裁缝普雷斯的组织工作，工匠选民们才把两个激进候选人选进议会的。从这时起，《政治纪事》就是激进运动的主要喉舌了，在全国有巨大影响。《政治纪事》共88卷，集中反映了科贝特的思想。

科贝特的思想杂乱无章，不成体系，但有两点贯穿始终，一是抨击"腐败的旧制度"，二是追悼"快乐的英格兰"。"腐败的旧制度"是指"光荣革命"以后开始的政府依靠贿赂控制议会实行统治的做法；"快乐的英格兰"则是他想象中的田园诗式的黄金时代，在那个时代所有农民和小手工业者都过着不受剥削、靠自己劳动过日子的小康生活。这个臆想中的"快乐的英格兰"对手工工人特别有吸引力，因为正如科贝特所由之出身的那个农民阶级一样，手工工人也幻想能回到工业革命前的社会中去，去享受那不受机器竞争、"公平的劳动"能得到"公平的收入"的美好时代。因此，当科贝特在《政治纪事》上真诚地喊出"我希望看到英国的穷人像我出生时那样生活"时[①]，他受到热烈的欢迎。

由此可见，科贝特的思想最典型地体现了激进主义深层所隐含的一种回归倾向，即那种对美好传统的眷恋心理。在科贝特看来，在"腐败的旧制度"之前，是"快乐的英格兰"，反对"腐败的旧制度"，是为了恢复"快乐的英格兰"。因此，改革现存的坏制度，即"腐败的

---

① 乔治·斯佩特（George Spater）著《穷人之友威廉·科贝特》（剑桥大学出版社，1982年版），第191页。

旧制度",是为了回到一个更古老的好制度去,在那个制度下,人们享有充分的自由与快乐。科贝特的激进思想就是这样以回归传统为基础的:他向前走,是要走到一个重新恢复了的古典盛世去。这种理想恰好与以手工工人为社会基础的工人激进主义不谋而合,因为在手工工人看来,是万恶的机器与工厂制破坏了他们原先的幸福,他们反对自由竞争,要求恢复国家保护,他们还记得国家曾通过议会立法、实行行会保护政策;记得(比如说)伊丽莎白女王时期的劳工立法,当时,行业的手艺是严格受控制的,国家不仅干涉行业的生产与销售,同时还规定物价与工资,保障工匠的收入。当然,手工工人显然没有看到,行会的限制实际上是对工业的限制,如果真正对工业进行严格的限制,他们中大多数人也就要失去饭碗了。不过,这倒反映了英国激进主义的一个显著特点,那就是在要求变革现状时,总喜欢到传统中去寻找根据。

这样一来,科贝特如此受到工人的欢迎就不难理解了。1816年,他开始发行售价仅两便士的《政治纪事》大众版,把宣传的重点转向工人,从这时起,科贝特就与工人激进主义结上缘了,他的报纸在当时的工人激进派中广为流传。一个曾积极参加了战后年代激进运动的激进派工人班福德20年后回忆说:1815年战争结束时,全国有许多动乱,人民的不满达到极点,国内的形势如布满干柴——

　　这时,科贝特的文章突然权威起来了……在所有这些工业区,以及苏格兰的许许多多工业城镇中,几乎每一座村舍炉边都在读这些文章。文章的影响很快就看出来了,科贝特给读者指出受苦的真实原因——劣政;指出适当的纠正方法——议会改革，骚乱很快就很少见了。[①]
· · · · · · · · · ·

这样，一个以手工工人为主体的合法的群众性激进运动，在拿破仑战争结束后不久，就轰轰烈烈地开展起来。

这次运动的兴起与卡特莱特少校分不开，这时，他已经 70 岁高龄了。1812 年他曾经参与发起组织一个中上层改革人士的团体"汉普登俱乐部"（汉普登是英国革命前拒纳船税的英雄），由于畏惧政府镇压，到 1815 年，这个组织只剩下卡特莱特一个人。在这种情况下，他只好向工人激进主义求援，于是接连两次去北部工业区宣传改革。每到一处，当地激进派就组织一个汉普登俱乐部的分部，基本上都以手工工人为主体。俱乐部运动很快就蔓延到整个北部工业区。运动所提出的纲领、要求以及它的活动方式和组织形式都与法国大革命时期的工人激进团体非常相似。据曼彻斯特附近一个工业村镇米德尔顿俱乐部的一份请愿书说："现在请愿者们从 1812 年因暴乱而被处死的人［指被政府处死的卢德派］那里知道：合法的道路是向议会请愿，以解除他们的疾苦……"[②]其合法主义倾向十分明显。显然，类似法国大革命时期群众运动大发展的局面现在又形成了，不过这一次运动声势更浩大，基础更广泛，它已不仅限于以伦敦为主，事实上运动的中心广布在全国各地的工业区。这是因为，与 18 世纪 90 年代相比，工业革命更深入了，因工业革命而生活水平受影响的劳动者也更多了，这些人都成了工人激进主义的潜在支持

---

① 塞缪尔·班福德（Samuel Bamford）著《一个激进派的一生》（1844 年，纽约，1967 年新版）第一卷，第 7 页。着重号为引者所加。
②《议会改革》，第 172 页。

者。如果说,当年在北部乡村还能找到相当一批愚昧的村民为政府充当"国王与教会派"打手,那么到 1816 年,经过十几年的秘密结社和暴风骤雨般的卢德运动,原先的"国王与教会派"现在也站到激进主义这一边来了。于是,保守主义面临着自法国大革命以来最严重的挑战。

保守主义仍然以托利党为载体。这个党从法国大革命时期起,就抗拒一切变革,实际上背离英国保守主义的正统路线。1806 年小皮特死去,继承他的人全都是死心塌地的皮特派,除忠心执行小皮特的内外政策和处处模仿小皮特的做法外,别无任何特色。在政治上,这些人都是平庸之辈,只知维护现有的一切,不许作出丝毫的更改;在理论上,他们更是无所建树,整整几十年找不到一个略有才能的保守主义理论家。他们对付激进主义的办法,就是一味使用暴力,完全依赖镇压手段。他们在 19 世纪最初几年追踪搜捕地下组织,事实上并没有取得很大成果;他们对卢德运动残暴镇压,将破坏机器定为死罪,处死了一大批卢德派;到拿破仑战争结束后,他们更以一纸《谷物法》来保护地主阶级的私利,结果激化了国内矛盾,把更多的人推到激进主义的怀抱中去。[①] 在这种背景下,激进主义与保守主义基本上不是在理论上发生冲突,而是在实力与现实政治中尖锐对峙。

战争结束后迅速发展的群众运动基本上是一次合法主义的请

---

① 1815 年地主阶级控制的议会通过《谷物法》,人为地抬高国内谷物价格,保护地主阶级利益。这不仅使工人阶级深受其害,也使大批工商业资产阶级十分不满,从而意识到议会改革的必要性。

愿运动，各地汉普登俱乐部组织各种集会，征集群众签名。在运动高潮中，各地共提交 527 份请愿书，签名总数据说达 60 万～100 万。1817 年 1 月，各地俱乐部派代表云集伦敦，召开全国代表大会。在会上，工人代表否定了中等阶级提出的房产选举权的主张，通过男子普选和年度议会的政治纲领。十分明显，在这次运动中，工人激进主义占了上风。政府对各地的请愿一概不予理睬，议会以种种理由退回请愿书，借口大多是请愿书文句粗陋，"不合议会体例"。政府的这种态度自然为更激烈的激进派别提供了活动的土壤，而政府却也巴不得惹出几件事情来，以便为大规模的镇压找到借口。战后政治斗争就是在这样一种复杂的局面下展开的，因此有明显的特点。

如前所述，激进运动除合法主义的主流外，还有一个从几十年的密谋结社传统中发展起来的暴力派支流。他们像伦敦通讯会后期的暴力派领袖及德斯帕德上校一样，希望以革命的暴力一举推翻政府，彻底改变旧制度。这个支流在伦敦的代表是"斯彭斯博爱主义者协会"，其会员都是土地公有论者托马斯·斯彭斯（Thomas Spence）的信徒，相信人类最美好的社会应该是土地公有的农业社会主义联合体。战争结束后，正当激进主义的主流掀起了声势浩大的群众请愿高潮时，他们却在暗中策划，准备在伦敦发动起义。1816 年年底，他们连续两次在伦敦矿泉地召开群众大会，并且在第二次大会上号召武装起义。但斯彭斯派的密谋活动早已在政府的监视之下，政府派密探打入其核心，不仅伪装革命，而且事实上在挑起事端，唯恐不出一点乱子。政府以这次事端为借口，迅速采取镇压行动,于 1817 年 3 月终止人身保护法,并且颁布"反煽动性集会法",禁止一切要求改革的集会。对合法活动的镇压反而助长了暴力倾向的抬头,北部工业区盛传在近期内将爆发全国性总起义,许多地方开始收藏武器,各地区之间的串联也越来越频繁。6 月 9 日夜,诺丁汉附近的彭特里奇村终于发生了一次以织袜工为主体的工人起义,虽说到清晨时就被军队驱散了,但它明确无误地表明暴力倾向在激进主义内部迅速抬头。

1818 年,人身保护法按期恢复,政府的镇压性措施得到缓解,合法主义的群众运动却又蓬勃发展起来。工业区几乎天天都有改革派召开的群众大会出现,到 1819 年夏形成高潮,不久,又兴起选举"立法代理人"的活动,即各大工业中心推派代表,要求议会接纳他们列席会议。面对来势凶猛的群众运动,政府很快又作出反应:1819 年 8 月 16 日,曼彻斯特市政当局对手无寸铁、前来参加选举"立法代理人"大会的好几万工人群众发动武装袭击,当场打死 11人,致伤五六百人。这就是震惊英伦的"彼得卢"大屠杀,参与屠杀的有在滑铁卢打败拿破仑时立下卓越军功的第十五骠骑兵团六个连。彼得卢事件表明:面对着激进主义日益深入民心的严重局势,以保守主义为旗帜但事实上已经顽固不化的托利党政府,除了使用武力外,已经别无他法了。试比较法国大革命时期的情况吧!当时保守派还可以利用民智之不开而进行反宣传,甚至进行反组织,以"反雅各宾协会"来对付他们所谓的"雅各宾协会"。"国王与教会派"群众当真把激进派看作是恶魔,心甘情愿地受政府利用去进行"群众斗群众"。然而到拿破仑战争结束时,民心之巨变已是不可挽回了。据米德尔顿汉普登俱乐部的书记班福德回忆说:1817 年他被捕时,一大群人围在屋子外面,街上的人向军队扔石头,只是由于班福德的制止才没有发生更严重的事端;当他被塞进一辆马车,在龙骑兵的押送下途经查德顿,据说是想顺道去逮捕其他人时,班福德——

> 劝指挥官停住车,然后回到曼彻斯特去,我向他保证那天抓不到我的任何同伴了。为了证实我的话,我指给他看查德顿高地和附近农村中有几十个人正像猎人一样在飞跑,似乎要在罗依顿附近截住马车。我说整个地区都动起来了,他所要抓的每个人都知道他要来了。他大骂一声,说他从来未见过这种事。那个骑马走在马车门旁边的龙骑兵军官评论说:他在爱尔兰曾见过类似的事,但从来没有在别的地方见过。①

这真所谓是民心所向,不可阻挡,变革的潮流已经挡不住了! 在这种情况下,保守主义只能面临两种选择:要么抗拒到底,不肯变革,于是只有动用武力,把职能对外的军队调来镇压国内人民,就像英国政府在 1819 年所做的那样;要么顺应民心,急流勇退,像托利党在 1832 年最终将做的那样。二者择一,不可兼得。当变革的要求不可抗拒时,以何种方式变革,其选择权却是握在保守派手里!

1819 年托利党政府以武力镇压和平集会,结果却更使民心激愤。全国各地发出一片声讨之声,"彼得卢"成为托利党永久的耻

①《一个激进派的一生》第一卷,第83—84 页。

辱。就连后来的保守党首相迪斯雷利也指责他的先辈说："像一切虚弱的人一样,他们乞灵于所谓的坚强措施,决心镇压群众。他们自以为是在模仿皮特先生,因为他们把秩序不好误以为是蛊惑民变了。"①但当时的托利党政府决心干到底,他们以摄政王的名义向曼彻斯特市政当局颁布嘉奖,而且通过"六项法律",又将大会组织者逮捕判刑。根据"六项法律",公民言论、出版、集会、结社的一切自由都停止了,实际上形成了"光荣革命"以后最专横的统治体系。小皮特的继承者冥顽不化,把托利党推到了灾难的边缘。

彼得卢事件后,和平改革的路又被堵塞,激进运动的暴力翼于是再次走上前台。斯彭斯博爱主义者协会又一次承担起暴力复仇的任务,他们制定计划,周密安排,打算对内阁全体会议进行突袭,一举歼灭内阁。然而,这次他们又中了政府的圈套,报上刊登的内阁会议预告是假的,他们的核心组织中又混进了政府密探。随着"卡图街密谋"的失败,战后激进主义运动落下最后一幕,在保守主义与激进主义的第二回合大决战中,保守派靠武力镇压压住了对手。

不过这种高压政策在保守派内部也维持不下去了,托利党内出现一批人,他们看到国内矛盾激化,变革的势头越来越猛,于是想主动进行某些改革,"把群众从亨特之流和西斯尔伍德之流手中拯救出来"。② 这些人围绕在坎宁、哈斯基森和皮尔周围,形成托利党自

---

① R. J. 怀特(R. J. White)著《从滑铁卢到彼得卢》(伦敦,1963 年版),第 86 页。
② 小皮特生前好友威尔伯福斯语,见《英国工人阶级的形成》第 779 页。亨特是彼得卢大会主要演讲人,西斯尔伍德是"卡图街密谋"的首领。

由派。他们强调小皮特执政初期的适度变革的传统，开始在他们所掌管的部门进行有限改革。19世纪20年代初期，坎宁在外交、哈斯基森在财政、皮尔在内政和司法方面实行自由化政策，包括在政治上放松控制、解除高压手段，经济上降低关税、修订《谷物法》，外交上脱离神圣同盟、支持南欧和南美洲的民族解放运动等等。这些改革明显地缓和了国内矛盾，减轻了人民群众对统治集团的怨恨。

但托利党内死硬派连这一点有限的改革也不容，他们开始排斥自由派，把他们排挤出领导岗位，甚至想方设法不让他们当选为议员。① 这样，自由派想纠正党的路线、实行有限改革的尝试失败了，他们不得不退出托利党，加入辉格党。经过这次分裂，保守阵营的力量大大削弱。

在这种情况下，1830年出现了进行改革的有利局势。当时托利党再次发生分裂，最顽固地反对任何变革的极端派集团为报复威灵顿政府通过的《天主教解放法》，竟突然站到改革一边，发誓要改革"腐败的"制度，制止威灵顿的"可耻背叛"。11月，威灵顿政府倒台，维持了半个世纪的托利党统治结束了，辉格党在野五十年之后重掌政权。改革的时机成熟了。

此后十八个月，英国经历了一场惊心动魄的大搏战，这是自"光荣革命"以来最严重的一次政治斗争，它将决定英国的命运，决定英

---

① 例如1826年陆军大臣帕默斯顿（Henry John Temple Palmerston）受托利党死硬派排挤差一点失去稳坐了14年的剑桥大学议席席位，于是他不得不"投靠我的政敌辉格党，取得支持，以反抗我的朋友托利党"。见帕默斯顿"自传"，载亨利·L. 布尔沃（Henry L. Bulwer）爵士著《帕默斯顿子爵生平，附其日记及通信选》（莱比锡，1871年版），第147页。帕默斯顿在19世纪50年代成为辉格党政府首相，在中国史书上译"巴麦尊"。

国日后的发展方式；它将决定保守主义与激进主义的生死存亡，也将决定英国的传统政治制度是保留还是消除。总之，这是一场生死攸关的政治斗争，虽说其直接的成果相对来说十分微小，但它对历史的影响早已超出彼时彼地，而远及于今日、广传于世界。

这是激进主义与保守主义的大搏斗。全国各阶层都卷入到斗争里来了。有鉴于战后群众运动失败的教训，斗争一开始就是力量的显示。由弗莱尔所代表的那个"五十年前还不需要改革"的工厂主阶级，现在风起云涌地登上政治舞台。他们以"伯明翰政治同盟"为代表，动辄就可以召开一二十万人的群众大会。这个数字是相当可观的，因为在当时全英国的总人口大约只有 2500 万；一个地方性的政治组织可以动员出全国人口的 1％来参加它的政治集会，其号召力之大可见一斑。1830 年 1 月，伯明翰政治同盟成立时发表宣言说：

> 大贵族的所有利益已经在下院得到很好的代理……工业和商业的利益却几乎全无代表！他们是国家最重要的利益所在，是国家财富与力量的源泉。相比之下他们代表不足，而和国家的累赘［指贵族］有千丝万缕联系的每一项利益，却被代表得足而又足！

因此，"改变这种状况对国家的昌盛极为重要。一般来说，下院中'市镇公民'的代表应该是真正的'市镇公民'，即经营实业、积极关心它、将其毕生的财产与幸福委托于它的人"。①

---

① 《英国工人阶级的运动》，第 226—227 页。

这是一个有明确阶级意识的阶级的宣言。伯明翰政治同盟要求重新划分选区，让工业中心获得选区权；同时提出以财产为基础的纳税人选举权。与伯明翰政治同盟携手合作的，是伦敦的"全国政治同盟"，它是由激进裁缝普雷斯组织的，就是那个在伦敦通讯会后期担任过总委员会主席的普雷斯。到这时，他已是中等阶级激进传统的最知名的继承人了，他接受了边沁的政治遗产。1830—1832年的改革高潮中，全国出现了许许多多类似的中等阶级激进团体，它们的出现，表明整个中等阶级完全站在改革一边，这与法国大革命时期是多么鲜明的对比！

工人激进主义也提出明确的阶级纲领。1831 年 4 月，伦敦成立了改革时期最重要的工人政治组织"工人阶级全国同盟"，它的成员全部是长期为改革事业不遗余力的工人激进派，还拥有一张影响非常大的激进报纸——《贫民卫报》，其发行量最大时达到 15 000 份，相比之下，资产阶级最有影响的报纸《泰晤士报》只发行 10 000 份。工人阶级全国同盟公开宣布它要对"有关工人阶级的权利和自由的问题加以探讨"；它在改革中的最终目标是"社会上从事生产的有用阶级中的聪明才智者有权占领下院的议席"。这表明它不仅要获得选举权，而且要选出工人议员；为此它提出四条纲领："年度议会、成年男子选举权、无记名投票和取消议员财产资格。"[①]这四条，若再加上平均选区和有俸议员，就构成后来宪章运动的著名"六条"。事实上，工人阶级全国同盟的领导成员全都是后来宪章运动的发起者，

---

① 大不列颠图书馆馆藏附加手稿第 27822 号，第 37 帧。

就连同盟中一些普通的成员,后来也都在宪章运动中崭露头角,比如宪章运动后期重要领袖哈尼(George Julian Harney),就曾在《贫民卫报》发行人的店铺里当过小伙计。

这个时候,工会运动也已成燎原之势蓬勃发展,1824 年由于普雷斯等人的活动。议会废除了《结社法》,工人结社迅速兴起,到 1830 年已形成全国性的四大工会。工会虽说多数并不卷入政治斗争,但在改革中也明确表示站在改革这一边。比如 1831 年 3 月辉格党提出议会改革方案后,纺织工人工会的《人民之声报》一方面批评它"没有一项条文……是为工人利益制定的",一方面又肯定它是一大进步:"假如法案不夭折……通向其他更有用的改革的路就筑起了。"[①]很清楚,它把辉格党的改革方案看作是彻底改革的第一步。

在 1830—1832 年的改革高潮中,中等阶级提出的是财产选举权,工人阶级提出的是男子普选权,正如他们在英国革命中的先辈们一样,激进主义的这两个分支在选举权问题上发生分歧。辉格党的改革方案正是满足前一个分支的基本要求,而坚决否定后一个分支的基本目标。根据辉格党政府对改革法起草委员会的指示,改革应该"大到足以满足公众的舆论,为抵御进一步改革提供可靠保证,但又必须以财产为基础,以现有选举权和地域分划为基础,这样才不致冒破坏(现存)政府形式的风险"。[②] 出于这种动机,辉格党改革方案规定了 10 镑房产选举权,这可以使中等阶级的多数获得选举

---

① 迈克尔·布罗克(Michael Brock)著《大改革法》(伦敦,1973 年版),第 168 页。
② 查尔斯·斯图尔特·帕克(Charles Stuart Parker)编著《詹姆斯·格雷厄姆生平及书信》(伦敦,1907 年版),第 120 页。格雷厄姆(James Graham)是改革法起草委员会的成员。

权,同时又把全体工人阶级排除在外。法案还对一百多个议席进行重新分配,其中相当一部分给了大中型工业城市。细细看来,这个方案很有特色,它是对激进主义的大幅度让步,在某种程度上甚至是对激进原则(至少是中等阶级激进原则)的明确承认;但另一方面它又不是激进主义的完全胜利,它明确划出一条界限,把这条界限当作是新的防守阵地;同时,它又以保存现有的政府形式为原则,不让政体受到彻底破坏。这是一个既大幅度变革又守住某种传统的方案,一方面它把民主的因素引进了贵族政体,打破了贵族对政权的垄断;另一方面它又要保住"现存政府的形式"。就其实质说,它既激进又保守:激进是因为它引进了新的统治阶级,保守是因为它保住了旧的统治阶级。就其内容说,它既保守又激进:保守是因为它抗拒作彻底的变革,激进是因为它触及了旧制度的根基。总之,这是保守与激进的融合,保守主义与激进主义应该可以在这个方案中找到吻合点。事实上,英国保守主义既承认有限变革的必要性,英国激进主义又带有潜意识的回归倾向,那么,为保守主义和激进主义找到一个可以衔接的融合点,应该是可以的;条件是,双方都不背离各自的正统轨道。

激进主义很快做到了这一点。中等阶级激进主义表示满意,因为改革法满足了它的要求。工人激进主义十分恼火,因为几十年来,当中等阶级退出战场时,只有它在坚守激进主义的阵地,而辉格党的改革法,却把它排斥在外。因此当改革法提出时,工人阶级全国同盟立刻反对。然而当事实证明就连这样一个不彻底的改革方案都受到强大阻碍、难以获胜时,工人激进主义采取了现实的立场。

1832 年 5 月 14 日曼彻斯特产业工人与工厂主联合召开十万人大会,会场就设在当年无情屠杀工人激进派的圣彼得广场,在这次大会上,双方达成协议:"一方承认人人有权为议会所代表,另一方则把目前的要求限于改革法,保证不提出基于更激进原则的改革建议。"几天后,《贫民卫报》也表示说:只要中等阶级把工人当作"朋友和兄弟对待","真心诚意地主张完整的法案,并坚持争取自由人的公正、平等和真正的权力","我们就将帮助他们取得自己的权利"。①正像平等派和独立派为彻底战胜国王而放下分歧,激进主义的这两个分支现在也为改革的成功携起手来。工人激进主义的这一次让步倒也不是无谓的,虽说是 1832 年改革后中等阶级大多数都反对进一步改革,反对给工人阶级选举权;但作为原则出现的中等阶级激进主义还是承认了普选权(边沁和密尔等),并且在 1867 年和 1884 年帮助工人取得选举权。

背离轨道的仍然是保守主义,这使第一次改革经历了长期而激烈的斗争。辉格党提出改革方案后,托利党立刻顽强抵抗。早在威灵顿下台前,他就在上院公开宣布反对任何形式的改革方案:

> 他不仅不准备提出任何这种性质的方案,而且愿当场宣布:就其本人而言,只要他在国家政府中担任一官半职,他就认为他的职责是当其他人提出这类方案时进行抵抗。②

---

① 《大改革法》,第 295 页;《贫民卫报》1832 年 5 月 19 日。
② 威灵顿 1830 年 11 月 2 日在上院发言,载 E. P. 切尼(Edward Potts Cheyney)编《英国史阅读材料》(波士顿,1908 年版),第 680 页。着重号为引者所加。

这就是托利党在整个改革过程中的正式态度。威灵顿不仅这样说了，而且这样做了，自从他下野做反对党起，就率领托利党对改革的意图作出顽强的抵抗。先是据守下院，在下院的每一次辩论与每一次投票中寸步不让；当下院的战役已经败定，全国的民意选举出一个改革派占绝对优势的新议会，就连改革法案中准备取消其选邑权的衰败市镇都派出支持改革的议员、准备投票取消自己的议席时，托利党又退守上院，利用他们在上院的多数否决下院已经通过的法案。由于这种情况，自辉格党政府第一次提出改革法案起，到它最后被国王批准生效，共经历一年半时间，其间法案三次提交下院，两次提交上院，连续三次被下院通过，但上院置若罔闻，加以否决。就在上院准备第二次否决改革法案时，辉格党政府要求国王加封50名支持改革的新贵族，以在数量上压倒反对改革的托利党。这是唯一可以使改革按合法的程序和平完成的办法了；结果，国王拒绝这项请求，辉格党政府总辞职，威灵顿受命筹组新政府，英国历史走到了决定命运的生死关头。

这时，改革的原则早已不只是激进主义的原则，而且是全体人民的原则了。托利党现在对抗的，已不仅是激进主义，而且是全国的民心，辉格党最初提出改革法案时，受到全国的普遍欢迎。一般老百姓都很关心法案的进展，关心法案在议会的辩论情况。据记载，城里人在吃饭时捧着饭碗到街上去打听消息，乡下人则派代表步行几十里去城里探问。当法案第一次通过下院时，它只以一票之差险胜，然而这也让改革派议员欣喜若狂了。据马考莱记载（我们在前面曾提到过他的历史著述，但他同时还是个辉格党议员）：当法

案通过时,改革派议员们

> 握手,互相拍肩膀,笑着,叫着,欢呼着走出去,来到门廊。
> 大门刚刚打开,另一阵欢呼就应着里面的呼声而起。通向候客
> 室的走道楼梯口挤满了人,他们一直等到凌晨四点,守候结果。
> 我们在厚厚的两堵人墙中的一条狭巷里穿过,一路走下去一路
> 高呼,挥帽子,直至走到露天。我要了辆有篷马车,车夫询问的
> 第一件事就是"法案通过了吗?""是的,一票多数。""上帝保佑,
> 先生!"①

这种民心所向已经很清楚了。因此当辉格党政府趁热打铁,解散议
会,举行新的大选时,立刻就选出一个改革派议会,其中许多议员到
议会来就是为投票取消他所占据的议席。而当上院否决下院的法
案,改革遭受严重挫折时,全国立即出现大批自发性行动,对投票反
对改革法的托利党议员大打出手,愤怒围攻。有一个反改革的贵族
被群众认出来,不得不跳下马车落荒而逃,让愤怒的人群砸毁车辆;
伦敦德里侯爵被人围住,多亏近卫军赶到才能脱险;达勒姆主教被
围在官邸里不敢露面,埃克塞特主教官邸则不得不交给海岸警备队
把守;皮尔在家里囤积军火,准备应变;威灵顿也在窗框上钉上铁
条,以备围攻。西部重镇布里斯托尔因为有一个反改革议员回到城
里,竟引发持续三天的民众骚乱,这个议员不得不沿着房顶逃出城
去。德比、诺丁汉、莱斯特、伍斯特等地也相继发生类似骚乱。想一

---

① 马考莱 1831 年 3 月 30 日致弗朗郎西斯·埃利斯信,载欧内斯特·里斯(Ernest Rhys)编
《政治自由的成长》(伦敦,无出版年月),第 223—224 页。

想法国大革命时期激进派被"国王与教会派"追打的情形吧！这种情形现在竟反了过来，而且完全是自发的！很明显，那长期走在历史前面的激进主义原则，经过几十年的艰苦奋战，已经被社会的多数所接受了。保守主义再次面临两种选择：要么顽抗，从而与整个民族对抗；要么退让，争取在新的历史条件下找到新的位置。

托利党终于选择了后者。威灵顿组阁的消息震惊了全国，中等阶级和工人阶级两个激进派都开始谈论武装起义的可能性。下院通过决议，表示在改革问题上永不和托利党合作。十天之内，英格兰银行有将近一半的黄金储备被存户提走，以至银行代表觐见国王时警告他即将到来的经济大危机。在这种情况下，托利党退让了：国王召回辉格党政府，保证在需要的时候册封任何数量的贵族；托利党贵族退出上院，不再实行抵抗。经过 18 个月的激烈斗争，改革成功了，改革的道路走通了。英国没有用暴力的方式进行变革，它和平地改变了政治体制。改革取得的最大成果不在于增加了几十万选民，而在于为以后的历史开辟了道路。

如果从直接的效果看，第一次议会改革只不过增加了 32 万选民，使选民数从人口的 2％增加到 3.3％。如果说这就是民主，那显然是对民主的嘲弄。改革并没有建成民主制度，而只是引进了向民主转换的可能性。改革没有触动贵族的权力，事实上直至 19 世纪 60 年代，贵族仍然是权力的主要承担者，他们把持政府，并通过自己的亲友在下院发挥重大影响。改革事实上还帮助贵族阶级延长了寿命，若不是进行着持续的改革，英国贵族说不定还不能生存到今天。改革彻底维护了英国传统制度的各种形式。直到今天，它还和好几百年以前一样,由国王、上院和下院组成,而且看起来似乎还可以长久地维持下去。但实际上,辉格党改革的目的是达到了,因为辉格党首相格雷伯爵早在改革法制定之时就明确指出:改革是为了"把社会的中间阶层联合到上层中来,共同热爱并支持国家的制度和政府"。① 从这方面说,改革似乎是保守主义的真正胜利。

　　然而从另一方面说,改革保住的仅仅是贵族制的躯壳,而贵族制的灵魂却慢慢地被吞噬了。这正如"光荣革命"以后,王冠的形象是保住了,王冠的内容却丧失了。改革用与"光荣革命"类似的手法实行了保守主义的激进改革,它接受了激进的原则,却以尽可能保守的方式加以执行。取消贵族制是改革的目标,而目标的实现却是一点一点完成的。从这个角度看,改革又是激进主义的实质性胜利。变化是悄悄进行的,在此后三十年里,贵族一点一点地交出了政权。先是让资产阶级主宰下院,1852 年的自由贸易原则声明,是这个变化的集中表现。这以后很快出现格拉斯顿(William Ewart Gladstone)和迪斯雷利轮流执政的局面,这两人都是纯粹的资产阶级出身,他们掌权,说明工厂主最终取得了国家政权。再经过 1867 和 1884 年两次改革,工人阶级也得到选举权。到这时,贵族制已经日薄西山了,即使贵族家族靠传统的惯性仍然容易涉足政治,但民主的原则已经胜利,选举权成了"全民的",在政治上,已经没有"特权阶级",即使到 20 世纪还需要通过两次改革才能把人口中的另一半——妇女也吸收到权力结构中来,但那个时候,改革似乎已司空

① 《英国工人阶级的形成》,第 899 页。

见惯了,人们不必为要不要改革大动肝火。英国式道路已经走稳,没有人再担心改革会彻底否定英国政体,英国人已经习惯在已有形式的框架内改变其内容,学会了在旧坛子里面装新酒。即使到20世纪初,贵族院已明显表现出不合时代潮流、阻碍民主机制的运行时,英国仍采用保留其形式而改换其内容的方法,将它改造为主要是执行最高司法权的专门机构;对其中的贵族则一概保留,只不过引进了新的原则:在一般情况下,只册封终生贵族,这就抽掉了贵族制最根本的灵魂——世袭。潘恩若九泉有灵,一定会为之欣慰的。然而他却决不会想到,实现他的激进原则的,竟会是这样一种保守的方式。如果他发现保守的方式与激进的原则在奇妙的交接点上可以相融,他是否会为之愕然呢?

这确实是一种奇妙的融合,是一种独特的变革方式。在这种方式中,变革似乎可以看作是传统自身的演进,传统并不以不变为荣,相反,它把自己看作是对新的历史条件的不断适应。如果传统能够这样看待自己,那么变革的道路就比较畅通了。英国确实找到了一条较平坦的路,它从1832年修筑起,一直延伸到现在。

这种变革方式有一个明显的特点,就是在变革中谁也不能吃掉谁。乍看之下,既没有绝对的赢者,也没有绝对的输者,激进与保守各得其所,各自显示了它们的特性。激进主义总是拼命把历史向前拉,而每达到一个目标,它自己就又跑到历史前面去了,而把已达到的目标留给保守主义去保守。因此,就在1832年改革成功后不久,新的要求又提出来了。这集中表现在《人民宪章》中,《人民宪章》直到20世纪才基本实现(事实上至今也还没有完全实现,因为每年举

行一次大选在技术上几乎是不可能的）。可见自那以后，激进主义
已经跑到历史前面有多远。

保守主义作为变革的制动闸，则总是把变革限制在尽可能小的
范围内。只要它不偏离"有保留地变革"的正统轨道，它就有可能在
变革中发挥作用。如前所述，激进主义从来不是统一体，它内部存
在着深刻的分歧。若激进主义不能协调一致，很可能会使任何变革
都无法实行。而保守主义恰恰是使激进派弥合分歧的粘合剂，由于
保守主义的存在，激进主义往往容易面对现实，找到一个协调行动
的共同基础。在这一点上，保守主义有助于渐进改革之路的形成，
它刚好应验了葛德文的预言："不必给得太快，不必给得太多；但是
要有给我们一些东西的不断想法。"

然而从长远的观点看，激进主义仍然是赢者，因为它是历史的
预言家，它走在历史前面。一切变革都是激进主义的原则的胜利，
保守主义只是对这些原则加以接受。然而具有讽刺意义的是，在渐
进改革这种方式中，它只让激进主义去摘取历史荣誉的桂冠，却让
保守主义去接受改革的实际成果（即使是极不情愿地被迫接受也
罢）。这对双方来说当然也不见得就是不公平，因为激进主义终究
是立足于将来，而保守主义更加立足于现实。但这一切都必须以保
守主义不背离正统轨道为前提，若保守主义不接受"有保留地变革"
的原则，就不可能有双方的融合，也不可能有英国式渐进发展之路。

当然，融合是在冲突中形成的。如果我们回顾第一次议会改革
的漫长历程，那就会发现它是如何艰苦，如何充满起伏与挫折。当
保守主义与激进主义初起于美国革命的大辩论时，它们没有丝毫的

调和余地;然而当第一次议会改革完成时,它们都接受了辉格党提出的改革方案,因为在这个方案中,既有保守主义的影子,又有激进主义的因素。当然,保守主义是无可奈何地接受它的,激进主义则满不甘心地接受了它;这种无可奈何与满不甘心的情绪恰恰体现着在激烈的冲突之后形成的融合,而 1832 年议会改革,就体现着这种融合所产生的英国式发展之路。保守主义因冲突而意识到变革的必要性,激进主义因冲突而接受了现实的局限性,当这种冲突在经历了许多次激烈的碰撞之后终于摸索到一个融合点时,英国式的渐进变革就发生一次。接下来,新的冲突再起,新的碰撞再生,直至摸索到新的融合点。

但英国式道路从 1832 年改革成功之日起就成形了。"光荣革命"时,英国用一种和平的方式完成了从专制王权向贵族政治的转换,现在也用类似的方法开始了向民主制转变的过程。万事开头难。第一次改革成功了,以后的改革就容易得多。1867 年改革,其完成还经历了宪章运动十多年的奋争,再加上 19 世纪 60 年代重新兴起的群众运动;以后的几次改造,越来越成为家常便饭。政治变革对国家造成的震荡被减轻到最小,变革以比较平稳的方式进行。

保守主义与激进主义的冲突至今仍然是存在的,但它已不必像 1832 年改革以前那样,用你死我活的对抗形式来进行了。

到 20 世纪,英国的一切社会冲突,无论是宗教问题还是政治问题,无论是妇女问题还是劳工问题,都用这种冲突与融合的方法加以解决。其中之是非得失自可以另加评议,但这成了英国民族精神的一大特色。

　　费边社正是这种特殊方式的特殊产物,也是这种方式的集大成体现者。他们在原则上属激进阵营,声称要对资本主义进行"彻底"的改造。他们把社会主义作为目标,认为社会主义是历史的必然趋向。他们的目标可说是激进的,手段却是保守的,用他们的话来说是"迂回作战"。他们要用"迂回"的方法"消灭资本主义","费边社"这个名称,就充分体现了这种战略。①

　　费边社认为:经济力量的作用是社会发展的真正动力,由于资本主义工业生产垄断程度不断提高,地方政府乃至中央政府就不得不接过越来越多的经济部门,以社会的名义加以经管,从而实行一种"不自觉的社会主义"。也就是说,他们认为资本主义内部蕴含着社会主义的必然因素。因此,"社会主义者"就应该指出这种变革的必然趋势,从而自觉地推进这种"进化","自然长入""社会主义"。由此可见,在政治观点上,在历史发展的方向上,费边社属于激进主义范畴。

　　然而,费边社又强调变革的渐进性:

　　　　重大的、根本的变革只能是:(1) 民主主义的变革,因为只有如此,对大多数人民来说,才是可以接受的,并且才使所有的人在思想上有所准备;(2) 渐进的变革,只有如此,无论进步的速度多快,才不致引起脱节现象;(3) 被人民大众认为合乎道德的变革……这样才不致在主观上对他们来说是败坏道德的;

---

① 费边是古罗马将军,在与迦太基统帅汉尼拔作战时力主迂回作战。

(4) 合乎宪法与和平的变革。①

由此可以看出,费边社坚信变革只有在民意充分表达、多数群众都认识到变革的必要性时才能进行。他们反对革命式突变,因为按照韦伯夫妇(Sidney James Webb 和 Beatrice Webb)的说法,在这种变革中,"不只是旧秩序的弊病,而且连同它的物质的、知识的和道德的成就,都将丧失殆尽。"②这种审慎的变革观,与其说是激进主义的,毋宁说是保守主义的。在费边主义者身上,我们竟能同时看到激进与保守的影子:他们的原则是激进的,但变革的方式是保守的。这正是英国式道路在知识分子精神世界的绝妙体现!

韦伯夫妇的《工业民主》为"社会主义"的实现设计了一条英国式道路。这是一部通过研究工会问题阐述费边主义理论的巨著。作者认为,工会具有执行社会主义转化任务的天然因素,它的最好组织形式是"代表制"。代表制培养了工人群众的民主意识,是培养他们参政能力的预备学校。因为一旦工人群众真正参政了,他们就不得不推举出专职的工人代表去参加议会的活动,也就是说,由工会议会党团来代表整个工人阶级。按代表制原则组织起来的工会,就是为此而做准备。不难看出,这是为以后的工党政治设计的蓝图。他们设想用工人议员来占领议会,然后靠议会来实现"社会主义"。韦伯夫妇提出保护工人利益的最好方法是采取"制定法律的方式",这实际上就为未来的工人议会党团规定了行为规范。③ 很明

---

① 萧伯纳等主编《费边论丛》,中文版(北京,1958 年版),第 87 页。
② 韦伯夫妇著《资本主义文明的衰亡》,中文版(上海,1959 年版),第 1 页。
③ 参见韦伯夫妇著《工业民主》。

显，在他们看来，英国的"社会主义道路"应该是这样的：工人阶级组织成政党，在现存国家的结构内争取"社会主义"变革。费边社显然决意走英国式的发展道路：保留现有体制的形式，但抽换其中的内容。费边社把这称作是"渐进"与"渗透"，他们要让"社会主义"渗透到资本主义的每一层面。

总之，费边社的理论当然不是马克思主义的，费边社的实践也不可能触动资本主义的根基；但这种"社会主义"正是英国文化的典型体现，反映了后来的工党政府的理念。

以此来观察现代英国，就不难理解20世纪初工党的历史了。工党事实上是费边主义在政治实践上的具体表现，费边主义是工党的理论灵魂。20世纪的激进与保守之争主要表现在费边社会主义与自由资本主义的冲突上，冲突的结果是"福利国家"这个制度既保留了资本主义的精神，又引进了"社会主义"的愿望。20世纪与19世纪的发展在内容上虽然不同，但在方式上是一致的。

这就是英国式发展道路——渐进改革之路。"光荣革命"以后的300多年，英国极少有大起大落、波澜壮阔的历史场面。人们看到的只是逐步的变革、前进。这表明，渐进改革已不仅是英国民族取得变革与进步的一种方式，而且成了人们头脑中根深蒂固的价值取向。它是英国文化模式的一个组成部分；无论外人对这种方式评价如何，其优劣得失如何，它却是道道地地的英国的。

英国发展方式是英国社会文化的一大特色。

第四章　理性思想的孕育

　　一位伟人曾经说过："一个民族想要站在科学的最高峰,就一刻也不能没有理论思维。"对于一个率先举起现代化大旗并长时间雄踞于世界科学之巅的民族,如果没有与之相适应的科学思维方式,那是不可想象的。显然,一个民族要挣脱传统社会的束缚,仅仅在政治、经济等方面进行变革是不够的,它同样需要在思维方式方面进行一场深刻的变革——从全新的角度来看待自己面对的世界,探索其中的奥秘,最终在对自己的物质生存条件进行改造的同时,完成对人自身的改造——成为真正意义上的现代人。

　　现代思维方式是现代人的灵魂。

　　又是英国人,成为第一个构筑起现代思维方式框架的民族。这个民族,似乎在每一个领域都要创立起自己辉煌的业绩。恰如恩格斯所说:

　　　　英国的政治活动、出版自由、海上霸权以及规模宏大的工业,几乎在每一个人身上都充分发展了民族特性所固有的毅力,果敢的求实精神,还有冷静无比的理智,这样一来,大陆上

的各个民族在这方面也远远地落在英国人后面了。……能够
与英国文学媲美的恐怕只有古希腊文学和德国文学了；在哲学
方面，英国至少能举出两位巨匠——培根和洛克，而在经验科
学方面享有盛名的则不计其数。如果有人问，贡献最多的是哪
一个民族，那谁也不会否认是英国。①

英国人的现代思维方式是在传统与变革的冲突中形成的——
那是一种对经验极为尊崇的理性思维方式。英国人的理性思想有
别于宗教的盲从与迷信，也有别于德国人那种过于抽象的形而上的
理性主义。对事实进行实事求是的科学的观察与分析，是英国人据
以行事的依据，也是这个民族自己极为珍视、几乎带着一种宗教似
的虔诚心情来看待的精神财富。

这笔精神财富同样是英国人经过若干世纪的辛勤努力而逐渐
积累起来的。

一、中世纪的遗产

中世纪曾被人们形容为黑暗的世纪。

如果从神学是唯一的精神财富、信仰左右着理性的思维的角度
看，这种形容是不过分的。然而，中世纪欧洲的黑暗却不是一种绝
对的黑暗，因为它孕育着未来的光明。之所以如此，在于它有着与
东方完全不同的社会结构。

---

① 恩格斯著《英国状况，英国宪法》，载《马克思恩格斯全集》第一卷，第 679 页。

中世纪的欧洲是封建主义的欧洲。这种封建主义与东方式的专制主义不同。它是这样一种社会结构：在这种社会结构里，权力分散在贵族手里，他们统辖着经济上依附于他们的人们。在这种制度中，统治的权力被看成是采邑拥有者的一种财产权。领主与附庸的关系是一种相互承担义务的契约关系。为了报答领主对他们的保护和经济援助，附庸必须服从领主或封建主，向他们效忠。相互承担义务的契约关系是欧洲封建主义的主要内涵。这意味着各种独立的社会力量可以长期存在，这既会造成社会的某种动荡不安，也意味着新的萌芽可能会易于在较为松散的社会结构里生长。

在这样的社会结构里，各种各样的力量先后登台显示了自己存在的必要性。

西罗马帝国灭亡后，蛮族的入侵造成了欧洲空前的灾难和混乱。一切权威都消亡殆尽，社会陷入了空前恐怖的无政府状态，暴力争夺在各地出现。最终，胜利的贵族们攫取了一切，他们控制了各自区域内的人民与土地，主教和修道院长都成了贵族，君主成为首席勋爵。贵族的统治并不公平，然而它给处于混乱深渊中的民众提供了唯一可以安身和逃避战乱的场所。

对人民而言，领主的统治是可怕的——他们控制着一切，只有僧侣可以得到一点点宽厚、公道和仁慈的待遇。在封建统治体系内无一席之地的人，除了向教会寻求保护就找不到别的庇护。尽管这种庇护是有限的（庇护者对异端是会下毒手的），却是难得的，因为别无他途。不仅如此，也只有教会才能为处于绝望中的人们提供唯一的精神安慰，给人们提供战胜一切灾祸的思想、信念和知识追求的精神食粮。由于此种因素,教会在欧洲各地取得了惊人的进展,它成为思想的源泉,成为维系混乱社会的唯一的精神纽带。

于是,宗教成为中世纪生活的基础,信仰控制着思想。如果将此种状况称为中世纪的黑暗,那么可以说,这是具有某种合理成分和一定历史先决条件的,它毕竟反映出了那个时代大众的心理和选择。

中世纪的人们是虔诚的。处于无止境灾难深渊中的人们毫不怀疑神灵的启示:人是有原罪的,拯救人类灵魂的唯一主宰是上帝。人们只有通过自己的忏悔以求得到上帝的拯救。灵魂不死是人类追求的目标,因而人们最大的幸福不是现世而是来生。

由此而兴起的是一个巨大的"神圣"运动。人们将此生视作在苦难深渊中的一种跋涉,直到他寻找到了上帝的真正居住地时为止。爱尔兰的教士们不遗余力地传播此种福音,并使当时英格兰的诺森伯兰王国一度成为此种运动的中心。①

也是在中世纪,教会作为宗教行政机构,其作用和威望达到了无以复加的地步。它不容置疑地宣称,除了圣父、圣子、圣灵外,只有教会是信仰的源泉,在此之外无人能够得救。因为耶稣基督本人就既是一个教士,也是教会的烈士。他的身体和鲜血化为圣坛上的面包和酒,并由此将神圣的力量传递给了每个虔诚的信徒。通过此种神秘的结合,人们与基督连成一体。此种圣餐仪式除牧师之外无

---

① 参见杰佛里·伯顿·罗素(Jeffery Burton Russell)著《中世纪基督教史》(加利福尼亚大学出版社,1968年版),第67页。

人能够胜任,因为牧师们是通过教会任命的,而教会的此种权力则来自耶稣基督本人。①

不过,教会在英国的权势始终没有大到它在欧洲大陆上的那种地步。在诺曼征服之前,英国人对宗教的兴趣一度淡漠,直到诺曼入侵英国之后,教会的势力才重新兴盛起来。

在 11 世纪初,一种强烈的禁欲主义宗教生活在诺曼底流行。当征服者威廉控制了英国之后,他便从诺曼底挑选了有学识的宗教人士接管英国各地的修道院。然而,主持这一工作的主教兰佛朗克(Lanfranc)不久就发现,他的属下很快就和世俗的修士没有什么两样了。他们打猎、经商、赌博,沉浸在世俗的欢乐之中。他费了很大的劲,才在坎特伯雷制定了一些较为适度的教规,并逐渐被其他教堂所采用。②

同时,诺曼的征服者们自身不愿受英国教会的约束。英国教会的权势在很大程度上是诺曼贵族们在军事胜利后赐予的,要他们听命于这样的教会,无论从什么角度看,都不大可能。相反,诺曼贵族们倒是时时觊觎着教会的财产和土地。③ 在这种特殊形式下发展起来的宗教势力,既不可能为某一君主所完全操纵控制,作为其愚弄人民的统治工具,也不可能强大到能与王权抗衡,甚至君临王权之上。这就为以后的各种思想发展留下了很大的余地。

---

① "第四次拉特兰教会会议法规",载《英国历史文件集》第三卷(伦敦,1975 年版),第 643—644 页。

② H. W. 戴维斯(H. W. Davis):《中世纪的英国》(牛津大学出版社,1924 年版),第 354—355 页。

③ 同上书,第 355 页。

不过，宗教在思想领域的地位却是相当牢固的。控制思想，使人们虔诚地相信上帝，是教会的职责。因而，对于任何不符合正统教义的见解，都被视为"异端邪说"。而教规是决不允许任何异端邪说存在的：

> 对那些反对我们所阐述的神圣、正统的基督教信念的任何一个异端，我们将开除他们的教籍并强烈诅咒他们，我们还将谴责每一个无论以何种名义出现的异端；它们确实有不同的面孔，但它们的尾巴连在一起，它们有着共同的虚荣心。这些受到谴责的异教徒，将被送到世俗的政权或是法官那里，受到他们应有的惩罚，而宗教人员将首先被解除教职。而世俗的异端将受到没收财产的惩处。……那些被怀疑为异教徒的人，除非他们能以合适的、能令教会满意的方式证明自己的无辜，否则仍将被作为异教徒而开除教籍，并且不准任何人接近他们。①

宗教法规规定，教士或神父不能亲自宣判死刑或类似的惩罚措施，因而，教会可以声称宗教法庭没有杀过一个人。然而，这并不意味着教会惩罚的权威是虚构的。由教会组成的法庭对某个异端宣判之后，罪犯便会被送到非宗教当局的手中。而教会对于非宗教当局所拥有的权威，是不容置疑的，教会在自己对世俗当局的训令中明确地表明了这一点：

> 世俗当局，无论其发挥何种职能，都将受到指示和告诫，假

————————

① 《英国历史文件集》第三卷，第 645 页。

如必要的话，应在宗教教规的制约下履行自己的责任，如同被基督本人所告诫的那样，去保卫公共的信仰和誓约，并尽其最大的努力去扫除在它们管辖范围的土地上所有被教会指控为异端的人；从现在起，无论何时，谁要是被提升到精神和世俗的权力位置上，他都必须承认这一誓约。如果一个领主，已经得到教会的要求和指令要他赶走异教徒，却拒不执行，那么他将受到开除教籍的处分；如果他在一年内尚不能提供使教会满意的答复和忏悔，他的行为将上报最高教廷，他的附庸将解除对他效忠的誓约，他的领地将由基督徒占有——他们在赶走异端之后占有这些土地将不再视为一种对领主的冒犯，而被视作对主的信念虔诚的纯洁无辜的行为。①

教会认为，"没有信仰就是罪恶"，因此，要彻底控制人们的思想，执行严厉的宗教纪律（按《牛津辞典》的解释，纪律一词的原意为：使受控制，训练服从和执行），仅靠各种行政当局是不够的，必须"发动群众"清除任何一点异端的观念，使每一个人的灵魂随时都受到神的监视，为达此目的，教会特别作出了如下规定：

> 基督徒驱赶异端的行为将享受赦免特权并将受到法律的保护，如同上帝赐予那些去保卫圣地的信徒所拥有的权力一样。相反，那些接待异端，保护异端，为异端提供方便的人，我们认为应该受到开除教籍的惩罚，并从此不准担任任何公职以

---

① 《英国历史文件集》第三卷，第 646 页。

及其他的类似职务,他也没有资格留下遗嘱或是获得继承财产的权利。他甚至没有资格要求别人回答他的问题,而对方却有权要求他回答问题,假如他正好是一名法官,那么他的判决将失效,也不会有案件送给他审理;如果他是一名律师,将无人听他的申辩;如果他是一位公证人,他起草的文稿不仅毫无分量,这些证件还将因为他而受到谴责。……假如他是一名教士,则将受到更严厉的惩罚,因为他的罪过更大。任何基督教徒,如果拒绝回避教会已经指明的异端,也将受到开除教籍的惩罚,直到他作出使教会满意的表示时为止。[1]

从上面的文字不难看出教会对异端防范之严和惩罚之冷酷,人们不要说去相信"异端邪说",甚至对异端的任何一点同情都不应有,否则,即使不招来杀身之祸,在基督的国度里也不会有立身之地。

在这样一种恐怖的气氛中,人们毫不怀疑,他的天性和癖好都是邪恶的,他沉溺于罪孽之中,在罪孽中出生,在罪孽中生活,最后在对罪孽的悔恨中死去。

在这样一种恐怖的气氛中,成千上万与世无争的平民仅仅由于多嘴的邻居道听途说而半夜三更被人从床上拖起来,在污秽的地牢里关上几月或几年,眼巴巴地等待既不知姓名又不知身份的法官的审判。没有人告诉他们罪名和指控的内容,也不准许他们知道证人是谁,不许与亲属联系,更不许请律师。如果他们一味坚持自己无

---

[1]《英国历史文件集》第三卷,第646页。

罪,就会饱受折磨直至四肢都被打断。别的异教徒可以揭发控告他们,但要替他们说好话是没有人听的。最后他们被处死时连遭到如此厄运的原因都不知道。

"更难以置信的是,已经入土五六十年的男女也会被从坟墓中挖出来'缺席'封罪,以这种方式定了罪的人的后裔还要在罪犯死去半个世纪之后被剥夺财产。"①

在这样的恐怖气氛下,惩罚异端不仅是思想控制的一种有力武器,也成为一种政治斗争的武器。英王亨利六世时期,国王的大权旁落,由周围的一群宵小所攫取。其中,亨利的叔祖父博福特主教在政治舞台上一直起着很大的作用。这些人由于对国王影响太大而遭受攻击,只好采取相当隐蔽的手段以自保其垄断地位,攻击对手为异端便是其中的一种手段。1439 年,格洛斯特公爵向国王抱怨道,博福特及其一伙隔绝"作为您唯一的叔父的我,连同我的侄儿约克……还有您的其他许多亲友,不让我们了解关系国家命运的重大事情"。② 1441 年夏,博福特一伙即控告格洛斯特的妻子玩弄巫术。于是,公爵夫人被强迫在伦敦大街上公开以苦行赎罪。格洛斯特尽管未直接被殃及,也在政治上完全失宠,失去了向博福特一伙挑战的能力。

在这样一种气氛中,不仅普通人,就是身为英国最高统治者的英国君主,往往也把自己的不幸归咎于自己的不虔诚,玛丽·都铎

---

① 房龙著《宽容》,中文版(生活·读书·新知三联书店,1986 年版),第 136 页。
② 安东尼娅·弗雷泽(Antonia Fraser)著《历代英王生平》,中文版(湖北人民出版社,1985 年版),第 157 页。

就是一个例子。

玛丽与西班牙国王菲利普二世 1554 年 7 月结婚,玛丽女王曾在自己的私人祈祷室里起誓,表示自己非常爱菲利普。但菲利普并不如此,他完全是为了确保英格兰支持他在欧洲大陆的霸权而与玛丽结婚的。令他失望的是,英国议会拒绝为他加冕为"英格兰国王",他由此迁怒于玛丽·都铎。玛丽女王产生了被菲利普遗弃的感觉,但这位女王并不愿冷静地考虑问题的始末,而是确信自己的婚姻不美满是由于神的报复——对异端仍在英国活动的一种惩罚。于是,火焚"异教徒"的事开始发生了。1555 年 2 月,被免去圣职的格洛斯特主教被活活烧死在火柱上。一时恐怖的气氛笼罩着英国。坚贞不屈的殉道者们一个个视死如归地走向火刑柱。玛丽前后烧死了近三百名"异端",由此被人称作"血腥玛丽"。但很少有人知道,玛丽此举在很大程度上是出自对神灵惩罚的恐惧。

在这种思想氛围的笼罩之下,中世纪人类意识的两个方面——内心自省和外界观察,都同样处在一层共同的纱幕之下,这层纱幕是由信仰、幻想和偏见、迷信编织成的;在这层纱幕的笼罩中,中世纪的人们形成了自己的观念。

中世纪的观念也有一个发展的过程。最初,教会的思想控制手段尚不十分完善,作为观念智慧最高形式的哲学,也还未完全成为神学的侍女。

英国中世纪哲学的开创者约翰·司各脱·厄里根纳(John Scotus Erigena)的学术经历及其命运是十分有趣的。他是出生于爱尔兰的苏格兰人,大部分生活是在理查王的庇护下度过的。他终生致力于把新柏拉图主义和基督教结合起来，建立一个完整的哲学体系。

在他的哲学体系中，哲学的原理和哲学的思辨紧密地交织在一起，他认为，真正的宗教就是真正的哲学，反过来，真正的哲学也是真正的宗教。他用新柏拉图主义来证论上帝是万物的创造者，认为自然可以区分为四种不同的形式：一、创造者而非被创造者；二、创造者同时又是被创造者；三、被创造者而非创造者；四、既非创造者又非被创造者。第一种是创造万物的上帝；第二种是存在于上帝之中的相当于柏拉图的理念；第三种则是世间的万物；第四种又是上帝，但这时的上帝不是作为造物主，而是作为事物的终极目的而存在。司各脱把世间万物都汇合于上帝，并提出"造物主和创造物是一类的东西"，"上帝是万物，万物是上帝"的论断，司各脱虽然是用哲学来论证上帝的存在，但他的论证有一种危险的倾向。这不仅由于其中的泛神论因素易于被异端思想所利用，而且在于他公然主张，独立于神的启示之外的哲学具有同等的权威，或甚至具有更高的权威。他争辩说理性和启示二者都是真理的来源，因而是不能自相矛盾的；但假如二者之间万一出现了类似矛盾的东西，那么我们就应当采取理性。[①]

正因为如此，司各脱的著作受到 855 年和 859 年两次宗教会议的谴责，1225 年，教皇霍诺留斯三世终于把他的哲学宣布为"危险的学说"，并下令焚毁他的《自然的区分》这本书的所有抄本。

---

① 伯特兰·罗素著《西方哲学史》上卷（商务印书馆，1982 年版），第 493 页。

很幸运的是,由于司各脱与国王的友好关系,他在世之日终于逃脱了宗教的惩罚。司各脱对教会的危险性,不在于他提出的某种与正统教义不符的学说,例如被创造物具有实在性的见解,而在于他学说中显示出的某种精神独立性。作为思想控制的权威机构的教会,当然是不能容忍这种状况长期存在的。

随着教会成为一支足够强大、无所不包的力量,形成了比较系统的正统教义,哲学试图与神学一争高下或平起平坐的时代便告终结,到中世纪中期,作为人类智慧和理性象征的哲学已正式成为神学的侍女,哲学被认为只应按以下三种方式使用:

第一,证明信仰的前提,这对于信仰而言是必要的。哲学应能证明上帝的存在以及上帝的唯一性。

第二,通过信仰可知的事物,可在哲学的帮助下了解由此产生的类似事物。

第三,可以利用哲学反对那些反对信仰的人。无论是通过剖析对方的错误还是证明对方的虚弱,以及其学说的不必要性。[1]

于是,神学压倒了哲学,理智成为信仰的点缀,至此,中世纪的观念开始形成了。

这些观念的包容面相当广泛,几乎涉及中世纪人们社会生活和精神生活的每一个层面,它反映出那个时代人们对于世界的认识和持有的价值观念。

---

① 朱丽叶丝·R.温伯格(Julius Rudolf Weinberg)著《中世纪哲学简史》(普林斯顿大学出版社,1974年版),第6页。

首先是关于自由意识与自由选择的看法，其本质是宿命论与精神独立之间的关系。几乎从中世纪的初期开始，人们就普遍承认，自由和独立行动的能力是有知识有智慧的创造物的特权。在这种意义上，自由首先是属于上帝的，其次是属于天使的，第三才属于人类。

人们认为，在睿智世界之外，非理性的生物靠直觉行动，没有判断其自身行动是否合乎神意的能力。它们在自然本能的驱动下行动，因而没有作出抉择的自由。它们当然也不可能具有抽象思维的能力。[①]

在有形的肉体生物中，作为智慧生物的最高级形式的人类享有自由，但这种自由是不充分的，因为物质和肉体的需要使人受制于自然的赐予和自然法则，并由此使人能享有的自由具有多重性质。人类有承受痛苦的自由、忏悔的自由、被饥饿驱赶而四处谋生的自由，以及在高压下接受他人统治的自由。因而，这样的自由并不意味着或等同于幸福。只有在永恒的天国，人类才有可能享有摆脱地球上一切痛苦的自由。通往天国的道路就是人类享有的摆脱罪恶的自由——依靠此种自由，陷入尘世罪恶的人类才有希望得救。归纳起来，人类一共享有三种自由：不受物质生活必需品制约的自由、避免罪恶的自由、避免悲惨命运的自由。而避免罪恶，蒙受天恩则理应是自由最本质的核心。[②]

---

① 诺曼·卡里斯曼（Norman Kretzmann）等主编《剑桥中世纪晚期哲学史》（剑桥大学出版社，1982 年版），第 630—631 页。
② 参见《剑桥中世纪晚期哲学史》，第 631 页。

但由此牵涉到另一个层面的问题：假如人有犯罪行为，他是否处于自己的自由意志的支配之下？或者说，他是否享有犯罪的自由？人们争论的结果是，从逻辑上讲，自由既然不是单方向的（即行善的自由），那么，人们也就拥有犯罪的自由。然而，这种权利是有害的，因此，常人实际上不能拥有此种权利。如果常人固执地要追逐此种权利，那就只能解释为魔鬼附身，应该加以惩罚。

根据这一推论，上帝和圣徒是不会做错事的。至于常人，则存在两种可能。由于受制于自然生命形式的种种局限，正常人的意志和愿望受到两种动力的支配，即理智和欲望。前者能使他作出正确的抉择，后者却可能将他引入迷途。人的此种自然本质经过后天的训练可以产生出两种理性——高级理性和低级理性。高级理性由学识和哲学智慧组成，低级理性则由精神和实践智慧组成。在两种理性支配下的人类意志都享有充分的自由，并且能从不同的角度作出正确的判断：高级理性一般从理论上论证某事的可行性和合理性，低级理性则从事件的后果来判断得失。但无论哪种理论，都必须在虔信上帝的前提下行事，驱除任何可能侵入心灵的魔鬼，才不会步入犯罪的迷途。

至于全能的上帝，则享有无所不能、无所不包的自由，他独立于自然法则之外并可随时中止他自己建立的这些自然法则。因此，上帝拥有的自由是无止境的，他甚至拥有可以使人恨他的自由。

在全能的上帝面前，人类的意志自由与上帝的自由意志相比是微不足道的。人类可自由地独立于自己的心理压力之外乃至他人的影响，但无法独立于上帝的神力。因此，人类不可能拥有独立于上帝意志之外的精神自由，他的这种自由是由上帝给定的。

但神学家们忽略了由此产生的一个问题：如果人不能拥有完全独立的意志和精神，那么，他的犯罪和渎神的行为是否也是上帝事先的决定和安排？显然，对这类推论出的问题是不能论证，也无法按神学的原理作出解释的。

但无论如何，关于自由的看法已反映出中世纪观念一个最主要的成分，即人不可能有完全独立的精神存在，上帝雄踞于万物之上，人只有在上帝预定的框架中活动的自由，而没有超出这种框架活动的自由。

其次是关于幸福的观念。

幸福是人生各个阶段随时遇到的问题，不论他对幸福作何种解释，都不可能否认这一问题对于人生意义或是人的生存价值的重要性。幸福表明人们所处的一种境界或是人们希望永久不变的一种境界。这种境界是一种心理状态，这种心理状态又是由很多外在的因素所造成的。

那么，什么是构成这一心理状态或理想境界的外在因素？是金钱、美女、权力，以及超人的智慧？毫无疑问，这些因素都是构成幸福的重要因素，但我们发现，即便有人拥有这一切，他也仍然摆脱不了一些困扰他的问题。因此，幸福既是一种人生追求的理想生存状态，也反映出人类对自身命运的看法。

在中世纪的神学家们看来，人类的尘世生涯是没有幸福可言的。"一切人都是要死的，因而都是可怜的。"①

---

① 《剑桥中世纪晚期哲学史》，第 671 页。

那么,有没有真正的幸福呢？神学家们认为,真正的幸福是有的,那就是人们凝视着或是想象着上帝的天国即将来临的那一刻的内心喜悦。按这种解释,真正的幸福也就包含着某种人类不可能超越的因素,但这并不否认基督教义所允许的幸福所含有的强烈的尘世因素。上帝要求人类在尘世时应不断地完善自己,这种完善要求人类剔除那种自然本质中的邪恶成分,也意味着人类能协调地与上帝创造的世界共存。这种完善就意味着幸福,而这种完善自然也应以对上帝的沉思默想为前提,否则完善本身将失去自己的目的。

于是,关于人类幸福的概念不可避免地与上帝联系起来,并涉及如下问题:① 一个享有真正幸福的绝对完善的上帝与许多不完善的个人之间的关系;② 一个人怎样与上帝联系在一起并使自己得到幸福？③ 人类究竟需要何种类型的幸福？

按照神学的解释,上帝的幸福是与生俱来的非创造性质的,而人类的幸福则是被创造的性质,因而,真实的幸福是上帝创造的"一种共有的善,它之产生在于使所有的人都能成为一体去分享它"。①

结论是,上帝创造人类幸福,人类分享上帝赐予的幸福,这是一种创造者与被创造者的关系。

尘世的人们渴求幸福,这种幸福只能通过对上帝的沉思默想去获取。幸福的本质存在于上帝与人类之间的某种神秘的联系,因而,对这种联系的沉思默想,本身就是一种幸福的活动,通过此种方式,人类与自己的创造者联成了一体。

---

① 《剑桥中世纪晚期哲学史》,第 675 页。

这里要注重的是"沉思默想"(Contemplate)一词的含义,它不能仅仅从知识的角度去理解,它不含一丝情感的成分,也没有任何"爱恋"(loving),它代表着一种神圣与超越,是很难用非宗教体系之外的词句去确切表达的。

至于幸福的种类,则涉及灵魂问题。如果认为灵魂在人死后方能解脱并获得幸福与永生,那么无异于否认了尘世幸福。如果认为魂不附体的人是悲惨的,也就肯定了灵肉一致的人是幸福的,即承认了尘世的幸福。

在这一点上,神学家们作了颇为精彩的解说。他们认为,现世也有幸福,它意味着人类愿望能够完全得到满足。然而,由于人类愿望所具有的特别的精神性质,它具有一种无限性,这样,也只有一个唯一的无限性实体,那就是上帝才能满足具有无限性的人类愿望。换言之,人类追求尘世幸福是正当的,但即便此种幸福,也只有上帝才能满足。

由于上帝不属于人类行动的范畴,在这个领域能够证实的幸福是不可能转化成为能够被研究的实际知识的,人类幸福的本质不存在于使人感到幸福的或使人快乐的事物中,而存在于人类从事与上帝意旨相关的活动中。这种活动是无止境的,因为上帝的意旨是无限的。从这个角度上看,人的今生实际上也就不可能获得完整的幸福,只能获得部分幸福。谁对上帝的意旨领会得多,谁就有可能获得较多的幸福,反之亦然。而在对上帝意旨的领悟中,信仰是比理智更为重要的因素,因为神喻是不可能通过人类的理智去分析的。结论是,谁更虔诚,谁就更幸福。最虔诚的人就是最幸福的人。

下面让我们转入中世纪观念另一个重要的组成部分——良心。

良心在人们的观念世界中历来占据着举足轻重的位置,它是各种心理成分的集合体。现代伦理学家一般认为良心是一种发现道德原则的心理能力,是理性在道德和价值判断领域的体现。它能指明人类采取的行动是否正当。即是说,人类在进行道德评价的时候,将区分正当与否的判断能力称为良心。

在中世纪,良心的概念也与其他观念一样,抹上了一层神秘的色彩。和原始部落的人相似,中世纪的人们趋向于用超自然的力量去解释道德意识现象。他本能地注意到自己处在两种倾向的冲突之间,一种推动他向善,一种引诱他作恶。他设想,这两种倾向的后面都有一个实体,一个是善心或良心,另一个则是恶心,是恶的本源。有的中世纪神学家甚至认为人的灵魂有四副面孔,前面是人,右面是狮,左边为牛,后面为鹰。这四副面孔同样反映出人类灵魂的本质,然而只有最后一个形象——鹰超越了前三者,它就是良心。[①]

在此外,鹰是神意的一种体现,它是神在人的灵魂里发出来的声音,是神直接对人的训导,它存在于人的灵魂之中,却独立于人的意识支配之外。它具有既属于人又不属人的性质,它具有告诉人们在自己的生命中选择正确行动方式的能力。

神学家们认为,人是上帝的创造物,因而他具有一种天赋,一种特殊的道德天资,一颗良心,也就是上帝赋予的道德判断能力。良

① 参见《剑桥中世纪晚期哲学史》,第 688 页。

心的判断是绝对确实和必然的，就如同任何几何公理一样不证自明。良心的这种神奇的能力是人所独有并使之有别于其他动物的重要标志。

但由此产生的问题是，如果真有上帝赐予的这样一种绝对的能力，如果在人的灵魂之中的良心的指示是确实和普遍的，那么世间为什么仍有恶行，人类的许多不同的行为又是怎样产生的？即使是虔诚的人，完全遵从内心的神的声音指示的人，同样不是也可能犯错误吗？

对此，中世纪的经院学者们以一种机智的方式回答了这个问题：我可以判断一个特殊行为是正当还是不正当，使我能够这样做的能力是良心。这个判断可能出错，因为它所判断为正当或不正当的特殊行为可能不是我想象的那样，甚至恰恰相反。但是我还有一种能力，这种能力一般地告诉我必须避免所有的不正当，决不作恶。这种能力可称作"道德本能"，它不可能出错，它是无误的，不灭的。它甚至在坠入地狱的灵魂里也存在。当人们将此真理用于特殊情况，寻求应当避免什么行为时，我们是在运用良心，这时是有可能出错的，因为具体的情况是千变万化的，适用于普遍形式的方法并不能适用于一些特殊的形式。然而上帝赋予了人们双重的正直，一个是良心的正直，用以正确的判断；一个是道德本能的正直，用以正确地想往，它的职能是警惕邪恶，促使人们向善。[①] 换言之，道德本能

---

① 弗兰克·梯利(Frconk Thilly)著《伦理学概论》，中文版(中国人民大学出版社，1987 年版)，第 20 页。

是一种天赋的光,是一种涉及一般规律的单纯的本质,是圣洁不灭的,良心则是在此本质指导下的一种能力或活动,它关系到特殊的情况,因而易陷入错觉和迷误。然而,不管在某一事物上面的判断结果如何,良心捍卫的一般原则永远是正确的,那就是人们必须趋善避恶。

由良心涉及中世纪人们对善与恶本身的看法:什么是善? 什么是恶?

罪恶(evil)一词源出于条顿语系。它可以在两种意义上使用。一种是强烈的含义,指一切与善相对的事物:道德的腐败、坏心肠、阴险、恶毒、邪恶等等。这是具有强烈感情色彩的 evil。而其较弱的含义则指种种使人不愉快的感情:痛苦、悲伤、难过、沮丧等等。[①] 中世纪人们对罪恶的理解主要是前一种含义。

罪恶的社会本质在于它有损于现存社会的秩序,对处于一个稳态社会结构里的中世纪人来讲尤其如此。当不幸发生时,人们不是从人类的或个人的角度去理智地寻找根源,而是到一种虚幻的、半人类的乃至非人的机制中去寻找。在中世纪,人们总是感到会有什么不吉祥的事发生,并认为这种事情是由于魔鬼作祟。世界充斥魔鬼,他们处心积虑要使世上任何一个活人遭殃,其主要目的是夺走人们的灵魂,用以扩充撒旦的臣民。

人们认为,罪恶是魔鬼的化身。魔鬼的行踪是诡秘的,它可能

---

① 参见阿兰·麦克法兰(Alan Macfarlane)著《资本主义文化》(牛津大学出版社,1987 年版),第 98 页。

以各种各样的面孔出现，这就使事物并非如它们表面看起来那样，善意的面孔可能埋藏着仇恨，友好的姿态可能是一个安排好的陷阱，也可能你最亲近的邻居就是一个魔鬼。这是一个"善"受到限制，而邪恶、嫉妒与"罪恶之眼"四处游荡的世界。中世纪是一个人类内心世界充满罪恶意识的时代，只要某处发生了罪恶的事件或不幸的灾难，就必定有人有恶行，或是有魔鬼的精灵存在。罪恶或魔鬼在中世纪文件的解释体系中占据着相当重要的位置。

人世间出现的种种邪恶主要来自妇女、死神、神秘的魔鬼以及看不见的恐怖力量。除此之外，还有长着"魔鬼之眼"的常人。这些人生来就长着一双与众不同的眼睛，只要他注目视人，则灾难马上就会降临此人，不是生病就是死亡。①

中世纪的人们毫不怀疑，种种邪恶总是直接间接地来自魔鬼，魔鬼在日常生活中是真实存在的，并在整个欧洲四处飞翔。魔鬼甚至也会钻进人的心灵，将其引入歧途。因此，对魔鬼进行的神圣战争，不仅在外部世界进行，也在人的内心世界进行。

为保卫社会和生命的幸福，教会提供了一整套办法和招数，可以用来击退魔鬼的任何进攻。例如：当即画十字，念祷文，出示圣饼、圣像、十字架或其他圣物。

在中世纪，由于社会生产力低下，加之连绵不断的战争、统治者的压迫、各种霸道势力的肆虐，灾荒相继，瘟疫流行，普通民众过着艰难而可怖的生活。面对这种无法抗拒的命运，人们只得求助于彼

①《资本主义文化》，第110页。

岸的力量。于是,教会在人们观念的这一领域也占据了独一无二的位置。

教会不仅认为有魔鬼存在,而且认为基督徒必须相信有魔鬼及其喽啰存在,因而,每个基督徒在教会的领导下与魔鬼作战就是一种神圣的责任。

圣物是对魔鬼作战的有力武器。于是,对干尸、圣物、圣饼、圣水之类的崇拜盛行起来。在许多场合,一种圣物的样品多得令人无法相信。例如,施洗约翰就有十几个头颅。①

除了借用圣物抗拒魔鬼的进攻外,还可通过圣火、审讯、拷打和折磨,将进入人类内心世界的邪恶驱除。因而,宗教法庭和世俗政府对魔鬼及与魔鬼沆瀣一气的异端的镇压也就是合情合理和完全必要的了。于是,在善恶的问题上,教会再次通过信仰控制了理性,人们不仅不能不信神,甚至不能不信鬼,因为不信鬼也就意味着不信神。人的一生就是处在一种善恶两军对垒的战场上,他如果不站在以上帝为象征的善的一方,就必定站在以魔鬼为象征的恶的一方。

虔诚地信仰上帝,祈求神恩吧!这样,你就会得救,就会脱离罪恶的苦海,就能达到幸福的彼岸。这就是教会赐予芸芸众生的福音。

至此,教会已在意识形态乃至整个精神文化方面占据了垄断地

---

① 约·阿·克雷维列夫著《宗教史》上卷,中文版(中国社会科学出版社,1984年版),第221页。

位。教会经过长期努力构筑起来的正统官方信仰，与那些在广大人民群众中传播的信仰，虽略有高低精粗之分，但在本质上并无明显的界限。这是因为在迷信基础上产生的精神恐惧和信仰，使每个宗教徒不愿也不敢去思考信仰和理性的关系问题。甚至主张从理性角度去理解宗教权威的学者，也被具有正统思想的基督徒听众所击毙。

教会所确立的这种空前的权威，表明在中世纪人类思维的领域，宗教信仰的地位高居于理性之上，并由此构成了所谓的中世纪观念。

然而，理性屈居于信仰之下的这种状况并不意味着理性之光在中世纪已完全熄灭。相反，理性在这一特定的历史条件下仍然以一种顽强的方式生存了下来，最终为向信仰挑战积蓄起了足够的力量。

理性能够生存，首先在于教会不能完全无视它在欧洲文化传统中的地位。如果教会无视这一传统，那么并非在信仰指导下发展起来的欧洲社会、经济和政治关系，就会逐渐脱离教会的控制，这无异于抽空了信仰的基础。因此，教会被迫自己来提倡和指导神学与其他学问的发展，以便把社会思想的潮流纳入自己的轨道。

然而，只要对神学的哲学可以进行"研究"，就不可避免地给理性的涉足打开了大门。只要人们在进行研究，哪怕对象是如同神学这样的学科，他也不得不使用逻辑思维方法。这样，为了信仰这个最终目的，神学不得不用理性来作为手段。但这个手段并不是那么顺从地、忠实地为神学的目的服务的，它往往会引导人们去思考宗教教义中的种种矛盾、谬论、诡辩和胡说八道。这就易于从另一个角度对教会构成威胁。

　　尽管如此,教会还是不能放弃理性和逻辑思维的方法,这是由教会的特殊职能所决定的。"神"与人是不能直接交往的,它必须有一个中介,这个中介就是教会。如果神与人能直接交往,信徒们不必借助教会就能得救,那么教会的存在也就没有必要了,这样的结局显然对教会更为危险。教会要保持神与人之间的中间人地位,就必须具有解释神启真理的能力。而要令人信服地解释神启真理,他就不能抛弃理性与逻辑思维的方法。

　　其次,基督教本身蕴含着一种理性精神。基督教教义对现世而言始终充满矛盾。从一方面讲,从犹太教传统继承来的启示精神主张人及其创造的组织形式均在上帝的制约之下,信徒的责任就是摧毁在人类社会与上帝之间设下的种种障碍并进入天国。[①] 但另一方面,上帝意志的体现——神的法律或自然法,却是一种理性精神,它唤起了进步、创造等激情,并鼓励信徒按照上帝的完美的标准改造现实世界。于是,启示与神律就成为基督教体系中互相对立却又能够共存的精神。两者的最终目的都是寻找上帝的王国,但启示精神鼓励人们寻找的是现存世界的终结(即世界的末日)和天国的降临,而神律所要求人们的却是利用不完备的物质手段在现实世界按照上帝的意旨耐心地工作,这就意味着人们必须克制自己并以理智的态度处理现世的事情。

---

① 参见《中世纪基督教史》,第 1 页。

此种理性与非理性精神在基督教体系中的共存，是人类文明史上一个奇妙的现象，这使得基督教在欧洲不同的历史和社会发展阶段上都能发挥自己的独特作用，并能在大多数时期提供给社会以合适的精神产品。这一点在中世纪表现得尤为明显。正如恩格斯所说："中世纪把意识形态的其他一切形式——哲学、政治、法学，都合并到神学中，使它们成为神学中的科目。"[①]它留下了信仰为主、理性为辅的观念遗产，这份遗产是一个复杂的矛盾体，它以思考的方式禁止人们自由思考，它以官方的思考与研究代替个人与社会的思考与研究，然而，它毕竟使思考与研究本身得以存在下来，也就为以后的变化埋下了伏笔。正是在这个意义上，我们说，中世纪欧洲的黑暗不是一种绝对的黑暗。

观念是人们思维系统对外部世界的反映，中世纪的观念是中世纪人们对外部世界的认识和反映，而一旦外部世界发生了变化，观念势必也会发生变化。每种观念有其自身存在的内在逻辑，新观念与旧观念之间也有着必然的继承与发展的关系。由于中世纪的观念中已经蕴含着理性的种子，当新的时代来临，改造旧观念，确立以理性为主的新的思维方式的困难也就相应小得多了。

二、走出中世纪

中世纪的理性屈从于信仰，并在这种屈从的地位上与信仰共

---

① 《马克思恩格斯选集》第四卷，第 250 页。

存,这是由两者的实力对比决定的——社会生活的基础使信仰居于更强有力的地位。然而,随着社会重新恢复了它的生气和活力,信仰与理性之间的冲突就不可避免了。十字军东征,意大利城邦共和国的繁荣,马可·波罗游记的出版,都诱惑着人们进行新的追求,并把目光从遥远的天国转移到变化中的现实世界上来。

随着新大陆的发现和新航道的开辟,人们重新发现了"人",重新认识了自己。这一系列伟大的发现极大地开阔了人们的眼界,推动人们产生新的需求和欲望,并由此形成了某种使生产和流通有更大自由的新经济社会制度。新的制度逐渐冲破了旧的经济形式的束缚,彻底改变了人们的生活方式,并使那种静止地看待事物的方法逐渐地被动态地看待事物的方法所取代。于是,一场伟大的观念革命便由此开始了。

在这种人们的价值取向发生变化的时代,作为提供精神食粮的教会却再也拿不出像样的东西。不仅如此,教会还以很多不光彩的方式损坏了自己的形象。

几乎从十字军东征时起,教会就开始以买卖教职作为自己的收益来源。许多把自己的土地留给教会"照管"的农民和骑士丧身沙场,他们的财产便顺理成章地转移到了教会手中。即便能有人生还,他们也大多不能收回自己的财产,不归还的理由是,教会以祈祷保佑了他们,为此必须得到酬谢。除此之外,教会还将"神恩"如同商品一样出卖,开始了大规模的出售赎罪券的活动。

赎罪券是视所犯罪恶的轻重而按照不同的价格来出售的,因而每种罪行都标定了价格。按照1470—1520年间教会铅印的价目汇编,"谁若杀害了父母、兄弟、姊妹、妻子或其他任何一个亲属,只要缴纳5—7枚土耳其金币,便可洗净罪恶";"如果一个人同时同案参与谋杀数人,只要缴纳131枚利维尔、14个苏和6个杰尼叶,就可免予任何惩罚";"谁若杀害了妻子,并想另娶,要是缴纳8枚土耳其银币、2枚杜卡特,便可获赦";"鸡奸罪和兽奸罪赎价定为131枚或219枚利维尔","凡血亲相奸者,缴纳4枚土耳其银币即予赦免"。①

教会如此贪婪,竟然利用自己神圣的地位来大发不义之财,使一些有头脑的正直之士不能不哀叹:"在这些日子里所有的人追求的就是发财,每个人都是自私和贪婪的,他们的生活一片混乱,大人物们通过暴力夺走了一切,没有人再为公共幸福操劳……最伟大的人物都淹没在罪恶的湖泊之中了,地球马上就会被贪婪所毁灭。因为人们除了填满自己的腰包外什么也不关心。"②

在这种人欲横流的时代里,教会不仅不按照基督的正统教义对自己的行为加以克制,反而推波助澜,败坏了自己应有的形象,不仅在金钱的诱惑方面,而且在肉体的诱惑方面,教会都以自己的丑行泯灭了自己头上的灵光。正如薄伽丘在《十日谈》中描述的:"我亲眼看见过成千个神父都是些色中饿鬼,他们调戏、勾引民间妇女,这还不算,竟然还要诱奸那修道女;而正是这班人在礼拜堂的讲坛上声色俱厉地谴责这种行为。"

一般的民众也逐渐识破了一向被人顶礼膜拜的上帝的仆人们

---

① 《宗教史》,第 225—226 页。
② G. G. 库尔顿(G. G. Coulton)著《中世纪的生活》(剑桥大学出版社,1967 年版),第 112 页。

的真面目。中世纪末一个流传的民间故事形象地反映了民众的这种心情：当一个神父在黑夜中迷路，走近一间房子叫门问路时，屋中的人便问他是谁。答曰神父。屋中人立即以异常惊奇的口吻问："什么？神父？"神父便问屋中人为何惊异。答曰："在我们走向地狱的途中所遇到的神父太多了，所以我想地上已不会再有神父留下。我听到仍然有一个神父还活着时当然会感到惊奇，因为我想他们已全部到地狱里去了。"①

在宗教改革前夕，人们已开始这样公开地诅咒教会：哦，我的上帝！那些似乎最有精神生活的人——教士、神父、修士——生活是多么荒唐！他们关心的不是服务于上帝的工作而是替魔鬼的工作做掩护！他们所做的都是表面文章，没有一点真理，一切都被掩盖在冰雪之下，绝无丝毫正义与诚实的光彩。……正义的光彩融化冰雪的一天终会来到，你们这些家伙的本来面目终会暴露。……②

在这种情况下，不仅教会的威信下降，就连宗教本身，也失去了以前那种绝对神圣的光彩。在平民的日常生活中，大家随意地用上帝、圣母、圣子、圣徒以及"圣经"的名义开玩笑、赌咒发誓，已成为一个相当普遍的现象。它表明，在宗教的代表机构不能及时提供合适的精神产品时，信徒们便开始以自己的理解来对待宗教，从而使宗教本身更带"人"的味道。

信徒们这种观念的转变首先开始在爱情领域出现。

---

① 《中世纪的生活》，第 87 页。
② 《中世纪的生活》，第 360—361 页。

爱情作为婚姻的基础是现代社会的特征。但在中世纪并非如此，个人的意愿、感情在婚姻中往往被压制到几乎可以不予考虑的地步。

最初的基督教流派，本着纯善之情和兄弟之爱，对爱情和婚姻有美好的期望，认为上帝曾将人类的心灵与肉体完美地系于圣洁的婚姻之中。不幸的是，这种宽厚的态度未能持久，随着社会权势的日益强大以及对人们精神生活的控制，极端主义的观点取代了早期的教旨。基督教中希伯来的桎梏与希腊哲学的结合，使灵与肉的二元论变成了一座隔绝心灵与肉体的鸿沟。二元论中的所谓堕落部分，即上帝亲手创造的感官世界，几乎遭到被彻底排斥和谴责的命运。不仅爱情遭到蔑视，甚至婚姻也被视为向人类弱点作出的让步和对抗基督教完美性的挑衅。

在中世纪初期，教会把女人视为邪恶的化身而对她们表现出来的怀疑是惊人的。"所有基督教文学都极力强调男人所能感受到的对女人的厌恶感。特图里安把女人定义为'建立在阴沟之上的庙宇'；圣奥古斯丁怀着恐惧提醒人们注意性交和排泄是两种器官的污秽结合……直到 12 世纪末，圣塞姆之外的所有神学家都认为，根据圣奥古斯丁的教义，本源之罪就包含在生殖的规律之中：'性欲为恶……通过性欲而产生的肉身是罪恶的肉身。'圣奥古斯丁曾这样断言：'自从人类堕落以来，两性的结合就一直伴随着性欲，因此它将本源之罪传播给人们的子女。'"①

---

① 约瑟夫·布雷多克（Joseph Braddock）著《婚床》，中文版（生活·读书·新知三联书店，1986 年版），第 32—34 页。

正因为这样，教会制定了抑制法规，并以极大的规模强制推行。这部法则基于一个残酷而又荒唐的反自然观念，即认为人类的性爱至多不过是一种令人遗憾的必需，它甚至要求已婚夫妇都要尽量避免拥抱。

婚姻尚且如此，婚姻之外的情感当然更不能为教会容忍。因而，教会的一个重要任务就是将这种不得不允许存在的"罪恶"限制在婚姻这样一个范围内。在中世纪早期的英国，教会的第一个任务就是确立人们终身不渝的一夫一妻的婚姻制度，足见教会对此事的重视。而且，这种婚姻基本上是男方和女方家庭精心安排的，大体以一种交易形式进行。当双方家庭都认为满意时，婚姻就被确定下来，婚姻当事人的意见是无关紧要的。于是，青年男女，无论他们对自己的感情生活是否满意，都只能在一种不是按自己意愿确定的结合中终其一生。

但是，人的感情生活和自然本能一样，是不可能被完全压制的，与正统观念作对的放肆行为在中世纪仍然随处可见。普通人如果不能按照教会的戒律循规蹈矩，成为一个修士或禁欲主义者，他便可以以两种方式处理自己的感情生活：一种是极度放荡不羁地纵欲作恶，一种则是骑士式的对罗曼蒂克恋爱的追求。而后者这种最初由少数高贵人士所追求的能在精神和肉体两方面都能超脱教会关于性肮脏的说教的罗曼蒂克恋爱，在中世纪后期逐渐开始成为社会生活的主流。在英国，罗曼蒂克式的恋爱至迟在 13 世纪就开始了。

下面一份资料非常形象地记载了社会生活的这种变化：

13 世纪初，一位牛津的青年姑娘，在与同一城镇的一个青年男子结婚之后,却对另一位青年小伙燃起了更为强烈的爱情之火,并由此径自离开她的丈夫,公然与她的情人同居一处,俨然已经成为他的妻子。她的丈夫谴责她,劝她回头,然而她毫不理会,于是她的丈夫便向教会控告她。主教立即严厉地训斥了这个姑娘并要求她立即回到她的丈夫身旁。但这位姑娘得到母亲的支持,竟然宣称她宁愿死也不愿和她丈夫生活在一起。为了解决这件伤风败俗之事,神父把她和她的丈夫都召到教堂,并要求她给她丈夫一个吻,她丈夫也给她一个吻,以便和平地了结此事。结果这位姑娘当着神父的面在圣坛前往她丈夫脸上吐了一口唾沫。神父当场宣布开除她的教籍,她根本无动于衷,回到家后,她依然我行我素,毫不动摇,也无任何悔改之意。于是,她突然被魔鬼闷死,受到了应有的惩罚。[①]

不难看出,无论哪一种宗教或文化,都不可能完全驯服人类心中的爱情之神。在中世纪后期及近代后期,这种状况更为普遍。其主要表现形式,就是过去完全为世人所不齿的私奔成了一种时尚的行为。英国的诸家报社,只要有可能,就经常刊登"格莱特纳·格林村"长盛不衰的私奔生意。

私奔的情侣最先是偷偷乘船逃到根西岛或其他距英格兰海岸不远的小岛上,当英国国会将这些岛关闭之后,这些被爱情所驱使的男女们便把注意力转到苏格兰的更为便当的"格莱特纳·格林村",因为英国的婚姻法案对苏格兰不具有效力,只要私奔的男女逃到那里,他们就算躲过了亲友的追踪,并在一名所谓的"婚仪牧师"

---

①《英国史文件集》第三卷,第733页。

的注册下完婚,而这些"牧师"往往是些酒肉之徒,甚至连挂名的牧师职位都没有。在那样的岁月里,任何一个人,只要他在距苏格兰边界一英里的地方散步,就有可能目睹被作家们以戏剧性色彩描写的情景:

> 卡莱文镇上某一客栈提供的轻便旅行马车,套着四匹快步如飞的驿马,以每小时十六英里的速度风驰电掣而来。每个驭手一边用脚镫使劲踢刺坐骑那汗淋淋的两肋,一边不停地挥动手臂,猛抽狂奔的前马。当这些面如死灰,策动奔马,犹如在一场不分高低的赛马中作最后冲刺的驭手们从他身边掠过时,他看到车内的新郎从前窗伸出头来,声嘶力竭地高喊:"快呀!快呀!我们把他们抛下啦!准时赶到那儿,每人五十个几尼!"五分钟后,两名年长的追逐者,以同样疯狂的速度疾驰而来。只听其中一个人问道:"前边还有多远?还能抓着他们吗?""还剩五分钟,晚了就全完啦!"答话人的话音未落,只见前面逃跑着的马匹突然栽倒,挽具顿时折断,马车随之掀翻;或者发生其他不测事故,将逃难者的满腔希望化作泡影。一场追逐赛以追逐者的胜利而告终。①

显然,从13世纪起,在欧洲各国已开始了一场静悄悄的"性革命",或称"罗曼蒂克革命"。参与这场革命的年轻人,他们更注重内在感情而不是外在条件,诸如财产或父辈的希望。而当这种感

---

① 《婚床》,第77—78页。

情生活成为一种社会潮流,并向旧有的婚姻形式提出挑战时,它就蕴含着一种转变,即以集团、宗教、血缘关系为基础的社会向以个体为基础的社会转变。这种转变中包括着:绝对财产权的确立与集团所有制的衰落,作为生产与消费基本单位的大家庭的消失,货币商品经济的发展,永久性工资阶级的成长,谋利动机增强并得到适当的鼓励,城市的扩展,现代工业的出现,妨碍合理追求经济成功的"魔法"和"非理性"力量的消灭,社会流动性的增加,个人独处机会的增多,等等。于是,个人从家庭、村庄、宗教的约束下解脱出来,其罗曼蒂克恋爱成功的概率大大提高,于是,以往只是个别的、偶然的悄悄燃烧的爱情之火,如今开始成为一场燎原大火了。

人们感情闸门在爱情方面的启动,不仅意味着社会的客观环境使人们开始有"能力"谈恋爱,而且也标志着他们价值观念的变化。这种变化被马克斯·韦伯称为"世界的复苏"。它表明人们的内心世界开始从一种中世纪的、神秘的、不可捉摸的魔咒世界转变成为一种职员、商人式的理性化的世界。这种转变意味着对旧观念的告别,而首先告别的是中世纪的绝对善恶的概念。

绝对善恶这种概念发生转变的社会经济根源在于,许多新的被人们所渴望得到的美好的东西产生于非个人力量所能控制的外部世界,要获得这些东西,只有通过货币交换、雇工、短期的契约合同、常年的对外贸易等新的方式。人们的交往增加了,传统的对外封闭式的心理让位给一种开放的、理性的人生态度与世界观。

　　黄金在这一转变的过程中起着重大作用,对金钱的追求使人们再也无法清楚地证明什么是恶,什么是善。这种善恶界限的模糊或是交融在弥尔顿的长诗《失乐园》中表现得最为明显,这是一场善与恶的斗争,然而斗争却不是在对立的两方进行,而是在同一原则的基础上进行。诗中提出:善与恶虽完全不同,却又是同一回事。人们得到的欢乐、幸福是善,上帝赐给了人们幸福生活的权力,因而人们应该尽情地享受上天的恩惠。弥尔顿又在《科马斯》中写道:

> 大自然伸出手来,好不慷慨豪爽,
> 让大地布满芳菲、牛羊和瓜果,
> 让大海中繁殖不知其数的鱼虾,
> 无非要取悦满足贪吃的口腹?
> 她命令千千万万纺织的虫做工,
> 纺出柔软的丝,在绿色的工厂中,
> 为了装饰她的儿子。没有一个地点,
> 缺乏她的财富。在她自己的腰间,
> 有宝石和人人羡慕的那种金矿,
> 为她儿女贮藏着。要是世上个个
> 都喜欢刻苦节约,吃些粗粮豆菽,
> 喝些清泉水,只穿一件粗毛衣衫,
> 赐福的主就会受不到感恩、颂赞。
> 财富发现不及半,却被看作不屑,
> 这样岂不把他当作吝啬的主人,
> 把他看成死不放手的守财奴。

我们像大自然的私生子，不像亲儿郎。①

然而，正是这块善的土地，却产生了恶，对物质享受的追求和对黄金的渴望，使原有的人际关系和观念发生了颠倒。正如莎士比亚在《雅典的泰门》中描写的那样：

金子！黄色、闪光、宝贵的金子……

这么一点点就足够颠倒黑白，

美丑，是非，尊卑，老少，勇懦……

这黄色的奴才，

能制造或破坏宗教；祝福罪人，

麻风病人被当作情郎；有了它，

在元老会议上，强盗可以封官获爵，

受人们的跪拜，颂扬，有了它，

老朽的寡妇也能再作新娘。

基督使徒圣保罗曾说，"喜欢金钱是万恶之源"，②这本是以基督教为本体的西方文明的主要精神支柱之一。但是与商品有关的贸易等追求金钱的活动同样也是西方文明的一个主要支柱。这两者之间一直存在着一种内在的有机联系，因此，如果寻根究底，便会发现万恶之源也是万善之源。甚至在伊甸园那样的天堂中，恶也会不可避免地存在，并且最终战胜了善（受魔鬼的引诱而追求尘世生活

---

① 艾弗·埃文斯(Ifor Evans)著《英国文学简史》，中文版（人民文学出版社，1984年版），第44—45页。

②《资本主义文化》，第121页。

的幸福）。于是,善恶的界限便不可能截然地加以划分,人们在中世纪的禁欲主义氛围中,根据教会的标准制定出绝对的善恶标准,但这样的标准只适合于特定环境下的非商品经济的社会生活,一旦商品经济开始占据社会生活的主导地位,绝对的善恶标准便不复存在了。人们只有将这种标准置于特定的环境和背景中,加以理智地分析和考察才能做出结论。这样,在有意无意之中,人们思维的世俗化和理性化的程度就得到了提高。通过对新的社会生活方式的观察,人们发现,新的天堂竟然是建立在地狱之上的,而地狱的基础恰好又是天堂。这种考察的结果必然否定过去的善恶标准,而英国人在好几个世纪里已经习惯在一个并非绝对的世界里生活,而是在一个相对主义的世界里生活。这样,金钱在这里起作用的速度自然也就超过了西欧的其他国家。

当然,善恶观念改变的一个最重要的因素是人类控制自然能力的提高,从而使自己不再惧怕那种非自然的神秘力量。随着生产水平的逐步提高,新的发明和新的发现一个接一个地出现,自中世纪以来一直生活在恐惧之中的人们现在开始有了自信心,他们生活中的危险和不安定因素减少了,意外的打击（如瘟疫、天花等）也不再如过去那般严重和频繁,对于一个逐渐变得"可知"、变得可以通过人类自身努力去驾驭的世界,非理性的思维结构便自然而然地被一种合乎逻辑的思维结构所代替。在一个能够通过人类意志去计划、去控制、去建设和改造的世界中,邪恶的、过去无处不在的魔鬼便再无藏身之地了。既然恶魔已被根除,就迫使人们反过来寻找自己不幸的真实原因,于是"科学"便开始渐渐取代了"咒语"的位置。

现代意义上的"科学"虽然直到16世纪才开始形成，但其根源可以追溯到文明的初期。它既起源于巫师、僧侣或哲学家的有条理的思辨，也起源于工匠的实际操作和传统知识。人类的理论活动和实践活动的交互作用是科学发展的重要原因。不幸的是，在中世纪，从事理论科学工作的人——主要是僧侣，完全与从事直接技术生产的人们脱节，僧侣们的生活优于工匠而且更受人尊敬，这项职业往往也就能吸引最有才华的人。对于生活有保障而毋须关心世俗之事的人来说，神学和形而上学是一种有趣的智力游戏，他们并不关心他们的研究与思考是否与实用技术有关，相反，由于中世纪的教会希望保持自己对思想的统治地位，也由于中世纪的人们面对的几乎是不变的世界与生活，理论家与实干家工作性质的脱节就不会引起社会的干预。另一方面，与实践挂钩的科学研究往往得出与《圣经》不符的结论，这也是一件危险的事，它会导致对正统思想的怀疑并最终因此而获罪。只要有可能，教会总是千方百计地压制真正的科学思想的发展。从这个角度考察，中世纪式的、以原始的经济为基础的、以思想控制为特征的社会，既不需要先进的科学，也不愿为科学提供发展的机会。类似于哈格里夫斯的珍妮机的纺纱机在13世纪就出现过，但不久就因其"破坏了"中世纪的社会经济生活秩序而被禁止使用。①

依靠对科学思想的控制，中世纪建立起相对稳定的社会制度，然而，正是由于这种稳定是以停滞不前为代价的，它的稳定状态也就不可能持久。商业贸易活动的存在始终是欧洲经济生活的一个

————————

① J. D. 贝尔纳著《科学的社会功能》，中文版(商务印书馆，1986年版)，第56页。

特点,社会秩序和安定有助于贸易,贸易使财富积累起来,而财富积累到一定的程度便会要求社会提供新的科学技术,当原有的社会框架不能满足这样的要求时,各种各样的变革和革命就开始了。

变革首先在天文学领域内开始。在这个领域内,理论与实践从未完全脱节,这是天文学的特殊性质所决定的。农业和历法的制定需要天文学,商船航海也需星座来指引航向,这种实用性使天文学不可能成为完全脱离社会生活的玄学,而是能不断吸引人类各项智慧成果的学科。天文学是可以用数学对外部世界作出有效解释的唯一领域,星体的运行是有规律的,并且极为复杂,这就迫使天文学家们一连数代人运用已有的科学知识对星体的运行进行观察,并加以合理的解释。这样,近代科学思想在这一领域的突破,也就不是偶然的了。

新大陆的发现和新航道的开辟,在欧洲掀起了航海的热潮。航海成为推动科学技术发展的强大的新动力。它不仅向天文学提出了新要求,而且为天文学的发展指出了新方向。航海中不但要辨别方向,而且要确定船只在一望无际的大海中的位置。参照天空的星体可以确定船只所在的经纬度,这就要求天文学家编制出精确的航海行星运行表。托勒密的地心学说体系明显不能满足这一要求,新的理论需求便由此产生。海上强国西班牙、葡萄牙和荷兰都曾悬赏征求经度测定法;哥白尼也是在这种航海大发展的年代里开始研究天文学;伽利略则通过望远镜发现木星有四个卫星,制定了木星卫星的运行表,他把这个表作为测定经度的一种方法去应征。在航海活动的推动下,欧洲各国相继建立了天文台,学校开始讲授天文知识,确立新的天文学体系,一场静悄悄的革命由此开始。

天文学的发展直接促进了数学的发展。这种数学主要不是抽象数学或纯数学，而是与实践活动如天文、航海、地图学、机械、发射学等紧密相关的应用数学。[①] 伦敦的商人甚至建立专门的数学讲座来训练航海人员。

航海同时推动了力学的发展，不仅船体的设计需要准确的力学知识，精密的计时器也需提供新的力学概念，于是，在科学的这一领域，新一代人的思想开始冲破中世纪宗教神学的经院哲学的框架。他们不再重视出身、血统以及经典的理论，而是重视金钱、实验知识与个人的奋斗。这种思想解放的趋势影响和鼓舞着工匠、技师、工业家、商人、自由职业者、科学家乃至贵族们一起来探求自然的奥秘，理论与实践开始更紧密地结合起来，而过时的、不再能给实践以正确指导的理论与神律，也就逐渐丧失了它们在思想领域中的主导地位，而那种静止地看待事物的方法也就随之被能动地看待事物的方法所取代。这种方法导致了真正的近代思想的产生，它使人们终于开始挣脱宗教的束缚，并以科学和理性的眼光来看待自己和周围世界的关系。

新的社会需求的出现，教会威信的丧失，对爱情的渴望，对尘世幸福的追求，善恶观念的变化，科学技术的突破等等，标志着中世纪的思想体系已经开始崩溃，一种新的思维体系就要诞生了。

理性主义即产生于这种旧体系即将终结、新体系朦胧形成的精

---

① G. N. 克拉克(George Norman Clark)等编《新编剑桥世界近代史》第三卷(剑桥大学出版社，1971 年版)，第 453—454 页。

神解放的氛围之中。它受自由、发展和进步这样一些观念的支配，反对因循守旧，反对专制统治，维护思想自由，倡导批判自由。理性主义是新兴阶级的哲学，它在理性的口号下，坚持维护新兴阶级的创新行动及其在经济、政治和社会方面的目标；它反对把一切既定制度看作是永恒的、不可改变的东西，主张批判现存的不合理的状况；它首次勇敢地提出：世界并不完善，要使世界具有与理性相一致的内容和特点，就必须改变这一世界。

这种新的思想与人们渴求尘世幸福的强烈欲望汇集在一起，成为一股不可阻挡的历史洪流，迅速地改变着中世纪欧洲遗留下来的政治社会框架和思维框架。由于各国文化传统的差异，理性主义——这种近代思想的主要标志，在各国也经历了各不相同的发展道路。

在德国，由于农民战争失败而受到挫折的资产阶级，不得不长期仰仗旧贵族的鼻息。《威斯特伐利亚和约》的签订又造成了民族国家四分五裂的局面，心灰意懒的资产阶级，只好把自己的目光重新从世俗转向宗教。最早由德国宗教改革产生的理性主义，由此绕了一个圈，重新回到了宗教和纯粹思辨的领域，结果，理性主义在德国最重要的成果只是留下了一套过于畸形发展的哲学。

在法国，由于王权的强大和国家机器的庞大，新兴的资产阶级支持君主反对贵族。因此，法国的理性主义从一开始并不直接反映资产阶级的具体要求，而是以比较抽象、较空洞的观念形态去表述经济社会制度中正在发生的变化，并揭示理性的行动怎样才能在历史的进程中取得进展。它使进步蒙上了一层唯灵论的色彩，认为人的作用就在于能通过获得更多的知识和追求更高的道德境界而达到一种使个人和所有的人都融为一体的完美境界。所以,法国最初的理性主义表现为普遍的人寓于每个个人之中这样一种抽象的观念。法国大革命后理性主义虽然日益同社会现实结合起来,却仍然带着一种浪漫的、富于幻想的特质。

理性主义在英国的发展却迥然不同,资产阶级在那里通过与君主制度和贵族的妥协而获得了掌握权力的入场券,理性主义因之带上了一种有节制的、半保守的、异常重视实际的色彩,它倾向于为现实存在及新兴阶级的利益进行实在的辩护。在这样基础上产生的英国式理性主义的最大特征不是把精神同物质对立起来,也不是把人与自然界对立起来,而是致力于揭示那些把人束缚于自己所处环境的各种关系,因而较快地从唯灵论发展为唯物主义,并表现为经验论和感觉论。

当然,理性主义在任何地方的发展都不可能一帆风顺,由于千百年来宗教势力和传统习惯势力的强大影响,要使理性主义变成英国民族思想一个重要的组成部分,也必须经历漫长的发展过程。理性与宗教、科学与迷信之间在思想领域的斗争一直持续了几个世纪。

认为中世纪初期的人都是虔诚的信徒显然是荒唐的,但有一点是肯定的,那就是的确没有人敢于公然嘲讽教会所奉行的原则。[①]随着教会威信的丧失,人们对宗教的教义也开始冷淡和怀疑起来。这首先反映在很多行吟诗人的诗歌中,他们对教会规定的一些名不

---

① 《中世纪基督教史》,第 187 页。

副实的戒律表示不满,讽刺僧侣的欺骗行为,揭露教会对人民的压迫。但在思想领域里正式与正统教义交锋的第一个英国人,却是约翰·威克里夫(John Wycliffe)。

威克里夫于1372年获得了牛津大学神学博士学位,并在牛津任教。他是个实在论者,认为上帝的命令不是任意的,现实世界并非许多个可能世界中的一个,而是唯一可能的世界,因为上帝担负着选择最善的义务。然而使他成为一个思想异端分子的倒并不在于他的这些主张,而在于他在牛津所作的系列演讲"论公民统治权"。

他提出只有正义才配享有统治权与财产权;不义的僧侣是没有这些权益的,至于一个教士是否应保留其财产权则必须由俗界政权来决定。他更进一步地教导说财产是罪恶的结果,基督和使徒们都没有财产,因此,僧侣也应该无产。对教义的这种解释几乎触犯了一切教士,但英格兰政府欢迎这些教义。按照罗马教廷的说法,教会源出于神,国王和王公都必须服从教会,所以教皇可以理所当然地从英格兰调走巨额贡赋。现在威克里夫则把两者的关系颠倒过来,主张教会必须服从国王,教权必须服从世俗政权,这当然对英格兰政府有利。

以后,威克里夫继续发挥自己的论点,认为国王才是上帝的代理者,因而主教应该服从国王。他甚至认为教皇是敌视基督的人,又说承认君士坦丁的赐予一事使得以后的历代教皇都成为叛教者。最后,他又攻击祭司权,并进而否定了化体说,把化体称作是一桩欺骗和渎神的蠢事。[1]

---

[1] 伯特兰·罗素著《西方哲学史》上卷,中文版(商务印书馆,1984年版),第587—588页。

威克里夫最后严厉谴责了教士们的不轨行为,认为他们盗窃、偷奸,干了不少坏事,并要求教会、教士和教皇停止一切罪恶活动,重新过一种和耶稣基督一样的贫困生活,这样才能表明他们是虔诚的信徒。[①]

威克里夫并不想否认上帝至高无上的权威,但他要求宗教必须适应变化了的社会状况。于是,他把对上帝意旨的解释权从教会那里转到了世俗政权那里。这不是一个简单的变化,它表明,为了信仰而理解的中世纪时代正在结束,为了理解而信仰的时代正在到来。威克里夫从自己理解的角度向教会的正统教义提出了强劲的挑战,那就是,上帝不是一个亘古不变的神圣原则,它必须为现实世界的改变而调整自己的形象。

那么根据什么原则进行这种调整? 威克里夫并未直接回答。然而他自身的经历却已表明了这种原则。威克里夫的学说引起了教会的惊恐,并一度受到迫害,但他受到了英国王权和民众的保护,从而避免了类似布鲁诺那样的厄运。王室与民众的行动表明,他们意识到了威克里夫捍卫的是他们自身的利益,因而,保护威克里夫就是保护自身。那种为了信仰而盲目行动的时代似乎已告结束,人们已开始用较为理智的眼光来重新审视现实世界。一种新的原则也就不为人觉察地出现了,那就是现世需要应高于宗教需要,宗教应能为现世服务。

这时候,民族主义的兴起已使人们的观念发生了变化。不少英

---

① 《英国历史文件集》,第四卷,第 842 页。

国的有识之士已认识到：在政治方面，国家的政策在不同的时期有不同的变化以便与变化了的环境相一致，这是一种正常的现象，尤其这种变化是非常必需并有着明显好处时更是如此。他们甚至到宗教中去为自己的原则寻找依据。认为上帝自己也是主张变革的，基督本人不也就把某些"旧约"里的东西在"新约"里加以改变了吗？[①]

威克里夫向中世纪观念宣战的过程中似乎没有获得什么明显的成果，也未确定信仰与理性之间谁更重要。因为威克里夫本人是一个虔诚的信徒，他并不想推翻整个宗教体系，而只是想将过去的过时的教义改变为一种新的哲学。然而，他的行动本身却为英国理性主义的形成铺下了第一块基石，即世间没有亘古不变的原则，经常的、适时的变化是必需的。

英国早期理性主义者活动的一大特点是：它并不想否认宗教在社会生活中的作用，而只是力图将其按照理性的模式进行改造。他们企望与宗教进行妥协的特点在时隔不久的罗杰·培根（Roger Bacon，约1214—约1292)身上表现得十分明显。他认为理性的方法是实验的方法，神学的武断教义在逻辑上也许讲不通，但在宗教上来说则是真实的。这是一种折中的妥协，但是一种"势力范围"划分的尝试。它表明理性主义的成分已进入基督教徒的生活中，理性已不再是需要信仰来制约的力量，而应成为人类在处理自己事务时的合法助手。

---

① 《英国史文件集》第四卷，第665页。

这种特点在托马斯·莫尔（Thomas More）那里表现得更为明显。托马斯·莫尔以其《乌托邦》一书而闻名于世。乌托邦是一个近代人道主义的理想乐园，然而有趣的是，在这个乐园中，人们在形成自己的伦理道德标准时，不仅遵循理智的指引，而且仍然信守宗教。乌托邦人有自己的宗教，但主张每个人都享有信教的自由，整个社会实行宗教宽容的原则。乌托邦人在宗教上的共同之处是全体公民必须严格遵守有利于全社会的理智道德准则和业已制定的政治条例，即人类的高尚道德——仁慈，还有个人利益与社会利益的结合，以及不准不同教派互相倾轧。

莫尔认为，要遵守这些理智的道德和政治准则，最可靠的保证就是相信灵魂不灭。也就是说，必须依靠信仰来保护理智的准则的实施。谁不相信灵魂不灭，乌托邦人就指责他是一个不承认任何伦理道德标准并把满足"自己的个人欲望"看得比公共利益还重的人。对这种人的罪过只能绳之以法。[①] 当然，乌托邦人并不赞成对这些人加以迫害，因为他们相信，这些丧失理智的人，最终会向理智让步。

乌托邦人仍然相信上帝，然而上帝的形象已经改变。因为每个人都可以依据自己的宗教，自由地想象上帝的形象。不仅如此，虔信上帝的传教士，其主要义务却是教养正在成长的一代，使他们关心科学，关心义务，关心社会风气，关心道德。事实上，不管莫尔自己是如何地虔诚，他的理想传教士不是教堂的牧师而更像是穿着宗

---

① H. H. 奥西诺夫斯基著《托马斯·莫尔传》，中文版（商务印书馆，1984 年版），第 169 页。

教制服的启蒙学者。

莫尔的观点如果仅从表面看,似乎仍然在强调信仰的重要性,强调理智居于信仰之下。但实质上绝非如此,这在他与路德的争论中表现得尤为突出。路德认为,信仰的好处在于它能摧毁理性并扼杀惨无人道的人,否则,此人就有可能毁掉整个世界及其一切生物。他甚至说,理性是"恶魔的第一个荒淫女人"。因此,路德认为,在偏重信仰和拒绝理性时,"我们向上帝奉献了只能给他的最适宜的祭品"。①

莫尔坚决反对路德的观点,他承认增加人的智慧与加强道德理性、传播知识和发展文学的重要意义,承认宗教在哲学方面的探索原则。莫尔反复强调不能把理性和信仰对立起来,并证明理性不是信仰的敌人,而是信仰的仆人。就宗教改革的激烈程度而言,路德是远远超过莫尔的,在对待传统封建意识的堡垒天主教的态度上,他比莫尔更激进,更加不可调和;然而,他试图取代旧宗教的不是理性,而只是一种新的宗教,这种新的宗教狂热和他对理性的世俗知识的藐视已经隐含着一种危险的倾向,一种绝对主义的、反科学的倾向,因此,当新教运动的发源地并未成为近代思想的摇篮时,也就毫不使人感到奇怪了。

莫尔并非反对宗教改革,但他希望的改革是在理性控制之下的改革,而决不是用一种更为极端的宗教取代原有的过时的宗教。因而,在变革的方式上,莫尔坚决主张应该在原有的框架和体系内进

---

① 《托马斯·莫尔传》,第 219 页。

行,而不是将原有的体系彻底毁坏。重要的是取得实质性的进展,而不是取得某种形式上的胜利。

莫尔与路德的争论并没有解决信仰与理性的关系问题,但在这一场争论中已显示出英国早期理性主义者的特点:他们主张变革,但并不希望这种变革向极端主义的方向发展。影响这种特点形成的,除了英国已有的政治传统外还有一个因素,就是英国教会一开始就有的弱点,他们从未获得天主教会在欧洲大陆各国那种君临一切的主宰地位,因而,教会利用宗教的权威对思想的压制也从未达到欧洲大陆那样骇人听闻的地步。就是在中世纪最黑暗的日子里,英国的大学也享有足够的学术自由,威克里夫的"异端邪说"能长期在牛津大学的校园中流行,就是一个例子。正因为如此,理性主义者在考虑宗教改革时,首先考虑的是如何不要损坏人类的精神财富,尽可能利用原有的框架进行改革,而不是怀着仇恨的怒火,把过去的思想遗产(无论其对现实有益或有害)一把火烧掉。应该说,正是英格兰教会从来不具备事实上的行使极端主义的权力,使理性主义者对其也采取了相应的宽容的态度。

教会的权威受到了来自两方面的挑战,首先是世俗政权的挑战。早在 1515 年,就有一次重大事件动摇了英格兰教会的权威。伦敦的成衣商理查德·亨尼(Richard Hunne)起来反对教会征税,结果这场纠纷发展成为对教会权威的勇敢挑战。亨尼被捕,被教会关进罗拉德塔,后来有人发现他吊死在那里。这究竟是自杀还是他杀?教会做不出令人满意的解释。议会和伦敦市的反教会态度越来越强硬,它们甚至反对伦敦主教本人。几年后,下议院起草了必要的议案,要求修改避难权,取消殡仪费和遗嘱检验费。这个举动遭到了费希尔主教的非难,他认为这是议员们缺乏信仰的缘故。当愤怒的议员们获悉了这一非难的内容后,以议长为首的三十多名议员立即组成代表团向国王申诉,迫使费希尔主教改口向议员们认错,然而议员们仍不满意。此后,国王亨利八世又借口教士违犯了为限制教皇权力而制定的《普雷穆奈尔法规》,在赦免他们的同时,向宗教会议索取了大量金钱。其中有坎特伯雷大主教辖区的10万英镑,有约克大主教辖区的19 000英镑。经过进一步谈判,亨利还得到了一个新头衔,1531年2月7日,教士们承认国王是他们的"特殊保护人和唯一的最高君主",甚至在不违反宗教法的情况下,奉他为"最高的宗教首脑"。[1]

由于亨利八世与教皇在离婚案上的仇怨,他便渴望进一步控制教会,以便彻底与罗马教廷分离。亨利的下一步行动是迫使教士服从国王的无上权威。他责令下议院准备一份文件,叫作《关于取消主教审判权的呼吁书》,目的在于打击宗教法庭的权力。宗教会议起初采取强硬态度,后来含糊其辞地表示顺从,但是亨利拒绝让步。最后,教士们同意了他提出的条款,使他成为英格兰教会的实际首脑。当1532年5月16日下午这份文件重又送交国王批准时,他已经取得了对英国教会的控制权力。以后,亨利又指定下属起草了《上诉法案》,废除了教皇在英格兰的残存权力。又过了一个月,亨

---

[1] 温斯顿・丘吉尔著《英语国家史略》上册,中文版(新华出版社,1985年版),第489—492页。

利写信说,他是"国王和君主,除了上帝外不承认任何权威、不服从世间的任何法律"。英格兰从此同罗马完全决裂。[①]

宗教势力的代表——英格兰教会由于受到这一打击,在思想控制方面履行职责的能力大为削弱,但除了受到政治上的压力外,教会的权威还受到了自然科学发展的挑战。

自然科学很长时间之内一直被包容在占星学的领域内。占星学在中古世界具有特殊的意义和作用,它提供了一个诱人的知识结构,提供了一个对人类自身各种无法预测的行为以及自然规律的解释系统。从理论上讲,没有占星学所不能解释的事,正如一个中世纪的权威所讲:"谁要是熟练地掌握了占星学,除了他应该由此拥有知识外,世界上便再也没有什么可以通过理智去获取的东西了。"[②]

在不受任何科学解释系统的挑战,甚至除宗教外根本不存在任何独立思维体系的情况下,占星学几乎承担了对人类所有不幸、所有烦恼的根源的解释工作。也正是由于缺乏科学的解释系统,占星学取得了在知识和实验技术领域内无可替代的地位。这种地位的权威性以及它在现实生活中的实用性,要求它能提供一种对普遍的自然规律的解释。在中世纪,占星学与宗教各自发挥着不同的作用,宗教提供一些大的伦理及人生准则,而占星学则必须对某一事件给予确定的解释。由于必须经常与给定的事件联系在一起,尤其是要与事件或人物的因果相连,这就使几乎与巫术等同的占星学具

---

① 《英语国家史略》上册,第494—495页。
② 《宗教以及魔咒的衰落》,第384页。

有了一种介于宗教与科学之间的性质。它不仅在普通人中，而且在知识阶层中都造成一种状况，即人们如果不去相信占星学的逻辑推导出来的知识，那就根本不会相信通过理性可以获得任何知识。

占星学首先解释了人与人之间为什么存在着巨大差别。根据占星学的理论，星座在不断变化，每一个人在出生之时都受这种变化的影响，并由此影响到个人的性格、能力与命运。这种解释尽管有时显得离奇荒谬，如两个在同一时间出生的人命运完全相反等，但它毕竟产生了人类第一套系统的分类学，并创造出一整套专门的学术用语，为以后的社会科学家和自然科学家用科学的方法使用同一套语言系统进行研究奠定了基础。

不过，占星学有自己致命的弱点，除开它的非科学基础，它的解释系统还过于僵化。星星和星座的数量是有限的，变化也是可以计算的，因而占星学也就只好在一个狭窄的范围内解释。为克服这一弱点，很多明智的占星学家便尽力将占星学与某些种类的科学联系起来分析事件和预测未来，这样，有意无意地将其他领域中卓有成效的方法引进了占星学的体系，使它渐为精确，并带有越来越多的科学的成分。

占星学家们的一个重要的努力方向就是使事物变得更有秩序，以便按照这种秩序给予事物以确定的解释和预测。同时，它还努力创造使世界万物变得有秩序的工具和手段——各种观测仪器，以及相应的考察方法。

正是这些观测仪器，尤其是观测星象所用的望远镜，引起了一场否定占星学本身的革命。虽然在望远镜发明之前哥白尼的日心说已动摇了中世纪关于地心说的基础，但教会还可用很多借口来对其学说进行非难。然而，当伽利略利用荷兰眼镜商的成果制造出第一架天文望远镜后，形势便发生了巨大的变化。这种望远镜起初只能放大三倍，经改进后能放大 32 倍。伽利略用这个望远镜观测到：太阳上有黑子；月亮上有的地方平原千里，有的地方却高山耸峙；木星有四个小卫星绕它旋转，就像月亮绕地球转动一样；银河是由许许多多恒星组成的。这一系列通过观察而不是通过推理得出的结论轰动了欧洲，人们认为，哥伦布发现了新大陆，而伽利略发现了新宇宙。

伽利略的发现沉重地打击了经院哲学和教会，对占星学本身也是一场革命。过去人们一直认为上帝创造的世界是完美无缺的，但现在不但月亮有了斑点，连太阳也有了缺陷。这就根本动摇了上帝创造世界的基本宗教信条。与哥白尼不同之处在于，伽利略的发现可以"眼见为实"，他一再邀请经院哲学家和神学家用望远镜观测天象，他们不但加以拒绝，反而诬蔑伽利略是骗子，望远镜是"魔鬼的发明"，是伽利略用符咒把新星星从天空中"咒"出来的。

为此，伽利略在不久之后也受到了教会的迫害，这使以后的科学家在涉及宗教与哲学的问题时不得不十分谨慎小心。然而伽利略使用望远镜却是一个重要标志，它表明曾是宗教的分支和支柱之一的占星学开始和宗教告别而转上了沿着科学轨道发展的道路。虽然占星学中一直隐含着科学的因素，但只是到伽利略，占星学才开始与宗教分道扬镳，科学的方法与实验的方法逐渐占据了主流。于是，孕育在占星学母腹中的科学也就此脱胎而出，开始独立发展成社会生活中一支日益重要的力量。

与旧的占星学相比，新科学的基本特点之一就是坚持所有的真理都必须得到证明,并强调直接经验的重要性,对不加试验就加以接受的先验做法表示厌恶。这实际上已经开始形成了另一种新的思维方式,正如塞缪尔·巴特勒(Samuel Butler)所说:"不通过检验就不会有确切的知识。"[1]正是这种科学的信念,解释了为什么著名的医生敢于亲手将中世纪人们视作巫婆精灵的蛤蟆的头脑进行分割解剖,以探求里面究竟藏着什么奥秘;也解释了另一位著名的占星学家亨利·布里格斯(Henry Briggs)转向改行的行为——他发现占星学的很多原理得不到证明,便放弃了他对占星学的兴趣转而研究数学,最后成为著名的数学家。

自然科学的进展使得过去曾是教会支持力量之一的占星学变成了它的挑战者,教会的权威显然进一步遭到了削弱。如果说在欧洲大陆罗马教廷尚可利用自己的力量来压制科学与理性的发展,可以通过火烧布鲁诺、禁止哥白尼的著作、审判伽利略来威吓具有新思想的人们,英国的教会则没有如此效法的可能性——因为它事实上已不具备独立压制思想或控制思想的能力了。正是在这样的背景下,弗兰西斯·培根(1561—1626)提出了自己的革命性思维方法。

自然科学的进展与英国社会的发展迫切地需要解决一个思维方面的根本问题,即信仰与理性之间,谁的地位更高? 当两者发生不可避免的冲突时,究竟是由理性还是由信仰充当最后仲裁?

培根正是在这一点上提出了自己革命性的见解,他以洪亮的声音指出,"知识就是力量"。值得注意的是,他在这里强调的知识不

---

① 《宗教以及魔咒的衰落》,第 771 页。

是来自上帝或先哲的典籍，而是来自人类自身的实践经历：

> 人类获得力量的途径和获得知识的途径是密切联系着的，二者之间几乎没有差别；不过由于人们养成一种有害的积习，惯于作抽象的思维，比较万全的办法还是从头开始，阐明各门科学是怎样从种种和实践有关的基础上发展起来，其积极作用又怎样像印戳一样，在相应的思辨上留下印记并决定这种思维的。

他进一步宣称："人，既然是自然的仆役和解释者，他所能做的和了解的，就是他在事实上或思想上对自然过程所观察到的那么多，也只有那么多；除此之外，他什么都不知道，也什么都不能做。"[1] 也就是说，人的经验是一切知识的来源。

培根第一次在科学上最完备地制定了认识的归纳法。他认为感觉是完全可靠的，是一切知识的源泉，科学是实验的科学，科学就是用理性的方法去整理感性材料。培根断言，在认识过程中必须从因果关系、从分析个别事物和现实着手，任何可靠的真理都必须用大量事实做根据；人们把大量事实加以比较，就可能从单一的、个别的认识上升到一般、上升到理论。他认为人不能学蚂蚁，只是收集；也不能学蜘蛛，只从自己肚中抽丝；而应该像蜜蜂，既采集又整理、选择，这样才能获得准确的知识。培根还把归纳、分析、比较、观察和实验看作是理性思维的主要方法。

---

① 弗兰西斯·培根著《新工具》，中文版（商务印书馆，1980年版）第一部，箴言，1—111页。

与此同时,培根还强调了科学的目的性与重要性。他认为科学的真正目标,就是用新发明和新发现来改善人类的生活,在所有能够给予人类利益的事物当中,没有什么比发现新技艺和新商品来改善人类的生活更重要的了。人类的先进社会与野蛮部落之间的重要差别不是别的,恰恰就是科学水平的状况。也正是在这个意义上,人们可以自豪地宣称,知识就是力量。

在科技进步日趋发展的潮流中,培根已经提出了一种新的思维方式和新的哲学。正如马考莱所说:

> 那么培根为自己提出了怎样的目标呢!用他自己说过的一个强调的词来说,便是"果实",这便是增加人类幸福和减轻人类痛苦,这便是改善人类的境况。……这便是不断为人类提供新方法、新工具和新的途径。这便是他在科学的一切部门,在自然哲学、立法,政治和道德等方面所进行的一切思考的目标。培根理论的关键就是"功用"和"进步"两个字眼。古代哲学不屑于对人有用,而满足于保持停滞不前的状态。它主要研究道德完美的理论,想去解决无法解决的谜团,想去规劝人们到达无法达到的心理境界。这些理论是如此崇高,以至于永远不过是理论而已。它无法屈身从事为人类谋安乐的低贱职能。一切学派都把这种职能看作是有失身份的,有的甚至斥之为不道德的。①

----

① 《科学的社会功能》,第 40—41 页。

一切注重实用，一切着眼于现世人类的幸福生活，这就是培根新哲学的宗旨，他把中世纪末人们对尘世幸福追求的欲望上升到了理论的高度，并指示出从此以后近代思想应该遵循的方向。

培根的哲学对宗教和经院哲学是一个真正的打击。中世纪的基督教徒都毫不怀疑地相信自己的能力来自创造万物的上帝，自己的力量来自对上帝虔诚的信仰。而培根却公然宣称知识就是力量，唱起了与信仰就是力量完全相反的调子。同时，培根还指出，诡辩、迷信的哲学体系对理智有很大危害，因此，真正的科学知识，应当是实验与理性密切结合的产物。这样，培根实际上已把科学和理性放在了一切事物之上，成为判断和衡量真理的标准。同时，培根的哲学开始显示出英国理性主义的特点，那就是强调实践，厌恶空谈。实践的或经验的理性主义一直是英国理性思想发展的主流，培根则是这一思想潮流的先驱。

虽然英国的教会不大可能像在欧洲大陆那样迫害有新思想的人，但在那个特定的时代里，中世纪的阴影依然是可怕的，因此，培根的作为毕竟太大胆了，大胆得令他自己也有些惶恐。于是，当他最后不得不涉及宗教与哲学的关系时，他作了一个辉煌的，然而却是折中主义的解释。他说，从哲学之杯啜饮一口会导致无神论，但是当把整杯都喝完时，就会成为宗教信徒。关于哲学的三个伟大对象——上帝、自然和人，他认为，自然以直射的光、上帝以间接的光、我们自己以反射的光照耀着我们的心灵。这样，科学与宗教又开始有机地结合起来，科学与理性思想的斗士再次用一层宗教的外衣遮住了自己的锋芒。

然而,这毕竟是一次对中世纪宗教和上帝权威在思想领域中的真正挑战,培根在英国响亮地吹起了理性主义和科学主义的号角。不论他自身是否意识到这点,一个新的时代也已经由此开始。培根思想的影响是如此巨大,正如几百年之后的学者所评论的:

> 随便问一个培根的信徒,新哲学为人类做了些什么,他就会立即回答说:"它延长了寿命,减少了痛苦,消灭了疾病,增加了土地的肥力,为航海家提供了新的安全条件,向战士提供了新武器,在大小河流上架设了我们祖先所不知道的新型桥梁,把雷电从天空安全地导入地面,使黑夜光明如同白昼,扩大了人类的视野,使人类的体力倍增,加速了运行速度,消灭了距离,便利了交往、通信,使人便于执行朋友的一切职责和处理一切事务,使人可以坐着不用马拖曳的火车风驰电掣般地横跨陆地,可以乘着逆风行驶每小时时速十海里的轮船越过大洋。这些只不过是它的部分成果,而且只是它的部分初步成果。因为它是一门永不停顿的哲学,永远不会满足,永远不会达到完美的地步。它的规律就是进步。昨天还看不到的一点就是它在今天的目标,而且还将成为它在明天的起点。"①

值得注意的是,培根在思想领域的大胆表露并未遭到教会的迫害,甚至也未遇到任何有力的反击。事实上,他的思想几乎没有经过任何激烈的冲突就获得了社会的承认。这种奇怪的现象是与英国的

---

①《科学的社会功能》,第41—42页。

现实密切相关的。英国的宗教界正经历着以社会变革为背景的宗教冲突，新的力量正以清教作为思想武器捍卫自己的利益。这种激烈的宗教冲突，不仅导致了英国的宗教变革和政治变革，还进一步加强了清教自己的合理主义倾向。因而，冲突反而有利于科学和理性的发展，成为理性主义的另一种表达形式。在这种宗教冲突的大背景中，无论激进还是守旧的教派势力，无论是清教徒、国教徒或天主教徒，置身于动荡的变革漩涡之中，谁都不可能腾出手来去干涉纯粹思想领域的问题。宗教内部各派的自顾不暇，无疑给理性思想的发展创造了一个有利的宽松环境。同时，培根的新哲学满足了整个英吉利民族对财富和经济成就渴求的愿望，因而它也就比任何纯理论更易为社会所接受。新阶级把培根的理论与自然科学视做自己的神明，他们解开钱袋创办学院，资助学会，其中最有名的例子是格雷山姆学院。

格雷山姆（Thomas Gresham）是麦塞斯公司的阔老板，又是英王的财政代理人和皇家交易所的创办人。他的遗嘱规定，把自己在伦敦的房地产和住宅用来建立一所以科学活动为主的学院，它不像一般大学那样，由教会管理，而由麦塞斯公司以及伦敦市长和市参议员管理。所有伦敦市民都可以进学院自由听讲，不收学费。遗嘱中规定天文学教授的职责是："天文学的讲授者应当在他的庄严讲稿里，先讲述天体的原理，行星的学说以及望远镜、观测杖和其他通常仪器的使用，来增进海员的能力……教授应当每年用一学期左右的时间通过讲授地理和航海术，把天文学加以应用。"①

---

① 申璋著《简明科学技术史话》（中国青年出版社，1983 年版），第 160 页。

由此可见,科学已开始正式摆脱教会的束缚。1645 年,自由的、团结一致的科学家们聚集在一起,在英国组织了一个"无形学院"。它在王政复辟之后成为皇家学会。皇家学会的章程简直就是培根思想的翻版,以至某些语言都极其相似:

> ……我们明白,再没有什么比提倡有用的技术和科学更能促进这样圆满的政治的实现了。通过周密的考察,我们发现有用的技术和科学是文明社会和自由政体的基础。它们通过奥菲士的魔力把众人组织成城市,结合为行会。这样,通过把好几种技术和工业生产方法汇集起来,就可以用互相交流的办法使全体都学会每个人的特殊才能;因而,脆弱人生的种种痛苦和劳累就可以通过同样多的各种现成办法,来消除或减轻;于是财富和富足便会按照每人的勤劳,也就是按每人的功绩,公平分配给每个人。
>
> ……
>
> 因此,我们的理智告诉我们,我们自己在国外旅行的见闻也充分证明:我们只有增加可以促进我国臣民的舒适、利润和健康的有用发明,才能有效地发展自然实验哲学,特别是其中同增进贸易有关的部分;这项工作最好由有资格研究此种学问的有发明天才和有学问的人组成的一个团体来进行。他们将以此事作为自己的主要工作和研究内容,并组成为拥有一切正当特权和豁免权的正式学会。[1]

---

① 《科学的社会功能》,第 60—61 页。

这种自由的科学研究机构不仅没受到英国王室的刁难，反而受到了查理二世的大力支持。他在给皇家学会颁布的特许状中简短而严肃地表达了他的想法：

> 朕获悉，一个时期以来，有不少一致爱好和研究此项业务的才智德行卓著之士每周定期开会，习以为常，探讨事物奥秘，以求确立哲学中确凿之原理并纠正其中不确凿之原理，且以彼等探索自然之卓著劳绩证明自己真正有益于人类；朕且获悉他们已经通过各种有用而出色之发现、创造和实验，在提高数学、力学、天文学、航海学、物理学和化学方面取得了相当的进展，因此，朕决定对这一杰出团体和如此有益且堪称颂之事业授予皇室的恩典、保护和一切应有的鼓励。[1]

于是，在近代一个非常重要的转折点上，英国理性主义几乎在没有面临值得一提的反抗的情况下就取得了迅速的进展，并巩固了它的阵地。也正是在这种大背景下，英国向全世界贡献出了牛顿这样的科学巨匠，并将英吉利民族的理性主义推向一个新的高度，使人们在思维方式与认识论等方面，最终告别了中世纪。

伊萨克·牛顿(1642—1727)这个名字现在比任何帝王的名字都更响亮，它已成为近代科学的象征。牛顿出身贫苦农家，从小喜欢手工，成为著名科学家后，仍然十分重视科学实验，他绝大部分时间在实验室里度过，亲自动手制成各种仪器，并且不满足于纯粹的

---

[1] 同上书，第61页。

实验结果,而是在实验的基础上整理分析,研究纷繁庞杂的各种材料,使之上升为系统的、科学的体系。牛顿所做工作的实质是把培根的新哲学方法和笛卡儿的逻辑几何学应用到了自然科学之中,并取得了令人惊异的成果。

牛顿的成就是人们所熟悉的,"牛顿由于发明了万有引力定律而创立了科学的天文学,由于进行了光的分解,而创立了科学的光学,由于建立了二项式定理和无限理论而创立了科学的数学,由于认识了力的本性而创立了科学的力学"。[①]　牛顿是名副其实的现代科学之父。

与牛顿同时的另一位自然科学大师是著名的化学家和物理学家波义耳(1627—1691)。他曾访问过意大利,受到文艺复兴运动的感染,并得益于培根的新哲学。波义耳认为科学的任务就是从比较清楚的事实中推导出对另一事实的解释,而不必去追求最后的原因。他继承了英国科学家的实验传统,反对经院哲学,在大量实验的基础上提出了化学元素的概念。由于波义耳等人的努力,化学终于从炼金术的迷雾中走了出来,走上了科学的轨道。

随着牛顿、波义耳、哈维等一大批科学家的出现,17 世纪英国的自然科学得到了蓬勃的发展,很快居于世界之先,并且非常有力地加强了英国理性主义的地位。

有趣的是,在这样一场思维的巨变中,人们未能欣赏到冲突必然引发的种种壮观的战斗场面,相反,看到的却是胜利者们主动妥

---

① 恩格斯著《英国状况》,《马克思恩格斯全集》,第一卷,第 657 页。

协的景况。

17世纪英国自然科学的主帅牛顿是一位非常虔诚的教徒。当他所创立的力学体系对天体运动的本质和天体横向速度的来源无法解释时，他就把上帝请进了他的科学体系。他宣称："没有神力之助，我不知道自然界中还有什么力量能促成这种横向运动。""没有神的力量就决不能使它们作现在这样的绕太阳而转的圆周运动。"①并且非常自觉地、不遗余力地运用自然科学的成果来论证上帝的存在。甚至晚年他还孜孜不倦地写下了150万字的有关宗教与神学的著作。无独有偶，对工作异常严肃的自然科学家波义耳，也是一个虔诚信教的贵族，在去世时留下的遗嘱中，念念不忘的居然是用他的年薪设立宗教讲座，用自然科学的知识来宣传教义！

看来，英国的自然科学工作者们似乎并未能意识到自己工作的真正意义，他们在无意之中已经将人类思想的轨迹从中世纪移到了近代，然而却还在喋喋不休地宣称要坚决地捍卫中世纪的信条。这是一种奇怪的矛盾现象，但也许正因为如此，当英吉利民族告别中世纪跨进近代时，没有激起守旧势力疯狂的反扑。

事实上，17世纪的科学工作尽管十分成功，但并没有像培根希望的那样，立即满足人类的各种需要。然而，主要是通过牛顿的工作，科学已经确立了自己的地位，成为在力学和物理学领域进行定量计算的非常有效的方法。牛顿把一切物质都归纳为受到各种力

---

① 《外国历史常识》（近代部分）（中国青年出版社，1980年版），第29页。

的作用的密实粒子,为科学的进步提供了巨大的动力。除此之外,牛顿的方法还有一个巨大的优点:它至少在天文学和力学中是实际有效的。人们开始把牛顿的方法普遍地应用于整个自然科学,甚至应用到神学和伦理学中去,而这恰恰就是牛顿本人的做法。然而,在这种做法的背后,已经隐含着一种完全不同于中世纪的信念,即认为人类单凭理性和计算就可以解决一切,这就远远超出了神学思想的范围。理性与信仰之间的地位问题,被虔诚的牛顿在不知不觉中解决了,并由此开拓了一个人类的新纪元——理性的纪元。

经过漫长的岁月,英吉利民族终于在思想上走出了中世纪。

三、理性——全民族的灵魂

牛顿的工作结束了一个旧时代,开创了一个新时代。然而,要巩固理性主义在思想界所取得的成果,并最终使理性成为全民族的灵魂,还必须历经一个艰难曲折的过程。

牛顿的理论首先遭到了著名的爱尔兰南部克罗因的主教乔治·贝克莱(George Berkeley)的挑战。牛顿的微积分理论一面讨论连续的量,一面又假设了时间与空间的无限可分性,他说的是一种流,而讨论这个流时又把它当作一系列微小的跳跃。正因为如此,流率理论遭到了反对,而当反对者是一位置身于科学界之外的圣公会牧师时,论战的性质便十分奇特了。

贝克莱主教认为:

正如我们的"感觉"在分辨极微之物时会变得疲劳和迷惑一样，"想象"（它是感官的官能从"感觉"而产生的）在构成对时间的最小质点或由此质点产生的最小增量等的观念时就更会模糊不清；它要理解瞬间和这些流性数量在新生状态时的增量，也即是它们在变成有限的质点之前刚刚开始存在的增量就越发困惑。看来，尤其困难的是设想这种新生状态的不完全实体的抽象速度。至于速度的速度——第二、第三、第四和第五等等级的速度——如果我没有说错，那都是非人类理解力所能及的了。人们的头脑越是深入地分析和追求这种飘忽不定的观念，就愈会感到茫无头绪，这些客体，开头是飞逝的、微小的，很快就消失不见了。无论在何种意义上说，什么二级、三级的流率肯定都是一种神秘之物。一个开始瞬间的开始瞬间，一个新生增量的新生增量，也就是说，属于还谈不上数量的东西——不管你从哪种意义上来解释，要得出这样东西的一个清晰的概念，如果我没有错，一定是不可能的。[①]

贝克莱继续论述道：

这种流率法的伟大作者也感到了这个困难，所以他不得不乞灵于那些精致的抽象物和几何上的形而上学，没有它们，他对于这些被公认的原理便会一筹莫展。……须知他用流率只是像建筑时的临时支架，一种一旦按其比例找出限定的外形之

---

① T. 丹齐克著《数：科学的语言》，中文版（商务印书馆，1985 年版），第 111 页。

后就被弃置不用的东西,可是这种限定的模型又是由流率而来的……这些流率又是什么呢? 是瞬息即逝的增量的速度。然而这些瞬息增量又是什么呢? 既不是有限的量,又不是无限小的量,也不是无。我们能不能把它们叫作死去数量的鬼魂呢? ……

对于宗教问题是那么明辨的数学家们是否也能严格对待他们自己的科学呢? 他们是否不敬奉权威,单凭借信仰,相信不可捉摸之物呢? 他们是否没有他们自己的神秘,或者更进一步地说,没有他们自己的龃龉和矛盾呢?①

贝克莱主教机敏的分析和责难在理论上无疑具有很高的价值,并在客观上推动了数学科学的发展。但这一论争的根本意义不在于此,而在于假如没有上帝的神喻,人类是否完全可以凭借科学知识和理性去把握、理解现实世界与在此基础上产生的抽象世界。这,才是实质的所在。而这一问题,在贝克莱之前,已经被英国的理性思想大师们探讨过了。

1667 年,是查理二世复辟后英国国内暂时处于和平局面中的难得的一年,哲学家们有可能坐在一起心平气和地讨论一些形而上学的问题。在一次讨论"道德和宗教的原则"问题的聚会上,一位与会者突然提议,在开始"对自然进行任何进一步的探究之前,必须首先检查我们自己的能力,看看我们能理解什么对象或不适合涉及什么

---

① 《数:科学的语言》,第 112 页。

对象"。①

此人就是大名鼎鼎的约翰·洛克。在下一次聚会上，他拿出了他对这一问题的系统的看法，这就是西方哲学史上最有影响的著作之一《人类理解论》所阐述的内容。

洛克最初深受法国笛卡儿理性主义的影响，认为笛卡儿的思想好像是"天国的启示"。然而在仔细思考之后，他却不能同意笛卡儿将"观念"划分为"来自外部的"观念、来自我们自身的观念和我们在自身之内发现的所谓"先天"观念。洛克只承认有前两种观念，他称之为"简单观念"和"复杂观念"。他不承认存在先天观念，这是他认识论的主要论题。

洛克指出：有些人说，"有某些思辨和实践的原则是全人类普遍同意的"，因而它们一定是一些"恒定的印象，是人的灵魂在最初存在时就获得的"，这种论调是错误的，因为儿童和没有受过教育的人完全不知道思维的规律，特别是不知道关于相同的命题不可能同时是真又是假的矛盾律。②

洛克进一步论证道，如果没有第三种"先天的观念"，人类的心灵是一张白纸，那么，人们心中的观念是"怎样被写上去的呢?"洛克的回答是，通过经验。人们通过感觉和反省，通过外部的实践和内部的知觉，心灵这张白纸逐渐写满了简单的观念。前者是认识外在于我们的事物的工具，后者是我们自己内心的活动，它给我们以内

---

① 雅克·肖隆著《哲学传奇》，中文版(辽宁大学出版社，1986年版)，第112页。
② 约翰·洛克著《人类理解论》第一卷，转引自《西方哲学原著选读》(商务印书馆，1988年版)，第447—449页。

心状态的知识,有时叫作内部的感觉或理解。这样,通过简单观念的结合,就形成了复杂观念。

　　洛克的经验主义式的理性主义与笛卡儿的思辨式的理性主义完全对立,对经验的推崇在洛克这里又一次表现为英国理性主义最重要的特点。这一点又反过来在科学上留下深深的印记,与德法或其他国家不同,英国科学特别讲究实用和类比。在英国,人们比在任何其他国家都更习惯于通过感觉而达到科学,而不是通过单纯的抽象思维去达到科学。想象是建立在经验基础上并且往往是具体而形象化的。法拉第把力看作是一种管状的东西,照他的想象力似乎具有橡胶制品的性能。卢瑟福则把原子当作乡村集市上一种投掷骰子的游戏来加以研究,他把粒子投到原子上去,然后看看有什么碎片落下来。英国科学家致力探讨的主要问题是,通过实验观察研究的对象如何作用。英国的科学能取得如此巨大的成功,正是源于其讲求实际的态度和健全的常识。而这个传统在哲学上的开创人正是洛克。

　　当然,洛克并不想否定上帝的存在,他承认宗教在灵魂等问题上的定论。但是,他毫不迟疑地否定人类有先天的上帝观念,坚持认为人只是通过把我们从经验中获得的智慧、力量和善的观念推至无限而形成了这种观念。

　　洛克的经验主义实质上已否定了作为一种宗教最高主宰的上帝的存在,然而他温和的人生态度却使他在有生之年并未受到任何致命的攻击和伤害,无论如何,这对于一个持有"异端"思想的哲学家来说是十分幸运的。

当然,如果认为洛克就此一劳永逸地完成了英国理性主义的使命就未免太天真了。就在洛克去世后的第六年,贝克莱主教发表了反击洛克的著作《人类知识原理》。贝克莱给自己提出的任务是明确的,那就是击败怀疑主义,证明上帝的存在。换句话说,他要摧毁的目标是"唯物主义"以及它隐含的和公开的无神论。贝克莱的确是一位神学的骁勇斗士,刚在数学和科学领域内燃起了烽烟,又立即转向了哲学的领域。

贝克莱所创哲学的基础是主观主义的感觉论,他试图从批判洛克过分强调经验而忽视理论的缺陷出发来构筑自己的理论大厦。贝克莱一方面承认洛克的"观念"是人类知识的唯一对象,另一方面却根本否定了世界上尚有客观存在的事物。他认为外界的万物都是人的"感觉组合"或"观念的集合"。我们不能说"感觉到的东西"即物质对象独立于我们的心灵而存在,只有人们感觉到它,它才存在。所以任何事物都不能存在于人的"心外",而只能存在于人的"心中",即事物的存在只限于被心灵感知的范围之内——存在就是被感知(esse est percipi)。

贝克莱显然知道自己理论的缺陷,他知道不仅每一个大街上行走的人——这些人作为朴素的实在论者是坚持物质客体独立于我们而存在的——将发现他的观点是荒谬的,而且许多富有经验的科学家和哲学家也会强烈地反对他的观点——他的观点与人们的常识及自然科学间的矛盾实在太明显了。为了摆脱困境,他求助于上帝的威力和恩赐。他宣称,世界上的事物如果不为我所感知,不存在于我心中,那就一定存在于上帝心中;人们之所以会产生感觉,能从经验中获得科学知识，认识自然，都是由于上帝的"刺激"和"巧妙"的安排；上帝的意志构成了自然规律，所以自然科学的任务就是研究和了解上帝的意图。

贝克莱的论证是缺乏说服力的，包含一些很常见的错误。例如，"房子"，并非一切"房子"都可以被感觉到，但现实存在的房子并不因为我们未感觉到它们就不存在。他认为世界万物的颜色是由上帝给予人的感官去发现的，但我们同样没有理由去推论，假如人的眼睛失明，世界上的颜色也就不存在了。显然，如果硬要强调心和精神在认识外界时的唯一性，除了不断地抬出上帝，利用宗教来威吓对方，是很难使对手信服的。不仅如此，由于贝克莱坚持认为饮用焦油水可以促进人类皈依基督教，这就更加损害了他的形象。然而，对他也不能完全否定。首先，他使理性与信仰的冲突始终限制在学术讨论的范围内，而不是将自己的对手打成"异端"；其次，他在千方百计捍卫上帝地位的同时，仍在努力寻找一条缓解冲突的路：那就是企图论证经验、科学和宗教三者的一致性，并以此来调和科学和宗教的矛盾。贝克莱的努力并未产生有形的结果，但为二者在冲突中融合的可能性奠定了一块基石。同时，他在论证自己的观点时不可避免地采用了大量的经验材料（非经验的材料根本不可能使辩论有条理地进行），实际上也就在很大程度上默认了洛克的原则。

毫无疑问，贝克莱的学说支持了传统宗教的主张，即认为世界最终是精神的，纯粹的知识是可能的，对上帝存在的怀疑是没有根据的。贝克莱的学说理所当然地受到宗教界的热烈欢迎，但并未由此改变宗教势力在日益发达的理性世界中的地位。由于洛克的经验主义已经包含着怀疑主义甚至无神论的端倪,因此一位新的思想家不仅将洛克与诸种经验主义原理发展到其逻辑的终端,而且反过来又动摇了此种学说本身的基础。

这位新的思想家就是大卫·休谟。

1784 年,休谟的《人类理解研究》出版。这位体质纤弱、易于疲倦、神经过敏的苏格兰青年进行哲学研究的动机是对思想自由的渴求,按他自己的理解,就是对理性的自由运用。

和洛克一样,休谟否认天赋观念的存在,他甚至同意贝克莱的观点,认为除了特殊的观念,所有的一般观念都不存在。他还认为最生动活泼的思想都抵不上最迟钝的感觉。因而,休谟是一个比他的前辈更为彻底的经验主义者。

然而,彻底也就预示着某种终结。

休谟比他的前辈更为深刻的一个方面是他对心灵知觉的理解。他把心灵的知觉区分为"印象"和"观念",后者是前者模糊的影像。他认为,印象是经验的最初材料,借助于记忆和想象,印象就转化为观念。复合而成的观念当然并不会完全与印象重叠,但一切简单观念都是与印象相似的,并在大多数情况下确切地再次印象。这种观点有着明显的漏洞,但休谟的企图不是仅仅为了探讨一个纯哲学的问题,正如贝克莱从物理学中赶走了实体概念一样,休谟从心理学中赶走了实体概念。

休谟认为,并不存在"自我"的这种印象,因此也没有"自我"这种观念,"就我而论,当我极密切体察我称之为我自己的时候,我总要碰上一种什么特别知觉,冷或热,明或暗,爱或恨,苦或乐的知觉。在任何时候我从不曾离了知觉而把握住我自己,除知觉而外我从不能观察到任何东西"。他以讽刺的口吻说也许有些哲学家能感知他们的自我,"但是撇开若干这类的形而上学家不谈,对人类中其余的人我可以大胆断言,自我无非是一簇或一组不同的知觉,以不可思议的快速彼此接替,而且处于不绝的裂变和运动中"。①

如果人类的知识完全起源于印象,我们的确没有理由断定物质实体的存在,同理可以推论,我们也没有理由断言以"内部"印象为基础的精神实体或"灵魂"的存在。此外,由于没有"自我"的印象,因而也就没有"自我"的观念。

休谟如此彻底的怀疑主义对宗教的威胁实在是太可怕了。他对精神实体是否存在的怀疑,不仅破坏了意志自由和我们的意识人格不朽的学说,而且从根本上否认了宗教赖以生存的根基——灵魂的存在。休谟自己也坦率地承认:"在人生的各样事情上,我们还是应当一概保持怀疑主义的态度。"而宗教的浮夸尤其危险,因此更应当加以怀疑。②

休谟的怀疑主义为英国的理性主义作出了很大贡献,因为怀疑主义必然是建立在理性的思维基础之上的,这种怀疑主义也由此构成了英国理性主义的一个重要特色。英国人对任何未被经验证明的事物,都习惯于用一种冷淡的、漠然的态度对待,决不像有些民族

①《西方哲学史》,第 199 页。
② 休谟著《人性论》第一卷,第四部,转引自《西方哲学原著选读》,第 532 页。

那样轻易地热烈拥抱一种新理论或扑向一种新事物。然而,怀疑主义进一步发展的必然结果,就一定会怀疑到经验主义和理性主义本身存在的基础。于是,休谟这个表面文静然而骨子里异常活跃的哲学家,自己也未曾料到在刺伤对手时也会刺伤自己。

从洛克、贝克莱到休谟,英国的哲学家们所进行的一系列激烈的理论论争,使英国理性主义在思维领域取得了很大的进展,但在信仰与理性的是非方面,仍未能作出有力的裁决——显然,纯粹的理论讨论如果不与社会生活的其他方面联系起来,就很难作出一个权威的结论。

而此时,自然科学的另一个分支——生命科学正在突飞猛进,并且最终对这一问题作出了裁决。

早在牛顿时代,哈维就运用解剖和实验方法,建立了血液循环理论。然而,在哈维之后的 200 多年里,生命科学却未能取得进一步的突破性进展。这一方面是受制于研究工具和手段的落后,另一方面也是由生命科学的特点所决定的。生命现象毕竟太复杂、太奥妙了,要从现象探寻到本质,尚需异常艰苦的劳动和其他领域科学技术的配合。

1665 年,罗伯特·胡克在显微镜下观察软木塞片,结果发现了细胞(虽然他发现的实际上只是干枯的细胞壁)。与此同时,荷兰的列文虎克也发现了细胞,遗憾的是,这两位学者都未意识到细胞对于生命的重要性,因而把这一具有历史意义的发现应用于生命科学的研究又推迟了若干年。

随着工业革命的进展,光学仪器得到了极大的改进。1831 年,英国植物学家布朗凭借新的观测手段发现了细胞核,德国科学家施旺和施革登最终对前人的发现进行概括和总结,建立了细胞学说。与此同时,地质学、古生物学、解剖学、生理学、胚胎学等也取得了长足的进展,这一切,终于为又一个思想巨人的诞生创造了条件。

这位巨人就是达尔文。

查尔斯·达尔文出身于一个名医世家,他从小热爱大自然,兴趣广泛,尤其喜欢打猎、采集矿物和动植物标本。其父认为他的兴趣爱好是游手好闲,荒废学业,就把他转到剑桥大学学神学。但这仍然无法阻止达尔文对自然科学的爱好,1831 年,达尔文在剑桥大学毕业后,作为博物学家参加了"贝格尔"号军舰环球考察。

这次考察历时五年,并由此决定了达尔文和进化论的命运。在漫长的航程中,每到一地,达尔文总要对当地动植物进行仔细考察,并挖掘生物化石,其结果是发现了许多前无记载的新物种。

一双智慧的眼睛,可以从相对平凡的事物中发现伟大的真理。正如牛顿从苹果落地发现了万有引力定律一样,繁多的物种也引起了达尔文思想的剧变,他从物种变化之间的联系推论到人类的产生,逐渐对千百年来根深蒂固地统治着人们思想的物种神创论和物种不变论产生了怀疑,在缜密的思考和激烈的思想斗争之后,终于使自己摈弃了上帝创造万物和物种不变的宗教说教,并且在马尔萨斯《人口论》积极制裁思想的启发下,确立了进化论的体系。

达尔文认为,一切物种都是在自然选择的作用下通过长期的生存斗争而产生的。适者生存,不适者淘汰,在适应中产生新的物种类型,实现生物的进化。1859 年,饱含着二十多年心血的《物种起源》一书出版，进化论的思想由此震动了整个世界。

如果说休谟的怀疑论已经动摇了人们对上帝的信念，那么达尔文的进化论则给了上帝致命的一击。休谟理论的虚弱之处在于，他与自己的对手都不可能为自己的理论提供有力的证据：教会当然不可能拿出灵魂存在的证据，而休谟也不可能拿出灵魂不存在的证据，因而争论可以永无休止地进行下去。然而达尔文的进化论则以雄辩的事实证明，物种是生物在自然界生存竞争的结果，上帝创世纪和塑造生命的神话也就不攻自破了。进化论使英国和整个欧洲大陆的理性主义者摆脱了一个难堪的困境，那就是他们早就从理智上否认了上帝创世纪的说法，却又苦于拿不出令人信服的证据，而现在他们终于可以利用达尔文提供的有力武器向宗教开战了。

于是，英国思想领域中的两军对垒，到此时发生了一个巨大的转变。宗教界的狂怒，学术界的兴奋，社会的震动，都不过是这种转变所引起的表面的浪花而已。从此以后，虽然宗教的势力依然存在，而神情严肃的黑衣教士们仍然庄严地宣称上帝创造了人类；然而，争论的双方内心都明白，原来的论题已经失去了意久，剩下的问题是，在新的人类理性世界中，如何给宗教一个适当的位置。彻底消灭对方似乎是不必要的，也不是英国的传统。

当理性主义取得了对宗教的决定性胜利之后，它的主要着眼点已不是穷追自己的对手（宗教自有其存在的合理基础），而是如何引导英国社会科学的发展和全民族理性思维的形成。

温斯坦莱、莫尔、霍布斯、洛克等人诚然是伟大的政治思想家和社会变革的先驱者，然而，他们更多地是将注意力放在对理想政体作探讨而不是用何种手段去实行社会改造上,社会科学也尚未完全从宗教中独立出来。英国人在进入近代以后,在实践中已培养出导致民族伟大的许多精神因素——他们从本国的土地,四周的海洋、气候以及自己历史变迁的教训中将这些因素提炼出来。这些因素出自面对怒涛的大海一连数周等待风浪平息的远航水手,出自在恶劣气候和贫瘠土地上奋力耕作的农夫,出自在世界各地活动的冒险家以及在强敌面前毫不退缩的士兵。艰苦的生活和严峻的国际环境(先后与西、荷、法等国交战)使英国人养成了勇敢、机智、耐心、目光远大、坚韧不拔,善于自我克制的美德。这种沉着冷静的性格,已显示出英国人可以对社会变化持一种理性的态度,然而,此种理性态度毕竟未上升到理论的高度,未成为一门独立的学科。因此,理性主义面临的新任务是把关于社会的思想和自然科学的成就结合起来,创造一种从理性出发而不是从上帝出发的新的社会哲学。首先在这方面做出努力的思想家是赫伯特·斯宾塞(1820—1903)。

斯宾塞是运用科学实证主义的观点和方法来分析社会的第一位英国人。他的理论在某种意义上可说是开创性的,因此被某些西方学者誉为"自亚里士多德以来一个智者所创造的最伟大的成果"。[1]

发展与进化的观点是斯宾塞学说的基础,这明显得益于达尔文的启示。斯宾塞从其著书立说的一开始就把以科学的方法分析社会问题放在首位,并在研究这些问题时刻意探索重大的内容和广博

---

[1] 欧内斯特·巴克(Ernest Barker)著《从斯宾塞到当代的英国政治思想》(纽约,1915 年版),第 90 页。

的哲学范畴。

斯宾塞努力的目标之一是使社会科学成为一门"科学"，彻底摆脱蒙昧主义的影响，因为蒙昧主义是神学思想统治的直接产物，它扼杀归纳法和经验研究的方法，已经成为英国理性主义进一步发展的障碍。从这个意义上说，斯宾塞的努力是有积极意义的。斯宾塞的主要武器是"普遍进化规律"。由于这个规律，进化便成了"物质整合"的原则和运动的起源，物质从不确定的、无联系的单一状态过渡到确定的、有联系的单一状态，而物质所固有的运动也在起各种变化。

斯宾塞的普遍进化规律建立在他的社会有机体学说的基础之上。斯宾塞将社会看作是一个庞大的有机体，而这个社会有机体和生物有机体有许多相似之处。但它们之间也有区别。其中最重要的区别是，在生物有机体中，个别或部分是为了整个而生存，在社会中则相反：

> 集合体的繁荣昌盛被看作与它的组成分子的繁荣昌盛无关，前者从来也不会被认为是社会努力的目的。是社会为了自己成员的幸福而存在，而不是成员为了社会的幸福而存在。应该永远记住，为了政治集合体的繁荣昌盛，无论做多大的努力，这个政治集合体一切主张本身都是微不足道的，如果这些主张有所实现的话，那只是因为它们体现了这个集体的组合分子的主张。①

---

① 赫伯特·斯宾塞著《社会学原理》第一卷（纽约，1896 年版），第 287 页。

这一主张表现了斯宾塞强烈的个人主义,而它最终发展成对社会竞争的崇拜也就不足为奇了。在斯宾塞看来,由于社会有机体与生物有机体的这一区别,社会应被称为超有机体,这个超有机体与周围世界的关系由能量均衡的原则加以调整。这种调整既表现在社会与其周围环境之间的生存斗争中,也表现在各类型社会之间以及构成某一社会的个体之间的生存斗争之中。如同自然界一样,这种生存斗争是普遍存在的,每一个社会,每一个社会中的个体,都有平等的权利和机会参与竞争,竞争的最终结果应是汰弱存强,让更加优异的个体和种族生存下去。这种生存竞争毫无疑问地构成了社会进化的基本动力。[1]

这就是斯宾塞的社会有机体论与进化原则,两者结合又构成了社会达尔文主义的基础。斯宾塞认为他的原则具有能动的方法论性质,可以根据这些原则拟订社会政治方面的具体措施,并能给社会改革、国家及其作用,以及社会冲突等问题提出定义。他的主要命题是,社会政治必须以对它所处的某一具体社会文化环境的经验研究为依据,从这种经验研究得出的结论是,社会政治的最佳原则是让进化的社会过程自然地进行,使之摆脱某些个体和群体的任意行为。

斯宾塞据此得出的结论是,在表述社会法则和拟订社会改革措施之前,应当详细地了解社会的实际情况,给国家的活动规定严格的界限,这是"自由的和自生的"社会进化取得成功的条件之一。

---

[1]《社会学原理》第一卷,第438—441页。

斯宾塞乐观地相信人类社会的发展必然取得进步，正如自然科学已经取得的那样。他认为进步是必然的而非偶然的，人类不是听凭上帝的意志任意摆弄的生物，而是凭着自己的智慧和理性在生存斗争中获胜的种群，随着这种斗争的进展，人自身也将得到不断的完善。

由此看来，斯宾塞的学说是为社会的变革和发展伸张的学说，他把社会比作生物体，是因为他坚信社会也必然像生物一样不断进化，由简单变为复杂，由低级而到高级。发展的趋势是不可阻挡的，变革的潮流是客观规律。斯宾塞用自然科学来解释社会，其目的就在于此。进化、发展、按自然科学的客观规律研究社会改造问题，是斯宾塞最关注的论题。很显然，斯宾塞创立了一种新的社会哲学，它是与洛克、潘恩等等的自然权利说完全不同的。斯宾塞指出社会是发展的，是由低级到高级的，是有客观规律可循的，这是他理论的积极方面。他的社会哲学从自然科学的成果中受到启发，如果说在此之前，经验主义已成为英国理性主义的重要特点的话，那么，斯宾塞则进一步将它推上了实证主义的阶段。经验主义传统是一种理性的传统，这是毫无疑问的，但从经验主义原则出发，也可唯心地解释世界，甚至也可用来证明上帝的存在（贝克莱即是一例）。与经验主义相比，实证主义虽与前者有直接的渊源关系，但明显地更上了一层楼。它要求摈弃一切虚妄、揣测、不确定、不精确和绝对概念，摈弃一切神学和唯心的东西，将实证性的、科学的理性思维放在至高无上的地位。斯宾塞学说的出现，显然为用这种方法观察社会提出了有益的建议。

但斯宾塞走得太极端了,他不仅把社会比作生物体而且认为它就是生物体,因此生物界的一切规律——适者生存、优胜劣汰等等,一概适用于人类社会。正因为这样,他主张无情地消灭寡妇和瘦弱儿童,以保证种族的进化、纯洁和强大,有利于该种族在世界各民族的生存竞争中获胜。他对弱者的无情是令人惊异的,他的学说中隐含着一种致命的错误。他竭力将自然科学的原理引进社会科学,这无疑是一个创举,但社会科学毕竟并不等于生物学。达尔文关于自然选择的伟大发现固然受到了马尔萨斯的启迪,不过他本人几乎从未将此原理应用于人类社会,他致力研究的是自然科学而非社会哲学。斯宾塞将进化论和自然选择的原理扩大到社会科学的范围之后,某种矛盾和不一致也就随之产生——人类社会并不完全等同于动物社会。

最先发现这种不一致并再次推动进化论向合理方向发展的是赫胥黎(1825—1895)。

这位当过英国海军军医的博物学家明确指出,社会哲学与自然科学截然不同,宇宙自然的生命过程不同于人类社会的伦理过程。宇宙自然包含自我维护的"天赋权利"以及通过残酷而无休止的斗争求得自我满足。而伦理特性则是在社会中聚结而成,其目的是人类的利益,并具有与这种利益相关并为其所控制的社会权利。事物的自然规律并不一定必然有助于人类的利益,他在《进化论与伦理学》中写道:"宇宙的自然状态并不是什么美德的学校,而是伦理特性的敌人的司令部。"[1]

---

[1] 转引自欧内斯特·巴克著《英国政治思想》,中文版(商务印书馆,1987年版),第91页。

赫胥黎认为:在自然界的斗争中,自然选择与生存的保障并不是为道德上的最优者,甚至也不是为身体上的最适者提供的,而只是为对在一定时期内起作用的环境最适者提供的,自然不知道德行,它的最适者也并不是用绝对价值的准则而是以对环境的适应这个相对准则来衡量的。倘若普遍的环境是低劣的,自然的最适者就也是低劣的。在这一个除了使自己适应环境别无生路的世界上是没有自由的,在一个以适者生存为唯一前提的不平等王国里没有平等可言。

用道德的尺度来衡量事物高低的是人类,说高级的东西应该生存的也是人类。这正是人之所以为人并由此区别于自然界任何一种生物的地方。人类既是自然的奴隶,又是自然的主人,这种双重身份既是他的光荣所在,也是他的悲剧所在。因此,人类应以自我约束取代自我维护,因为他要建造的是一个以人类的利益为目标的世界。他要求每一个人"不仅尊重而且还要帮助他的同胞"以取代竞争。他应该更多地致力于"尽可能多的适者生存,而不是最适者生存"。为了以伦理上的最优者的生存为目标,他要抑制斗争的宇宙进程。[①]

赫胥黎认为他的进化论观点不是对斯宾塞的否定,而是完善与补充,他强调了人类进化的意义与内容:这种进化应该主要是一种伦理的进化。他希望抑制人类无意义的生存竞争,但并不希望抑制人类对生活资料的竞争,因为这种竞争会导致真正的最优者产生,

---

[①]《英国政治思想》,第 92 页。

并使善者上升到他们的应有位置,恶者下降到他们的适当水平,因而是一种有意义的竞争。

强调人类的进化主要应是一种道德的和伦理的进化,这显然是赫胥黎将对进化论应用到社会方面所作的新的贡献,但他最重要的贡献是他还提出一种新的观点:他将人类社会看作是能够主动向自然提出挑战的人类理性的产物,从而人类就不是被动地去适应自然的竞争和选择,而是能将自然选择控制在一个适当的范围内,并使进化最终能按照人类的意志发展。

赫胥黎明显地在斯宾塞的基础上向前跨出了一大步,并使自然科学与社会科学的理性思维在同一个高度上逐渐统一起来。

和他的前辈一样,赫胥黎的学说也有一个漏洞,那就是对道德进步机制的论述含混不清。如果人类在不断地进化,道德是否也在进化? 衡量此种进化的标准何在?

著名的英国历史学家、实证主义的社会学家柏克尔(Henry Thomas Buckle, 1821—1862)为解决这一难题进行了探讨。

柏克尔关心的重大问题之一是使人类的社会科学也能和自然科学一样建立在稳固可靠的基础上。他试图借助于科学的方法而不是内容来解决赫胥黎未曾解决的问题。他认为,人类是以能够思维的生物而君临世界万物之上的。但如果大自然的力量过于强大,人类的思想就会受到压抑,不切实际的幻想也就会导致迷信;如果能对大自然令人恐怖的方面加以节制,人类就会有信心,也就敢于思考了。一旦人类能够思考,他也就赢得了这场斗争的胜利,他的思想是进步的主要动力。道德的伟大真理是永远不变的,其方位是固定不移的；理智的真理则是向前发展的。唯一能够阐明进步的并非那个固定不变的道德真理，而是这些向前发展的智慧真理。宗教迫害的销声匿迹并不是由于人类自身的发展，而是由于人类理性的智慧结晶——知识的发展。战争越是趋于消失，就越能通过将战争限于职业阶层而使思想获得解放；政治经济学的知识越多，就越能摧毁商业上敌对的学说；蒸汽机运用越多，就越使人们能更多地相互结识。柏克尔坚持认为，促使文明进步的主要动因是人类的理智与思想，以及人类智慧的结晶——知识。

从表面看，柏克尔只不过再次重复了培根的名言——知识就是力量，但实际上两者所达到的深度完全不同。培根宣称这项伟大的真理时，更多的是出自一种乐观主义的信念，而柏克尔则是在人类理性已征服了自然、文明世界的适当运转仍需要依靠人类知识的时候来宣称这一真理的，他更多的是出自对社会发展规律的深沉的思考。

总之，到 19 世纪末，英国人已习惯于用理性和科学的方法来看待世界了——不仅用这种方法来看待自然界，也同样来看待人类社会。当培根用"知识就是力量"来预言一个新时代的诞生时，柏克尔却是用"知识就是力量"来总结这个已经成熟的时代的特征。正因为如此，当人们回首往事时，已不必惊奇地指出，在短短的几个世纪里，依靠知识、科学与理性，人类已经取得了如此巨大的进步：地上的钢龙在奔驰，工厂的车轮在飞转，茫茫的大海上铁船在乘风破浪。这些过去人类只能在梦幻世界里见到的奇迹如今却成为眼前的现实，马克思曾公正地指出："资产阶级在它的不到一百年的阶级统治中所创造的生产力,比过去一切世代所创造的全部生产力还要多,还要大。"①

　　然而,人类取得的巨大物质进步、思想进步和科技进步并不能保证人类获得同质的伦理进步——现实的世界并不如人们(尤其是理性主义者)所预期的那样美满;战争、饥荒、失业、萧条等仍如噩梦一般笼罩着人们的心灵。

　　看来,要使人们觉得满足,仅仅依靠理性还不够,它似乎还需要其他什么东西。

　　事实上,对于每一个单独的个体而言,一个不能回避的问题是,他的生命是有限和短促的。如何才能赋予短促的人生以价值和意义,是历来思想家们探讨的一个永恒的课题。在这一过程中出现的一个基本问题是,理性无法解决自身的价值系统问题,这在休谟那里表现得特别明显。要解决理性本身的价值,只能在理性以外的系统中寻找——同一系统的事物并不能自己证明自己的价值。难怪哲学家们在呼唤人类之爱时,竟会最终认为,爱的价值来源于上帝,上帝就是人类之爱。② 而牛顿在解释行星运动的初始动力时,也把第一推动力归因于上帝。看来,人类是这个世界上最奇妙的生物,不愿意完全切断与非理性世界的联系。正如英国著名的人类学家马林诺夫斯基所说:

　　　　无论怎样原始的民族,都有宗教与巫术,有科学态度与科

---

① 《马克思恩格斯选集》第一卷,第 256 页。
② 参见 C. T. 麦克因泰尔(C. T. Mcintire)主编《上帝、历史与历史学家》(纽约,1979 年版),第 53 页。

学。通常虽都相信原始民族缺乏科学态度与科学,然而一切原始社会,凡经可靠而胜任的观察者所研究过的,都很显然地具有两种领域:一种是神圣的领域或巫术与宗教的领域,一种是世俗的领域或科学的领域。[1]

可见,即便在原始人类的社会生活中,凡靠知识理性能够解决的问题,他也不会去求助于宗教,否则就无法解释人类的各种技术进步了。而宗教的任务只在于解释知识理性所不能解释的事。这样一来,就比较容易理解:为什么在科学这么发达、理性已获全胜的时代,宗教仍然可以找到适当的位置,仍然可以在高度理性的现代社会生存下去。实际上,关于宗教的社会功能,现代人与原始人类并无本质的区别。差别在于:现代人宗教需求的领域已经非常狭小了,除了精神领域内一些难以解释的现象很容易到宗教那里去寻求庇护外,关于客观外界的理解人们已不需要宗教的帮助了。

如此,我们就触及英国思想界最富典型性的一个特点——这个特色确实最好地表现了英国的民族精神。英国虽然是近代自然科学最早发展的一个国家,理性也在英国最早取得胜利;但英国就其民族整体来说从来就不信奉无神论(和法国绝对不同),它充其量只愿推崇自然神论。

这样,宗教的地位就被完整地保留下来了,人们的精神活动中存在着两个价值参照系:当人们判断客观世界、处理实际问题时,用

---

[1] 马林诺夫斯基著《巫术、科学、宗教和神话》,中文版(中国民间文学出版社,1986 年版),第 3 页。

科学和理性的思维方式；当人们蜷缩进纯粹的精神生活时，他完全可以用宗教的观点来理解一切——只要他愿意信奉宗教的话。一个伟大的自然科学家可以相信上帝的存在，而上帝的存在并不妨碍他发现最伟大的科学定律。一个优秀的生物学教师毫不犹豫地传授进化论知识，而同时又在教堂中虔诚地相信上帝造人。你可以说这是思想混乱，是精神领域内不可宽恕的极度的自我矛盾。不过这就是冲突中融合的精神在思维领域的具体表现，中世纪的虔信与近代的理性在同一个思维实体中共存下来，然而却各司其职，对不同的思维对象发生作用。中世纪那种盲从与愚昧显然被打倒了，但理性仍给虔信留下了一席之地。从培根开始，经过牛顿，经过波义耳，到洛克，以及休谟，都表现着这样一种兼容性质，甚至斯宾塞和赫胥黎也都不想否定上帝的存在。

到 20 世纪，声名卓著的大哲学家伯特兰·罗素（1872—1970）提出了一个完整的体系。

罗素本人并不信宗教，他的大胆的无神论言论曾屡次引起宗教界的愤怒。然而，他却认为：当宗教摆脱了迷信和专断后，它会和理智一道，给人类的社会生活提供一些积极的东西。

罗素认为，人的活动有三个基本来源，即本能、思想和精神。本能的生活包括人与动物所共有的东西，一切关于保全自己和繁殖下一代以及从这些来源中衍生出来的愿望和冲动都属于这一类。它包括虚荣和爱好财物，爱好家庭，甚至包括某些产生爱国行动的因素。它包括一切冲动，它涉及谋求关于个人或个人所属的一个群体的生物方面的成功——这些冲动并不一定能导致成功，但其存在的理由都是为了成功。①

思想的生活是追求知识的生活,它小到天真的好奇心,大到思想的伟大努力。好奇心是最主要的动力,它是科学知识的大厦赖以生存的根基。由于知识对人类生活的巨大影响,大部分今天获得的知识已不再由好奇心促成,而是其他许多动机合力培养智力所产生的结果。获得知识的冲动和围绕着它的一切活动,构成了人类的思想生活。

罗素显然极为重视思想生活,他认为,思想的力量比任何人的力量都更为强大,凡是有思想能力的人和有想象力、能依照人的需要而思想的人,迟早有可能实现他们自己的理想。

罗素把宗教归入人的精神生活。他认为宗教发源于精神,却又力图统治和教训本能的生活:

> 我们对于他人的忧愁和喜悦可能与自己的忧愁和喜悦感到同样的关切,对于与自己完全无关的事情可能发生爱憎,也可能关怀到人类的命运和宇宙的发展而丝毫不想到与我们个人的关系。尊敬和崇拜,对于人类的责任感,对于被传统宗教解释为神的灵感和那些命令有不可避免和必须执行的感觉,这一切都属于精神生活。在这一切的深处,还存在一种半揭露的神秘的感觉,在这个幻象里一切普通的东西失去了它们坚实的重要性而变成了一种薄幕,在这种薄幕的后面,可以模糊地看到世界上终极的真理。这样一些感觉就是宗教的起源。如果

---

① 伯特兰·罗素著《社会改造原理》,中文版(上海人民出版社,1986 年版),第 120 页。

这些感觉死亡了，那么大部分最好的东西将会从生活中消灭掉。①

罗素的结论是：本能、思想和精神对于完整的生活都是重要的，缺一不可；各有各的优点，也各有不足的一面。三者互相冲突，都不可避免地侵犯着其余的两个方面。而理想的生活是三者应该在互相协调中得到发展，而且密切地融合在一个单一而和谐的整体之中。目前文明社会的弊端之一是思想较为发达，但牺牲了本能和精神，结果产生了一种奇特的不近人情和生气索然的现象，个人的和非个人的愿望都感到缺少，最终是导致人们的愤世嫉俗和智力的毁坏。他认为，能否把三者放到恰当的位置，这是通向理想生活的前提。

为使三者达到和谐，罗素提出了一项在政治和私人生活里都应奉行的最高原则，那就是促进一切创造性的东西，减少围绕着占有欲的冲动和愿望。教育、婚姻和宗教在本质上都是创造性的，但三者都因搀杂了占有的动机而遭到了污损。教育被用来灌输成见，以维持现状，不能用豁达的气度和大胆的思考来培养自由的思想和高尚的眼界。爱情本来是最富有创造性的，在婚姻中却被占有性的嫉妒所毁灭。宗教本来应该使精神上的创造性幻想自由地发挥，但后来被用来抑制本能的生活，或打击思想的生活，结果使宗教变得专断和腐朽。因此，由占有欲所产生出来的恐惧，代替了由创造力所

---

① 《社会改造原理》，第121页。

激起的希望。①

罗素的学说把理性与宗教放在一个新的角度上融合起来了。宗教在新的理性世界里重新获得地位并受到很高的评价，但它不能违背一项根本的原则，即它必须有益于人类创造性的生活而不扼杀人类的思想自由。受到制约的宗教成为人们精神生活的一个组成部分，并填补那些由科学和理性所无法占据的空缺。

理性与宗教这种新的合作是在新的前提下的合作，理性已经非常强大了，它可以让宗教来为自己服务。过去，科学是神学的仆人，现在，宗教则成为理性的仆人。双方各以不同的新角色共同参与人类的生活，其目的是满足人的需要，让人以他自认为最好的方式生活。——这本身不就是理性的高度体现吗？

罗素思想的出现表明了理性力量的强大，表明它在对宗教和迷信的战斗中取得了决定性的胜利。但它同时也标志着宗教和理性在冲突中找到了一个契合点，标志着英国理性思维模式的成型。

这种理性思维之所以最终能够成为全民族的共识，其主要的社会原因是对现实目标的追求。英国人是讲究实效的民族，现实的目标是靠自己的力量而非幻想，是靠科学而非迷信，是靠实干而不是空谈去达到的。英国人在改造客观的实践中重新铸造了自己的主观世界。

①《社会改造原理》，第 139 页。

第五章　英国风度的造就

　　风度对个人而言,是指其举止、言谈、品行等内在素养和气质的外在体现,对一个民族而言,则是其文化内涵的群体外露。文化是受价值引导的体系。由于文化同人的生物需要无关,同人类再生产的需要也无关,因而文化满足的不是躯体的需要,而是价值标准的需要。

　　价值标准是人的行为的方向与目标,任何要达到某种目标的活动,都是有价值定向的,所追求的目的无一例外地受价值规范的约束。甚至在纯自然科学的领域内,人们的活动也受着价值规范的引导。这不仅指一般意义上的追求真理,而且还指特定意义上的追求某种挑选出来的掌握真理的方式。在文化领域内,不存在脱离价值标准的领域。

　　如果从系统论的角度看,不仅人类,就是整个自然界存在的任何系统,都不可能脱离价值规范的约束。自然系统无一例外地损耗物质的宇宙,向它内部聚积秩序和能量,把无秩序和熵留给它们的环境。在环境走向衰败的同时,这些系统自己却保持稳定状态。与所有的自然界系统一样，作为个人和现实的人类系统，也必须维持自身的运转，抗拒一切事物都有的那种衰败趋势。而要做到这一点，就必须完成必要的维修，包括最终实行根本性的维修，即再生产系统，用新的系统整个地替换自身。这也是所有自然系统的共同价值标准。没有任何系统能在很长时间内拒绝这些价值标准而不受其约束。因为不受价值标准控制的系统很快就会崩溃。

对于人类社会这个世间最复杂的系统而言，价值标准不仅决定着系统自身的生存。而且也决定文化实体内人们对理性、感情体验、想象和信仰等等的深度需求。一切文化都同这种超生物的价值标准相适应。而文化以什么形式做到这一点，则取决于人们具有哪种特定的价值标准。

不同的文化具有不同的价值标准，英国风度即为英吉利民族文化传统和特有价值标准的外化形式。

一、贵族社会与贵族精神

英国人特有价值标准的形成与英国独特的历史背景和社会环境有着密不可分的关系。英国人虽然标榜自己"生而自由"，但其社会结构并非"自由"，因为完全"自由"的社会结构根本不可能在现实世界中存在。任何社会结构都需要一定的凝聚力，而这往往意味着某种强制。当近代社会的曙光初露时，"生而自由"的英国人所生存的社会形态完全是一种金字塔式的结构。金字塔的顶端高坐着国王，以下则为贵族、乡绅、市民、工农等。金字塔式的社会结构本身是固定的,但各个社会阶梯上的人则有可能凭自己的努力进入高一级的阶梯,社会的垂直流动性比欧洲大陆各国都容易得多。

至少从 15 世纪开始,到英国的外国来访者和英国人自己都有一种强烈的感觉,那就是英国社会与欧洲大陆社会有一种巨大的差别,即通过自我奋斗而成功的人容易获得相应的权利和社会地位,无论这些人是律师、商人或是企业家。同样给人留下深刻印象的是,这些雄心勃勃的新富们非常急于成为新贵族,并且也有足够的心理准备进入贵族阶层。这种热情和欲望比他们在欧洲大陆的同行们显然更为强烈,因为他们确实容易实现在他们的欧洲大陆同伴看来几乎不可能实现的目标。① 这种垂直流动的灵活性使得学者们将英国的上流社会称为"开放的精英"。

虽然如此,英国社会生活中无形的等级观念却十分令人吃惊。在伦敦的公共场合,人们很少与旁人交谈,唯恐稍不注意,与地位较自己为低的人交谈而失去自己的身份,这在欧洲大陆各国同样也是罕见的。正是这种对自由的向往与浓厚的等级观念共同构成了英国的文化传统。

这样一个社会就本质而言是一个典型的贵族社会。

20 世纪 80 年代,当一位女士采访一位公爵时问道:"你在此似乎十分看重等级,你是一位——公爵。"公爵的回答是:"但首相可以制造一个公爵;假如一个人可以通过他自己的才智上升到那个地

---

① 劳伦斯・斯通(Lawrence Stone)与珍妮・C. 福提尔・斯通(Jeanne C. Fawtier Stone)合著《开放的精英》(牛津大学出版社,1986 年版),第 3 页。

位，没有人会去想他的父亲或祖父是谁⋯⋯我们的贵族阶层是靠着不断地从人民中吸收新成员而获得其自身的力量的。"[1]

这段对话从一个侧面反映出英国贵族的来源。毫无疑问，在现在，英国贵族不是一个封闭的、排外的种姓集团。但这同时也就给贵族的划分造成了困难：在一个给定的时间内，究竟哪些人属于贵族的范畴？英国的贵族起源很早，在盎格鲁-撒克逊时代，社会上即有贵族存在。贵族的起源，一部分来自世袭，一部分来自君主的赏赐——往往是在战争中立下大功的武士。随着英国社会的发展，贵族阶层的构成也发生了变化。

14 世纪初，被称为"Nobility"的统治阶层是每年收入在 20 镑以上的约 3000 名地主。由继承祖业而成为贵族者与新近挤入贵族阶层者有显著的区别。这种区别主要在于他们的穿着以及关于"绅士"的概念，1500 人左右被称为"显贵"，而其余的人则被称为"绅士"。随后，绅士的范围逐渐扩大。在 15 世纪时，绅士的首先和主要的含义是指国王、王后、公、侯、伯、子、男等五爵，这些人被称为贵族，无爵的人被称为领主或 Noblemen，虽然译为汉语都可叫作"贵族"，但含意确有微妙差别。

事实上，自 1580 年起，大土地主已逐渐分为两个部分，第一部分可称作"郡绅"，包括国王和所有在城镇居住并操纵着英国政治权力的统治阶层，虽则有的郡绅并不富有；第二部分则是所谓"乡绅"。

---

① 安东尼·特洛罗普(Anthony Trollope)著《公爵的孩子》(牛津大学出版社，1983 年版)，第 390 页。

乡绅的利益和影响很少超过两个村庄,他们一般只受到初级教育,并且一般也不会得到超过治安法官职务的行政职位。而郡绅则一般拥有更大的权力、更多的财富,受过更高的教育,大多到欧洲大陆旅游观光过,他们在才智和政治方面的影响也就更大,不仅地方的政治权力往往控制在他们手中,就是上院也主要由他们构成。

这两部分人住在面积、规格和功能各不相同的住宅中,这是由他们不同的生活方式造成的。乡绅一般只在有限的范围内、较短的时间里进行娱乐活动,而郡绅则有能力并出于政治上的需要而过较为豪华的娱乐生活,因而也就需要较大的住房和活动空间。土地主们的宅邸往往成为巩固社会某一区域的社交和政治中心。

由于有以上这些情况,有的学者为贵族下的定义是:"所有无论是出自幸运或受教育程度并已习惯于和贵族家庭生活在一起的人。"[1]这个定义有它的含混之处,它几乎把所有与贵族有联系的人都包括了进去。因而,有必要给贵族一词以较为准确的解释。

贵族是一个集团,最初使用的词汇是"Nobility",以后逐渐被"Aristocracy"替代。这个词总的来讲是指一个统治阶级,一个社会等级,一批统治者或领导者。在英国,至少在 20 世纪之前,这批人包括上院的所有成员,以及无封号的贵族家庭成员和其他某些人。这个等级之中也有明显的等级差异,但总的来说他们构成了一个无形而有力的、能够持续地延续下去的社会集团。正如第十四代德比伯爵 1846 年在上院所声称的,所谓贵族,其含意是指"这个国家中一个

---

① J. V. 贝克特(J. V. Beckett)著《英国的贵族》(英国,1986 年版),第 20 页。

伟大的土地拥有者集团"，他们之中的许多人并未得到封号，许多人也不因为令人注目的财富而区别于其他社会等级，然而其整个家族却世世代代居住在自己土地的范围内，并在该地区经营商业，影响着其邻居的意见和舆论，行使着堂堂正正的家主职权，并且考虑世代租用其土地的农户的愿望和情感。[①]

从贵族的这一定义出发，不难发现对土地资产的占有是构成贵族身份的最主要的因素和条件。事实上，直到第一次世界大战之前，尽管英国人在形式上已得到了足够的自由与权利，土地仍然几乎是唯一的达到社会和政治上层的通行证。一个家族拥有的土地越多，那么它得到上升的机会也就越大。土地代表的不仅仅是财富，而且是稳定和持续，在国家内拥有一份固定的利益并使之有资格参与统治。土地的拥有给渴望进入上层的人物提供了或迟或早进入社会与政治权力核心的保证。用威廉·马歇尔的话来说，"土地财富是其他一切物质财富的基础；只有依靠它，人类才能声称自己获得了生活、流动和存在的权力。"[②]

S. G. 西尼尔也认为："从事物的本质而言，你不能将土地仅仅视作可供出售的商品……你购买了土地，也就获得了所有可以通过金钱购买的物品，这就是土地永远不能与其他贸易货物等同视之的原因。"并且就本质而言，土地已超出了商品的范畴，它提供的是"社会地位"。[③] 正是土地的这种特殊的社会功能，使《经济学家》杂志在

---

① 参见 J. J. 巴格利(J. J. Bagley)著《德比伯爵 1485—1985》(英国,1985 年版)，第 173 页。
② 威廉·马歇尔著《论英国的土地财富》(英国,1804 年版)，第 1 页。
③《英国的贵族》，第 43 页。

1870 年作出如下评价："对于一个英国的百万富翁而言,将其资产的一半购买一万英亩的土地,即使只获取百分之一先令的收益,也是值得的……他在多数人的眼中将由此成为一个更加伟大的人物。"①总而言之,追求土地并非为了经济利益,而是为着政治影响和社会地位,这是土地在英国社会中占有不寻常地位的原因。

土地占有与社会等级之间有着密切的联系。1883 年,英国最大的四份地产全部被公爵拥有,其余十处 6 万英亩的土地资产也全部属于贵族。在拥有一万英亩以上的土地拥有者中,有 21 位公爵,19 位侯爵,74 位伯爵,248 位男爵,64 位从男爵,仅有两名是骑士。对土地的拥有量反映出一个明显的由下而上的社会阶梯,几乎可以说,以土地的拥有量作为一种标尺来衡量一个家族在英国的社会地位,是大致不会错的。

土地长期以来即便不是社会等级的保证,也是一种必要的证明,至少,这些拥有土地的贵族们可以不必从事有伤体面的行业而照样可获得一份稳定的收入。一般认为,在 18 世纪初,年收入 3000 镑才可获得男爵资格,而至少要 4000 镑才可获得子爵的资格。在 17 世纪,这种财产资格要稍低一些,很大程度上也与物价有关。但无论如何,经济状况,尤其是每年有固定来源的稳定收入,是获得贵族头衔的异常重要的条件。1702 年时,马尔博罗夫人由于年收入仅 5000 镑,所以还很不愿意她丈夫接受公爵的封号。当然,反过来,当一个贵族的经济实力增强时,他也往往提出更高一级的爵位要求,

---

① 《经济学家》,1870 年 6 月 16 日。

因为他已拥有获得此种爵位的资格。

此种对土地资产和年收入金额的看重,也会使一些处在经济困境中的贵族面临难堪的局面。第十三代威文斯比勋爵继承头衔时,难过地发现,自己的年收入已最多不超过 100 镑了。而 1713 年时,柯文伯特勋爵的收入加在一起,也不超过 200 镑;汉威萨姆勋爵则被人形容为"绝对正直,但非常贫穷"。政府不得不为这些陷入困境的贵族提供年金补助,一部分原因是使他们能够继续出席上院的会议,一部分则是出于一种观念,即国家对受封为贵族的人应该提供资助,而不论他现在的境况如何。在 1754 至 1762 年间,纽卡斯尔公爵曾给 16 名贵族分发过 5 万镑左右的政府救济或补助金。不过,人们并不因此减少对贵族的应有尊敬,因为从总的趋势看,贫穷只是促进了长子继承法的实施,而未成为英国贵族社会的普遍问题。①

从另一方面看,要想不断地提高自己的社会地位,就得不断地增加地产,增加地产收入。靠什么途径去达到这一目标,是一个颇有意思的问题。在某种意义上,一个社会的可耕地是恒定的,如果不侵犯别人的权益,就很难获取新的土地,即便通过购买,也要对方愿意出售才行,而这又会引起许多社会问题。尽管如此,凡是有强烈"上升"欲望的贵族,还是通过一切方法去获取土地。18 世纪末至 19 世纪初,仅在诺福克一处,托马斯·威廉·柯克就花费了五万镑去购买土地,有时甚至连一英亩左右的土地也不惜重金购买。② 不

---

① 约翰·坎农著《贵族世纪》(剑桥大学出版社,1984 年版),第 11—12 页。
② 乔安娜·O.马丁(J. O. Martin)著《格拉摩根的土地资产》(剑桥大学出版社,1978 年版),第 252 页。

仅如此,为了巩固和繁荣已有的领地,贵族们一般也参与自己领地的工商业活动,并尽力将这些重要的经济部门控制在自己手中。

在购买中,为了减少相互摩擦,有时出售是在市场之外进行的,往往带有一种交换的性质:贵族甲把自己在远处的某些地产出售给贵族乙,贵族乙则把自己在贵族甲附近的地产出售给对方。完全破产的贵族,一般将地产转移给旧有的同伴或是新暴发的商人、企业家之手。

收买尽管是增加地产的一种方式,但大部分地产的易手出自旁系继承。这种继承主要通过两种渠道:一是通过婚姻,二是很多家庭缺少男性的直系亲属,从而将地产转入了女方手中。这种状况在18世纪尤其普遍,当时的贵族家庭中,有三分之一的地产是由女继承人掌管。这样,在联姻中,一些家族由于无男性继承人而中断了谱系(仅在格拉摩根一处,1700—1760年间就有40个家族因无男性继承人而消失),而另一些家族却通过娶进有地产的妻子增加了自己的土地面积。显然,一个继承地产的贵族女儿会成为贵族们激烈争夺的对象。另一方面,有财富的商人或其他新富,通过购买地产,也增加了自己女儿出嫁的身份,这种联姻,也是增加地产的一种方式。

尽管有着上述的那种方式去增加地产,但从总的趋势看,在工业革命前后的两个世纪中,大地产拥有者的资产变化不大。几乎十分之九的最富有的土地所有者不仅在工业革命中将他们的土地保存了下来,而且增加了他们的地产。这种大地产的稳固性实在令人惊异。那么,是什么原因使大地产在经过剧烈的社会与经济变动后依然如故呢？按亚当·巴多的说法是：

> 将地产与权力集中在一小部分人手中的重要性是受到极
> 度重视并被认真考虑对待的，即使地产不是由遗嘱或协议规定
> 由某个子孙继承，法律也要进行强制性的干预，实施神圣的长
> 子继承法原则。不管什么时候，如果一个人死后无遗嘱，那么
> 长子就自然地继承他所有的财产。不仅如此，为了限制土地拥
> 有者的数量，政府作了种种法律上的限制来制止土地的转移
> ……以致在英国购买土地成为最困难的事……此种趋势使得
> 小土地所有者逐渐地消失，而大地产则逐渐增加……而此种制
> 度并不仅仅是由环境所造成的……它也是现在法律与政治的
> 意图与目标。①

从这个角度看，英国的贵族体系虽然是开放的并可获得相当程
度的自由流动，但并不意味着可以轻而易举地挤进这个阶层。相
反，为了维持自身的稳定，英国贵族对其他阶层人的侵入还作出了
种种限制。可见允许流动和相对稳定，是英国社会的一大特点。

然而，土地资产尽管是进入贵族阶层的基本条件，却不能保证
一个人或家族一定可以挤进贵族行列。一个暴发户与一个世代的
贵族之家相比，无论在哪一方面，都有着明显的差距。很多学者也
注意到了这点，那就是，除了土地资产，还有若干因素也在贵族的构
成中起着重要作用。

---

① 《英国的贵族》，第 88 页。

　　这些因素中的第一个便是血统或门第。一个新富要想进入贵族行列，一般要三代人时间。因为此时，该家庭在社会上已有一定声望，在舆论上已被认为是"上等人"了。要建立起一个家族的名望是一件严肃的事。相关人员必须为此付出相当的心血，以便为自己找到具有光荣血统的证据。这种努力与进入贵族阶层是如此密切相关，以致到 19 世纪后期出现了种种臆造家谱的事，很多声称自己具有"贵族"资格的家族，将其血统一直追溯到了中世纪。而这种证据，不是莫名其妙就是出自巧妙的伪造。

　　因而，不仅某些试图进入贵族圈子的新富遭到了攻击，就是一些通过做官、供职以及联姻等方式刚刚得到贵族封号的人，也受到"正统"贵族们的白眼，指责他们缺少贵族那种高贵的气质、优雅的谈吐。由于这种世俗的偏见，完全凭才能、财富及为国家服务而试图进入上层社会的人，就常常会碰到意外的障碍。乔治二世时期，纽卡斯尔公爵曾为在外交服务中立下大功的本杰明·基恩请求爵位，结果却遭到了拒绝，理由是该候选人出身卑微，而替他帮忙的人，似乎对这一点考虑太少了。[①]

　　指责小皮特在首相任期内提升贵族时不注重门第也是他的政敌给他立下的一大罪状：

　　　　如此慷慨地把华丽的桂冠分撒给不适当又不配享受它们的人，已成为一件使人惊讶而不得不关注的事……我确信，一

---

① 理查德·洛基（Richard Lodge）著《本杰明·基恩爵士的私人信件》（剑桥大学出版社，1933 年版），第 28—29 页。

般来讲，新的贵族封号应该给予那些正派的、有着尊严的家族出身的人，这些家族已被公认为上等家族。……由皮特先生提名为男爵候选人的78人中，不仅许多人的姓氏不被一般的历史学家所知晓，就连以足够充裕的时间，加上过人的细心，到地方档案中去寻找，也很难发现这些姓氏。[①]

在这样的责难中不难发现两个事实：第一是无光荣门第而试图挤入贵族阶层的人会遇到重重障碍，二是尽管有障碍却还是有为数不少的"白丁"挤进了贵族的圈子。事实表明了旧贵族的某种危机感。因为他们担心被这些新加入者们取代。在工业革命中，无论有多少新富试图挤进贵族的圈子，贵族的总数仍然减少了。从1760年到19世纪初叶，贵族的总数减少了30%，但很多有贵族衔号的姓氏发生了重大改变，新的统治阶层由此而产生。根据约翰·坎农的统计，新的统治精英们并非自天而降，他们之中的大多数人与原有贵族有种种联系，有的与贵族的女儿结婚，有的是贵族的外孙，有的是贵族的表弟，有的则与贵族的姑妈有血缘关系。总之，他们通过各种渠道早就与贵族社会发生了联系。[②]

据估计，自中世纪起，就世代居住在自己的领地上并保留着贵族称号一直生活到现在的家族，最多在一打左右，大部分具有古老姓氏的贵族，的确在18世纪末以后就逐渐消失了。换言之，从一个短时期看，贵族的构成变动不大，其队伍非常稳定，然而从一个较长

---

① 《英国的贵族》，第95页。
② 参见《贵族世纪》，第24—30页。

的历史角度观察，贵族的变化却是惊人的。喜欢渐进的英国特色，就连在组成贵族、构成精英集团这个方面也充分地显示出来。

如果一个新富承认他自己进入贵族圈子的希望非常微小，那么他一般就到他自己庄园中去寻找乐趣，并为他的家族在晚一些时候进入最上层而奠定基础。这种基础除了乐善好施、在公众中树立良好的形象外，主要便是接受专门教育，以便有一天能担负起领导国家和社会的责任。因此接受贵族教育也是贵族构成中的一个重要因素。

这种教育是一种特殊的贵族式教育，不仅想进入贵族圈子的人必须接受此种教育，就连试图保持住贵族地位的家族，也必须让孩子接受此种教育。换言之，没有受过此种教育，便不能称为上等人。

此种贵族教育一般而言有四个特点。

第一，教育的目标是将他们培养成为能承担社会领导职责和胜任政府工作的人。第二，越来越精细的标准化教育使学生易于产生共同的人生态度和目标。在伊顿、威斯敏斯特、威彻斯特等几个公学中，学生们几乎全是读拉丁文，以至他们在进入大学后所做的事不过是再读一遍这些书而已。这些课程都以大思想家的著作作课本，许多上层阶级的人士不仅从中得到乐趣，而且吸收了其中的价值观念，其中最主要的便是恪尽职守以及贵族统治的正当性。古典式的教育渗透了他们的心灵，他们用古罗马、希腊式的艺术品装点他们的房间，修建罗马式的回廊，在花园中修起喷泉、花亭；他们的心里充满着古典的形象与榜样。他们用拉丁语交换对报纸的看法，甚至在拍电报时也用拉丁语作密码。他们羡慕古典时期的秩序、平衡、和谐、对称和节制等美德。他们最喜欢的诗人是贺拉斯，欣赏他的温和、超然以及对自然生活的热爱。在波利比阿的著作中，他们获得了有关混合政体的平衡概念，而贵族正是树建此种平衡的人。在亚里士多德那里，他们得到的教益是，出身高贵的人比出身不高贵的人更能成为一个完全的公民，好的出身在世界各国都得到承认和尊重，并且普通人民对此一般也不作异议。毫无疑问，贵族学校所设置的课程对学生的一生有极其重要的影响。第三，他们在学校住宿期间，结成了广泛的同学关系，并由此加强了贵族之间的联系。17世纪革命后，贵族们对此种联系更为珍视，因为他们发现，贵族之间的分裂将会给统治集团本身造成恶劣的后果。因而，以后的贵族就非常珍视个人间的友谊，尤其是校友的特殊关系，这保证了英国贵族可能在政治见解上针锋相对，但却不至于再次以兵戎相见。1784年，许多法国人认为英国大概要爆发内战了，而在英国却根本无人作此种判断。最后，上层阶级对高等教育在事实上的垄断，保卫了他们的统治地位。除了高贵的血统可以自豪外，他们享受的较高水平的教育使他们在才智上也产生高人一等的感觉。在18世纪时，他们对学术团体的控制也是很大的，不允许有与贵族见解不同的人进入牛津和剑桥大学。根据统计，受教育的经历与在政府要害部门担任职务的可能性成正比，在1775至1800年间，担任首相的人87％受过古典学校的教育，而议员中受过此种教育的人数也在不断增加。

像伊顿公学这样的学校，其首要宗旨是使学生成为举止优雅、谈吐不凡的绅士。这种学校不仅在试图进入贵族圈子的人和贵族本身中影响很大,而且最终俘虏了中等阶级。贵族的儿子和商人、银行家、律师、企业家的子弟相互挤着肩膀进入同一座公学学习,在那里他们都接受同一种价值规范,尽量使自己成为合格的绅士。随着英国的对外扩张和文官制度的建立,公学的竞争性入学考试开始成为一种普遍选择人才的方式,而接受公学教育也就成为进入精英阶层的最好方式了。

联姻是进入贵族行列的另一条途径,有广泛的家族联系是贵族的另一个条件。婚姻是一种社会职责,它受到家庭的约束,也扩大了社会的联系。由于婚姻事关重大,贵族们对此极为重视,以至1753 年议会通过了《哈德威克婚姻法》,该法提供了种种可能的强制性措施,保证家族和集团能在联姻中获得最大利益。在这样的情形下,贵族婚姻一般在贵族之间进行也就毫不奇怪了。

贵族们对儿女的婚姻极为重视,总的原则是这种婚姻要有利于家族的巩固与上升,无论在经济上或是政治上都如此。因此,即便在平时的社交活动中,他们的子女一般也是在与自己等级相当的人中间活动,而不愿屈身俯就等级较低的人。长子的婚姻尤其受到重视,因为这不是他个人的事,而是整个家族的事,因此做父亲的一定要保证长子在可接受的社会阶层中解决婚姻问题。在18 世纪,84％的地产继承者们是按此愿望联姻成婚的,在19 世纪此比例也达82％。18 世纪,81 位公爵中只有8 位是尚未婚配就已去世,其中3 位尚未成年。在婚配的对象中,仅有5 位是没有绅士背景的女子。

尽管贵族之间的婚姻具有强烈的排外性,但婚姻中另一重要因素逐渐地松动了此种限制,这就是婚姻能否改善自己的金融处境。

有一大笔遗产的女继承人是多数贵族子弟追逐的目标,因为这是一个减少家族经济麻烦的绝好机会。18世纪中期,20%多的贵族子弟其新娘是此种女继承人。然而,具有贵族血统的女继承人毕竟是有限的,而且,随着时代的变迁,这类贵族女主人越来越少,这就迫使需要结婚并想通过婚姻来改变自己经济境况的贵族子弟将目光转向别处。其结果是,至18世纪末,找不具备贵族血统的女富翁结婚的贵族越来越多,其比例逐渐达到46%。[①]此种婚姻经文人学者描绘出的场面是:一个渐入贫困之境的贵族子弟,手中拿着象征贵族光荣血统的桂冠,去找一个普通人家的富有新娘以减轻自己的经济压力。第二代沃伦廷顿伯爵毫不掩饰地对他的兄弟讲,他的经济困境已超出了他能承受的程度,因而能否增加收入是婚姻应该考虑的最主要因素。经过一番周折,他终于和伦敦一位富商的女儿结了婚,而4万英镑的嫁妆使他立即还清了自己所欠的债。

当然,传统的贵族对此种联姻往往是嗤之以鼻、冷眼相看的,他们往往认为此种举动有伤贵族的体面。从另一方面讲,富有的商人或银行家的女儿,是否愿意离开繁华的都市,到乡村去和一个豪绅结婚,也需要作审慎和颇费周折的考虑。但无论如何,经济因素毕竟是重要的,所以,在18世纪末以后,不仅金钱和地位的联姻继续进行,而且出现新的变化,不少商人和企业家开始娶绅士的女儿,换言之,财富的持有者在婚姻中开始占据主导地位。

---

① D. M. 托马斯(David M. Thomas)著《18 与 19 世纪英国贵族婚姻形式的社会起源》(英国,1972 年版),第105 页。

在种种因素的制约下，通过联姻进入贵族阶层虽然是可能的，却也并不是一件容易的事，往往需要一至两代人的努力才能使一个家族在贵族的队伍中站稳脚跟。其过程往往是第一代人与等级较低的贵族结婚，第二代人再与等级较高的贵族结婚，以便逐渐上升到与自己经济实力相称的贵族等级。在 17 至 18 世纪的两百年中，新成为绅士的家族有 59％通过婚姻而挤进了贵族的行列，而原有的绅士和男爵，从联姻中得到上升机会的不过 20％。

除了土地、出身、教育和婚姻，另一条挤入贵族阶层的捷径是从政。"光荣革命"之后，提升贵族和册封贵族的实权已从国王移到了首相手中，因而对政党的忠诚往往也就成为能否成为贵族的重要因素。同时，利用册封贵族来达到政治上的目的，也成为屡见不鲜的事。在 1711—1712 年，为了使首席大臣能击败上院的对手，安妮女王册封了 12 名新贵族。自此先例一开，不断有人出自政治原因要求封爵。皮特经常遭到贵族们攻击的原因之一便是他在 1784—1801 年间在推荐贵族人选时将政治考虑放在第一位。

不过对政党的忠诚只是被提升的一个原因，爵位通常是作为对某人为国家作出特别出色的贡献而作的奖励。19 世纪以后，完全因为对政党忠诚而封的爵位已经不多，越巩固的政府，也就越不需要通过封爵来加强自己的地位。这样，为国服务便成为政府册封贵族的主要依据。在所有通往贵族阶层的阶梯中，这种方式或许是最富积极意义的。它不但保证了为国效力或作出特殊贡献的人（包括在科学或工业界作出巨大贡献的人）能得到一份难得的殊荣，也改变了贵族本身的成分，使社会精华能缓慢地，然而却是持续地进入社会最上层。

无论是通过继承还是通过其他渠道进入贵族圈子的人，他们的一项主要任务都是将家族的荣耀传给下一代的长子。假如可能的话，他还将给儿子创造在金钱、社会乃至教育方面的更好条件，使得家族更为荣耀。另一方面，他又希望尽可能不要为自己的女儿支付嫁妆，以便把尽可能多的钱财或土地留给自己的次子或幼子，以便使他们能以绅士的资格开始生活。他同样也希望能通过某种方式借钱、赚钱以便偿清债务。由于地产是固定的，祖业一般只会越来越少，因此要同时达到这两个目标几乎是不可能的，往往引起激烈的冲突。在这样的情况下，贵族们所能做出的选择一般只能是将绝大部分财产传给长子，而让很少的一部分留给次子或充作女儿的嫁妆。

在传给子女的资产中，"seat"（基业）是一个非常重要的概念。它一般指坐落在乡村的祖业，包括亲属家人和住宅（house）。一般的绅士只有乡村的"seat"，而富有的贵族则除"seat"之外，还有城中的"house"。而乡村的 seat，除了有血缘关系的一大家人的居所，附近尚有祖先的墓地，并有就近可以使用的教堂——这往往是为了贵族们做礼拜的方便，自中世纪开始就修建起来的，因而，seat 在贵族的遗产中具有特殊的意义，"许多家族，从遥远的年代起，就将他们的基业固定在他们受人尊敬的乡镇或田园上，他们祖先的遗骨在那里安静地长眠，他们光荣的名字流传四方。"[1]

---

[1]《开放的精英》，第 47 页。

除此之外，要使子女能完全承担起将贵族世家延续下去的重任，长子必须接受五个方面的东西。第一当然是家族的居住地，即seat。第二是土地。第三是家族遗产，包括家族的档案、祖先的肖像以及其他一些传家宝，尤其是国王或王后赠给本家族的礼物。第四则是家族姓氏，这本来是不成问题的事，然而，假如一个家族的男性子孙中断，可要求与女继承人结婚的丈夫改用该家族的姓氏，从而维持这个家族得以传世。第五则是尽可能使长子继承父亲的爵位，这一点较为困难，因而也就不是非办到不可的条件。虽然中世纪的某些贵族获得可以将自己的爵位世代相传的特权，17世纪中期以后册封的贵族爵位，一般只能传到第二代的男性继承人。而后代子孙，能否得册封，则要凭自己的努力了。

整个贵族阶层，尤其是他们的seat，在英国社会结构中具有一种重要的功能。这种功能显示出英国贵族的统治能力，体现出贵族在英国社会中的价值。

人们可以从以下几个方面来理解此种功能。

在16至18世纪，贵族的乡村住宅往往是一大片土地（一般均在好几千英亩以上）的中心，土地的收入支持贵族的seat和在其中所有居民的费用。这种贵族住宅一般附有仆人房间、账房（或管家房）、生意房、来往租税房等。贵族们越是要对土地实行有效的管理，这些担任着管理工作的房间也就越多。从中世纪开始，每一套这样的住宅就下属着由它直接管理的庄园，而庄园一般生产贵族们需要的绝大多数食品和饮料。这是一笔很大的开支，一个十口之家加上往来的客人和家中的仆人，厨房往往要供应40—50人的饮食，如果庄园较小或年景不好，加上不善经营的话，就会使很多贵族家庭走上衰落的道路。因而，贵族的乡村住宅首先是一个农村中的经济和经营的中心。

　　同时，这样的一个中心也是权力的中心，它自然而然地行使着某种统治社会的权力，因此它一般也修建得威严庄重，能给来访者留下深刻的印象。这也是与法国贵族有巨大区别的方面，法国贵族一般把他们的住宅建在巴黎或其他大城市，而英国绅士却喜欢建在乡村。事实上，这给英国贵族极大的便利。一位法国来访者如此评议道：

> 一个令人惊讶的事实是，虽然很多高尚人士在城里从事经济活动，并且他们在那里随时可以享受到奢侈的生活乐趣，但他们宣称，他们不得不在他们的乡村住宅消磨更多的时光，要收拾好房间餐桌随时以备来客，要喂狗，放马，整理花园。虽然在城里他们用不着对诸如此类的事情操心，但他们不作如是想，在乡村他们的领地里，他们的所作所为俨然像一位小国君主。在乡村，他们大多都有豪华的住所，甚至宫殿，而在城里，他们的住所和普通市民大体相当。[1]

　　这里，关键的一句是，这些贵族在乡村的行为举止"俨然像一位小国君主"。他们在乡村拥有极大的权威，当然，这种权威不是靠暴力或经济上的优势，而是靠表现大方、公正廉洁，做出一个慈善家长

---

[1]《开放的精英》，第 204 页。

的样子。由于行使权威的需要，这种贵族乡村住宅一般修建在小山岗上，使其具有一种威严的气势。在近代初期，这种乡村的贵族住宅往往像一个城堡，它在不同的时期内行使着必要的权威，维持着当地的秩序。

乡村住宅的第三种功能是为东道主的活动提供一个合适的场所。这是一种社交性质的活动，它一方面是显示主人的好客与权威，另一方面也是建立政治联系或给儿女提亲的大好时机。对于大多数主人而言，好客是必需的，虽然这种行为代价昂贵，它却使主人被邻居所崇敬，并且也使他们能与自己的人民接触和谈话。更加重要的是，慷慨与好客，被视作绅士的重要标志和主要品质。这种好客自 16 世纪起就受到社会普遍的重视，人们的心理是，要想成为一个上等人，那么你就应该有能力使自己的举止行为像一个上等人，无论花多少代价都行。否则，你就不用装出一副上等人的姿态来。在 19 世纪下半叶，有的贵族甚至把一年之中 80％ 的时间花在访友待客上，贵族阶层对此重视之至可见一斑。1826 年，一位德国来访者对英国贵族此种好客之举评论道：

> 要保持一套乡村住宅需要相当可观的财产，因为风俗要求主人提供许多奢华的娱乐和消费！……风格优雅的住宅，装配考究的家具，壁画，餐具，穿着新衣的漂亮健壮的仆役，丰富的食物，外国的葡萄酒，罕见与昂贵的甜食，所有的一切都显得过于丰盛——正如英国人所说的"丰富"。只要房间里有来访者，这种方式的生活就得持续下去。……这很难被称作是真正的好客，不如说这是一个人在显示自己所拥有的一切，能夸耀多

少就夸耀多少。一个家庭在这样保持住宅开放一两个月之后，他们将去拜访其余的人家，以便消磨自己在乡村余下的时光。但是，充作东道主的这一个月的费用，将花去土地贵族们与我们生活在一起时一年的财富。[①]

乡村住宅的又一个功能是在大自然中开展各种体育活动，诸如散步，骑马，打猎等。尤其是打猎，可以采取多种形式，可以骑马，可以步行，可以不要助手。可以钓鱼，也可以在猎鹰和猎犬的协助下追逐野兔。这原本是为餐桌增添肉食的方法，但逐渐成为一种贵族喜爱的运动。

在狩猎中，猎狐成为一种最受贵族喜爱的活动。狡猾的狐狸，不易被捉，往往要在猎鹰的配合下，经过长时间的骑马追踪方能捕获，这就大大刺激了人们的好胜心，同时也要求马匹有良好的素质和足够的耐力。因此，在几乎所有贵族的乡村住宅中，都有考究的马厩，养着漂亮的良种马。猎狐的危险性较小而乐趣又大，这就吸引了许多贵族女子，她们的加入使猎狐更为时髦。在 18 世纪至 19 世纪，这几乎成为一个绅士生活的主要构成部分。许多贵族男女一起观看他们的马儿交配、生仔，一起训练，一起乘骑。贵族们对马的酷爱达到惊人的地步，因为马不仅是狩猎的助手，也是一种身份和地位的象征。19 世纪晚期的一位艺术家本·马歇尔曾说，有一位绅士宁愿出五十几尼来画他的马，而只愿出十几尼画他的夫人；因为

---

① 《开放的精英》，第 214 页。

在他看来,出十几尼画他的夫人已经足够了。[1]

　　猎狐到 18 世纪以后,甚至被认为是出身高贵的人唯一值得尝试和注重的乐事。猎狐需要场地,又常常要损坏许多作物,所以这项活动只能在私人领地上进行。也就是说,只有私人领地达到一定面积的贵族,才有能力有资格从事猎狐的活动。这也就使乡村住宅更为重要,因为它再次显示了它对于一个试图证明自己具有高贵血统的人的重要性。

　　当然,也不排除贵族们自己对打猎的嗜好。奥尔索普勋爵在出席下院的会议之后,连夜骑马赶回自己的庄园去参加狩猎,除此之外,他还订了狩猎杂志,并对之进行认真的研究。当时的猎犬价格已经很昂贵,19 世纪初一头好的猎犬往往要价 400 至 700 镑。而这位勋爵居然养了 30 头,每年为此花费竟达 4500—5000 镑。

　　贵族们有时也招呼邻人们一同打猎,并让他们分享自己的荣誉和喜悦,所获的猎物也慷慨赠予邻人。但真正隆重的狩猎是没有平民参加的,这是另外一种场合,只有贵族子弟和被邀请的尊贵的客人参加。而平民在接近这种纯贵族的狩猎的场地时是很危险的,他们往往会被当作"猎物"而遭误伤。

　　除狩猎之外,乡间住宅也是室内活动的重要场所。由于英国气候的特点,户外活动的时间受到限制,因此户内活动也就变得相对重要。在不可能出外时,贵族们一般在家中打牌、打台球或弹子球。为满足此种需要,一座标准的贵族乡村住宅也应该具备牌桌、弹子房以及其他一些专门的娱乐房间。

---

[1]《开放的精英》,第 215 页。

乡村住宅的此种娱乐和运动的功能要求特殊的建筑、房屋、场地、内部装修以及环绕着住宅的广阔的原野。毫无疑问，要维持这样的 seat 以及它应该开展的种种活动，其开销是惊人的。

当然，贵族们的生活并不全是吃喝玩乐，果真如此的话，他们早就被历史所淘汰了。从近代开始，虽然随着工业化和中等阶级的兴起，贵族的权威有所削弱，但直至 1914 年，他们仍然基本上控制着英国的社会。英国的首相，无论他们隶属于何种党派，采取何种政治立场，多数都是出身于贵族世家或本人就是贵族。那么，人数不多的贵族，在一个社会各方面都经历着激烈变革的时代，是如何巩固自己的统治地位，或者说，他们统治的力量来自何处呢？

在政治上，贵族力量的象征是上院。上院的作用虽然已经日渐减弱，但在 20 世纪之前，上院的作用还是巨大的。17 世纪内战结束之后，下院的主要权力只是关于财政和征税方面的，其余的很多政治权力，仍然握在上院和国王的手中。正因如此，"光荣革命"之后的一百年往往被学者们称作是"贵族世纪"。贵族们所获得的统治权力被认为是理所当然的，并且理应世代继承下去。随着英国政治的发展，下院逐步地获得了许多原来属于上院的权力，但贵族的影响并未由此削弱，因为他们在下院仍有相当的力量。在 1802 年的 658 名下院议员中，有 143 名是贵族亲属或子弟。以后虽略有变化，但并不影响贵族在下院的地位。甚至在 1979 年的撒切尔夫人的政府中，尚有三名上院议员担任内阁大臣，另外 10 名担任低级大臣职务。

除此之外，上院在政党斗争中也起着特殊作用，它往往可以支持更合乎自己意愿的政党来实现自己的目标。虽则这种权力由于政府可以要求王室册封新贵族并且上院只能搁置而不能否决下院的议案而遭到削弱，但每位政治家都必须认真考虑这一因素。

此外，上院又是英国的最高司法机关，也是英国本土各级法庭的最高上诉法院，并负有领导各级法院的职责。这种对司法大权的控制，也构成英国贵族权力的一个重要来源。

贵族权力的另一个来源是其经济地位。贵族的经济问题较为复杂，因为较为贫穷、日趋没落的贵族与实力雄厚、蒸蒸日上的贵族是不可同日而语的。1739年，当第二代曼彻斯特公爵去世时，他的寡妻接受的遗产为每年4000镑，而只要2000镑，就足可供一个年轻女子生活50年。新公爵继承的遗产每年收入也达3000镑。

英国贵族的财产变动较大，但一些最富有的家族很少受到冲击，他们不仅实力雄厚，经得起经济变化的冲击，而且所经营的产业种类也较多，易于从多种渠道获得收益。更重要的是，他们一般得到王室的青睐，可以得到固定的额外赏赐。这些贵族在乡村拥有足够的权威左右局势。不仅当地很多居民在经济上与他们有依附关系，而且政治上也是如此。在整个工业化阶段，政治都是昂贵的活动，没有足够经济实力的人，谋生尚自顾不暇，根本没有余力去从事专门的政治活动，因而，从经济角度看，强有力的经济实力给贵族的统治权提供了可靠的基础。并且，这种经济因素是与政治因素、贵族地位交织在一起的。上院1701年的一项提议就认为，子爵的年收入应有4000镑，而男爵至少也应有3000镑。[1]

---

[1] 参见 A. S. 特伯维尔（A. S. Turberville）著《威廉三世时期的上院》，第168页。

当然，无论是政治还是经济方面的分析，都不能令人信服这就是贵族力量的全部源泉，政治制度的改变往往使不同阶层的人得到上升的机会，而经济方面贵族的地位从总的来看还是日趋削弱的。那么，究竟是什么力量使贵族具有统治社会并指导社会行为的能力呢？

大卫·休谟认为，在绝大多数社会中，都是少数人统治多数人，少数何以能控制多数？"由于力量永远在被统治者一方，因而统治者除了舆论的支持外别无他法。"舆论是任何政府建立的重要基础，无论是专制还是民选的政府，都是如此。文豪约翰逊（Samuel Johnson）则是谈得更明白："使我们尊重权威的没有别的，就是观念，它制止了下等人的起义，不让他们采取把你们绅士从既在位置上拉下来的做法，并且认为，我们总有一天也会成为绅士。"[①]

使贵族统治得以维持的重要因素之一显然是观念，或者说，在传统观念、社会舆论的影响下，民众往往习惯于将现存的一切都视作合理的，至少从整体上来说是如此，需要变动的只是那些个别的部位。英国民众的此种观念可以追溯到诺曼入侵之前，当时的部族首领就是贵族，另有一些武士在作战中立了大功，也受封为贵族。因而这些贵族的职责主要就是平时负责整治社会，战时组织民众抵御外侮。如果有勇气，有能力，有才干，你尽可以在危难时挺身而出，率领民众渡过难关。可以说，贵族的权威有一定的历史根源，而英国人对传统的尊重，又反过来加强了这种权威的基础。在漫长的

---

① 《贵族世纪》，第 149 页。

历史发展中,贵族逐渐成为"天然长上",他的言行也成为民众的表率。在这样的环境下,贵族不仅意味着一种地位和头衔,也意味着社会的一种追随的目标。向上等人看齐,逐渐成为社会风尚的取向。作为贵族本身,对自己的特殊地位和职责也有明确的意识,那就是自己是上等人,在言行举止、生活方式上都要与下等人不同,以便成为民众的"表率"。久而久之,贵族阶层便形成一种独特的行为准则和价值标准,这便是常为史家所注目的贵族精神。正是这种贵族精神,成为英国贵族统治的主要心理依据。

贵族精神是一个含义相当广泛、内容十分复杂的概念。学术界一般认为,贵族精神的第一个特点是骑士精神。勇敢尚武,是骑士精神的首要内容。英国贵族的祖先大都是作战时的军事首领,或是在战争中出类拔萃的勇士,而古代部落间频繁的战争,以及外族海盗的入侵,也使得保卫民众、率领民众抗击外敌成为贵族的一种职责。此种职责要求贵族世家(无论是王室还是骑士)的子弟,除了要学习当时流行的一般文化及宗教神学外,主要时间花在习武上。史家对英王亨利八世这位具有典型贵族气质的国王的评价是:"身材魁梧,体格健壮,善骑射,喜比武。"[1]这和中国历代帝王大都是文弱书生、峨冠锦袍、弱不禁风、嫔妃簇拥的形象刚好形成鲜明的对比。这种勇敢尚武的习俗,既成为贵族的一种生活方式,也内化为一种精神气质,在强力的压迫下,贵族的勇武精神对捍卫民族的独立、保护自由的权利等都起着积极的作用。《大宪章》的签订就是一个极

---

① 安东尼娅·弗雷泽著《历代英王生平》,第213页。

好的例子。这种风格流传给后世，就使整个民族都具有一种勇敢、不畏强暴的特性。

骑士还崇尚光明磊落。这种光明磊落不仅应该体现在贵族处理民众纠纷等问题上，也应该体现在处理贵族相互之间的矛盾上。骑士之间的决斗可以看作是一个有趣的例子。决斗在东方人看来是一种野蛮的习俗，既不符合"和为贵"的原则，又不如设个圈套来得高明，或投毒、或陷害，或借刀杀人、浑水摸鱼等等，总之，在东方人看来，只要能除掉对方，无论采用什么手段均可，而且，越不露痕迹越显得高明。要互相面对面地以性命相搏，一决短长，这对东方深谙韬晦之计的权贵们而言，实在未免可笑。但在英国贵族看来，这种决斗正是敢作敢为、光明正大的品质的集中体现。这种光明正大作为一种原则、风尚，也影响到后世政治家的作风，他们力求给人以光明正大的印象。政敌是政敌，私交是私交，政治上的敌对不一定导致私人间的敌视，政界的输赢也力求以一种骑士般的豁达态度超然处之。

对情人的崇拜是中世纪骑士的第二"天性"，由此而引出不少绚丽多彩的传奇故事。每个骑士必得寻一情人作为自己的保护对象，甚至为了她不惜牺牲自己的生命。像堂吉诃德式的骑士固然罕见，但骑士保护自己情人的那份浪漫色彩绝非虚传。有的学者认为，现代意义上的爱情正是从骑士与其情人的关系上产生的，因为古代及中古社会，婚姻主要是由经济与政治需要所决定的，唯一能抛开这些束缚的男女情爱只有骑士与其情人的这种罗曼蒂克的关系，以后的"爱情至上"也许就由此发端。骑士与其情人的罗曼蒂克，从道德角度看固然未免荒唐,但它后来发展为对女性的普遍尊重。所谓"Lady first"(女士们先请),却有某种积极的意义。考察英国的妇女史,不仅在古代,甚至到 19 世纪末,女人都不是作为"人"而存在。在家庭里,未婚女子受父兄管束,无个性发展自由;已婚妇女则受丈夫役使,充当生育机器,既不能离婚,也不能带孩子出走,更不用说对家庭财产的支配权了,而男人在家里支配一切,他是妻子的主人,不仅可以随心所欲地将她关在屋子里,甚至可以肆无忌惮地用棍子打她,只要这根棍子不超过两个大拇指宽,就不算犯法。相比之下,骑士对女士的尊重,和这种粗野的习俗确有天壤之别。而在今天,在女权主义已经家喻户晓的时代,在男子对待女子的态度上,仍不难见当年骑士精神的这一侧面。

贵族精神的第二个特点是一种强烈的自立精神和欲望。这和英国贵族的社会经济地位有关。贵族的经济收入主要来自自己的庄园和领地,这些领地是由国王分封的。国王分封土地给贵族,贵族为国王尽臣子的义务,这是一种虽不平等,然而大体上仍属契约式的君臣关系,和东方的君臣关系——"君叫臣死臣不得不死"的主奴式关系是迥然不同的。贵族领受国王的封土,但并不由此而成为国王的奴隶或奴才,只要为国王尽到了他应尽的义务,他在自己的领地上就是一个拥有绝对权力的主人。他的一切权力都不容许别人随意侵犯。但是,贵族要保住自己这种相对独立而自由的地位,靠别人的力量是不行的,只有依靠自己。贵族势力的增长,对国王的权力也是一种威胁,因而国王一有机会,总是想把贵族的权力牢牢控制在自己手中。几乎从征服者威廉开始,国王与贵族的斗争就未间断过。威廉的《土地调查册》(即"末日审判书")其主要目的就是弄清贵族们是否向国王隐瞒了他们的财产。而贵族们一有机会就想从国王手中争取更大的独立性，这种斗争也未间断过，有时是贵族公开的叛乱，有时则是一些不动声色的较量。贵族与国王的长期较量开创了各阶层反压迫、反暴政的自由传统，"生而自由"的英国人正是从贵族那里接过"自由"的旗帜，而为维护"权利"而斗争的，这在第一章中已充分阐述。贵族这种强烈自立、反对侵犯"权利"的精神，对英国的民族传统确实有巨大的影响，后来各阶层都上行下效，为维护自己的权利而斗争。爱好"自由"的传统，成为英国民族精神的重要支柱。

贵族精神的第三个特点是强烈的主人意识和社会责任感——这当然是出自本阶级的利益。社会既是一个贵族社会，贵族便天然是社会的主人，他们参与、干涉国家大事，处理社会和民众的日常事务。这除了增加了自身的荣誉感，还养成一种强烈的社会责任感，对本阶级统治的社会尽责。在民族危难之际，贵族常能挺身而出承担责任。相对欧洲大陆而言，荒淫无耻、腐化堕落等现象在英国贵族中较为少见，这除了英国是个岛国，外敌常从海上入侵骚扰，难有可享清福的太平盛世外，也与英国是个较为弱小的民族，要在强手如林的竞争世界中生存，必须随时准备拼搏有关。这种外在的客观因素，使英国贵族对宗教与世俗事务的关心，不仅超过了一般民众，也超过了大陆的贵族。这种政治责任感和国家责任感传留给民众，使英国成为一个"政治民族"，人们见面除了谈论天气外，最好的谈话题材便是政治。关心政治是英国人的普遍爱好。

　　对知识和文化的推崇是英国贵族的又一长处。英国贵族虽然尚武，但不是好勇斗狠的凶顽之徒。很多贵族不仅从小学习拉丁文、法文，读古希腊的哲学著作，探讨阿奎那的神学问题，而且很希望自己的领地成为一个诗人、学者和艺术家荟萃的乐园。英国文化事业的发展，与贵族的此种风尚密切相关。牛津大学、皇家学会等著名学术机构的建立，应该说是这种风尚的直接产物。而后来各种有地位的人都以赞助文化和学术为荣耀，这显然是以贵族的习俗为时尚。

　　但另一方面，贵族精神也有其短处，其最突出之点是保守、怀疑创新、固步自封。贵族的主要经济来源是自己的封土，维持现状就可保证自己的地位不受威胁。由此扩展到其他方面，时时事事便表现出保守倾向，对保卫民族、保卫国家的责任感很容易转变成保卫现存秩序、保卫旧的制度的心理。任何社会、政治、经济的变动，对于贵族的既得利益都可能构成一种威胁，因而贵族本能地反对任何变革。维持现状、固步自封既成为贵族的一大特点，也成为贵族的一个致命弱点。

　　归纳起来，所谓贵族精神就是英国上流社会的精神，它是勇敢尚武、崇尚正直的人生态度，优越的主人意识，强烈的社会责任感，矜持待人、保守、固步自封等诸多品质的一种奇妙混合体。其中的一些特性，在不同的环境和不同的时代有着不同的表现形式，但无论其表现如何，不能否认的是，贵族精神的存在极大地影响着英国的历史发展和社会进步，因为在英国，贵族从来没有被消灭，贵族精神也从来没有被否定。

贵族的传统风格中有一些值得称道的东西，这些东西对今天英国人的民族风格不能说没有影响。比如说英国人对国家的责任感、勇敢、坚韧、对自由的爱好、不屈服于强权等等，都可在传统的贵族精神中找到。但贵族毕竟是一个没落的阶级，它的矜持、懒散、追求豪华和虚荣，特别是保守、固步自封、对新生事物根深蒂固的怀疑态度等，都可对民族精神产生不利影响。特别是当这个民族将贵族精神不加批判地加以接受，以它为最高的行为准则时，这种不利影响就更为严重，在某种条件下甚至可以成为致命的弱点。下面我们将集中对这种不利影响加以探讨。

二、向上流社会看齐

英国几百年来围绕着对旧制度的改造进行过若干斗争，但从未有人认真地试图去触动贵族制度。而贵族精神几乎成为英国的国粹，并在社会生活的各个方面表现出来。

首先是教育。英国的教育，其主要目的是使学生成为一个"上等人"，大学教育尤其如此。19世纪末20世纪初，有些英国的大学一年须缴纳200—300镑学费，如此高昂的学费只能使穷人的孩子们"望门兴叹"。而大学中的很多课程设置，如希腊文、拉丁文等（皆为必修课），除了使学生能在上层社会中显示自己的教养外，对于社会几乎可说是毫无用处。从某种意义上说，这些课程是绝对的"贵族课程"。当英国的普及教育开展起来后，贵族子女仍然保持着自己在教育领域中的特殊领地。他们如上大学，则非牛津即剑桥，中学则不外是伊顿、哈罗及拉格比等公学。一个贵族的孩子诞生后，即须前往注册登记，好让学校预先为之留下入学名额。牛津、剑桥等名牌大学自然也可为劳动阶层的优秀子女打开大门，但入学后的贵族式训练，使即便来自社会下层的人，在毕业后也完全被同化成为"上等人"。当然，贵族式的学校绝非一个享乐的园地，学生们在这里受到极为严格的训练，他们不仅要接受社会公认的一个上层人士应该受到的教育，而且集体参加各种活动，锻炼意志和体力，如野外长跑、拳击、击剑、在艰苦的环境下生存、对紧急情况作出反应等。勇武善战和正直的竞争是重要的教育内容。由此培养出来的贵族学校的学生享有特殊的威望，他们在就业和选择职业等方面拥有平民学校学生不享有的优势，在政府部门更是如此。据查，英国政府的高级官员中，70％毕业于牛津、剑桥等大学，并且不少人中学时代曾于伊顿等学校读书。

今天，英国的教育事业已经非常发达，全国共有学生1100万名，占总人口的20％，学校38 000所，大部分学生是接受教育基金资助的免费生。自费的私立学校（即贵族学校）的学生只占学生总数的4％，但贵族学校俨然起着一种表率作用，使其他学校的学生努力向他们看齐。这种示范效应往往使受过英国教育的人都有一种绅士派头，这种"派头"显示了英国教育的内涵，那就是要使学生成为一个"上等人"。"向上流社会看齐"无形中成为接受学校教育的一条基本原则。

事实上，"向上流社会看齐"不仅是学校教育的基本准则，而且也是社会各阶级的价值取向。这种趋向可以追溯到工业革命时期。

工业革命中的暴发户——这些新兴的工业巨子,他们的祖先往往不是豪富,也非贵族,他们没有光荣的族谱和坚强的后盾,他们的祖父是种地的农民,他们自己则贫困潦倒,飘零半生。在工业革命的风暴中,他们凭自己的创造才能取得发明专利,更凭精明的计算和心狠手辣开办工厂,在社会财富的阶梯上越爬越高,成为万人瞩目的大富豪,然而,这些人从权利和社会地位方面说,却远不如显赫一世的贵族,因而被称为"中等阶级"。他们虽说主要以工业区和城镇作为活动的基地,但时时处处以贵族乡绅的乡居生活方式为模仿对象。他们在城郊建筑起宽敞别墅,家中陈列豪华的摆设,他们学贵族的样,骑马打猎、放鹰养犬,甚至为成为一个真正的"绅士"还购置田产,当起地主来。正是他们,将贵族精神发展成现代的"绅士风度",并将此种风度传播到整个社会。

暴发户们依靠节俭和勤奋工作的清教精神在经济上击败了过去的贵族,然而却不能凭着同样的精神在价值的取向上战胜自己的对手。在一个本质上是贵族主导的社会里,他们虽然有的是钱,却没有门第和荣誉,这就使他们力图去获取这一切,从而对贵族的头衔感到垂涎——他们不是利用自己获得的财富去创造新的门第和荣誉,如同他们在美国的同行那样,而是千方百计地屈就于贵族的优势,拼命地试图挤进贵族的行列。对于新时代的胜利者而言,这是一幅多么可悲的图景!

另一方面,贵族虽有光荣的头衔,却缺少支撑门面的钱财,他们明显地感到家道中落,入不敷出,虽然他们以采用商品化农业来适应新的形势,从而使自己也成为事实上的资产者,但他们处于下风和劣势是显而易见的。于是，贵族也十分渴望得到工商阶级的扶持，来弥补自己经济上的亏空。这种需求和"暴发户"的需求极易一拍即合，形成互利的合作。

这种合作的最好方式是联姻，联姻的结果是皆大欢喜。贵族们获得了财富，从而能更神气地保持贵族的风度和体面；"暴发户"则使子孙获得了光荣的血统，从而在上流社会中挣得一席之地。在这种互利的合作中双方都得到充分的满足，而贵族精神在这种血统的交融中开始流向社会中下层，并由此产生了作为民族特征的英国绅士风度。

细推起来，这种交融的所得双方实际上是不对等的。贵族得到的是实实在在的钱财，得以使贵族安然渡过危机，继续存在；"暴发户"们虽说因跻身于贵族阶层而深感荣耀，但他们得到的是贵族的行为准则。在社会的价值取向方面，贵族们最终维持了传统的优势，而经济上获得成功的较低等级在行为标准上向受排挤的较高等级看齐。这种向上的价值取向，成为贵族的经济基础已失而贵族的精神犹存的基本原因，它主宰着英国社会的行为风尚。

这里，传统再一次显示了它的威力，它是一个看不见的"上帝"，无时无刻不在影响着社会的发展。向传统进行挑战的人往往会因为忽视了它的威力而最终匍匐在它的脚下。英国的绅士风度能够从上层逐渐渗透到中下层，正是一个极好的例证。

这种现象表明，在英国社会大变动时期，新兴阶级虽然在政治和经济方面巩固了自己的阵地，在价值取向上的争夺却以失败而告终。这种结局固然起源于传统力量的强大，另一方面也由于贵族垄断了传统的文化教育与文化消费，使贵族的"典雅"方式具有强烈的吸引力。贵族地主也凭借自己的文化优势，一方面瞧不起这些新贵，认为他们是暴发户，出身低微，举止谈吐不雅，没有教养，另一方面又嫉妒他们的财富。即使联姻，也不能掩盖他们的鄙夷心理。于是他们讽刺城镇工业区环境杂乱吵闹，举目皆烟囱，往来皆白丁，而标榜贵族地主那种乡下绅士式的生活方式，强调田园诗般的优美及悠闲自然的舒适。由于贵族在社会中的传统地位，他们的言行自然而然地形成一股强大的社会压力，导引一切自以为应该有社会地位的人模仿他们的言行。靠联姻取得蓝色血统的人自然处处标榜自己的"高雅"，即便是过早娶了商人庸俗的女儿、失去与贵族家小姐来往机会的新暴发户，也因为怕被社会看不起，便竭力模仿贵族的生活方式，追求田园生活的"高雅"情趣。他们置买田产，打猎，骑马，玩高尔夫球，使自己从外表到生活方式完全"贵族化"。他们还把子女送到贵族学校接受教育，让他们从小便养成绅士风度，以彻底根除父辈粗鲁无知的痕迹。

由此一来，追求贵族的生活方式和风度在某种意义上成为新富们的目标，而工商业活动反而变成了手段。这种目的与手段在无形中的倒置产生了影响深远的后果。它首先腐蚀了工业家的事业心和创业精神，他们的进取动力背离了清教精神孕育的不断积累、不断投资、不断扩大再生产的传统，他们于是适可而止，见好就收，赚得一笔钱便急于成为"绅士"，不再追求利润的最大实现，并松懈了与之相关的一切企业行为。这种社会风气在 19 世纪中叶发展到顶峰，就在这时，英国经济的相对衰落也开始露出了苗头。

在此之前,英国处于维多利亚的鼎盛时期,它的工业生产独占世界市场的鳌头,其他国家与之相比简直不能望其项背,因而被誉为"世界工场"。但在追求绅士生活的社会风气影响下,"世界工场"的基础逐渐被削弱了。也就是从19世纪中叶开始,英国足以自豪的科技领先地位已在不知不觉中丧失;欧洲的主要工业国家,法国和德国,都先后赶上并超过了英国,有些科技发明,本是由英国科学家首先获得专利,但却往往先在别的国家开花结果。而以电力的广泛使用为标志的第二次工业革命,竟首先发生在德国。从1851年到1900年,德国取得了202项科技成果,而英国仅取得106项。很明显,英国在这样一场新的技术竞赛中已经落后了。

当英国的企业家们固步自封,激流勇退之际,美、德等国却毫不客气地采用了当时最先进的工业技术与机器设备来武装自己的工业,这种竞争中的一进一退很快表现出后果,外国的产品具有比英国更强的竞争力。1880年,美、法、德、俄对外贸易的增长率均已超过英国。[①] 它们的商品不仅抢占了很多英国的传统市场,甚至打进了英国本土。不少英国人惊恐地发现,他们的衣料、外套、钢琴,乃至炊事用具,都开始出现了"外国制造"的商标。

面对激烈的竞争,已被绅士风度捆住了手脚的英国,像一个过早发福而步履蹒跚的人,无法做出积极的反应。其工业增长率不仅没有上升,反而从1820年以来一直保持的3%～4%降为1880年的2%,1890年更降为1%。工业投资也在持续下降,从1850年的

---

① 参见伯纳德·波特著《最后的一份》(伦敦,1980年版),第75—76页。

7.5％,降为 1914 年的 4.5％。[1] 与此对应,进口迅速超出了出口,1880 年到 1894 年间,出口仅增加 1000 万镑,而进口则增加了 7300 万镑。这种比例的变化是一种悲剧性的变化,它表明,在世界上不可阻挡的竞争潮流中,英国这个最早的优胜者已逐渐落伍了。

不可否认,在商品世界的洪流冲击下,贵族本身也逐渐跻身于工商界,从事"赚钱的活动",但这种活动并未使他们屈就于原来中等阶级"粗野"的价值规范,而是加快了中等阶级向自己的价值规范融合的步伐。因此,以赚钱为手段、以当绅士为目标的不良社会风气逐渐在英国的社会生活中扎下了根,并且至今影响着英国上层人士的价值取向和行为准则。例如,英国工党的两位首相,威尔逊和卡拉汉,在卸任后不是利用政治家的身份和影响投身于企业界或学术界,为振兴英国不景气的经济尽绵薄之力,而是"告老还乡",在乡下购置田产,当起名副其实的乡绅来。这一事实,极为深刻而形象地反映出一种目的和手段倒置所产生的社会后果。

如果仅仅是中等阶级向上流社会看齐,问题或许还不至于十分严重。然而,向上流社会看齐的风气同样也影响着下层人民,从而成为一种全民族的风尚。

下层人民在经济利益上显然与中上层尖锐对立——前者是奴仆,后者则是主人。在漫长的中世纪,下层人民绝大多数是农奴;以后成为自由劳动力,却仍受雇于原来的主人,接受他们的指使。在城市,"主仆"之间的差别一开始并不很大,因为作为"主人"的工匠

---

① 参见 L. C. B. 西曼(L. C. B. Seaman)著《新英国史》(伦敦,1978 年版),第 120 页。

师傅和作为"仆人"的帮工在经济地位上差距不算大,而且师傅和帮工的身份很容易发生互换。但随着工商业的发展,严格的主仆关系就越来越明显了,生产规模越大,"主""仆"之间就越难更改身份,因此到工业革命完成时,雇主和雇工的地位便几乎固定下来,而彼此的利益不同乃至冲突也越来越被双方所一致认识到,因而产生了"阶级意识"。在这种情况下,向上流社会看齐反倒日益成为社会风气,而且日益表现为一种有意识的社会行动,这似乎有一点令人费解。

这个问题必须从"文化优势"这个角度去考虑。

上层对社会的统治不仅是政治的和经济的,而且也是文化的和意识形态的。在中世纪,贵族是社会的主导阶级,贵族精神也是主导的价值取向,是社会所承认的官方的文化参照系。贵族的一举一动被视为(或在理论上被规定为)其他人的楷模,而贵族也以其在精神上的优越感而高出于民众之上,使其他人不自觉地产生某种自卑感,自认为在文化精神方面远远不如。因此要想成为上等人,就要模仿贵族的一举一动,不可因举止粗野而被人看出卑贱的出身背景。这样一种心态,似乎在其他各民族也都存在;但英国的特殊之处在于:贵族精神从来没有被社会否定过,未曾受到过任何真正的挑战。这是因为,在英国历史上,贵族作为一个整体,从来没有截然站在历史前进的对立面上,它总是可以跟上潮流的发展——即便是被迫这样做也罢。这样,贵族既未被打倒,贵族精神作为一种价值取向上的臆想偶像也就被保留下来了。于是,中等阶级在发财后就模仿贵族,而且千方百计地挤进贵族的行列。当中等阶级借工业革命之助树立起经济和政治上的优势后,他们在文化上的特色却带有明显的向上模仿的因素。而一旦中等阶级（现在是工业资产阶级）最终确立起他们自己的"文化优势"，把自己的价值强加给全社会时，这个优势中向上模仿的因素也就传播开来，传向全社会。

因此，尽管经济利益上尖锐冲突，政治要求上各不相同，在文化精神方面却呈现出中层模仿上层（他们原先的主人）、下层模仿中层（他们现在的主人）的局面，而作为英国民族特色的所谓"绅士风度"，就是在这种模仿中形成的。

向上流社会看齐的风气首先表现在向上爬的努力中。

工业革命中的社会变动在客观上提供了某种上升的机会。在早期的棉纺织业中，一个织工很有可能成为工厂的老板，而一些地区的煤矿工人，如果幸运的话也可能经营起一个小煤矿。在机器修理和制造业，有创造才能和熟练技巧的人更是容易得到成功的机遇。而在建筑行业，手工匠人一般来说总有可能成为本行业的头头。换言之，在工业革命初期和中期，普通人民成为雇主的机会不仅存在，而且并非罕见。这激起了下层民众企图摆脱束缚，试图成为自己的主人的愿望。

在 1825 年以后，情况开始发生变化。在棉纺织业，小工人想成为工厂主的机会越来越少，想自我改进的唯一出路就是到该行业之外去开小店铺。这种店铺通常经不起经济变动的冲击，不会使店主继续上升，但仍然是很多过去的仆人寻求自立的一种方式。[①] 在煤矿行业也是如此，煤矿工人再想成为企业主几乎是不可能的。当

---

① 参见 H. G. 威尔斯(Herbert George Wells)著《自传考察》(伦敦，1934 年版)，第二章。

然,这时又出现了一些别的替代形式,即一个拥有权威的工人可以将一部分工人组织起来,在半契约的基础上做工。在这种协作形式的组织中,一部分工人显然比另一些工人的地位高。但这些人一般不可能积累起足够的资本,也不可能上升为老板。在铁路、造船、冶金等很多部门,这种工人之间的半契约组织很普遍,工头或包工头,在很大程度上控制和指挥着这些行业工人的劳动。他们甚至还雇用童工,并完全控制着童工的劳动、生活起居和报酬。从这个角度看,这些工头似乎就是一个真正的小老板。

尽管如此,他们要想真正"发"起来,真正进入上等人的行列,还是异常艰难。成功的机遇随着大工业生产体系的建立而越来越小,在大多数行业,个体劳动或雇用几个伙计的小老板很快就被完全淘汰,而在一个自成一体的大工厂内,一个普通工人想凭着自己的才干和努力成为老板,已几乎是天方夜谭了。

失去了直接进入社会上层的机会,普通工人们现在开始依靠另一种方式来加强自己的地位。这就是工人阶级的各种组织。

这些组织,尽管一度有过很强的战斗性,并一再为史家所肯定,然而在价值取向方面却很容易受到统治阶级文化优势的影响。

工业化之前的英国,劳动阶级并非完全没有文化,这大出于许多人的意料。19世纪初英国皇家教育委员会对城市和乡村劳动者进行调查的结果清楚地表明,许多劳动者家庭都有藏书的习惯。在诺福克教区对66个家庭进行调查,没有藏书的家庭只有6家。[①] 在其他地

---

① 参见大卫·文森特(David Vincent)著《面包、知识与自由》(伦敦,1981年版),第110页。

区进行的调查结果也大体如此。家中没有任何文化物品的家庭是很罕见的，有的工人家庭即便没有私人藏书，也收集着大批的报纸、杂志等，这表明主人对外部世界的知识仍有强烈的兴趣。至于像《天路历程》《失乐园》之类的作品，与《圣经》一样，在工人家庭中十分普遍。

一个普通劳动者的家庭藏书也许非常有限，但他们即便自己不能完全读懂这些书，也非常珍惜这些印刷品，往往将书籍当成传家宝一样传给下一代，因而在不遇到意外的情况下，一般工人家庭的书籍总是在逐步增多。对书籍的爱好毫无疑问是直接或间接从贵族那里感染而来的习气，另一方面也是社会发展增加了对知识的需求。同时，讲究实用的英国人把读书看作是谋生的一种手段，有了知识在劳动力市场上地位就更加牢固。这些因素加强和巩固了工人队伍中的学习风气，培养出一种热爱读书，追求知识的传统。

这种风气在工人组织中随时可见。随便举一个例子。据大卫·文森特在《面包、知识与自由》一书中记载，1840年，一小批青年工人组织一个读书会，建会后第一个任务就是建立一个图书馆，他们首先制作了一些书架，安排好房间，他们追述说：

> 我们在归我们使用的房子里把书桌放在四周，并以木工的架势干了一些其他的活。我们就像新婚夫妇为即将降生的婴儿准备摇篮一样地重视我们的图书馆——我们在角落里搭起书架以便使它和我们的图书馆显得名副其实。但我们没有书，也没有能力去购买。我还记得伊莱贾·赖丁斯最后一次对我说的话——"假如我有50镑钱，我将到鲁隆去买一吨书！"那该是一幅多么壮观的景象！

当把图书馆准备好以后,其成员又是多么激动地盼望着他们第一批书的到来——

> 书终于到了。我们每周一便士一便士地捐款,直至其数额又能为我们的图书馆添一些有价值的书,现在终于将这笔钱拿去买书了。我的叔父理查德·泰勒就在学校附近住,他对我们的会社有着浓厚的兴趣,于是大家派他到曼彻斯特的旧书店去挑选一批书。他是一个博学的读者,不仅读过文学著作,而且还读过一些科技文献,因之我们能够相信他所作出的选择。我是两个最年轻的成员之一,被指定去搬运买好的书,我们不是为此感到很骄傲吗?一想到我们空空的书架即将被书塞满的场面,我们就兴奋不已。星期六下午我们找到在曼彻斯特工作的叔父,带着一个纺织工人用的大袋子去装书。必要的书买齐之后,我们的袋子已经塞满,压得我们摇摇晃晃的。但那时没有什么其他的方式好搬运,所以我们只得奋力挣扎着把书驮到了它们合适的地方。接下来就是布置我们喜爱的阅览室,我们用结实的布将书装饰起来,以便使它能经久耐用。当这些工作干完之后,天已黑了,我们的朋友吃惊地发现,我们竟然在这么短的时间里干了这么多的活。从那一刻起,我们的房间就逐渐充实,直到所在的书架都放满为止。……这间房子对我们而言是一个伟大的地方,我们甚至怀疑,曼彻斯特是否还有比它更为值得留恋的地方。[1]

---

[1]《面包、知识与自由》,第 112 页。

重视读书，重视学习自然科学知识和社会科学知识，越来越成为英国工人组织的特色。在读书的过程中，他们不仅仅是对技术书籍感兴趣，而且也对其他的书籍感兴趣。随着印刷工业的发展、书籍价格的下降，工人们读书的范围越来越广，正如恩格斯所说：

> 我常常碰到一些穿着褴褛不堪的粗布夹克的工人，他们显示出对地质学、天文学及其他学科的知识比某些有教养的德国资产者还要多。阅读最新的哲学、政治和诗歌方面最杰出的著作的几乎完全是工人，这一事实特别表明了英国无产阶级在取得独立的教育方面已经有了多么大的成就。①

这产生了两个后果，一是读书提高了工人的知识水平，有助于工人阶级阶级意识的形成。正是在读书的过程中，工人显示了对政治问题的极大兴趣。宪章运动的著名领袖洛维特的转折就是一个例子。他在每周举行的读书活动中，开始对政治感兴趣并阅读了有关政治的著作，与同伴展开讨论。他自己描述他当时的心情是：

> 简而言之，我的心灵似乎突然被一种新的精神所唤醒；新的感情、希望，以及热望在我的心中奔涌，以至每一分钟的空闲我都用于去追寻新的有用知识。②

像洛维特这样由读书而意识到工人阶级解放事业的人显然不在少数。但另一方面，在读书的过程中，上层阶级的价值观念也就

---

① 恩格斯著《英国工人阶级状况》，《马克思恩格斯全集》第2卷，第528页。
②《面包、知识与自由》，第135页。

随之而来。虽然由于统治阶级的优势地位，他们的思想本来就在社会中占着主导地位，以至工人和劳动群众从来就把他们视为"上等人"，并在长期的历史沿革中将这些人的行为视为仿效的规范。但系统地、全面地受到上层价值观念的影响，也是在读书和学习的过程中。这样，就加强了社会下层向上流社会看齐的趋势。这种征兆，在轰轰烈烈的宪章运动中就初露端倪。

宪章运动的发起组织之一——伦敦工人协会（洛维特即是其创始人）是一个以争取普选权为目标的工人阶级政治组织，它的活动为宪章运动的兴起作出了巨大的贡献，也为工人阶级的解放事业提供了强大动力。但这个组织将相当一部分本阶级的成员拒之于大门之外，不肯接纳他们为会员，原因是他们不够体面，缺乏知识，还达不到参加有组织的政治活动的标准。它的章程明确规定只有"诚实、清醒、有道德、有思想"的人才能加入，"醉汉和不讲道德"的人应坚决摒弃在外。[①]

这样，伦敦工人协会就表露了无形中受到的统治阶级的价值观念的影响，即在成为有教养的人之前，不是每一个人都同样对政治问题有平等的权利的。很明显，伦敦工人协会对有资格进行政治活动的人提出了一个标准，而这个标准是从上流社会来的。

伦敦工人协会由于采纳了这个标准，实际上就将成千上万的本阶级成员拒于千里之外。而工人协会之所以立下如此章程，其潜意识动机就是希望自己的协会能够被上流社会所承认，不至于被他们

① 参见大英图书馆馆藏附加手稿第 27835 号，第 247—250 帧。

看作是粗鲁无知的一伙群氓。这种心理状态，与中等阶级暴发户对贵族头衔的垂涎，毫无疑问地有着类同之处。

把伦敦工人协会的此种态度放到特定的社会历史背景中去考察，便不难探明其中的渊源。从工业革命开始，英国的普通民众就开始以这种或那种方式表示自己的愤怒和抗议。然而，不满和抗议的方向却不一致，从一开始就存在着两种趋向。一种趋势是要求改变整个社会制度，另一种则是只要求在现存制度下尽量改变自己的地位和命运。到工业革命接近完成时，后一种趋势表现得越来越明显，那就是坚信工人通过自我努力可以改变每一个人自己的经济状况，提高自己的社会地位。这种趋势之所以在工人中占据了主流地位，主要有以下几个原因：工业革命大体是在现有的社会体系下完成的，这在某种程度上肯定了现存体系的合理性；工人在渴求文化的过程中日积月累地受到上层价值规范的熏陶，"向上流社会看齐"已成为工人中有知识者的共识；工业革命所创造出的巨大物质财富显示出社会发展的一种诱人的前景，似乎给每个勤奋的人提供了无限可能的发展机遇；工人阶级的政治活动特别是宪章运动的失败给工人运动带来的不利影响，等等。凡此种种，都有利于加强工人中的后一种趋势，而这种趋势在19世纪中期以后的突出表现就是工人队伍中的自助运动和自尊运动。伦敦工人协会在宪章运动时的态度只是这种发展趋势的一个萌芽和信号，宪章运动之后，这种趋势便逐渐在英国工人运动中扩散开来，形成风气。

"自助"的说法最初出自中等阶级，"自助者天助"是中等阶级的宣传。"自助"口号是上层阶级对工人阶级要求改善自己社会待遇的回答,要改善个人的命运吗? 自己去努力吧,上帝会保佑你! 毫无疑问,这是中等阶级的价值观念,上层统治阶级渴望此种观念能为下层所接受,并在事实上通过文化传播和大众教育等方式,将自己的观念传递给下层,以便加强社会控制。1859 年,塞缪尔·斯迈尔斯的《自助》一书出版,果然将这种观念传播全社会。斯迈尔斯自己也是靠"自助"起家的,这似乎更加增强了这种看法的说服力。官方在教育方面的代言人詹姆斯·凯-沙提尔沃斯(James Kay-Shuttleworth)曾在 1845 年明确宣布:"我想不出除了教育,还有什么其他方式能控制文明社会的下层阶级。"[1]可见上层社会是如何重视教育的力量。正因为这样,上层社会是相当鼓励工人们通过自我教育而"自学成才"的,从 19 世纪中期起,通过"自学"而达到"自助",越来越成为社会所鼓励的一种风气。当然,正如前面所说,"自学"是一面双刃刀,它既可以向下层转播上层的文化优势,又可以帮助工人形成清楚的阶级意识,因此英国的工人运动正是在这种矛盾的统一体中发展的,从而表现了它所具有的那种特殊性。

　　与"自助"同时的是工人的"自尊"运动。如果说"自助"主要指通过自学来汲取知识、增强谋生能力,提高个人的社会地位,那么"自尊"就要求以公认的价值准则来约束自己,做一个"诚实、清醒、有道德、有思想"的人,一句话,要做一个"体面"人。

　　自尊运动起源于卫斯理教派的宗教活动,其组织基础主要是信

---

① 约翰·鲁尔(John Rule)著《工业革命初期的英国劳动阶级》(朗曼出版社,1986 年版),第245 页。

仰国教的劳动群众。卫斯理派教会并不是工人阶级的阶级组织，但它吸引了大量的工人群众，它的很多礼拜堂就是得到工人资助，甚至完全由工人修建的。这个运动产生的社会影响远比其他工人组织为大，因为它不仅吸收工人家庭中的男人，而且接受他的全部家庭成员。卫斯理教派的教义深得信徒们信仰，其成员都是些缺少文化的普通人，其中主要是工人，他们希望通过宗教活动使自己获得人们的尊重。至 1850 年，卫斯理教派的教士已超过 2 万人，在很多地区，这个教派实际上已成为工人宗教。但这是一个混合的宗教，中等阶级的价值观念移植在这个教派的教义中，所谓的维多利亚精神，即工作、节俭、受人尊敬和自助，与卫斯理教义的节俭、勤奋、虔信和正直，几乎是非常和谐地吻合在一起。财富来源于勤奋的工作，节省的收入能用于投资，工作与节俭又表示一种令人尊敬的生活态度，这些都是卫斯理教会强调的美德。

自尊运动的最终结果是工人阶级被中等阶级的价值观念所同化，因为自尊的潜意识是要获得别人尤其是上等人的尊敬，而要获得他们的尊敬就要接受他们的价值评判标准，于是向上流社会看齐也就成为自尊运动的合乎逻辑的结果。19 世纪中期以后，英国工人中发起了消灭酗酒、赌博、浪费等罪恶的运动，其主要动机也是获得他人的尊重。自尊运动的信徒们要求自己不论是在公共场合或私下，都要举止得当，心地坦然，像一个令人望而生敬的英国绅士。宪章运动中的工人请愿队伍，在游行时身穿礼服，头戴礼帽，一副彬彬有礼的派头，其庄重肃穆得简直令人感到滑稽。与中国农民起义揭竿而起、赤膊上阵的壮观场面相比，两者文化价值取向上的差异是明显的。

自尊运动与自助运动的基本精神是一致的,那就是希望通过勤奋、节俭、对知识的渴求和道德的改进,一步步进入社会的较高层次,以获得社会的承认和尊重。一句话,沿着中等阶级已经走过的路前进。

当然,这一系列活动只是一种历史的表象,它后面隐藏着更深刻的社会动机。从英国工人运动的主流放弃推翻现存制度的目标,转而为在现存制度中努力提高自己的社会地位的那一天起,他们实际上就已默认了统治者的价值观念和道德标准。要得到上层阶级的承认,也就必然导致从行动到价值取向上向上流社会看齐。如果说向上流社会看齐在宪章运动之前还是工人运动中的一股支流的话,那么宪章运动结束之后,这股支流就开始成为主流了。

宪章运动的老战士托马斯·库柏(Thomas Cooper)的见闻非常形象地显示了英国工人队伍的这一变化。1869 年,他在英格兰北部旅行时发现,那里的工人物质条件的确比以前好得多,但是"他们的道德和思想状况却已退化了。……你所听见的是服装整齐的工人在谈论他们在合作社或建筑社中所占的股份。另外,你会看见一些工人,笨头笨脑地牵着穿着布衣的小跑狗!"①

"牵着穿着布衣的小跑狗!"多么生动的形象! 淋漓尽致地勾描出一种下层社会向上流社会看齐的心态。

劳工中当然也不乏愿意始终保持工人本色的斗士,工党的创始

---

① 莫尔顿和台德著《英国工人运动史》,中文版(北京,1962 年版),第 219 页。

人之一哈第（Keir Hardie）就是一个例子。他身着普通劳动者的服装进入英国议会大厅曾是轰动一时的新闻。然而，在劳工历史上，这是第一次，也是仅有的一次，不久，啥第就被他的伙伴们换上燕尾服，戴上礼帽，使之和议会中的其他绅士相比不至显得太寒碜。而后来的工党领袖，如麦克唐纳（James Ramsay MacDonald）等人，本人就是一副衣冠楚楚的绅士派头，再也用不着手下的伙伴们为其易装了。

于是，随着英国经济与政治制度现代化的完成，英国文化价值体系的重新整合也已完成。这种整合是以中等阶级及工人阶级向上流社会看齐而完成的，其结果是政治经济的胜利者们并没有取得文化与精神的完全胜利。

整个民族不约而同地向上流社会看齐，并最终成为一种民族文化的心理积淀，这种趋势产生的根源，除了上面已经提到的那些因素外，还有一个重要的因素，那就是人们对有深度的生活的追求。在英国，这种有深度的生活，既来源于这个民族悠久的文化传统，也来自上流社会对这种文化传统的继承和创造。因此，在这个贵族精神未被批判的国度，追求有深度的生活就很容易体现为向上流社会看齐。

具体说来，接受贵族传统影响的英国社会生活的深度，表现于人们向往有节制的工作。把追求闲暇、追求悠闲作为生活中的重要目标。而对闲暇的安排，也是以上等人的方式进行的，如欣赏艺术、赛马、打高尔夫球等等。这种深度显然难于为一般缺少文化教养的人所达到，但同样也蕴含着一种危机，那就是这种生活方式所体现出的价值追求已经违背了新教伦理的基本精神，使最早创立现代生活方式的英国人大发思古幽情，迷恋起工业革命前的田园风光来。无可否认，工业化的确产生了很多弊端，尤其是城市的狭小环境，更是遭到大多数人的厌恶。想回到自然的、保持着田园风光的环境中去生活本也无可厚非，但如果这种生活方式损害了这种生活方式赖以生存的前提，那么，这种生活方式是否有存在下去的可能，也就值得考虑了。

　　一切以贵族的行为准则为标准，这种取向因中等阶级的向上看齐与工人阶级的向上看齐而逐渐成了英国的社会风尚。这种风尚天长日久，便逐渐形成了英国的所谓绅士风度。这对英国来说既有其特定价值，也有其悲剧性的一面。这种悲剧性就是英国的新兴阶级在经济上政治上开创新领域时，在精神的价值取向方面却未能及时地开创相应的领域。英国人善于妥协，但精神的价值取向的妥协与政治上的妥协却产生了完全不同的后果。政治上的妥协保证了政治发展过程的连续性和平稳性，不致大起大落地影响社会经济的发展，而精神价值取向的妥协却最终让传统势力维持着优势，变革的观念很容易被传统的惯性所战胜。在这个领域中，针锋相对的斗争是必要的，不经过认真的交锋，要确立新的价值观念取向和新的生活方式是不可能的。一个民族如果始终在价值观念取向上向旧的上流社会看齐，最终会对自身的发展造成不利的后果。

　　未经改造的传统毕竟是不能适应新的社会发展的。

三、绅士风度

　　绅士风度是英国民族精神的外化，它是英国社会各阶层在向上流社会看齐的过程中，以贵族精神为基础，掺杂了各阶层的某些价值观念融合而成的。这种融合是一种长期的过程，它既不完全是贵族精神的翻版，也非中等阶级或劳动人民价值观念的集中体现。应该说，绅士风度是英吉利民族在现代化过程中在各种因素相互作用下的精神产品，它至今仍深刻地影响着英国社会的发展过程。

　　形成绅士风度的主要动力是各阶级之间的价值理想的碰撞。向上流社会看齐是社会各阶级的自觉行动，然而这一过程本身也显示出各阶级理想的差异和不一致。

　　中等阶级或企业家、工厂主阶层，在工业社会中显然是最活跃的阶层。他们之所以被称为企业家是由于他们具有极为显著的特征，即拥有资本和强烈的竞争意识。在工业革命初期，这种竞争主要尚不是自由企业之间的竞争，而是与活生生的、有血有肉的对手竞争。这些对手不仅有财富，而且有权力和社会地位，这就使竞争的程度更加激烈。

　　按照中等阶级的看法，企业家是社会的中坚。虽然劳动是所有财富的源泉，然而只是在资本的驱动和有效的管理下，劳动才能发挥出正常的社会功能。企业家是指挥者、创造性的力量、经济活动的关键人物。在整个国民经济的马车中，工人是拉车的马，地主是不付钱的乘客，而企业家则是马车夫或驾驶员、马车的设计者、道路的修建者、马车的维修者以及马饲料的提供者。因此,只有中等阶级或企业家才应该是社会的真正主人。

资本,是经济机器的主要动力,它构成真正的财富和一个国家的力量。相反,依靠固定财产进行挥霍享受的贵族地主们不会给国家增加真正的活力,他们的腐败和假公济私,只能给社会造成灾难。他们的社会地位之所以高,在于旧的社会机制只是强调对财富的占有而不是强调对财富的创造,而创造财富不仅要有资本,而且要富有创造力和进取精神,具有此种素质的人只能是企业家,他们才应该获得如同贵族一般的社会地位,因为他们代表着一种最有价值的力量。

企业家的另一项重要品质是对竞争的强调,这并非他的天性,而在于资本与贵族的固定产业不同,活跃的资本要求业主随时处于紧张状态,以使其不断增值,增值就要与各种对手竞争,因而竞争是资本不可分离的特征。与贵族相比,资本在竞争中获胜的主要因素不是依靠特权,而是依靠经营及满足市场需要。从这个意义上讲,竞争的成功会给全社会带来某些好处,而不是像土地贵族那样,其收入只是肥了自己一家。

由于个人竞争的性质,任何有精力和有能力的人,不管他的出身多么卑贱,都可凭着自己的努力攀登上升的阶梯。这种信念事实上包含了以往任何一个阶级都不曾有的观念,即自我塑造的人。人不是给定的,而是由自己来设计并把握自己命运的。工人阶级的自助概念,其思想源头即出自中等阶级的企业家精神,正如《自助》一书的作者斯迈尔斯所说,某些人所取得的成就,所有的人都可以毫不困难地通过努力去获得。只要采用相同的方式,就可取得相同的结果。

自我塑造或自我奋斗无疑是中等阶级给自身塑造的美好形象——他们说自己是通过奋斗而进入上流社会的。他们津津乐道的话题往往是某人一无所有,但凭着自己的才干和勤奋而获得成功。因而,中等阶级理想的社会应该是个人的才智能充分发挥,能决定一切的社会。

中等阶级对自己的使命十分自信,他们宣称:

> 在任何阳光普照之下的国度,没有哪一个阶层的人比英国社会的中等阶级更有价值,更值得尊重,更值得赞扬。[1]

詹姆士·密尔(约翰·密尔的父亲)也认为,

> 这个国家中等阶级的价值,他们日益增加的数量及其重要性,是得到所有人承认的。他们很长时期以来一直被认为是英国的光荣,并使我们能在民族之林中昂然矗立。我们人民之中的优点几乎都可以在这个阶级中找到。[2]

毫无疑问,中等阶级不仅认为自己的价值观念是全民族的精华,也认为自己就是英吉利民族的骄傲。这种意满志得的样子,充分反映了英国中等阶级处于上升阶段的心理状态。

然而,中等阶级的理想规范就在此时受到了来自下面的工人阶

---

[1]《曼彻斯特观察家》,1821 年 1 月 20 日。
[2]《西方周报》,1826 年第 6 期。

级的强有力的挑战。

工人们理想中的公民是一个从事生产、独立自主的工人，他的理想是建立在劳动与合作基础上的平等。生产性的独立工人一般指体力劳动的工资工人，这是资本主义经济制度的基础之一，没有他们，即便有雄厚的资本和先进的技术设备，经济机器也无法运转。对于自己的命运，他们一般不太满意，认为他们并未获得与自己相称的社会地位。无论是贵族社会还是资本家社会，对工人而言都不是公平的社会。

按照李嘉图的价值理论，劳动是价值的源泉，这对工人意味着自己是社会中最重要的成分，他们代表着"生产性的劳动"，而地主代表着不劳而获，资本家则代表着少劳多获。因此，在工人的理想社会中，工人应该是独一无二的仲裁者，应该由他们评判谁在社会中应该获得什么，谁应该得到上升的机会。衡量提升的标准不是不劳而获的财富的占有量，而是个人努力工作的程度。从价值准则而言，工人讨厌个人之间的无情竞争，而欣赏合作与协助。总之，只为个人出头、只为个人利益着想的自私心理在工人中是受到鄙视的。

因此，合作运动逐渐抬头并发达兴旺起来，很多工人确信，通过自己的互助，既可积累资本进行再生产，也可改变社会生产方式，以便最终摆脱资本的控制。至迟从 1820 年开始，工人内部的思想分歧在追求目标方面就开始显示出来，一种是大体上仍然承认现存的社会经济秩序，只要求干一天活得一份公平的工资；另一种则要求归还劳动者所应得到的一切，社会主义理想基本上反映了这一派的观点。

尽管内部有种种差别和分歧，到 19 世纪 30 年代，一种可以称作是工人阶级理想的东西终于成形了。它在工人争取普选权的过程中显示出来，曼彻斯特一位工人在讲到议会改革问题时就明确宣称："议会改革的目的就是使劳动者得到他自己的劳动果实。"[①]

正是在这一过程与随后的宪章运动中，工人内部的各派开始产生了联合起来的意识，并认为应该集体行动，所有参加生产劳动的手应该紧紧地挽在一起。工人们应该团结战斗，鼓吹政治改革，控制政府，以有效的立法建立合理的社会，其基础是劳动而非资本，人与人相互的关系是合作和协助的关系。

然而就在这时，大约自19世纪20年代起，一种复兴的贵族理想也开始蔓延。

贵族的观念从未死亡，只是在中等阶级上升，工业革命以排山倒海之势席卷整个英国大地时，贵族的观念处于它有史以来的最低点。但即使在此时，贵族也尽力保持一种社会主人的派头，在废除济贫法的过程中表现得尤为明显。上院的济贫法委员会1817年反对废除济贫法的理由为："作为这些法的一般制度，由于它已与人民的习惯交织在一起，应该……基本保持下去。"[②]贵族反对废除济贫法，当然在很大程度上是为了维护自己的利益，但另一方面也为了显示，与不顾下层人民死活、只知竞争和一味赚钱的中等阶级不同，贵族是有社会责任感的，他们对下层人民的疾苦总是念念不忘。

在其他领域里，贵族也并未屈服于中等阶级的价值观念和理想，而只是对其做部分调整，以便接受其中的某些原则。代表贵族

---

① 《曼彻斯特卫报》，1826年10月28日。
② 《英国议会文件》，1818年，第400卷，第7页。

派的托利党在自由贸易、行业结社自由、政治自由等方面一再做出让步,以至《黑檀》杂志曾抱怨道:"我们的政策发生了巨大的变化——我们某些最重要的法律和制度发生了变化——某些社会的指导原则和关系准则改变了。"但也就在同一时期,一些人开始有吸引力地复活了贵族的家长式或父权式理想。马尔萨斯被认为是其中的代表,他认为谴责土地贵族收取地租、不劳而获是没有道理的,因为他们不仅是有用的,而且是社会中最重要的成员。正是这些土地贵族,使社会拥有了娱乐、享受和闲暇的能力,正是他们具有平定、安抚群众不满的本领,使得社会的聪明才智能得到充分的发挥,因此他们是人类幸福的源泉。甚至他们的需要也使他们成为社会关键的因素,没有他们不劳而获的消费需求,经济生产就无法运转——生产者不可能在没有社会需求的状态下无止境地生产商品:"在社会的普通状态下,生产者和资本家,虽然他们有能力,却没有愿望在必要的限度之外去浪费。假如他们有此种意愿,也就丧失了他们的权利。因此,对于一个拥有强大生产能力的社会而言,一个不事生产的消费阶层是绝对必需的。"①

马尔萨斯在论证富人消费之必要时,却同时论证贫穷与饥寒是消灭过剩人口的有效手段,因此,他被斥为是只为不生产的富人辩护,却不为失业的穷人说话的人。由于马尔萨斯理论中这一无法弥补的缺陷,复兴贵族理想观念的代表人物就只能转为萨德勒。② 正

---

① 马尔萨斯著《人口原理》(伦敦,1829 年版),第 471 页。
② 迈克尔·萨德勒(1780—1835),英国社会改革家,曾于 1831 年提出"十小时工作日法"。

如《黑檀》所评论的那样:他做了伟大的工作,他使所有上层人士和经济学家把目光转向他们所蔑视的对象——体力劳动者。这些人已不再是群氓或仆人,他们有自己的情感和想法,他们有资格向上层提出这样的问题:这个社会制度是否可以改变?

萨德勒观点的重要之处在于,当下层阶级在躁动着要求自己的权利时,他提醒社会上层注意下层的要求,并在一个价值冲突的时期采取应有的行动来协调下层与上层的矛盾。事实上,在通过《济贫法修正案》的斗争中,贵族们攻击工厂主忽视工人的生存,说他们对待工人像暴君一样,根本不顾工人死活,因此,他们是工人天然的敌人。只有贵族,才是社会真正的主人,是工人的朋友,工人应该和贵族们联合起来反对冷酷无情的资本家。在一场错综复杂的斗争中,有趣的是,贵族俨然以工人的保护者自居,并且通过制定各种济贫法令和工厂法,而或多或少做出了有益于下层劳动者的事,这真是英国政治生活中奇妙的一章。

贵族们对下层这种"仁慈的体谅",后来发展成为迪斯雷利的"托利民主",最后又在凯恩斯那里得到了理论上的体现,成为"福利国家"的一个重要支柱。

另一方面,贵族们又对中等阶级"自由竞争"的哲学始终持怀疑态度。他们认为,单靠"看不见的手"的调节要想解决社会的争端是不可能的,只有在与"看得见的手",即与作为社会主宰的政府调节相结合的情况下,才可真正实现各阶级的利益和谐,恢复工业革命前那种宁静的状态:

> 地主、农夫与工人阶级,牧人、厂主与商人,必然同时走运

和同时受苦;他们的利益是不可分割的。①

值得注意的是,重新抬头的贵族主义似乎想在不同的价值冲突之间进行协调。他们,那些过去的贵族们,一方面接受一些已由中等阶级的行动所证明的有效的原则,另一方面也提出被"自由竞争"所忽视的东西,即统治者的社会主人意识和劳动者应该享受的权利,他们力图在新的形势下将各阶级的价值追求协调起来,使社会重新取得一种稳定的平衡:

> 我们真正的托利原则应该包括以下内容:在维持社会各阶级的秩序与地位时,同时应保护和支持所有人应有的权利,只要这些提供保护的方法和手段仍在政府的权限之内。……看到民众的苦难,我们应当说,统治人民应该严厉,但也应该关心他们的生活……作为托利党人,我们坚持认为,民众对于高居于他们之上的权威表示顺从是他们的职责;但那些高居于他们之上的人应该保护在他们统治下的民众,这同样也是一种职责。②

但是,冲突并非如此容易协调,事实上,每一个阶级都试图将自己的观念强加于其他阶级之上,这种斗争并不仅仅是一场纯意识形态的争夺,而是一场统治权的争夺:谁能将自己的观念强加于其他阶级之上,谁就是真正的"统治"阶级。就此而言,被统治阶级的地位并不单指其政治经济地位上的屈从,也指观念上的屈从。只有当

---

① 《近代英国社会探源》,第 250 页。
② 《近代英国社会探源》,第 250 页。

一个统治阶级将自己的观念渗透进社会的每一个阶层，取得"文化优势"时，它的统治地位才会真正得到巩固。

19世纪中期开始的一场价值取向的较量，以中等阶级占上风而开始，却以向贵族精神融合而告终。

首先是道德领域的争夺。贵族的理想道德模型是一个"绅士"，是一个具有骑士气概的形象。绅士与贵族不一样的地方，在于它不一定要有正式的头衔，但在历史上，它总是与大地产联系在一起的。到19世纪时，"绅士"与血统已不一定有必然的联系，它更强调一种道德规范和按此种道德规范行事的人，这个人应该是正直、决不食言的，对人殷勤而有礼貌，勇敢而又乐观地面对生活，坦然地听从命运的安排。他要有信誉，竭尽全力维护自己的荣誉，因此应该偿付所有的债务，特别是赌债；同时在荣誉受损时勇敢地站起来加以捍卫。总之，他要表现出上层社会那种尊严的气势，既有居高临下的风度，又对下属显示慷慨和宽大为怀。

但中等阶级的道德准则则是建立在工作之上的，通过勤奋工作而获得成功，因此节俭、自助、精打细算和严格要求等等，就显得特别重要，基本上保留在清教伦理的范围内。明显的，这在贵族看来是过于"抠"了——小家子气。有趣的是贵族观念此时似乎与社会下层更为接近，因为尽管两者对财富的占有可说是天壤之别，但似乎都不工于算计，花费起来都是无所节制的。

随着中等阶级在经济上的大获全胜，他们在道德观念上也占了上风，其重大成果之一便是按工业阶级的意愿改造了"绅士"的观念。

照他们的看法,"绅士"不是天生的,而是通过自己的行为和道德本质自我塑造的。出身与等级对于一个绅士来说并非必需,更重要的是他的奋斗精神。一个出身卑下的人靠自我奋斗也可以成为绅士,而他在精神和日常生活中的表现使他成为真正的绅士。他是正直的、忠实的、向上的、勤俭的、克制的,充满勇气,自尊自助,实际上就是中等阶级中自我成功者的缩写。

两个"绅士"的模式碰撞后,中等阶级的"绅士"暂时占了上风,因为它在经济上的成就,迫使试图上升的工人和试图保持自己地位的贵族都不得不接受新的"绅士"的观念。所谓的"维多利亚精神",实质上就是新的按工业阶级的形象塑造出来的绅士精神。

这一回合的胜利使社会发生了巨大变化,报纸杂志、出版领域中,中等阶级很快以雄厚的财力办起和资助了一大批为自己鸣锣开道的宣传品,在公众心目中大力塑造自己的形象。在教育领域,传统的贵族式教育制度受到了猛烈的冲击,"学习有用的知识"成为社会的口号。拉丁文、希腊文、古典哲学和艺术越来越吃不开了。新的科技知识被引进了普及教育的领域。中等阶级在教育领域的迅速发展迫使最巩固的贵族堡垒——牛津大学和剑桥大学也相应地设置起现代科学技术课程。

在生活领域,中等阶级讲究实用的方式也扩散开来,贵族的假发、紧身上衣、灯笼套裤让位给适合于经济活动的高高的礼帽和宽大的燕尾服,鲜艳夺目的五颜六色也被清一色的黑白两色所取代。城市郊外小而舒适的中等阶级别墅成了人们向往的住宅,远离城市庄严然而冷肃的贵族城堡或宫殿,已因其太少人情味而越来越不被人们所青睐。室内的布置以亲切、实用为主旨，虚饰、生硬的对古希腊罗马的贵族式模仿不再成为时髦。人们对吃食的讲究降低了。更注重的是营养价值和经济实惠，而不是贵族式的排场；生意人在公共餐馆边吃边谈生意，饭桌也成了经济活动的场所。维多利亚女王和她的一家人相亲相爱地在起居室熊熊的壁炉旁团坐在一起，那模样与任何一个中等阶级家庭没有两样。总之，社会生活按中等阶级价值观念重新塑造过了，这时的英国的确是中等阶级的英国。

然而，就在中等阶级观念在冲突中似乎大获全胜时，它自身却在走向对立面。

中等阶级观念走向对立面是由内外两部分因素造成的。就外部而言，随着工业革命的完成，工人阶级教育水平的提高，他们日益要求改善自己的经济地位，于是，在劳工和一部分知识分子中，集体主义的思潮复兴了，自由竞争的个人主义受到了挑战。在经济和对外贸易领域，英国国力的下降与各国的贸易保护政策，以及维持一个庞大殖民帝国的需要，都有意无意地使政府对经济的干预逐步扩大，这样，中等阶级在全盛时期坚持的自由放任原则（它是个人主义在经济学中的表现）也在不知不觉中崩溃了。

除了外部因素，中等阶级观念没落最重要的因素在于其自身对自己价值准则的怀疑。中等阶级过去曾自信地宣称，它的理想是有益于全民族的，会给所有英国人带来利益（如边沁）。然而，到19世纪末，许多调查表明仍有相当可观的英国人生活在贫困之中，并且贫困的程度相当惊人。这使中等阶级中有良知的人不仅感到震惊，而且感到内疚。正如著名的学者汤因比在1883年对伦敦工人所说：

> 我们——我在这里意指中等阶级,并不仅仅是指非常富有
> 的人——忽视了你们,没有提供正义,而只是慈善救济;没有同
> 情,而只是提一些僵硬和不现实的忠告;但我想我们现在已经
> 在改变了。[①]

这种负疚感,尤其是第一代工业家的后代中滋生出来的此种情绪,极大地摧毁了中等阶级对于自己价值观念的信心,在这种情况下,一部分中等阶级开始接受某些工人阶级的价值追求,比如费边社会主义;而中等阶级的价值主体却开始向传统的贵族精神认同,其结果就是工业家们的彻底"绅士化"。

"绅士化"明确无误地表明了一种价值观念转化的趋势,它具体表现在以下几个方面:

首先是工业家自己对工业经济态度的冷淡,而这种态度是和整个社会大气候相适应的。整个社会对工业化弊病的攻击使工业乃至商业开始被抛出了社会和文化关注的领域,这种本应在社会生活中占主导地位的职业,却受到人们的忽视乃至蔑视。企业家在《国民传记辞典》中所占的词条比例越来越少,而一些与经济无关的人物的名字却日益增多。

企业家们受到社会冷漠的一个引人注目的例子是在二战期间,一位著名企业家被派往安卡拉设法阻止土耳其将重要的战略物资送往德国。然而,当这位企业家向英国驻土耳其大使汇报他活动的重要性,希望得到大使的协助时,这位大使竟然说,"先生,不要对我

---

① 转引自韦伯夫人著《我的学徒生涯》(伦敦,1936年版),第157—158页。

谈金融与贸易,它将从我这边耳朵进而从另一边出。"①

　　社会如此,企业家们自己也将从事工商业作为一种不得已而为之的事。既然企业工作辛苦而无乐趣,又不受社会重视,为什么非要从事这项令人讨厌、费力不讨好的职业,而不去做一个受人尊敬的绅士呢? 在此氛围之下,工业家们在很大程度上丧失了从前那种对事业的追求,而是更向往一个"绅士"的辉煌门面。挣钱以及像蚂蚁一样勤勤恳恳地积累财富被越来越多的人视为卑琐,而这就动摇了中等阶级价值观念的根本基础。1942 年有一位工业家这样说:

　　　　我相信对物质价值的追求是我们时代一切苦难的根源,假如不清除此种根源,它将不可避免地摧毁我们整个社会,乃至使我们无事可干。我们应该随时提醒我们自己,物质利益仅仅是一种手段而绝非目的。②

　　这种话简直就和工业革命时期贵族们指责中等阶级暴发户们的话一样,可见时隔一百年之后,工业家们已经向贵族的精神优势认同了。正因为如此,第一代工业家们的后代们越来越不愿从事经营活动,而去做他们认为有意义的政治、文化、慈善和宗教事业。以至许多史学家们认为:工业世家不再把"金钱看作是主要目标",这是 19 世纪末英国开始经济衰退的重要原因。③

　　"绅士化"的第二点表现是在教育方面对工业和技术的忽视。

――――――――

① 马丁・J. 威纳(Martin J. Wiener)著《英国文化与工业精神的丧失》(英国企鹅出版社,1985 年版),第 131 页。
②《英国文化与工业精神的丧失》,第 127 页。
③ 参见佩恩(P. L. Payne)著《19 世纪英国企业界》,第 24 页。

中等阶级很早就开办很多学校,这些学校都很重视实用课程,因而对英国的科学技术发展起了很大的促进作用。但这些学校逐渐受到了贵族化的改造。这种改造不仅在课程的设置上,而且在教育思想上也显示了出来。很多工业家的子女受过此种教育之后,产生的普遍想法居然是决不从事或者最好不从事自己父辈所从事的职业!根据 20 世纪 70 年代的民意调查表明,有 88％的企业家感到大学对自己的职业有严重偏见![1] 这种偏见甚至使企业家本人也羞于承认自己的职业,往往绕着圈子来描述自己的工作。而他的欧洲大陆同行,则会毫不含糊地声称自己是企业家,并且以此为荣。

　　第三个特点则是工业家们对绅士式生活的热望。既然赚钱的职业为世人所偏废,那么,最好的出路就是尽快摆脱这种难堪,去做一个风流潇洒、受人尊敬的绅士。他们宁愿放弃自己在经济领域中的重要地位,而去充当一个对社会无关痛痒的绅士。这种心理状态对仍在工商业中工作的人有着极大的影响,"我们应该认识到,一个绅士从来不过分努力,他们对事情并不非常在心。"[2]这种不努力工作、对事情满不在乎的习气,实在是贵族遗风之再现,它在企业界蔚然成风,对英国经济造成重大影响。一位美国企业家在与英国企业家接触之后异常感慨地说,他的英国同行是罕见的夸耀自己干得如何少的企业家,并且还将这种夸耀作为一种国有的天性。

　　工业家们的此种转变标志着英国企业界的"绅士化"。从事工

---

① 参见格雷厄姆·特尼著《英国企业》(伦敦,1979 年版),第 439 页。
②《英国文化与工业精神的丧失》,第 131 页。

商业只是手段，赚钱也只是手段，目的是成为绅士。经济的成功在很大程度上要看它是否能成为通往"绅士"的阶梯。虽然英国人仍然认为，"绅士无论处于何种地位仍是绅士"，但既然有专为绅士设置的更令人尊敬的行业，为什么非要在这样一个令人厌恶的卑琐领域干呢？

总之，经过长时期的冲突与对立，英国各阶层不同的价值取向融合成一种独特的行为标准，我们可以称之为"绅士风度"。这已经不是哪一个阶级的专利了，而是全民族共有的一种特征。这种特征其实是随时随地都会表现出来的，只要有一群不同民族的人在一起，"绅士风度"会很容易把英国人与其他民族区分开来。

"绅士风度"所力求体现的似乎有这样一些特点：

第一，公平而合理的竞争原则。无论在商业、政治或其他一些带有竞争性质的场合，比如体育竞赛或提升职位等等，都应该以良好的运动员风格来进行竞争，赢要赢得有风度，输也要输得有风度，光明磊落，不搞幕后小动作。竞争的各方应该有平等的机会，不应受到不公平的待遇。

第二，言行处事应尽量抑制感情的色彩，而让理性来主宰一切。与职业有关的事务应以职业道德为标准，而不掺入私人恩怨或个人好恶。这表现在政治上，便能以冷静的理智来处理政务与政党斗争，而不凭一时的感情冲动来解决问题。然而表现在人际关系中，则给人以矜持、冷淡的感觉。

第三，坚韧不拔、勇往直前的气概，为维护个人与国家的荣誉在所不惜。这表现在个人方面是不干则已、干则干到底的精神；表现在国家与民族方面则是强烈的爱国主义。英国的爱国主义是全世界闻名的,这表现在历次战争,特别是第一、第二次世界大战中。1940 年夏天,当法国投降、全欧洲落入法西斯之手时,漫画家大卫·劳(David Low)在《旗帜晚报》上发表一幅漫画,上面画着一个头戴钢盔的士兵站在海峡旁,举起一只拳头,下写:"好吧,就让我一个人来干!"英国的这种"犟"劲被称为"约翰牛精神",约翰牛精神是绅士风度的一个重要方面。

由此可见,绅士风度确实是融合各阶层价值取向的一种民族风度。

然而,绅士风度也有许多消极之处。首先,是它偏于保守,它过于尊重传统,包括革新都要到传统中去寻找根据,这就使它对新生事物缺少敏锐的接受力;它推崇稳重,结果也就难免追求四平八稳。表现在政治上,则形成英国式的渐进发展模式,这其实并非坏事;但表现在生产上,则是不愿迅速采用新技术,造成 19 世纪末技术设备老化等严重现象,阻碍了经济发展。

其次,绅士风度导致对"高雅"的追求,文学、艺术、哲学、诗歌被看作是上等人必备的素质。这本身并没有什么可指责的,但不少人附庸风雅,为表明自己是上等人而矫揉造作。有一个小故事很能说明问题:约克郡的一个英国铁器制造商,收到美国人赠书《科学经营原理》之后,根本不屑打开一阅,却回赠了一本霍勒斯的拉丁文诗集。这是多么高雅的绅士风度啊! 然而,正是这种"高雅"的举止,把现代生产的经营结晶轻而易举地丢在一旁。高雅的风格也表现在英国的教育中,首先表现为重文轻理现象。由于贵族的传统教育是人文和宗教，自然科学是中等阶级兴起之后才逐渐发展起来的，因而英国大学教育中的重文轻理几乎已成为一种传统，时至今日甚至更为严重。再次，又表现在对基础理论研究的重视和对应用技术研究的轻视上。英国人认为基础理论研究是一种高尚的劳动，因而有才华的青年都愿从事这方面的工作。这使英国在物理、生物、化学、遗传工程等基础理论方面至今仍保持着世界领先地位，自1901年以来，英国获诺贝尔科学奖的人数居世界第二位，仅次于美国，如按人口平均计算，则它居世界各国之首。但由于轻视应用技术的开发研究，认为这不是有闲的绅士阶级所为，英国的基础理论优势未能有效地转化为生产力。电视机是在英国诞生的，但英国的电视制造业不发达，以至英国市场上充斥着外国的彩电。英国在遗传工程和分子生物学方面的研究一直处于领先地位，然而利用这些科技成果制造出新型材料和药品的国家却是日本。贵族式的学风使英国科技界长期只重视得诺贝尔奖的人数，而不屑于顾及此种成果是否转化成实际生产。此种风气同样也影响着优秀人才的去向：大量优秀青年宁愿从事大学教育、政府部门的文职工作而不愿去企业或公司一展身手。纯粹应用性的、缺乏"深度"的工作他们似乎不愿屈就。这种不良的社会风气已给英国的经济发展造成严重的恶果。

绅士风度的另一个致命弱点是厌恶竞争。绅士们喜欢平心静气的经济活动，就像庄园地主心平气和的生活那样。因此尽管英国是最早产生出竞争意识、最早用自由竞争的理论唤醒民族奋发向上的精神的国家，但由于弥漫于全民族的向上流社会看齐的取向，它的竞争意识逐渐淡薄了。这对经济的发展极为有害，当英国的工业在世界上还独占鳌头时,这种危害还不见显眼,但在 19 世纪末期英国工业的垄断地位丧失,美、德等后起之国奋起直追时,这种危害就十分可畏了。英国的工业家不是振奋精神,面对挑战采取措施,改进技术改造设备,以求达到美、德等国的生产效率,而是把落后的技术、落后的设备连同资本转移到殖民地去,仍然用相对落后的方式榨取高额利润,以供养本国越来越多的食利者(即靠吃利息为生而不做任何事的人)。英国中等阶级原来那种奋发图强的竞争精神,现在已被偷闲懒散的绅士风度取代了。直到英国丧失了海外殖民地,经济景况愈发不可收拾时,还有许多英国人怨天尤人地将它归因于殖民帝国的丧失。只是在撒切尔夫人重新提倡恢复竞争精神之后,英国的经济才发生转机。

可见,绅士风度既有其所长,又有其所短,如何扬长避短,对这种精神遗产进行改造,是摆在英国民族面前的一个严肃的课题。绅士风度集中地体现了英国民族心理的价值取向,它一方面追求高雅的生活境界,处处向上流社会看齐,一方面又丧失奋发的竞争精神,对传统和习惯日益眷恋,从而使价值标准和行为准则间发生矛盾,把自己放进一个两难的窘境。这种窘境本质上是一种文化困境,是新兴阶级自工业革命以来未能彻底清算旧阶级的精神遗产而逐步造成的。能否摆脱这种文化困境,在某种意义上将决定这个古老民族今后的发展前途。

结束语 危机与展望

　　物极必反,盛极而衰。20 世纪以来,这个曾以"日不落帝国"自诩的盛极一时的英国,步履蹒跚地跨入了一个不景气的历史发展阶段。二战以后,英国的衰落更加明显。

　　英国面临着两方面的危机,一方面,英帝国原有的殖民地纷纷脱离英国而独立,"日不落帝国"的地盘越来越小,至 20 世纪 80 年代,英国所属的殖民地只剩下一些小岛了。帝国版图的缩小使英国在国际事务中的地位下降。政治危机之后,随之而来的是经济危机。丧失了大批殖民地,英国也就丧失了在殖民地的特权,低价购进原材料、高价销售工业品的不等价交换也越来越受到限制。在各种内外因素的影响下,英国自 19 世纪晚期开始出现的相对衰落趋势在二战后越来越明显。这种衰落最显著的特征是经济上的停停走走,患了西方学者所说的"英国病"。

　　但这不是说 20 世纪以来英国的经济没有发展,而是说它增长的速度非常缓慢。按当年价格计算,1980 年英国国民生产总值为2251.9亿英镑,为 1950 年 129.7 亿英镑的 17.4 倍,平均年增长率为

10.0％，显然，这个平均增长率在很大程度上受物价上涨的影响。按 1975 年的固定价格计算，1980 年英国国民生产总值为 1132.5 亿英镑，为 1950 年的 2.1 倍，平均年增长率仅为 2.5％。战后英国经济增长率不仅低，还呈一种下降的趋势。国内生产总值每 10 年的平均增长率为：50 年代约 2.8％，60 年代 2.8％，70 年代初下降到 1.8％，而 70 年代后期仅为 0.9％。战后年增长率超过 4％的年份只有 1953、1959、1960、1964、1968、1973 等六年。在这些增长较快的年份之后，总是又出现速度放慢甚至倒退的现象。面对此种局面，尼古拉斯·韩德逊（Nicholas Henderson）爵士曾感叹道：

> 时至今日，我国不但再也算不上是个世界强国，甚至连个欧洲强国也算不上。英国的人均收入已低于法国，这在三百多年来还是头一次。在经济上，我国现在已很难与德国或法国并驾齐驱了。我们还毫不脸红地自称是欧洲一个不太兴旺的国家。在可以预见的将来，前景是令人悲观的。照此趋势发展下去，到不了本世纪末，我们在人均国民生产总值方面就会被意大利和西班牙超过。……1954 年，法国的国民总产值比我们低 22％，德国比我们低 9％，到 1977 年，法国的国民总产值已比我们高 34％，德国比我们高 61％。[①]

这种悲观的前景不能不使英国的有识之士从各方面寻求此种衰落的原因。他们从各方面分析，指出了下列一些原因。

---

① 《经济学家》，1979 年第 6 期，第 29 页。

1. 英国在管理方面缺乏职业精神,英国大中学生的佼佼者不太愿意进入工业界,却更愿在伦敦商业银行或政府机构中任职。这一方面是受传统的名誉地位观念的影响(不难看到绅士风度的影子),另一方面也是出自经济上的考虑。英国中级经理人员的薪金几乎比法德两国低一半。英国工业界待遇较差,造成了大量的人才外流。

2. 英国工会的力量过于强大,工会曾在英国的工业发展中起过积极的作用,但现在已出现问题。工会为保护本团体工人的利益,不仅仅反对雇用非工会的成员,而且反对采用任何可能危害现有工人就业的新技术。这样,强大的工会势力成为技术进步和提高劳动生产率的障碍。

3. "福利病"。英国的福利制度为社会提供了一个安全阀和稳定器。但福利制度也产生了它的弊病。

首先,福利国家制度促使政府部门控制日益扩大的经济资源,从而限制了市场经济的发展。英国政府总的公共支出在 1870 年时只占国民生产总值的 8.7%,而 1975 年已增长为 49.9%。[①] 政府开支的迅速增加,必然会导致越来越多的经济资源用于消费,特别是用于行政消费,由此影响了资本的积累。从 1970 年至 1980 年间,英国用作资本积累的经济资源已从 19% 降为 18%。[②]

其次,高额的累进所得税造成了两个"动力真空"。首先是企业

---

① 参见皮特・弗罗拉(Peter Flora)著《1815—1975 年西欧的政府、经济与社会》(西德,1983年版),第 440—441 页。
② 参见联合国《统计年鉴》,1981 年,第 121 页。

家不愿投资的动力真空,由于高额的累进所得税和财产所得税,某些企业在投资后上缴的税金高达利润的 98％。这种状况造成了投资不如储蓄、储蓄不如消费的投资动力真空,极大地影响了社会的生产。另一个则是工人的工作动力真空。由于有着社会福利保障和累进税的征收,一个失业工人与一个中等在业工人的实际收入相差无几,并且一个周薪 50 镑的工人加上各种补助后其收入反比周薪 100 镑的工人为高。这就使他不愿做出任何努力去干更艰苦高薪的工作。而失业工人如未寻找到大大超过他现有生活水平待遇的工作,也宁愿继续失业。于是出现了有活无人干、有人无活干的怪现象。资本家失去投资的动力,工人失去工作的动力,严重地影响了英国的经济发展,加速了英国的衰落。

近年来这种衰落的趋势似乎有所好转,撒切尔夫人执政以来实行货币主义的经济政策,一方面削减社会福利开支,尤其是削减教育经费,另一方面实行减税政策,鼓励企业的投资积极性。这以后,英国工业出现历史上罕见的降幅,失业大军也在 1983 年达到创纪录的 300 万人! 但是 1987 年 7 月,奇迹似乎开始出现了,自撒切尔夫人执政以来一直高居不下的失业率首次开始下降,这是一个希望的信号。同时,从 1984 年起,英国经济开始持续增长,1987 年,英国经济增长率达 3.5％,在欧洲名列前茅,成为西欧经济的"火车头"之一,而通货膨胀率仅为 4％,达到了历史上的低点。看来撒切尔夫人的苦药似乎开始见效了。

近几百年来的历史表明,"约翰牛"是有潜力的,问题是如何寻找到激发这一潜力的机制。撒切尔夫人是否寻找到了呢? 目前还很难预测,因为英国的形势现在仍不明朗,尤其是撒切尔大肆削减教育经费,使英国在科技方面的原有地位逐渐丧失,形成了一个令人担忧的潜在危机。另一个潜在危机则是英国的对外贸易逆差过大,如果不能控制这种趋势,也终将给英国经济带来不可估量的恶果。

如何才能最终摆脱已经笼罩着英国达半个世纪之久的衰落阴影?问题的解答似乎并不简单。作为世界上第一个创造了工业文明或是现代文明的民族,英国的兴起主要是依靠源于清教革命的资本主义精神,也即是一种创造性的工业精神。然而,令人悲哀的是,这种工业精神今天已被自己创造出的成果消磨掉了。西方经济学家有一个悲观的估计,即一个民族的对外贸易顺差达到国民生产总值的4%时,这个民族就要盛极而衰。英国于1870年达到这个指标,美国在20世纪60年代达到这个指标,而日本则是在1987年达到这个指标。达到这指标后,大量过剩的极为丰富的物质财富将使整个民族过上悠闲富足的生活,从而导致人们丧失艰苦创业的工业精神。这是否是一种历史规律?尚不得而知,但其中无疑包含着某种有价值的预见。

英国衰落的根源易于找到,但怎样重新激起奋发向上的精神是困难的。一个民族往往容易在前进的道路上战胜迎面扑来的艰难险阻,但要战胜自己创造出来的成绩和荣耀相对困难。因为在成功的陶醉下,人们往往忘记了使自己取得成功的那些最可宝贵的东西。

英国著名历史学家汤因比曾精辟地分析过这一现象。他认为,任何文明都有其生长和衰亡的过程,而能否勇敢地接受各种挑战决定着这种文明的前途:

　　在我们研究文明生长的时候，我们发现它的过程是一连串的挑战和应战，这一出戏之所以会一幕接着一幕地演下去，是因为应战不仅解决了挑战所提出来的问题，而且还在它每次胜利地解决了一个挑战问题以后，又提出了新的挑战。这样，文明生长的性质的最核心的成分便是一种活力，这个活力把那个受到挑战的一方从一个由于应战成功而出现的平衡状态中，又引向了一个出现新挑战的不平衡境界。在解体的概念中也包含着这种不断出现的重复的挑战的成分，但是在这个时候，每一次应战都是失败的。其结果，非但不是每一次挑战都具有与前不同的性质，每一次应战都战胜挑战，把它交给历史，而仅是同一个挑战一次又一次地出现。①

　　那么，为什么处于解体状态的文明却不能正常地应付各种挑战呢？关键在于对"胜利的陶醉"。是的，逆境往往催人发奋，胜利却往往使人陶醉。陶醉的结局便是麻木、迟钝、保守，最终导致落伍与衰亡。历史上若干盛极一时的文明最终成为供游人幽思的古迹，似乎在默默地证实着汤因比先生深刻的洞察力。

　　作为英国人的汤因比发出这种宏论不是没有原因的——他希望引起自己民族的反思。的确，如何永远驾驭住自己创造出的成绩而不被这些成绩所征服，是每一个处于顺境的民族都应深思的问题，这既是汤因比先生，也是英国历史留给人们的最大启示。

---

① 汤因比著《历史研究》，中文版中册（上海人民出版社，1986 年版），第 154 页。